民法典怎样保护你的权利

杨立新民法典讲堂

杨立新 著

中国人民大学出版社
· 北京 ·

图书在版编目（CIP）数据

民法典怎样保护你的权利：杨立新民法典讲堂 / 杨立新著. --北京：中国人民大学出版社，2022.8
ISBN 978-7-300-29033-1

Ⅰ.①民… Ⅱ.①杨… Ⅲ.①民法—法典—中国—学习参考资料 Ⅳ.D923.04
中国版本图书馆 CIP 数据核字（2021）第 032296 号

民法典怎样保护你的权利
——杨立新民法典讲堂
杨立新　著
Minfadian Zenyang Baohu Nide Quanli

出版发行　中国人民大学出版社
社　　址　北京中关村大街 31 号　　**邮政编码**　100080
电　　话　010－62511242（总编室）　010－62511770（质管部）
010－82501766（邮购部）　010－62514148（门市部）
010－62515195（发行公司）　010－62515275（盗版举报）
网　　址　http://www.crup.com.cn
经　　销　新华书店
印　　刷　唐山玺诚印务有限公司
规　　格　185 mm×260 mm　16 开本　　**版　　次**　2022 年 8 月第 1 版
印　　张　20.75 插页 2　　**印　　次**　2022 年 12 月第 2 次印刷
字　　数　421 000　　**定　　价**　78.00 元

前言

2020年5月28日《中华人民共和国民法典》诞生以来，全国人民掀起了学习《民法典》、掌握《民法典》的热潮，上至中央，下至地方，层层都在学习、研究和宣传这部社会生活的百科全书，人人都在关心《民法典》，要用《民法典》的规定规范自己的行为，行使民事权利，维护自己的人格尊严，保护好自己的民事权利。

是的！《民法典》这部长达1 260个条文的大法典，规定的都是民事主体的民事权利，让每一个自然人、法人、非法人组织在民事生活中都能够充分享有民事权利，全面行使自己的权利，通过民事法律活动，为自己获得更广泛的民事利益，让自己生活得更加美好。可以说，《民法典》就是每一个民事主体，当然包括每一个自然人，享有民事权利的"保护神"。

我从1975年开始做民事法官，从1980年开始研究民法法理，民法实践经验积累了45年，从事民法理论研究也有40余年了，积累了比较丰富的民法理论研究成果和民法司法实践经验。在《民法典》立法的五年中，我作为全国人大常委会法制工作委员会立法专家委员会的立法专家，全程参与了编纂民法典的工作，参加了立法机关组织的《民法典》总则编、物权编、合同编、人格权编、婚姻家庭编、继承编和侵权责任编的几乎所有的立法专家会议，比较了解《民法典》立法的过程和讨论的主要问题。《民法典》颁布之后，我已经在全国各地作了几十场有关《民法典》的讲座，在网络上的讲座受众更广，也更受欢迎，曾经创下自5月28日至30日三天讲座现场收视200万人次，最高一次的收视人数达到82万人次的纪录。当然，这不是证明我的讲座有多么好，而是反映了

《民法典》在人民群众生活中的重要性，反映了人民群众对《民法典》的关注和热情。

在中央决定把《民法典》的学习和宣传作为“十五普法”的主要内容后，社会对《民法典》的关注度必然还会进一步提高。因此，我和中国人民大学出版社的郭虹女士商量，是不是要选择这些讲座中的精华部分汇编成册，整理出版，供关心《民法典》的读者学习《民法典》时参考。我们的想法一拍即合，因此，用了大约一个月的时间，将有关的讲座记录稿进行汇集，整理出了开篇一讲与《民法典》七编和三个具体问题的讲稿十讲，形成全书的文稿，题名为《民法典怎样保护你的权利》，又请夫人尹艳女士对文稿一一进行校对，因而就有了本书的出版。

尽管我对民法的研究已经有了几十年的积累，也全程参与了《民法典》的编纂，但是，《民法典》条文众多、法理博大精深、内容浩瀚广阔，自己的研究不过是沧海之一粟，且理解亦有局限，再加上讲座多为现场发挥，虽然经过整理，终难万全，不当之处在所难免。只为宣传《民法典》的职责所在，挂一漏万之处，请广大读者指正。

向广大读者的热情致谢！向本书编辑的辛苦致谢！共同为构筑建立在《民法典》基础之上的民事权利王国而努力！

中国人民大学法学院教授

中国人民大学民商事法律科学研究中心研究员

中国民法学研究会副会长

杨立新

2022 年 7 月于北京世纪城

目 录

开　篇
民法典的编纂及保护权利的主要内容

大家好!

现在开始，我要给大家介绍《民法典》的基本内容了。准备讲十个部分，简要地介绍《民法典》怎样保护你的民事权利。

2020 年 5 月 28 日，《中华人民共和国民法典》通过立法程序，成为我国第一部民法典。这是中国法治建设的一个重大立法成果。我作为一直参加《民法典》编纂工作的全国人大常委会法制工作委员会立法专家委员会的立法专家，以及研究了 40 余年民法理论和实践的民法学教授，心里感到特别高兴，跟大家一起分享这一喜悦。

《民法典》的内容非常复杂，现在分为七编，共有 1 260 个条文，字数有十几万字，规范的内容非常广泛，通篇都是讲民法典怎样保护你的民事权利。在这一讲里，我只能先把《民法典》的基本问题给大家做一个简单的介绍。

我想介绍三个问题：第一个问题，是国家为什么要编纂《民法典》；第二个问题，是我国制定《民法典》的过程和立法结构；第三个问题，是《民法典》保护的民事权利的基本内容。

一、国家为什么要编纂《民法典》

先说国家为什么要编纂《民法典》。民法典原本不是产生在社会主义国家的法律，最早应该说是产生在罗马法的时候。从罗马法时开始，有了民法的基本思想和规则。后来欧洲到了近代，继承罗马法的传统，开始编纂民法典，1804 年有了《法国民法典》，1900 年有了《德国民法典》。在以后的发展中，差不多各个国家和地区都有了自己的民法典。

（一）《民法典》是市场经济社会的必然产物

我们是社会主义国家，为什么也要有一个民法典呢？我想简单说一下它的理由。

民法典是市场经济的一个必然产物。马克思很早就说过，在罗马法中就有了民法的基本思想和规则，就是因为在罗马法时期，市场经济有了萌芽，也发展比较快，有了很活跃的商品交易，出现了市场经济的基本要素。这时候，在调整这些交易法律关系，以及财产法律关系、亲属法律关系等关系中，形成了比较系统的规则。这些规则，就构成了今天民法典的初步的规则体系。随着欧陆商品经济的发展，罗马法得到进一步复兴。为调整市场经济的这些法律关系，在罗马法的基础上，近代的乃至现代的民法典被制定出来，其作为最基本的调整市场经济的基本法律规范，取得了巨大的成果。社会主义社会中运行的仍然是市场经济，为了调整和发展市场经济，繁荣社会生活，当然也需要民法典来调整。

（二）《民法典》要解决的是什么问题

民法典第一个要解决的问题，是人的问题。

首先，民法在调整社会关系时的基本观念是，人是民法社会的主体。可以说，从民法的角度上去观察社会，这个社会其实就有两个主要的物质要素，一个是人，一个是物。人就是社会的主体，这个主体在这些大量的法律关系中，享有权利去支配这些利益，让自己更好地生活。这就要求每一个人都要有人格尊严，每一个人在社会中都有自己独立的地位，有独立的人格。这样，他的人格就要受到社会的最基本的尊重。这就是人格尊严。

其次，人与人之间最基本的关系是什么呢？就是亲属关系。一男一女结合成配偶，配偶又生出子女，就形成了各种各样的亲属关系。这个亲属关系也是人的关系，所以，民法也调整这一部分人与人的关系，即亲属关系。这样，就把人作为主体，包括人与人之间的亲属关系，作为构建民法社会的最基本的主体因素。

第二个要解决的问题，是关于财产的问题。

首先，要解决的是财产归谁所有的问题。这个社会有这么多人，有这么多的财产，这么多人怎么去分配这么多的财产呢？民法用一个最公平的方法，就是权利的方法，让每一个人都有平等的权利，例如所有权，每一个人享有的所有权都是平等的，享有所有权的财产，就是你的财产，例如这些屋子是你的，那些屋子是他的，大家权利是平等的。但是，由于每一个人的能力不同，可能取得的财产也不一样，但是，权利是平等的，体现了民法的平等、正义的观念。

其次，财产还要有交流，要流通，要交往，这就需要进行交易，在民法社会里，人和人之间不可能不发生交易。就像我们早晨起来要去买早点，这也是民事法律关系，是交易关系。每一个人要去赚钱，出卖自己的劳动，接受劳务一方出资购买他人的劳动，这也是交易，是劳动关系、劳务关系。不论是自然人个人，还是法人、非法人组织，都要进行各种各样的交易。企业要进行交往，要去进行商品交换，这些都是交易关系。民法通过调整这样的交易关系，使用了“债权”的概念，使交易关系在债的关系的规范下能够正常地进行下去。每一个主体在交易过程中，获得自己通过交易得到的那些利益，获得财富，改善生活，同时也就积累了社会财富，因而就不断地推动着社会向前发展。所以，这也是民法调整的基本问题。

第三个问题，民法要解决的就是一个人这一生赚了这么多钱，积累了下来，他赚的这些钱，在他死了以后怎么办呢？这就有一个私人财富传承问题，你赚得多，你的后代可能得到的就多；你赚得少，你的后代得到的就少。财富传承不仅关系到社会财富积累、个人的财富后继有人，更重要的是，它能够鼓励个人创造财富，让自己的后代生活得更好，进而也就是为社会积累更多的财富。这也是民法调整的问题，是《民法典》继承编解决的问题。

大家可以看看，这样的一个社会，有这么多样的民事法律关系，都需要民法来调整。这些问题，资本主义国家有，社会主义国家也有。现代社会需要民法典来调整各种各样的民事法律关系。社会主义社会也是市场经济，市场经济下财富有很多是私有，除了国家所有的、集体所有的以外，还有很多是私人所有。不论是私有财产关系，还是公有财产关系，都存在商品交易关系，都实行市场经济，那它就仍然需要民法典来调整。

特别是现在强调要实行全面依法治国，依法治国就需要有完备的法律体系。一个完备的法律体系，最主要的法律首先应该是《宪法》，在《宪法》之下，分成民法、刑法、行政法三大基本法。民法是调整人与人之间的人身关系和财产关系的法律；刑法主要是解决犯罪的问题，认定犯罪和制裁犯罪；行政法是解决人民和政府之间的关系问题。这三种基本法律，民法应该是排在第一位的。“民法是万法之法”，所有的法律的基础，都是民法的基本理念。

（三）社会主义国家依法治国也必须有《民法典》

社会主义国家仍然存在多样的民事法律关系，仍然需要民法的调整。依法治国就是要靠法律完备，通过法律的方法来治理国家，当然不能没有《民法典》。

在历史上，苏联在十月革命以后，也需要民法来调整民事法律关系。它们采取的一个办法，是先用原来的《沙俄民法典》，只要《沙俄民法典》和现行社会制度不相冲突的规则，就可以继续沿用。这是因为民法的规则过于复杂，很难一下子制定出来，先用《沙俄民法典》的基本规则，以应急需。经过努力准备，到 1922 年苏联制定了第一部《苏俄民法典》，到 1960 年代又制定了第二部《苏俄民法典》，建立起了新型的民法典。

对于这个问题，我们国家的做法并不一样。在 1949 年取得政权以后，我国废除了国民党伪法统，废除了六法全书，包括在其中的民法典被彻底废除了。

建立新的民法典，我们走了一段艰难曲折的路。

1950 年，先规定了《婚姻法》，这个是必须有的法律，以调整婚姻家庭和亲属关系，废除旧的婚姻家庭制度。然后，由于各种原因，我国没有去制定完整的民法典，一直到改革开放以后才开始制定民法的单行法，到 2014 年，党中央提出要编纂民法典，经过五年的努力，才有了今天的《民法典》。我们看到的是，在社会主义国家，同样需要民法典。这样一部民法典，关系到社会生活的方方面面，大的问题如国家所有权的公有制，小的问题涉及每一个人的具体生活问题，每一个企业、每一个公司的经营和发展问题。

比如，爸爸妈妈一结婚，在一起共同生活，怀了一个孩子，这个在母亲肚子里的孩子就开始在民法典规则的调整之下，因为《民法典》第 16 条就规定了胎儿的人格问题、继承问题、接受赠与问题，等等，都受到民法的保护。等生出来以后，所有的民事权利你都享有。直到这个人死了，遗产被继承人得到了，但是，你的姓名、你的肖像、你的名誉、你的荣誉、你的隐私等等，这些人格利益仍然还要受到民法典的保护，大体上要保护到死后 50 年左右的时间。我们从人的角度上来说，《民法典》和我们每一个人的关系，从我们成为胎儿的那一天就开始了；在我们死了以后，还得管 50 年左右的时间。这样来理解《民法典》和我们每一个人的关系，就可以看到这种密切程度了。

所以，一个国家必须有一部民法典，没有民法典是不行的。

二、我国制定民法典的过程和结果

第二个问题，我想说一下中国制定民法典的过程和结果。

（一）1949 年以来我国民法典立法的过程

民法典的立法过程，在官方报道中都说明白了，五次起草民法典，最后这一次终于成功。1949 年以来的五次起草民法的过程，我给大家做一个介绍。

首先是，刚才说了，1950 年制定了第一部民法单行法，就是《婚姻法》，解决了婚姻和亲属关系的民法调整问题。

第一次起草民法典，是在 1950 年代。制定了《婚姻法》之后，由于刚刚建立政权，很多事情都在忙，没有更多的时间去考虑民法的建设问题。在 1956 年社会主义改造基本完成以后，立法机关提出要起草民法典，起草了几个草稿，然后就到了 1957 年。而 1957 年最大的事件就是“反右”，搞民法典的人当时差不多都被划成了右派。第一次起草民法典就这样结束了。

第二次起草民法典，是在 1960 年代。到了 1960 年，出现了国民经济暂时困难时期。等到这三年的困难时期过去之后，从 1963 年开始，又计划起草民法典，也提到立法的日程上来，开始起草法律草案。但是，接下来就发生了 1964 年到 1965 年的“四清”运动，立法机关起草民法典的人员差不多都参加了工作队，到农村去搞

“四清”去了，就把民法起草的事情放下了。接下来，很快就到了 1966 年，开始了“文化大革命”，一切秩序和工作都被破坏了。所以，第二次起草民法典也是无疾而终。

第三次起草民法典是在改革开放开始之后。大家知道，1979 年的全国人大会议上，一下子就通过了 7 部法律，其中有《刑法》《刑事诉讼法》，那时候我们都叫“两法”。有了“两法”以后，小平同志说，民法也要搞。这时候，民法的立法工作就紧锣密鼓地开始了，在很短的时间里，就出来了四部民法典草案。这个时候，彭真委员长发现了问题，就是立法很难一下子搞出一部完整的民法典，有两个主要原因。第一个原因是，改革开放刚刚开始，特别是经济体制改革，将来走到什么样的程度，现在还看不出来结论，在这种情况下，去制定一部完整的民法反映社会的经济生活恐怕是不行的。第二个原因是，现在经过“文化大革命”，民法的理论基础并没有打好，很多重要的民法规则还没有很好的研究成果作为立法的基础。在这样的情况下，仓促地去写一部完整的民法典，效果也不会很好。因此，能不能换一个思路，如果把制定一部完整的民法典比喻成“批发”，那么民法中的哪一部成熟了就先制定这一部单行法，就是把民法的立法改成“零售”的方法。当时看用“批发改零售”的这种方法是比较实事求是的，于是就定下了这种立法方法来制定民法典。

按照这样的立法思路，大家看到，首先是 1980 年重新制定了《婚姻法》，到 1985 年，民法草案的继承编这一部分条文比较简单，内容也不复杂，条文也写得比较成熟，那就先把这一部分制定出来。这样，1985 年就通过了《继承法》，1986 年制定了《民法通则》，后来又制定了三部合同法和《担保法》，还制定了《收养法》，1999 年就把三部合同法三法合一，通过了统一的《合同法》。

第四次起草民法典，是在 2000 年。到 2002 年，法工委完成了一部《民法（草案）》，内容比较粗糙，不是一个很好的法律草案。在 2002 年 12 月份，人大常委会上讨论了一次以后，就把它停下来了，然后还是采取制定单行法这个民法典的立法方法。

从 2003 年开始起草《物权法》，几经曲折，直到 2007 年通过了《物权法》，实现了对所有权的平等保护。这是把民法典当中最难写的一部分写出来了。2009 年，通过了《侵权责任法》。

从 1980 年开始到 2009 年，第三次民法典的起草工作就算完成了，把整个民法典应该包含的这些民法单行法，基本上制定完成了。2011 年，吴邦国委员长在全国人民代表大会上宣布具有中国特色的社会主义法律体系已经形成。不过，我们搞民法的人还是偷偷摸摸地说，还没有民法典哪！

大家都以为，我们中国的民法大概就是这样一种分散的法律结构了，我们都叫“散装民法典”。

2014 年，中央通过了《关于全面推进依法治国若干重大问题的决定》，提出要编纂民法典。这样就开始了第五次起草民法典。

按照《决定》的要求，立法机关计划在 5 年的时间写出来中国的民法典，立法分为“两步走”：头两年制定《民法典》的总则，最后三年制定民法典的分则，最后把总则和分则合并到一起，就成了现在的《民法典》。立法机关基本上按照这样的一个计划，于 2017 年通过了《民法总则》，接下来就对民法单行法进行修改，形成《民法典》的分则各编，特别是又新起草了人格权这一编，形成了整个民法典分则的体系。最后在 2019 年 12 月份，将《民法典》草案的总则和分则合体，形成了《民法典》的整体草案，全国人大常委会审议以后，认为基本成熟，提交全国人民代表大会讨论通过。本来应该 2020 年 3 月份就通过《民法典》，由于疫情的原因，推迟了两个月，最后在 5 月 28 号终于通过了《民法典》，结束了民法典的立法工作。

中华人民共和国第一部《民法典》，经过五年的起草，终于完成了。这个立法的时间，大体上是 70 年。我们用 70 年的时间终于完成了这部《民法典》。这也是第一部被叫作“法典”这样一个名称的法律，是 70 年来我国民事立法的最终成果。

（二）我国《民法典》与其他国家和地区民法典的关系

在介绍完我国民法典的起草过程后，我还想要对照着看一看中国《民法典》和其他国家和地区的民法典有什么样的联系。

世界上任何一个国家在治理国家的时候，都离不开民法，但是，民法的表现形式并不一样，主要有两种：大陆法系要有一部成文的民法典；而英美法系用的是判例法，不是一个成文法。不过，英美法系民法的一些规则成文法可以借鉴，只是它的立法方法不能借鉴，我们要走大陆法系制定成文民法典这样的立法方法。

在大陆法系民法典立法方法上，又分为两种方法：一种是法国法系。1804 年《法国民法典》，现在已经 200 多年了，特点是三编制，也就是法国的民法典分成三编，第一编是人法，第二编是财产法，第三编是取得财产的各种方法。另一种是德国法系。在《法国民法典》颁布 100 年以后，1896 年制定了《德国民法典》，1900 年实施。《德国民法典》不是《法国民法典》这样的体系，它最典型的特点是要有一个总则，还要有分则，总则规定民法的一般方法、一般规则，分则去规定债法、物权、亲属、继承的具体规则。

再来看我们中国《民法典》，也是有总则，有分则，所以，中国《民法典》的体例，遵循的是大陆法系中的德国法系立法传统。这个德国法系的立法传统并非只是现在的《民法典》是这样的，从中国开始制定民法的时候，采取的就是德国法系的立法传统。

中国历史上本来是没有民法传统的。中国几千年来法律的立法方法，叫“诸法合体，刑民不分”，就是一部法律，例如《唐律》《宋刑统》《大明律》《清律》等。在这一部法律里，有宪法的规范，有民法的规范，也有刑法的规范，还有行政法的规范，所以叫“诸法合体”。没有单独的民事法律，所有的民事法律规范，都杂糅在这一部法律中。

在这样的情况下，我们中国其实原本没有一个真正的民法传统，没有形式上的民法，不像欧洲那样，从罗马法开始就有专门的民法传统。我们中国的真正意义上的民法传统是什么时候才有的呢？现在的这种民法传统是从 1907 年清朝末期开始，当时的变法维新，西法东渐，想要借鉴欧陆民法典的传统，建立民事法律体系。原因是，日本借鉴大陆法系的立法，取得了很好的成果。清末的变法维新中，也决定借鉴欧陆的立法，来完成我们自己的法律体系，治理国家。这样就开始制定“六法全书”。

“六法全书”是成文法国家法治的立法体系，其中包括民法典。1907 年开始制定民法典，就是《大清民律草案》，到 1911 年完成了这个草案。如果当时的皇帝签上字的话，就算生效了，但是，这一年辛亥革命成功，清政府被推翻了，清帝逊位，没有在《大清民律草案》上签这个字，所以，历史上留下来的《大清民律草案》永远是一个草案了。

北洋政府也制定了一个民法典的草案，叫《民国民律草案》，没有颁行。1929 年至 1930 年，国民政府用两年的时间，制定完成了正式的民法，就是《民国民法》。

然后，到了今天，《中华人民共和国民法典》问世。

从这样一个发展的历史看，从《大清民律草案》开始，采用的立法体例就是《德国民法典》的体例；北洋政府的《民国民律草案》也是采用德国法系的体例；1930 年的《民国民法》，还是采用德国法的立法方法，就是有总则、有分则。

我们的《民法典》，自从 1949 年以来，学的是苏联民法。其实，苏联民法也是德国民法体系，不论是《沙俄民法典》还是《苏俄民法典》，从立法传统来说，都是《德国民法典》的体例。因此可以说，一百多年来，我国的民法立法都是采纳德国法系的传统。

既然说我国《民法典》从体例上走的是德国法系的路线，那么，我国《民法典》和《德国民法典》的区别在哪里呢？

《德国民法典》有总则，我国《民法典》也有总则。《德国民法典》的分则分成四编，为债法编、物权编、亲属编和继承编，加在一起就是五编制。我国《民法典》的分则也有物权法，我们把债法叫成了合同编，亲属这一部分我们叫婚姻家庭编，继承这一部分我们也叫继承编，可以说，《德国民法典》的分则四编我们都有。

但是，我国《民法典》分则分为六编，多了两编。多了哪两部分呢？第一，就是多了人格权这一编。我国《民法典》第四编为人格权编，在世界上以往的民法典中，基本上没有这样的一编。《法国民法典》没有专门写人格权的条文，《德国民法典》写人格权的条文，一共规定了 6 种人格权。我们在 2002 年起草的《民法（草案）》中是第一次规定了人格权编。2003 年，乌克兰制定民法典，它有一个人格权编，叫作“人格非财产权”，写得不好。一直到今天，我们中国的《民法典》规定了完整的人格权编。

我国《民法典》为什么要设置人格权编呢？这还得从《民法通则》在民事权利一章规定了“人身权”一节开始说起。大家知道，我们在经历了“文化大革命”之后，痛定思痛，回想“文化大革命”中每一个人的人格都被踩在脚下，人格权受到严重侵害的惨痛教训，在“文化大革命”结束、改革开放开始的时候，制定《民法通则》，大家就深切地感到，立法上不保护人格权的严重后果，就是发生“文化大革命”践踏人格权的悲剧。在这样一种情况下，《民法通则》一定要把人格权写好，保护好人格权，避免重蹈覆辙。所以，在《民法通则》的一共156个条文中，就用了7个条文、专门用一节来规定人格权。

经过30多年《民法通则》的司法实践，我们对人格权的保护已经取得了非常好的经验，理论研究也走在了世界的前列。所以，我们现在制定《民法典》，完全有理由也有能力，写出了一部好的人格权编。大家看到，《民法典》人格权编这一部分，是51个条文，写得都很好，真的是把我国人格权的保护提高到了一个新的高度。这是我国《民法典》与《德国民法典》不同的部分，多了一个人格权编，是完全有必要的。

我国《民法典》分则与《德国民法典》分则还有一个不同的部分，是我们的《民法典》多了一个专门的侵权责任编。在《德国民法典》中，关于侵权行为及其责任写在债法编中，规定产生债的原因有四个，一个是合同之债，一个是侵权之债，还有无因管理之债和不当得利之债。这些都是产生债的原因。侵权行为是作为其中产生债的一个原因来规定的，所以，德国的债法中规定侵权之债，侵权责任在民法典中没有独立的地位。但是，中国在1986年制定《民法通则》的时候，把侵权责任放到了民事责任中去规定，而且写得很详细，在156个条文中，有关侵权责任的条文写了有二十几个，就把保护民事权利的这些方法规定得非常详细。经过这30多年的发展，我国的侵权责任法在保护人格权、保护财产权以及其他各种民事权利中的作用，发挥得非常好，使我国的侵权责任法变得很完善。所以，在2009年就专门制定了一部《侵权责任法》。编纂民法典时，对侵权责任法进行了进一步的完善，编成了《民法典》的侵权责任编，作为民事权利保护法。我国《民法典》分则与《德国民法典》分则比较，我们又多了一部侵权责任编。

现在大家可以看到，我国《民法典》和《德国民法典》相比较，德国的五编制我们都有，我们多出来的，一个是人格权编，一个是侵权责任编。而这两编刚好是《德国民法典》缺少的两部分，恰好也是我们改革开放以来四十多年时间里，在民事法律立法中取得成果最好的部分。所以，我们中国《民法典》和德国法系的不同，因为把我们这几十年改革开放的经验写进去了。

所以说，《民法典》的人格权编和侵权责任编，就是我国《民法典》与众不同的特点。

（三）怎样理解《民法典》的立法结构和体系

在第二部分里，我想讲的最后一个小问题是怎么去理解《民法典》的立法结构。

大家多数不是学习法律的，或者不是学习和研究民法的。面对《民法典》七编、1 260 个条文，往往感到这部法律太大了，一下子很难把握《民法典》的基本内容，不知道它究竟要解决的是什么问题。

我在研究民法的 40 余年时间里，在给学生讲课的时候，是这样去解释《民法典》的。

在我的理解中，民法和现在的《民法典》，主要分成四个部分，这四个部分，构成了一个框架式的立法结构。

第一部分，就是《民法典》的总则编，是最主要的部分，它规定民法的基本原则和一般性规则，所有的民事活动都要遵守这些基本原则和一般性规则。

然后，下边有两个部分，是《民法典》的两个主体部分，一部分叫作人法，一部分叫作财产法。大家回想我刚才说过，《法国民法典》就是用这种方法，一种是人法，另一种是财产法。《民法典》的主要的部分，就是人法和财产法。人法这一部分，在《民法典》中就是人格权编和婚姻家庭编，规定的是人的问题。财产法这一部分，第一个是物权编，主要解决的是财产归属和利用的问题。第二个是合同编，主要是规定交易的规则。第三个是继承编，解决的是私人财富传承问题。其实，在财产法中，还应当包括知识产权，就是无形财产权，但是知识产权的内容太复杂了，有那么多的单行法，都独立在《民法典》之外，一下子把它们都拿到《民法典》里，《民法典》的体量就会太大。当然，在世界各国民法典中，目前我看到的，只有《俄罗斯联邦民法典》是把知识产权放到民法典当中来了，其他的基本上是没有的。我国《民法典》用一个条文，就是第 123 条，把《民法典》和知识产权链接起来，作为《民法典》的特别法，而不再把知识产权法规定在其中了。

《民法典》的第四部分，也就是最底下这一部分，是侵权责任编。侵权责任编规定的侵权责任法，就是所有的民事权利的保护法。人格权编规定有人格权；婚姻家庭编规定有身份权；物权编规定有所有权、建筑物区分所有权、建设用地使用权、土地承包经营权、抵押权、质权、留置权，等等；合同编规定的是债权；继承编规定继承权，还有作为特别法如商法规定的股权、知识产权法规定的知识产权等。这些所有的民事权利，受到侵害以后，都能够用侵权责任法来进行保护。

大家用这样的方法理解《民法典》的时候，就会看到，《民法典》规定了一般规则、人法、财产法以及民事权利保护法。这样去理解《民法典》，就会看到它有一个很清晰的逻辑结构。

实事求是地说起来，《民法典》每一编的逻辑线索，特别第二编到第七编的顺序上，稍微有那么一点乱，不是按照人法、财产法这样的逻辑线索去排列的，但是，在理解的时候，应当像我说这样去理解，这是理解《民法典》的最简洁的方法。

还要看到的是，《民法典》在总则规定的基本原则和一般规则之后，六个分编的每一编，基本规则和基本逻辑思路都是不一样的，但是都统一服从于总则编的规定。

三、我国《民法典》保护民事权利的基本内容

第三个问题，我想说我国《民法典》保护民事权利的基本内容。刚才我说，我国《民法典》有总则编，有人法，有财产法，还有一个权利保护法，都是保护民事权利的规则。我就按照这四个部分做一个简单的介绍。

（一）《民法典》总则编规定的民法基本原则和民法一般规则

先说总则编这一部分。

《民法典》首先规定是民法的基本原则，包括私权神圣原则、平等原则、意思自治原则、公平原则、诚信原则、公序良俗原则和绿色原则。其次，规定的就是民法的一般规则。

民法的一般规则是民事法律关系。

不学民法的人，听起来都比较难懂，其实，就是这样，民法在观察社会的时候，看到的是社会里有人，还有物。人是民事主体，在民法的世界中起主宰的作用；物代表财富，是客体，是人支配的对象。民法在对这些财富进行分配的时候，用一个方法，就是权利的方法，每个人都享有同样的权利、平等的权利，通过权利分配这些财产，分配这些财富。你的所有权有这么多财产，他的所有权有那么多财产。民法用的观察方法，就构建了基本的民事法律关系，就是主体、客体、内容即权利和义务。

民法讲人的时候，总则编就规定了自然人，规定了法人，规定了非法人组织，这就是民事法律关系的三种主体。

接下来，《民法典》在民事权利一章中规定了物，规定了人格，还有身份，为或者不为一定行为是债的客体，智慧财产是知识产权的客体，遗产及其权利是继承权的客体，等等，这些都是民事法律关系的客体。

民法在分配这些民事利益的时候，通过权利的方法，一方享有权利，其他人就负有义务，这就是民事法律关系的内容。一个民事主体享有权利，有的权利是生下来就有的权利，有些是通过法律行为得到的权利。比方说，一个自然人生下来就享有的权利，如身体权、健康权、生命权；有一些权利是取得的权利，比如大家去买房，通过这样一个买卖的行为，你能买到住宅的建筑物区分所有权。就说每天吃饭，要去买菜，要去买米，也是民事法律关系问题，是债权的法律关系，买到的东西，是买卖合同的债权实现的结果。一个人享有权利，其他人就必须负有义务，就是不

得侵害他人权利的义务；侵害了他人权利，就要承担民事责任。

这就是《民法典》总则编中的最基本问题。既是观察民法社会的基本方法，也是规范民事主体活动的基本方法，还是解决民事纠纷的基本方法，更是我们学习民法的基本方法。《民法典》总则编除了规定民法的基本原则之外，规定的就是民事法律关系的一般规则。

我们在理解《民法典》的一般规则的时候，一定要看到，它有一个基本的逻辑关系，就是权利、义务、责任。首先，每一个人都享有权利；其次，对于他人的权利，每一个人都负有义务，都不得侵害他人的权利；最后，当侵害了他人的权利时，就要承担责任。违反义务的人承担责任的结果是，要拿出钱来去赔偿受害人的损失，使受害人的权利又得到恢复。民法的基本逻辑就是这样的，就是权利、义务、责任。

（二）人法

人法包括两部分：一部分是人格权法，另一部分是婚姻家庭法。

1. 人格权法

人法中的人格权，是说我们作为一个人——在民法上，当说到一个人的时候，分成三种，第一种是自然人，就是我们这样自然出生的人；第二种是法人，企业经过登记，就取得法人资格，还有其他的法人；第三种是非法人组织，法人和非法人组织之间有什么区别呢？虽然它们都可能是经营主体，都是一个由人或者财产组成的实体，但是，法人要承担的是有限责任。例如五个人出资建立一个公司，一共出资了1 000万元，承担责任就是这1 000万元，追究不到投资人个人的责任。但是，非法人组织承担的是无限责任，即使五个人出了1 000万元，最后赔钱承担责任，这1 000万元不够赔的，还需要再赔，投资人就得从家里往外拿钱承担责任，这就叫无限责任，他们的区别就在这里——想成为一个民事主体的时候，必须有人格，就是民事权利能力。一个人有了人格，这个人格分成各种不同的要素，这就叫人格构成要素。例如，作为一个人，得有生命，得有身体，得有健康，还得有姓名，有肖像，有名誉，有荣誉，有隐私，等等，这些都是人格构成要素。民法把构成人格的各个人格构成要素作为权利来保护，人就享有了生命权、健康权、身体权、姓名权、肖像权、名誉权、荣誉权、隐私权，还有个人信息权，这些就是每一个人的人格权。民法通过对每一个人格构成要素赋予人格权的这种方法，使每一个人的这些人格构成要素不能受到损害，保持人格的完整性，实现人格尊严。这就是人格权的作用。

《民法典》在人格权编中，规定了生命权、身体权、健康权、姓名权、名称权、肖像权、名誉权、荣誉权、隐私权、个人信息权，还通过其他方法，规定了人身自由权、性自主权、形象权、声音权、信用权。

2. 婚姻家庭法

《民法典》婚姻家庭编规定的是身份权，规范的是亲属关系问题，包括配偶权、亲权和亲属权。

这里想说一个问题，1950 年制定《婚姻法》的时候，把亲属法这个部分叫成了《婚姻法》，突出的都是婚姻关系规则，没有讲到亲属的基本规则。《民法典》扩展为婚姻家庭关系，把家庭也写进来了。其实，最好还是叫“亲属编”比较好，但是，婚姻家庭编用的这种方法，是苏联原来的立法称谓，苏联就把亲属法叫《婚姻家庭法典》，我国《民法典》也叫婚姻家庭编，没有叫亲属编，还是苏联的传统。

《民法典》婚姻家庭编突出了关于亲属的规定。以前的 1950 年和 1980 年的《婚姻法》，都没有规定亲属制度，什么是亲属也没有规定。《民法典》把亲属分成三种类型：第一种是配偶，配偶是最基本的亲属类型，产生新的亲属，没有配偶这种亲属关系，不会产生新的亲属关系。第二种亲属是血亲，血亲分成两部分：有直接血缘关系的叫直系血亲，直系血亲例如爷爷、父亲、儿子这样，是直接传递的血缘关系亲属，包括生育自己和自己生育的上下各代的亲属；旁系血亲，是出自同一个祖先具有间接血缘关系的血亲，不是直接的生与被生的关系，像兄弟姐妹，就是旁系血亲。第三种亲属就是姻亲，是以婚姻为中介而形成的亲属，夫妻两个人一经结婚以后，对方的血亲就变成了他方的姻亲，比如说，你跟你媳妇一结婚，你媳妇的爹就变成你的岳父，你媳妇的妈就变成你的岳母；你老公的父亲就变成了你的公公，你老公的母亲就变成你的婆婆。这就是姻亲。

这里有一个问题，《民法典》规定的近亲属概念范围略窄。近亲属就是三代以内直系血亲，再加上兄弟姐妹。近亲属这个概念，其他国家是没有的。其他国家规定亲属，没有使用近亲属概念，说了人家也不懂。他们把亲属分成亲等，在几亲等以内的亲属相互之间有权利义务关系，超过这个范围的亲属，没有权利义务关系。中国古代没有亲等这个概念，而讲服制。规定五服之内算亲属，超过五服就不算亲属了，这个算法其实是对的。前两天，我去讲课，字幕就把“五服”打成“五福”来，我们这一代人已经把我们的亲属服制差不多都忘了。服制是中国古代讲亲属相互之间在办丧事的时候，什么辈分穿什么样的衣服，治丧的衣服不同，就是辈分不同。所以五服之内都是亲属，就是有权利义务关系的亲属。但是，我们一下子规定三代以内直系血亲和兄弟姐妹是近亲属，才有权利义务关系，就把更多应当有权利义务关系的亲属给排除出去了。最重要的一点，就把四世同堂中的太爷爷和重孙子这一辈给排除了权利义务关系，他们之间没有亲属的权利义务关系。在四世同堂的家庭里，有一个辈分的亲属之间没有权利义务关系，这是没法让人理解的。例如说，太爷爷如果要有了自己的重孙子，他都得乐疯了，但是，他们没有权利义务关系。说得夸张一点，重孙子要饿死了，太爷爷不用管他，因为他们之间没有法律上的权利义务关系。这个近亲属的做法是不合适的。

原来我们在提立法建议的时候，建议采用亲等制，规定四亲等以内的直系血亲都有亲属的权利义务关系，四亲等包括了我国过去说的五服之内的亲属，但不完全一样。

其他的亲属问题就不说了，在后边再讲。

（三）财产法

1. 物权法

财产法首先是物权。原来的《物权法》规定应该说是比较好的，《民法典》物权编的修改幅度不是特别大。比较大的变化是增加了两个权利，一个是土地经营权，一个是居住权。

原来规定的土地承包经营权，是两权分置，即农村土地的权属有两个权利，一个是集体对土地享有的集体所有权，另一个是农户去承包一块地，产生的土地承包经营权。可是，土地承包经营权有一个很大的缺点——缺少可流转性。现在很多农民都进到城里来了，他承包的土地不能流转，土地就撂荒了。这对谁都是一个损失。有一个词叫"三权分置"，这是《民法典》一个新规定。这里的"三权"是指在农村土地集体所有的所有权之上，设置土地承包经营权，农户可以在土地承包经营权上面再设置一个权利，叫土地经营权。这个土地经营权是可以流转的。这样，农民就可以把承包的土地给别人设置一个土地经营权，就有了可流转性，可以自己不经营这个土地，还能够拿到这个土地的收益。这样可以让农民提高对土地的热情，发挥其财产权利的价值。

还有一个变化是增加了居住权。我对居住权研究不够深入，很多人理解居住权是解决居民住宅的问题。这个问题过去是两个办法：一是买房，买了房就取得了所有权，永久地解决了住宅的问题；二是租赁，租别人的房子居住，不过，租房的办法不是长久之计。居住权就是介于取得住宅的所有权和取得住宅的租赁权之间的解决居住的方法。比如，把这房子给你居住，设置一个居住权，登记以后就变成了物权。比如说登记了 10 年的居住权，那在这 10 年期间里，谁都不可以侵害你的居住权。这样，解决住宅的问题就有了三种方法，取得所有权是第一种方法，取得居住权是第二种方法，取得租赁权是第三种方法。有了居住权，解决住房的问题就有了更多的方法。

2. 债法（合同编）

《民法典》的合同编，其实是一个小一点的债法，不仅规定了合同的规则，还规定了无因管理之债和不当得利之债在合同编的通则分编中，规定了大量的适用于债法的一般性规则。因而，合同编的通则分编其实就是债法总则。

《民法典》的合同编是在原《合同法》的基础上编纂而成的，变化特别大。原《合同法》一共 428 条，合同编进行调整后，有一部分条文被调整到总则编中，例如合同效力规则全部转移到总则编的民事法律行为效力中。尽管如此，《民法典》的合同编现在还有 526 条，增加了近 100 条，增加的内容很多，修改的内容也很多。这一部分对企业经营者来说，是特别重要的。特别是，增加规定了无因管理之债和不当得利之债的规则，使我国的债法比较健全了。

由于这部分的内容太多了，后面再给大家介绍，就先说这么多。

3. 继承法

财产法的第三个部分，是继承法。《民法典》继承编这次对继承法也有比较大的修改，但是总的继承制度没有改变。1985 年制定的《继承法》，可以说是一部“穷人”的继承法。年龄稍微大一点的人可以想一想，1985 年，我们的工资是多少呢？我那会儿是 21 级干部，工资是 60.5 元，还是我们那一代人中工资高的，因为我被奖励过两级工资。一个月 60 元，一年也就赚 720 元钱，40 年能赚多少呢？也就是 22 800 元。当时一个万元户，就是了不起的富人了。在计划经济的模式下，每一个人都没有多少遗产可以继承，所以《继承法》的规则比较简单。

编纂民法典时，我们都建议，继承规则应该有一个比较大的变化，但是，结果仍与我们设想的相差比较远。

（四）权利保护法

最后要介绍的是第四部分，是《民法典》的权利保护法，就是侵权责任编。

《民法典》第七编侵权责任编，与原《侵权责任法》相比较，增加了一些新的规定，让侵权责任能够在保护民事权利方面更好地发挥职能作用，保护好民事主体的民事权利。

第一，将侵权责任方式从无所不包的停止侵害、排除妨碍、消除危险、恢复原状、返还原物、消除影响、恢复名誉、赔礼道歉、损害赔偿等，缩减到主要是损害赔偿，最多包括恢复原状和部分返还原物，其他的都由物权请求权、人格权请求权和身份权请求权等承担。这是一个最大的变化。

第二，对侵权责任从民事责任性质改变为债权性质，为侵权行为之债，这是一个比较理论的问题，不多说了。

第三，增加了一些一般规则，例如增加了免责事由，一个是自甘风险，一个是自助行为。对于损害赔偿的规则，也有较多的修改，例如规定了损害具有人身意义的特定物的精神损害赔偿，部分惩罚性赔偿责任，等等。

第四，增加了一些新的侵权行为类型，细化了一些侵权责任类型的规则。前者如增加了定作人指示过失责任、交通事故中的好意同乘、机动车挂靠责任等；后者如网络侵权责任规则、高空抛物损害责任等，都有了特别详细的规则。

关于《民法典》的编纂情况和基本内容问题，我就给大家讲这些了，给大家学习和掌握《民法典》做一个提示，也是我下面的讲座的一个基础，便于更好地掌握《民法典》的基本精神和内容。

第一讲
民法典保护权利的基本原则和一般规则

《民法典》保护民事权利，是通过一般规则和具体规则实现的。《民法典》总则编规定的，就是民法典保护民事权利的基本原则和一般规则。

现在，我要给大家介绍《民法典》总则编保护民事权利基本原则和一般规则的主要内容。这一部分的内容非常重要，我先做个概要介绍，然后再对重点的规定条文进行讲解。

一、《民法典》总则编对民法规则的成功改革

《民法典》总则编是民法典的开篇，在整个民法典当中起了一个统领性的作用。

《民法典》总则编分成了两个部分。

第一部分是关于民法的基本原则，这一部分主要规定在第一章当中。

第二部分从第二章到本编的最后一章，都是写的民法基本规则，也叫作民法的一般规则，包括民事主体、民事权利、客体，还有民事责任、民事法律行为、诉讼时效。这个部分讲的是，在整个民法当中，贯彻始终的就是民事法律关系的制度和规则。关于民事法律关系，我们说它最基本的就是三个要素，即主体、客体和权利、义务内容。《民法典》总则编刚好就是围绕着这三个要素来制定的。围绕这三个方面的要素，把它上升成一般性的规则，就形成了《民法典》总则编中规定的这些民法的一般性规则。《民法典》总则编就是关于民事法律关系的一般性规则。民法分则就是把各种不同的民事法律关系按照类型具体展开。所以我有一个理解就是，民事法律关系是民法的基本方法，无论是学习还是理解民法，以及研究《民法典》的时候，都要紧紧地把握民事法律关系，才能够理解清楚。

《民法典》总则编是一个跨时代的民法改革的作品。就《民法典》总则编对民事基本制度的改革而言，我觉得可以概括为以下几点。

（一）对民法基本规则的概念界定和改革目标

讨论《民法典》总则编对民法基本规则的成功改革，首先必须界定民法基本规

则的概念，即民法基本规则究竟是指什么。

首先，民法基本规则并不是指《民法典》总则编第一章章名所说的“基本规定”。原来的草案审议稿都叫“基本原则”，是说《民法典》总则编第一章要规定的是民法基本原则，就是现在的第3条至第9条，分别规定了私权神圣原则、平等原则、自愿原则、公平原则、诚信原则、公序良俗原则和绿色原则。在《民法总则（草案）》的第四次审议中，有人大代表提出第一章并不是只规定了民法基本原则，还规定了立法宗旨、适用范围以及法律适用规则等，因此不应当叫“基本原则”，应该改为“基本规定”。因为这一章规定的内容并不只是民法基本原则，而是在民法基本原则之外，还有其他的民法基本规定，民法基本原则也在其指导之下。

其次，民法基本规则反映的是设立、变更、终止民事法律关系的一般性规则。《民法典》总则编是民法典的开篇，在民法典中起统领性作用。它规定了民事活动必须遵循的基本原则和一般性规则，统领民法典各分编。《民法典》总则编采取“提取公因式”的办法，将民事法律制度中具有普遍适用性和引领性的规定写入草案，就民法基本原则、民事主体、民事权利、民事法律行为、民事责任和诉讼时效等基本民事法律制度作出规定，既构建了我国民事法律制度的基本框架，也为各分编的规定提供依据。

最后，民法基本规则也不同于民法具体规则。民法具体规则是民法典分则各编对各种民事权利以及权利行使规定的具体规则，如物权编的善意取得规则、合同编的不安抗辩权规则、婚姻家庭编的结婚规则和继承编的遗嘱继承规则等，都是民法的具体规则，都是具体行使民事权利的规则。而民法基本规则则是采用“提取公因式”的办法，在民法具体规则中提取出来的具有普遍适用性和引领性的规定，如民事法律行为的效力的规则、诉讼时效的规则等。

《民法典》总则编对于民法基本规则进行的改革，就是在《民法通则》规定的基础上，针对民事主体、民事权利、民事权利客体、民事法律行为、民事责任和诉讼时效进行的大幅度整改，使之符合当代社会经济和生活的需要，反映时代的特征，实现我国当代民法跨时代的变革。

（二）《民法典》总则编对民法基本规则的改革

1.《民法典》总则编对民法基本规定的改革

（1）对私权神圣和自我决定权的重视

对于这个问题，改革的主要表现，一个是《民法典》第3条，即：“民事主体的人身权利、财产权利以及其他合法权益受法律保护，任何组织或者个人不得侵犯。”这个条文其实在《民法通则》中基本也是这么写的，但是和《民法通则》相比较有一个区别：《民法典》总则编是把人身权利放在前面，把财产权利放在后面；而《民法通则》第5条规定：“公民、法人的合法的民事权益受法律保护，任何组织和个人不得侵犯。”尽管该条规定的是笼统的民事权利，但该法第 2 条规定则是把财产关系放在人身关系的前边。就像徐国栋教授批评的那样，财产权放在前面，体现的是“物文主义”；人身权利放在前面，体现的是民事法律的人文主义，因而这个调整是非常正确的。但我觉得更重要的问题不在这里，而是这个条文原来在第三次审议稿中是放在第 8 条，在全国人民代表大会讨论的时候，人大代表认为，这么重要的一个条文却把它放在第 8 条，位置太不对了，因此就把它放在了第 3 条。这一个改变改得特别重要。将这个条文放到第 3 条规定，列为民法基本原则之首，从这个角度来理解这个原则，就会更加尊重民事主体的民事权利。

《民法典》总则编对民事基本制度的改革应该说是成功的，但是也留下一些问题，需要今后努力完善。

（2）规定绿色原则为民法基本原则

加强环境保护是我国《宪法》规定的基本国策，也是人类的共同职责。在编纂民法典中规定环保原则即绿色原则是学者们的强烈愿望。徐国栋教授主持编写《绿色民法典草案》，把该民法典建议稿叫作《绿色民法典》，寄托的就是对民法加强环境保护的期盼。关于保护环境和资源，很多民法典都有所规定，但基本上是作为具体规范规定的，《民法典》总则编则把绿色原则作为中国民法的基本原则，以其统领民法典，体现“绿色”，以加强对环境和资源的保护。

（3）建立法例制度，规定习惯为民法法源

《民法典》总则编规定民事法律适用一般规则是各国民法典的立法惯例，《民法典》总则编部分采纳了增加法例规定的意见，改变《民法通则》对此的立法欠缺，在第 10 条明确规定：“处理民事纠纷，应当依照法律；法律没有规定的，可以适用习惯，但是不得违背公序良俗。”这一规定非常重要，因为在以往的民事立法中没有关于适用习惯的法律规定。这次将习惯法扩展到了全部民法领域，是成功的立法。

2.《民法典》总则编对民事主体制度的改革

在民事主体这一部分，《民法典》总则编有三个改革是显而易见的。

第一个改革是关于自然人的。最重要的问题是对成年监护制度的改革。对于这一部分，在《民法通则》关于自然人的规定当中，成年监护只规定了一种，即只有对无民事行为能力和限制民事行为能力的精神病患者才可以设置监护。这样的规定就影响到对丧失民事行为能力的老年痴呆症患者、植物人等有严重疾病的人的监护，因为对于这类民事主体，原来的《民法通则》将其认定为完全民事行为能力人，所以监护制度就没有办法覆盖，因此《民法典》总则编的这个改革是成功的。再来看成年监护制度，其包含了临时监护，特别是还设置了意定监护，形成了很完整的监护制度。

第二个改革是关于法人制度的，这一部分最大的改革就是对法人基本类型的划分。从这样一个角度去划分法人的类型，在理论上再加上特别法人这样的分类，互相配合起来，应该是比较好的。特别是在营利法人、非营利法人这一块，《民法典》总则编把商主体放到营利法人当中，这一内容基本是从《公司法》中拿出来的，应该说比较全面地反映了商主体的要求，再加上特别法人的规定，比较完整。像一些在特别法人当中规定的农村集体经济组织法人，还有居民委员会、村民委员会法人，我觉得都挺好的。在《民法典》总则编之前，农村集体经济组织一方面是集体生产资料所有权人，另一方面又不是民事主体，现在把它作法人规定，赋予其法人资格，就为今后的农村经济体制改革进一步打好了基础。

第三个改革是关于非法人组织的。在这一部分，《民法典》总则编把个人独资企业、合伙企业、不具有法人资格的专业服务机构，还有其他的“等”，都作为非法人组织，具有独立的民事主体地位，这样的做法是非常好的。过去我们都是把这一部分放在“其他组织”中，放在不同的法律当中规定，没有主体资格。现在把它们规定到一起，当作一个主体，使其能够享有权利、负担义务，就解决了我们多年以来的一个问题：要不要局限在自然人、法人这两个主体？现在就有了第三个主体，就是非法人组织。

3. 对民事权利和民事权利客体的改革

关于民事权利和民事权利客体的规定做得比较好，尽管这一部分的问题也很多。

在这一部分当中，首先对民事权利作了几乎全面的列举。我看有人写文章说，《民法典》总则编对民事权利的列举不完整，但我觉得已经非常完整了，在规定人格权、身份权以后，对财产权作了一个全面的说明，然后又分别规定物权、债权、知识产权、继承权、股权以及其他投资权利，并且规定了一个兜底的条文，即第 126 条。可见这一部分对所有的民事权利都作了列举，只是具体规定不够而已。

此外，《民法典》总则编在民事权利客体方面有一个很大的进步。1949 年以来，我国民法编纂过程当中有一个很典型的现象，就是 20 世纪 50 年代起草的《民法草案》中都有权利客体，但是 20 世纪 60 年代以后起草的《民法草案》都没有规定民事权利客体，一直到今天，《民法典》总则编也没有写民事权利客体这一标题。这是受苏俄民法典影响。《民法典》总则编只写了物权的客体是物，债权的客体是行为，知识产权的客体写得比较具体，其他的也都没有写好。不管怎么样，在“民事权利”这一部分当中还是写了一些民事权利客体。

还特别值得说的就是《民法典》第 127 条，即：“法律对数据、网络虚拟财产的保护有规定的，依照其规定。”能够把这一条文保留下来，也是不容易的。最后，立法专家委员会在讨论这一部分的时候，也有人主张要把这个条文拿掉，我说千万手下留情啊！坚决不要拿掉啊！有人说，什么网络虚拟财产，这一条规定的不就是比特币吗？我说，网络虚拟财产可绝对不只是比特币的问题，更重要的还是网络平台也就是网站，就是网络虚拟不动产，这个是多重要的财富啊！这一条文对网络虚拟财产作出了一个原则性的规定，不管写得怎么样，但是毕竟写到了《民法典》总则编当中，而且是规定在了权利与客体当中。这样，我们就可以承认，在今天的互联网时代，财产形态有这样的变化，网络虚拟财产就是今天的物的特殊形式。这就是时代的特点。

总则编第五章关于权利的列举，应该说比较好，但是权利客体上的规定有好的部分，也有不好的部分，有一定的遗憾。

4.《民法典》总则编对民事法律行为制度的改革

关于民事法律行为这一部分的改革做得更好一些。在这一部分的主要表现如下。

第一点改革，是把民事法律行为的概念和体系完全统一了。《民法通则》规定的是民事行为、有效的民事法律行为、无效的民事行为、可撤销可变更的民事行为，概念不统一，体系不完整，形成逻辑上的混乱。不仅如此，还在《民法通则》这30多年一直适用的规则的基础上，分为有效的民事法律行为、无效的民事法律行为、可撤销的民事法律行为、效力待定的民事法律行为，建立了完整的民事法律行为的体系。

第二点改革，是强调了意思表示在法律行为中的核心地位，《民法典》总则编"民事法律行为"这一章，专门规定一节为"意思表示"，对意思表示作了一个比较完整的规定，而《民法通则》就根本没有这样去做。这一部分改革我觉得也是很重要的。

第三点改革，我想要特别说的就是关于民事法律行为效力这一块，《民法典》总则编作了一个比较大的整合。它整合的基础是什么呢？《民法通则》规定的民事法律行为效力和《合同法》规定的合同行为效力之间有冲突，有不和谐、相矛盾的问题。这个问题该怎么去解决，是《民法典》总则编立法当中一个要经受考验的问题。特别是在过去讲民事法律行为时，特别强调对国家利益的特别保护，这有没有必要呢？在《合同法》中，规定欺诈、胁迫损害国家利益的就是无效的，而侵害其他主体利益就是可变更可撤销的。把国家和其他民事主体的利益分别开来、对立起来，真的有必要吗？

首先，对民事法律行为有效的条件，《民法典》总则编和《民法通则》都有规定，变化也不算太大。不过，我觉得，对此如果写成四个条件就好了，因为不违反法律、行政法规的强制性规定和不违背公序良俗是两个事情，把它放到一起其实是不对的。

其次，《民法典》总则编最先规定的一种无效的民事法律行为，就是第144条：无民事行为能力人实施的民事法律行为一律无效。《民法典》总则编关于限制民事行为能力人实施的民事行为的效力的规定没有大的变化，与《合同法》的规定基本相同。第146条规定虚假的民事法律行为和隐藏的民事法律行为，即："行为人与相对人以虚假的意思表示实施的民事法律行为无效。以虚假的意思表示隐藏的民事法律行为的效力，依照有关法律规定处理。"这一条文的第1款规定的是虚假的民事行为，实际上就是通谋的虚伪行为是一律无效的民事法律行为。这个条文原来是没有规定的，这样的规定非常好。第 2 款实际上规定的是隐藏行为，大家要注意一点，《民法典》总则编当中没有规定“以合法形式掩盖非法目的”的民事法律行为，取而代之规定的就是隐藏的民事法律行为，将以合法形式掩盖非法目的民事法律行为包含在这个条文的里面。其他的部分也都写得很好。

《民法典》总则编关于民事法律行为效力这一部分的整合，是非常成功的。

5. 对民事责任和诉讼时效制度的改革

(1) 民事责任

对于民事责任这一部分的规定《民法典》总则编到底是写还是不写，争论特别大，最后法工委还是决定写，主要是因为《民法通则》就这么写了，所以还这么写。

“民事责任”一章，写得最好的条文就是第 187 条，即：“民事主体因同一行为应当承担民事责任、行政责任和刑事责任的，承担行政责任或者刑事责任不影响承担民事责任；民事主体的财产不足以支付的，优先用于承担民事责任。”国家不和人民争利，当民事责任、刑事责任、行政责任同时存在的时候，民事责任优先，因为刑事责任和行政责任是向国家负责的，而民事责任是向当事人负责的，最终是对当事人的损害的救济，所以应当优先。这一条是从《侵权责任法》等法律中移过来的，我觉得这个条文规定得非常好。

(2) 诉讼时效

关于《民法典》总则编规定诉讼时效问题，现在规定的是 3 年。相比于过去的 2 年，3 年的时间更长了，对于保护债权人的利益显然更好了。

对于诉讼时效还有一个重要的改革，就是《民法典》第 192 条第 1 款，即：“诉讼时效期间届满的，义务人可以提出不履行义务的抗辩。”在《民法通则》之后，通常认为诉讼时效期间届满，权利人丧失胜诉权，只享有起诉权，因而将其作为法官职权主义对待。我们用了很长时间才改变了这种认识，确认：诉讼时效期间届满，义务人产生抗辩权，由他自己决定是否行使抗辩权。这样一个正确的方法，就在《民法典》总则编中确定下来了。

下面，我就要给各位介绍《民法典》总则编重要条文的内容了。与《民法通则》相比，民法典总则编规定的大部分条文都是民法的新规则，要对这些条文作一一讲解会花费很长的时间。因此，我这里选择最主要的条文，给各位做介绍。

二、关于总则编“基本规定”主要条文的解读

(一)《民法典》的调整范围

《民法典》第 2 条规定，民法调整平等主体的自然人、法人和非法人组织之间的

人身关系和财产关系。这是关于民法调整对象的规定。

原来在《民法通则》中也有第2条，规定的也是民法的调整对象，但是，原《民法通则》第2条规定的内容是："中华人民共和国民法调整平等主体的公民之间、法人之间、公民和法人之间的财产关系和人身关系。"相比较，《民法典》第2条规定有了重大的修改。

什么叫法律的调整对象？特定法律所调整的特定的社会法律关系，就是法律的调整对象。民法的调整对象就是民事法律关系，是平等主体间的人身关系和财产关系。

首先，民法调整平等主体之间的人身关系。人身关系是指人与人密切相连而不可分割的社会关系。平等主体之间的人身关系就是指平等主体之间与人身不可分离，而没有直接财产内容的社会关系。从《民法典》调整的人身关系的具体情况来看，它包括这样一些内容：一是主体地位平等，民法调整的人身关系的主体具有平等的法律地位，相互之间没有隶属关系，也没有谁控制谁的关系。二是与人身不可分离，人身关系是基于人身利益而发生的关系，离开了人身就不会发生人身关系。三是不直接体现财产利益，人身关系中权利人的权利和义务人的义务，都不直接体现出财产的利益，但是又都与财产利益有一定的联系。

其次，调整平等主体之间的财产关系。平等主体之间的这种财产关系，是以财产为媒介而发生的社会关系。平等主体之间的财产关系是平等主体在物质资料的生产、分配、交换和消费过程当中，形成的具有财产内容的一种社会关系。这种财产关系主要为两种：一是财产的所有关系，二是财产的流转关系。前一种叫作财产的静态关系，后一种叫作财产的动态关系；前一种主要着眼于利益的享有，是财产享有的安全，是静的安全。后一种着眼于利益的取得，是财产交易的安全，是动的安全。这两种社会关系作为民法的调整内容，必须是在平等主体之间发生的，也就是民法调整的财产关系和人身关系。

把《民法典》和《民法通则》两个第2条做了比较后，可以发现《民法典》第2条的如下要点。

第一，调整人身关系与财产关系的排列顺序。《民法典》第2条把人身关系放在财产关系之前，体现了20世纪后期以及21世纪民法典的人文主义立场。我国《民法典》作为21世纪的最新之作，做出这样的立法选择，就奠定了民法典重视人文关怀的人文主义基调。

第二，增加非法人组织作为民事法律关系主体。原《民法通则》规定的民事主体只有公民、法人，这是因为在当时的环境下，民法调整的法律关系仅限于公民、法人以及他们之间的民事法律关系。《民法典》把原《民法通则》规定的没有民事权利主体地位的其他组织，改成非法人组织，赋予其独立的民事主体地位，形成了三元的民事主体结构。

第三，文字表达更为准确简洁。首先是法律用语更为准确，原来受苏联民事立法的影响，规定的民事主体是公民。公民是政治概念，在宪法等公法中使用。民法作为私法应使用私法的概念，《民法典》把公民的表述修改为自然人，法律用语更加准确，更能够体现民法的私法属性。其次是法律用语更为简洁，原《民法通则》第2条用语比较重复，也比较烦琐。《民法典》第2条直接规定为自然人、法人和非法人组织之间的民事法律关系，简洁、明确地表达了民法调整的范围。

《民法典》第2条对调整对象和调整范围作出上述这些修改，明确了民法典特定的调整对象和调整范围，更重要的是凸显了民法的私法品格，坚持了人文主义的基本立场和基本精神。

（二）私权神圣原则

《民法典》第3条规定，民事主体的人身权利、财产权利以及其他合法权益受法律保护，任何组织或者个人不得侵犯。这个条文被称作“私权神圣”，是民法最主要的基本原则。原《民法通则》第5条也规定了民事权益依法保护的原则，前后两个条文相比较，《民法典》第3条不论在体系上还是在内容上，都有了很大的调整，地位更加重要。

私权神圣原则，是说民事主体的人身权利和财产权利以及其他合法权益，在民法领域中具有神圣的地位，要受到法律的全面保护。正像欧洲流传的一句格言：“风可以进，雨可以进，国王不可以进。”这里体现的就是私权神圣的含义：这是我的私权利，任何组织或者个人都不得侵犯。

这一条原来在草案中并不是规定在这个位置上，原《民法通则》也是把它规定在第5条。全国人民代表大会对《民法典（草案）》进行审议时，做了改变，有代表说：它是最重要的民法基本原则，怎么能放到后边呢？应当把它放到最前边来。按照全国人民代表的建议，这个条文被放到了基本原则中的第一个，它也是最重要的基本原则。

私权神圣原则包含三个方面的内容。

第一，民事主体的所有的民事权利都受到民法保护。民事权利既包括人身权利，即人格权和身份权；也包括财产权利，即物权、债权、知识产权、继承权、股权及其他投资性权利。在这些基本民事权利之内所包含的民事权利，比如所有权、共有权、姓名权、名称权、隐私权等，都在民法的保护范围之内。

第二，不仅民事主体所享有的民事权利受到保护，合法的民事利益也受法律保护。在民法上有一个术语叫法益，是指对那些尚没有上升到民事权利的民事利益，法律以法益的形式进行保护，比方胎儿的人格利益、死者的人格利益等。这些利益尽管都不能以民事权利的形式来保护，但都以法益的形式受到法律保护，不得侵犯。

第三，民事主体的民事权益神圣不可侵犯。民事主体享有的民事权益具有神圣不可侵犯的属性。为了保障民事主体的人格尊严和民事权益，禁止任何组织或者个人侵犯民事主体的民事权益，任何组织或者个人侵害民事主体的民事权益都要承担民事责任，民事主体都可以行使请求权予以保护。民事主体保护自己的民事权益，既享有民事权利所包含的请求权，也包括侵权请求权，用这两种方法来保护自己，行使这些请求权就可以救济自己的损害，保护自己的民事权益，维护自己的民事主体的地位和尊严。

这个条文和原《民法通则》第5条规定相比较，变化要点如下。

第一，民事权益依法保护的原则的地位做了改变。私权神圣基本原则的地位发生了改变。《民法通则》把这个原则作为最后一个基本原则规定。《民法典》把它放到了民法基本原则最重要的地位，成为民法基本原则之首，充分体现了《民法典》对私权神圣原则的重视。

第二，是对民事权益依法保护原则的内容调整。首先是主体的改变，把主体界定为民事主体，包括了自然人、法人和非法人组织。其次是对民事权益的表述有了改变，从“保护民事权益”细化为“人身权利、财产权利以及其他合法权益”，更加清晰。这一方面是对民事权益的内容全面表达，另一方面是对人文主义精神的贯彻与落实。

（三）增加公序良俗原则

《民法典》第8条规定，民事主体从事民事活动，不得违反法律，不得违背公序良俗。这个条文规定的是公序良俗原则和守法原则。与原《民法通则》第7条关于民事活动应当尊重社会公德，不得损害社会公共利益，扰乱社会经济秩序的规定相比，发生了重大变化。

公序良俗原则是民法的基本原则之一。这个原则最早出现在《法国民法典》中，该法典第6条把公共秩序和善良风俗规定在一起，任何人均不得以特别约定违反涉及公共秩序和善良风俗的法律。我国民法以前没有规定过公序良俗原则，通常表达为尊重社会公德，遵守社会公共利益，理论上把社会公德和公共利益解释成为公序良俗原则。在《民法典》之前，最高人民法院司法解释中曾经出现过公序良俗的表达。在编纂《民法典》中，规定了公序良俗原则，把它作为民事法律行为和民事活动的基本规则。

公序良俗原则是指民法以一般道德为核心，民事主体在实施民事法律行为时，应当遵守公共秩序和善良风俗的准则。公序良俗是由公共秩序和善良风俗两个概念构成的。公共秩序是指全体社会成员的公共利益，法律强调违反公共秩序的行为无效，是从正面去强调民法对公共秩序的维护，是对整个社会的秩序的维护。善良风俗是指由社会全体成员所普遍认识与遵循的道德准则，是民法所恪守的基本理念。

公序良俗原则用社会公德和社会公共利益来表述，显然没有这么准确。把公序良俗原则明确规定为民法基本原则的意义如下。

第一，实现对社会秩序的控制及其良好运转，不可能全部由强行法来完成。通过公序良俗原则，可以强调民事主体在进行民事活动中，必须遵循社会所普遍认同的道德和必须遵守的秩序，补充强行法规定的不足，从而使社会有序地发展。

第二，可以实现对意思自治的必要限制。意思自治原则并不意味着当事人所做任何约定都可以具有法律拘束力，只有在不违反公序良俗原则的前提下，意思自治才能得到法律的肯定性评价，才可以称为合法行为。因此，意思自治还须依赖于公序良俗原则作为配套，才能够得到真正的实现。也只有这两个原则共同作为民法的基本原则，民事行为才能够得到法律的肯定性评价，获得全面的保护。

第三，弘扬社会公共道德，建立稳定的市民社会秩序，从而保障市民社会的有序发展。公序良俗原则是民法要求民事主体对社会道德予以起码的尊重。在交易和非交易的民事法律行为中，在民事活动中，首要的就是要民事主体恪守公正，遵守公序良俗。一旦发生冲突，法官也要依据公序良俗原则来填补法律的漏洞，平衡利益的冲突，保护弱者，维护国家和社会的利益，维护社会正义，稳定市民社会秩序。

这个原则写到《民法典》中也是不容易的，因为在以前的民事法律中，从来没有直接规定过“公序良俗”，没有把它作为民法基本原则。有些人觉得挺突兀的，以前从来没用过这个词，为什么用这样一个词呢？其实，社会公共道德和社会公共利益的简称就是公序良俗，这样写更简单，经过这样的解释，“公序良俗”写进《民法典》才得到了认可。民法术语中有些不太好懂的概念，慢慢去解释，群众就会接受的。

在民法上，还是有些禁区的。公序良俗算是打破了一个禁忌。原来在写《民法通则》时，不准写物权和他物权，后来王家福老师想出了一个主意，就叫“财产所有权以及与财产所有权有关的财产权”这样一个绕口令式的概念，因为其基础不是资本主义民法的概念，而是苏联民法的概念，才得到通过。这次立法机关解放思想，摒弃了烦琐的概念，直接把公序良俗原则写进了《民法典》，把它确立为民法基本原则，是一个很大的突破。

（四）绿色原则

《民法典》第 9 条规定的内容，是民事主体从事民事活动，应当有利于节约资源、保护生态环境。这是我国民法第一次规定绿色原则，并把它作为民法基本原则之一。

绿色原则也叫生态原则，是指民法要求民事主体在从事民事活动的时候，应当有利于节约资源，保护生态环境，实现人与资源关系的平衡，促进个人与环境和谐相处的一个准则。

把绿色原则作为民法基本原则之一，具有重要意义。一方面，它与公平原则、平等原则、诚信原则、公序良俗原则等基本原则相比，具有更加鲜明的时代特征，是对当代环境和资源表达的一种保护及支持的态度。另一方面，绿色原则将与公平原则、平等原则等这些基本原则并列在一起，成为民事主体遵循的一般行为准则，发挥基本原则的规范功能，通过对绿色原则的贯彻执行，使之达到维护人与环境和谐相处的这样一个目的。

有一位很重要的民法学家问我：你们《民法典》把民法基本原则在前面写得很清楚、很好，可是在实践中怎么去用呢？写基本原则是制定法律的基本特点，每一部法律都要有自己的基本原则，是整部法律无论是在制定中还是在适用中，都必须遵循的准则，所以就这样去写基本原则。在司法实践中究竟能不能用呢？我的结论是，直接引用基本原则作出判决依据是不会的，因为这些基本原则贯彻到了整部《民法典》的具体条文中，适用时要遵循这些原则，体现民法基本原则的精神。

绿色原则作为民法的基本原则，在《民法典》分则各编中都有体现，物权编、合同编以及侵权责任编体现得最鲜明。《民法典》第 346 条就规定设立建设用地使用权，应当符合节约资源、保护生态环境的要求，遵守法律、行政法规。关于土地用途的规定，不得损害已经设立的用益物权（物权编）。《民法典》第 625 条规定，依照法律、行政法规的规定，或者按照当事人的约定，标的物在有效使用年限届满后应予回收的，出卖人负有自行或者委托第三人对标的物予以回收的义务；第 619 条规定，标的物的包装要符合绿色原则的要求；等等（合同编）。侵权责任编专章规定了环境污染和生态破坏责任。这些都体现了绿色原则的精神。

民事主体从事民事活动，要遵循绿色原则的目的，就是要节约资源，保护生态环境，促进人与自然的和谐发展。

任何民事主体从事民事活动、行使民事权利的时候，都必须把保护生态环境、节约资源的基本精神作为贯穿于物权、债权、知识产权、婚姻家庭、继承以及侵权责任的准则，民事主体不仅要在行使物权、债权、知识产权等财产权利时充分发挥物的效能，防止和避免资源被滥用，使有限的资源得到更充分的利用，达到利益的最大化；而且在婚姻家庭、继承等方面，也要体现绿色原则，缓解资源的紧张关系，在利用家庭财产以及在继承中分配遗产时，采用最有利于发挥物的效能的这种方法，以及更严格执行侵权责任编对环境污染和生态破坏责任的规定。

把绿色原则写到《民法典》总则编，真的是一个挺有价值的做法，体现了时代对保护环境、保护生态的非常重要的要求。

（五）法源

《民法典》第 10 条规定，处理民事纠纷，应当依照法律；法律没有规定的，可以适用习惯，但是不得违背公序良俗。这是关于民法法源的规定，与《民法通则》第 6 条“民事活动必须遵守法律法规，法律没有规定的，应当遵守国家政策的规定”

这一规定相比，显然更加私法化，更有实用价值。

本条规定的要点是，习惯是民法的补充法源。对此，要给大家介绍一个背景。在制定民法总则过程中，一个比较大的争议是，还要不要继续规定《民法通则》中“法律没有规定的，应当遵守国家政策规定”。我们都反对这样规定。因为政策和法律不是一个层次上的问题。过去说要遵守法律，要遵守国家政策，是对政策和法律不分的结果。现在如果还这样去写，民法就不是民法了。政策可以作为适用法律的指导，但是不能作为法律来适用。最后终于把遵守国家政策的内容删掉了，写成了习惯是民法的补充法源。

民法的法源就是民法的表现形式，也是大家通常说的法律渊源。在民法领域中，除了成文法是民法的普通法源之外，习惯和法理也是民法的补充法源。这样规定是因为市民社会生活的情形过于复杂，民事法律关系纷繁多样，再完备的法律，也不可能把全部的市民社会生活概括进来，一定是会有遗漏的。世界上最长的民法典有4 000多条，但即使这样多条文的民法典，也不会把整个社会生活全都写完的。再完备的民法，也不可能把全部市民生活概括穷尽，一定会有遗漏。所以，在法律没有明文规定的时候，应当适用习惯来处理民事纠纷；没有成熟的习惯作为习惯法来调整，就应当用法理来进行补充。这就是习惯和法理作为补充法源的客观性和必然性。

这个条文只说到了习惯，没有说法理。习惯是指不是立法机关制定的，而是在社会生活中由民事主体反复实施，并且具有法的确信这样的规范。习惯要具备三个要件，第一，是在社会上反复实施，这是它的客观要件。第二，要有法的确信，是讲习惯的那种主观要件，它相当于我们相信它是一个法。第三，要有法律上的拘束力，大家应该遵守。这就是作为习惯法必须具备的三个要件，如果一个习惯达到这种程度，就具有了这种法源的效力。

在民法没有规定的范围内，符合上述要求的民事习惯，又不与现行法律、法规和社会公共利益相抵触，不违背公序良俗，经过国家认可的，就具有民法渊源的意义。在没有法律规定的情况下，法官可以依据民事习惯作出判决，成为判决的法律依据。现在的问题是很多法院在法律没有明文规定的时候，不敢适用民事习惯作为判决的依据，这种做法是不正确的。既然规定了习惯是民法的补充法源，在没有具体的成文法作为法律基础时，民事裁判理应依照《民法典》第10条的规定，用习惯作为裁判的法律基础。

以习惯作为裁判的法律基础的规则是：第一，一个特定的请求权确实是法律所没有规定的，需要民事习惯予以补充。第二，这种民事习惯具有通用性，被多数人相信，并且在一定期间内，就同一事项反复为同一的行为，即反复不断地做同样的行为。第三，这种民事习惯不违反民法的平等、公平、诚实信用和公序良俗的规则。符合这些要求的习惯，就可以作为民事裁判的依据。

《民法典》第10条规定习惯是民法的补充法源，否定了国家政策作为民法法源。

在以往的民法民事基本法律中，规定国家政策是民法的法律。国家政策是党和政府为解决某一特定问题所作出的指导性意见。制定《民法通则》时之所以把国家政策作为民法补充法源，一是因为当时的政策与法律的界限没有分清，二是因为当时的民事法律、民事习惯以及法理还不完备，要寻求国家政策来弥补立法的不足。《民法典》彻底否认了政策的法源地位，政策只具有指导性作用，只有政策转化为法律的时候，它才具有法律的性质，才可以作为民法法源。

比较遗憾的是，《民法典》第10条没有规定民法的另一个补充法源，就是法理的法源地位没有得到承认。

法理的基本功能，在于补充法律及习惯法的不足，是执法者站在立法者的地位，寻求就该种案件所应适用的法则，以实现公平与正义，调和社会生活上相对立的各种利益。这就是把法理作为补充法源的理由。

在制定民法总则时，我们都建议规定法理也是民法法源，即有法律依法律，无法律依习惯，无习惯依法理。立法机关没有采纳这个意见，只承认习惯不承认法理。

其实，尽管在立法上没有明确法理是民法的补充法源，但是在具体的民事裁判中，法官在处理民事纠纷过程中，是能够并且已经充分发挥法理的基本作用的，以此来解决法律适用上的难题。

当一个社会中发生的民事争议，既没有法律，又没有习惯作为依据，那怎么办呢？一定要裁判，裁判就要依据法理作出。这个法理就包括国外的判例、国外的立法例、国外的学说，以及中国自己的学说、典型案例，等等，这些都是法理。

例如，国内发生的第一例人体冷冻胚胎权属争议案，这里既没有法律规定，也没有习惯，那怎么办？法官依据法理，认定人体冷冻胚胎属于伦理物，或者介于人与物之间的过渡存在，最终作出判决，保护了权利人的权利。这就是依据法理作出裁判的最好证明。

所以，尽管《民法典》第10条没有规定法理是补充法源，但是并不妨碍法官在符合要求的时候，依据法理对案件作出裁判。

（六）民法特别法的适用

《民法典》第11条规定，其他法律对民事关系有特别规定的，依照其规定。这是关于民法普通法与特别法关系的规定。

在这个规定之前，原《民法通则》没有关于民法普通法与民法特别法适用的一般性规定，在单行法领域内有规定，一是原《物权法》第8条规定了物权特别法与物权普通法的关系，内容是：其他相关法律对物权另有规定的，依照其规定。二是原《侵权责任法》第5条规定的侵权特别法与侵权普通法的关系，内容是：其他法律对侵权责任另有规定的，依照其规定。在这两个条文的基础上，《民法典》设立了民法普通法与民法特别法的关系这一新规则，即民法特别法优先于民法普通法适用。

民法普通法，是指国家立法机关关于民法的集中的、专门的规定，也就是《民法典》。它的特征，一是立法内容的完整性，形成了一个完备的规则体系。二是立法方式的概括性，内容简明扼要。三是立法形式的完善性，包含了整个民法的基本内容和规范。四是适用范围的全面性，即适用于国家的整个民事领域。

民法特别法是指民法普通法以外的法律，以及在其他法律中规定的民事法律规范所构成的民事法律规范的总和。它的特点，一是表现形式是民法典以外的法律或者其他法律中规定的民事法律规范。二是民法特别法的内容不同于民法普通法的内容。三是民法特别法的适用范围仅适用于某一特定的领域，而不是适用于整个民事领域。

我国民法特别法的表现形式分为以下两种类型。

第一种类型，是以法律形态出现的民法特别法。首先是商法，它是专门的民法特别法。我国实行民商合一的立法体例，除了在民法典当中规定商法的一些内容以外，商法最主要的部分还是特别法，就像公司法、保险法等。其次是知识产权法，它本来就是民法的组成部分，《民法典》用第 123 条这个规定把知识产权法与《民法典》连接在一起，让知识产权法作为民法的组成部分，用特别法的方法规定。再次，《民法典》第 128 条规定把《未成年人保护法》《老年人权益保障法》《残疾人保障法》《妇女权益保障法》《消费者权益保护法》，都作为民法特别法。

第二种类型，是其他非民事法律中规定的民法特别法。比方说《土地管理法》大量涉及物权法的规范，《道路交通安全法》有关机动车交通事故责任规定中的民事责任规范，这些都是民法的特别法。

《民法典》第 11 条规定的民法特别法，效力优先于民法普通法。它的立法基础是《立法法》第 92 条规定，即：同一机关制定的法律、行政法规、地方性法规、自治条例和单行条例、规章，特别规定与一般规定不一致的，适用特别规定；新的规定与旧的规定不一致的，适用新的规定。

这一条规定的法律适用规则，就是特别法优先于普通法，新法优先于旧法。这是因为，特别法相对于普通法，在内容上与范围上都具有特殊性，也就是在空间效力、对人效力、时间效力等方面均具有特殊的规定。特别法在特定的范围内，对人、时间、地域等问题排除了普通法的适用，只适用特别法。适用民法规则的时候，一定要遵守这样的规则。

民法特别法优先于普通法适用，要特别注意民法特别法的适用范围，既不能强调民法普通法的普遍适用性，而不适用民法特别法的特别规定，也不能无限制扩大民法特别法的适用范围。在法律适用中应当特别注意以下这几点。

第一，有的民法特别法规范的适用范围是以民事主体为标准划分的，其适用以特定的民事主体为准。如《消费者权益保护法》所强调保护的，就是消费者的权益，因此，要以消费者的主体范围来界定该法中民法特别法的适用范围。《消费者权益保护法》规定的远程购物中的 7 天无理由退货，是特殊的解除合同的方式，只有在消费者领域中才可以使用，在其他的领域中就不能适用这样的规则。

第二，有的民法特别法的适用范围是以违法行为所侵害的权利划分的，它的适用应当以所侵害的特定权利类型为标准。比方说，《专利法》规定的专利侵权行为以及《商标法》规定的商标侵权行为，都是以侵权行为所侵害的权利为标准，它们的适用范围就应当以专利权和商标权的范围为准。

第三，有的民法特别法规范的适用范围是以主管机关的管辖范围划分的，它的适用应当以主管机关的管辖范围为标准。

第四，有的法律开宗明义就规定了该法适用范围，该法所规定的民法特别法规范的范围，应当与这个适用范围一致，超出这一范围的，就不能适用。

民法特别法包括法律和法律规范，在优先于民法普通法适用的时候也应该有所区分：第一，对作为民法特别法的法律的规定优先适用。当一个具体案件所适用的法律是作为民法特别法的具体法律的条款时，应当直接适用该法的民法特别法条款。第二，对作为民法特别法的法律规范的优先适用，说的是一个非民事法律中规定的民法规范，这样的民法特别法本身就是请求权的法律基础，应当依据这样的规定，直接确定争议双方当事人的权利和义务。

我想特别说明的一点，是对民法特别法的识别问题。因为民法特别法的效力规则，是优先于民法普通法的适用，一个法律规范被确定为特别法的时候，它就对这一种民事纠纷排除了民法普通法的适用。这就要对民法特别法进行识别。

这个识别方法，我们在制定《侵权责任法》时达成了一个共识，有两个标准：第一识别标准是程序上的标准，叫“另有”，即在形式上民法特别法一定与民法普通法是不一样的，它是“另有”规定。第二个识别的标准是“特别”。“特别”是说特别法规定的规范一定与普通法规定的内容是不一样的，只有不一样，才有成为特别法的价值，才具有优先适用的效力。在实践中，在识别一个在《民法典》以外规定的民事法律规范的时候，是不是民法特别法，是不是具有民法特别法的效力，根据这两个标准去判断，就能够分清是不是民法特别法，是不是可以在法律适用中优先于普通法而适用。

三、对总则编“自然人”规定部分条文的解读

（一）对胎儿利益的特别保护

《民法典》第 16 条规定，涉及遗产继承、接受赠与等胎儿利益保护的，胎儿视为具有民事权利能力，但是，胎儿娩出时为死体的，其民事权利能力自始不存在。这个条文是关于胎儿利益保护的规定，原《民法通则》没有对此作出过规定，这是

民法典新增加的一个规则。

关于胎儿利益保护的问题，其实在很早以前就有规定。比方说，罗马法在身份认定方面就有这样的规则，由于战争对兵源的需求，以及受到希腊哲学关于人生而自由理论的影响，认为凡是怀孕之初，生母曾取得自由权，于分娩时仍为奴隶的，出生的婴儿即为自由人。罗马法上的自由人就相当于一个完全的人格。涉及胎儿利益保护的视为已经出生的原则，就是从这里引发出来的。

在私法上胎儿视为已经出生，就意味着它具有民事权利能力。这一条关于胎儿视为具有民事权利能力的规定的实质，就是视为胎儿已经出生，但是仅限于遗产继承、接受赠与等胎儿利益保护，认为胎儿具有民事权利能力，即只承认胎儿具有部分民事权利能力，或者叫作限制民事权利能力。这种部分民事权利能力指的是只具有部分人格要素的主体，在特定情况下享有的民事权利能力的状态，与完全民事权利能力相对应。

《民法典》第 13 条规定自然人完全民事权利能力起止时间的一般规则，即自然人从出生时起到死亡时止，都具有民事权利能力，依法享有民事权利，承担民事义务。确认自然人自出生时起到死亡时止享有完全民事行为能力。为了更周全地保护自然人的人身利益与财产利益，延伸保护自自然人出生前以及死亡后的这段时间，保护的方式就是有限地承认胎儿与死者具有部分民事权利能力。关于胎儿的部分民事权利能力的确认，正是由《民法典》第 16 条作出的这一规定。关于死者的部分民事权利能力，这是通过《民法典》第 185 条即英雄烈士的人格利益保护，以及第 994 条对死者人格利益保护这样的规范作出的确认。

规定胎儿取得部分民事权利能力，是对自然人权益保护的一个重大突破。在具体适用时应当注意以下四个方面。

第一，对胎儿的认定。胎儿是指自然人虽未出生，但在受胎之中的生物体状态。胎儿不是刚出生的婴儿，刚出生的婴儿具有完全民事权利能力，享有民事权利，承担民事义务。胎儿因为还没有出生，没有办法获得完全的民事权利能力。为了保护胎儿的利益，民法实行预先保护主义，规定胎儿以将来非死产者为限，关于其个人利益之保护视为即以出生，这句话说得比较难懂，含义是胎儿娩出时是活体的情况下，法律将其出生时间提前，视胎儿为已出生，使胎儿具有部分民事权利能力，从而能够享受权利。

第二，胎儿取得部分民事权利能力，是以娩出时为活体为条件。这里要说一下，这个“娩出”是我坚持要把它改成这样的。原来的法律一直都说“出生时为死体”，包括《民法总则》草案也是这样说。最后在立法专家委员会讨论民法总则草案时，我坚持这个还是改成“娩出”。有人说原来就写“出生”，1985 年《继承法》就叫“出生”也没有什么太大的问题。但是，为了法律概念更加准确，还是改为“娩出”好，“出生时为活体”能够说清，“出生时为死体”，既然是“出生”，怎么会是死体呢？最后决定就把“出生”改成为“娩出”，既包括死体，也包括活体。确定胎儿民事权利能力产生的时间，应当从胎儿出生的事实推定其出生前享有部分民事权利能力。在胎儿出生前可以享有的权利，包括损害赔偿请求权、抚养费请求权、继承权、受赠予权、非婚生子女对其生父的认领请求权等，都已经存在了，只是没有享有，等到他出生成为法律上的人的时候，就可以用自己的名义享有和行使这些权利。

第三，胎儿取得遗产继承、接受赠与等涉及胎儿利益保护的这些民事权利能力，还不具有完整的民事主体资格。首先，表现在胎儿享有部分民事权利能力，只依法享有民事权利而不承担义务。其次，胎儿仅享有涉及利益保护的民事权利能力，原来仅有《继承法》第 28 条保护胎儿的继承财产权益，也就是遗产分割的时候应当保护胎儿的继承份额，待其出生后按照法定继承办理。《民法典》第 16 条扩大胎儿利益保护的范围，不仅包含了遗产继承，也包括了接受赠与，同时还以“等”字作为兜底条款。除了本条规定的遗产继承接受赠与以外，“等”字所概括的内容还包括人身损害赔偿请求权、抚养损害赔偿请求权以及身份权请求权等。

第四，胎儿的权利待其出生后才能够行使。胎儿取得部分民事权利能力，然而他还在母体中尚未出生，并不能行使这些权利，一定要等到他出生以后享有完全民事权利能力的时候，才可以行使。如果胎儿是死产，那就是娩出时为死体，尽管其曾经享有部分民事权利能力，但是民事权利能力在事实上并未取得，所以以上各项请求权都没有发生，并不发生其权利的继承问题。

这就是在理解胎儿的民事利益保护问题时应当注意的四个问题。

（二）未成年人限制民事行为能力的年龄起点为 8 周岁

《民法典》第 19 条规定，8 周岁以上的未成年人为限制民事行为能力人，实施民事法律行为由其法定代理人代理或者经其法定代理人同意、追认；可以独立实施纯获利益的民事法律行为，或者与其年龄、智力相适应的民事法律行为。这是关于未成年人限制民事行为能力起点的规定，与原《民法通则》第 12 条规定相比，降低了限制民事行为能力人的年龄标准，扩大了限制民事行为能力未成年人的活动范围。

限制民事行为能力，是指自然人因年龄的原因或者不能完全辨认自己行为的原因，不具有完全的民事行为能力，只能在法律限定的范围内进行有效的法律行为，并取得权利承担义务的这种民事行为能力状态。

未成年的限制民事行为能力人，指的是 8 周岁以上不满 18 周岁的未成年人，是因年龄原因而不具有完全民事行为能力的限制民事行为能力人。在一般情况下，未成年限制民事行为能力人实施民事活动，应当由他们的法定代理人代为进行，或者是征得他们的法定代理人的同意或者追认才能够发生法律效力。针对法定代理人的追认问题，《民法典》第 145 条还规定了相对人的催告权与善意相对人的撤销权，这都是后边的问题。在非常态下，未成年限制民事行为能力人可以独立地去实施部分法律行为：一个是纯获利益的法律行为。纯获利益，是指单纯取得利益、免除义务，也就是限制民事行为能力人在获得利益的时候不引起法律上任何义务。这样的行为，限制民事行为能力人的未成年人是可以独立实施的。

另一个是与其年龄、智力相适应的民事法律行为，比方说在购买物品时，限制民事行为能力的未成年人的活动范围遵循“必需品原则”，也就是与未成年人的生活条件和他在出售和交付时的实际需要相适应的物品，这样就应当按照他的经济能力、身份、地位、职业等各种情况为标准来判断。法定代理人事先为其子女确定范围，允许子女在该范围内处分财产，对未成年子女的事先授权，这个子女在这种授权范围内实施的处分行为是有效的。

这一条文的新规则包括如下要点。

第一，扩大了未成年限制民事行为能力人的主体范围。原《民法通则》第 12 条规定的未成年限制民事行为能力人的年龄标准是 10 周岁，与现实情况差距太大。据我了解，在世界各国的民法典中，规定 10 周岁为限制民事行为能力人的年龄起点的，基本上看不到。《民法典》总则的草案在审议过程中，一直是规定为 6 周岁，因为 6 周岁与学龄相一致，能够上学的孩子，当然就有一部分民事行为能力。后来在全国人民代表大会审议的时候，人大代表的意见不统一，有支持 6 周岁的，有支持 8 周岁的，还有支持 10 周岁的。最后因为主张 8 周岁的比较多，就定了 8 周岁。其实，说起来，还是 6 周岁比较合适，现在法律定了 8 周岁，当然就是 8 周岁了。

第二，扩张未成年限制民事行为能力人的活动范围。《民法通则》第 12 条规定，10 周岁以上的未成年人是限制民事行为能力人，可以进行与他的年龄、智力相适应的民事活动，其他的民事活动由他的法定代理人代理或者征得他的法定代理人的同意。不满 10 周岁的未成年人是无民事行为能力人，由他的法定代理人代理民事活动。根据这样的规定，未成年限制民事行为能力人所能独立实施的民事法律行为，仅仅是与其年龄、智力相适应的法律行为。《民法典》第 19 条新增加了纯获利益的民事法律行为，限制民事行为能力的未成年人可以单独实施，独立实施也同样发生法律效果，体现了对未成年人权利的尊重。

第三，增加了未成年限制民事行为能力人实施民事法律行为的有效情形。《民法通则》第 12 条规定，对于限制民事行为能力的未成年人不能独立实施的民事法律行为，应当由法定代理人代理或者经法定代理人同意。只有在这两种情形下，未成年限制民事行为能力人不能独立实施的民事法律行为，才具有法律的效力。《民法典》第 19 条增加规定了法定代理人的追认权，经法定代理人事后追认，未成年限制民事行为能力人不能独立实施的民事法律行为也具有法律效力。这样就避免了因过度限制未成年限制民事行为能力人实施法律行为的效力而抑制市场交易的积极性。

第四，调整行为的常态与非常态关系。原《民法通则》第 12 条先规定了未成年限制民事行为能力人可以独立实施的民事法律行为的规则，然后规定了未成年限制民事行为能力人不能独立实施的民事法律行为规则。按照这样的规定，未成年限制民事行为能力人独立实施民事法律行为就是常态，法定代理人代为实施为非常态，是与实际情况不符的。《民法典》这一条规定就调整了关系，先规定限制民事行为能力人由法定代理人代为实施民事法律行为，这才是常态；然后再规定限制民事行为能力人独立实施为非常态。这样的规定显然比原来的规定更好，也更加符合实际情况。

（三）未成年子女的监护人

《民法典》第 27 条规定，父母是未成年子女的监护人，未成年人的父母已经死亡或者没有监护能力的，由下列有监护能力的人按顺序担任监护人。一是祖父母、外祖父母；二是兄、姐；三是其他愿意担任监护人的个人或者组织，但是须经未成年人住所地的居民委员会、村民委员会或者民政部门同意。

这是对未成年人的监护人及监护顺序的规定，与原《民法通则》第 16 条规定相比，条文的第 1 款内容基本没有变化，主要变化在于第 2 款。未满 18 周岁的未成年人都需要依法进行监护，在监护法律关系中都是被监护人。法定监护是由法律直接规定谁为监护人的制度。法定监护应当依照法律规定的监护顺序，以顺序在先者为监护人。在前一顺序的法定监护人缺位后，依次由后一顺序的法定监护人来担任。

未成年人的法定监护顺序是这样的。

第一，未成年人的父母是未成年人的监护人，这是未成年人的亲权人作为未成年人的监护人。

第二，未成年人的父母已经死亡或者没有监护能力的，由下列有监护能力的人按照顺序担任监护人：一是祖父母、外祖父母，二是兄、姐，三是其他愿意担任监护人的个人或者组织，但是须经未成年人住所地的居民委员会、村民委员会或者民政部门同意。具中第三顺序的监护人是自愿监护人，也就是其他愿意担任监护人的个人或者组织。自愿监护人的范围比较宽，自愿担任监护人的个人或组织都可以。但自愿监护人的条件是比较严格的，须经未成年人住所地的居民委员会、村民委员会或者民政部门同意。

这一个条文规定的新规则变化的是什么呢？

第一，对未成年人确定监护人的监护顺序。原《民法通则》第 16 条没有规定未成年人的法定监护顺序，《民法典》第 27 条补充了这个立法漏洞，规定了未成年人的监护顺序。这样不仅有利于解决法定监护人之间的纠纷，避免了法定监护人相互推诿或者相互争抢，也能够在前一顺序的法定监护人缺位时，立即由后一顺序的法定监护人来接替，及时保障未成年人的合法权益。

第二，扩大了未成年人自愿监护人的范围，无论是原《民法通则》第 16 条还是《民法典》第 27 条，都规定了自愿监护人，不同的是范围有所扩大。原来规定的自愿监护人仅限于关系密切的亲属、朋友，而且要经过未成年人的父母的所在单位，或者未成年人住所地的居民委员会、村民委员会同意。《民法典》第 27 条为了更多体现自愿的性质，扩大自愿监护人的范围，愿意担任监护人的个人和组织都可以作为未成年人的监护人。考虑到未成年人父母的所在单位并不具有监护职能，所以改为未成年人住所地的居委会、村委会或者民政部门同意的条件。

不过，我认为，8 周岁以上的未成年人不同意自愿监护人作为自己的监护人的，应当尊重他们的意愿。

（四）成年人意定监护

《民法典》第 33 条规定，具有完全民事行为能力的成年人可以与其近亲属、其他愿意担任监护人的个人或者组织事先协商，以书面形式确定自己的监护人，在自己丧失或者部分丧失民事行为能力时，由该监护人履行监护职责。这是规定了成年的意定监护制度。原《民法通则》只规定了法定监护和指定监护，没有规定意定监护。这一条规定意定监护，是借鉴《老年人权益保障法》第 26 条制定的新规则。

意定监护制度，是指具备完全民事行为能力的成年人，可以与其近亲属或者其他与自己关系密切、愿意承担监护责任的个人、组织中进行协商，通过签订监护协议来合意确定自己的监护人，当签订了监护协议的成年人在丧失或者部分丧失民事行为能力时，意定监护人依照监护协议承担监护责任，对被监护人实施监护。

意定监护制度具有更好地保护丧失或者部分丧失民事行为能力的成年人的重要价值。《老年人权益保障法》第 26 条第 1 款首次规定老年人的意定监护制度，这个条文说起来，还是我起草的：在讨论怎么样才能使《老年人权益保障法》修订得有亮点，要选择特别重要的制度来修订完善时，我提出一个意见，从上个世纪 60 年代开始，世界范围内的成年监护制度改革风起云涌，但是我们一直没有汇入潮流中，《民法通则》没有任何反应，在《老年人权益保障法》中能不能够先设定一个老年人意定监护，就跟上了世界的成年监护制度改革的步伐。立法机关认为这是一个很重要的建议，能使《老年人权益保障法》的修订更有亮点，就接受了这个意见。我就跟全国人大内务司法委员会的工作人员一起研究意定监护的条文怎样制定，我起草了一个四款构成的条文，前两款被采纳，后两款关于意定监护制度的监督等内容没有被采纳，最终形成了《老年人权益保障法》第 26 条的规定。

《民法典》制定总则时借鉴《老年人权益保障法》第 26 条的经验，扩大了意定监护的范围，扩大到所有的成年人，确认成年意定监护是合法的监护设置方式。成年人在本人具有完全民事行为能力的时候，可以依照自己的意志选任监护人；意定监护人也应当具有完全的民事行为能力，其可以是法定监护人，也可以是法定监护人之外的其他人，也就是近亲属和其他与自己关系密切、愿意承担监护责任的个人或者组织。成年意定监护须以书面形式，通过意定监护协议为自己确定监护人，成年人与意定监护人进行协商，达成合意以后，签订意定监护协议，约定在自己丧失或者部分丧失民事行为能力时，由意定监护人进行监护。

监护协议应当经过公证，这对被监护人的权利保护意义重大。目前我国还没有规定监护登记程序，可以借鉴公证的方法确认意定监护协议，经公证更为稳妥。

通过监护协议确定监护法律关系以后，当本人丧失或者部分丧失民事行为能力时，意定监护协议就发生效力，产生监护关系，意定监护人就开始履行监护职责，应当根据《民法典》第 34 条及第 35 条的规定，最大限度地尊重被监护人的真实意愿，来保障被监护人的合法权益，不得擅自变更监护人。

意定监护也有风险，应当配有意定监护监督的制度。意定监护的确立，体现了对完全民事行为能力人自我决定权的尊重，是自我意愿的真实表达。但是，如果没有相应的监督制度，督促意定监护人履行监护职责，很可能会发生侵害被监护人合法权益的情形。由于《民法典》没有规定意定监护监督制度，当出现意定监护人侵害被监护人权益的情形时，可以通过《民法典》第 36 条关于撤销监护人资格的制度，撤销监护协议，指定新的监护人，保护好被监护人。

（五）监护人的监护职责

《民法典》第 34 条规定，监护人的职责是代理被监护人实施民事法律行为，保护被监护人的人身权利、财产权利以及其他合法权益等。监护人依法履行监护职责产生的权利受法律保护，监护人不履行监护职责或者侵害被监护人合法权益的，应当承担法律责任。因发生突发事件等紧急情况，监护人暂时无法履行监护职责，被监护人的生活处于无人照料状态的，被监护人住所地的居民委员会、村民委员会或者民政部门应当为被监护人安排必要的临时生活照料措施。

与《民法通则》第 18 条规定相比，这个条文增加规定的新规则，是因突发事件监护人暂时无法履行监护职责，有关组织对被监护人负有临时生活照料义务。

监护权是监护人享有的对未成年人、丧失或者部分丧失民事行为能力的成年人的人身权益、财产权益加以监督保护的准身份权。监护权的中心内容是义务，这种义务被称为监护职责。我国监护权的中心内容就是监护职责，监护权的监护职责包括：第一，身上监护权。对未成年人的监护是身上照护权，也有管教权的内容，对成年人的监护内容大体一致，略有区别，不具有管教权的内容，具体包括居住所指定权、交还请求权、身上事项同意权、扶养义务、监督教育义务和护养医疗义务。

第二，财产监护权。监护人应当全面保护被监护人的财产权益。具体内容是包括财产管理权、使用权和处分权，以及禁止受让财产的义务。

第三，民事法律行为和民事诉讼行为的代理权。首先是代理民事法律行为，可以被监护人的名义进行民事活动，为被监护人获得、取得和行使权利，设定和履行义务。其次是代理民事诉讼行为，对被监护人发生的诉讼活动，监护人也作为法定代理人享有诉讼代理权，代理被监护人参加诉讼，行使诉讼权利，承担诉讼义务。

监护人应当承担两种民事责任。第一，监护人不履行监护职责，造成被监护人人身损害或者财产损害的，应当承担相应的民事责任。第二，监护人侵害被监护人的合法权益，是滥用监护权，造成被监护人人身损害或者财产损害的，应当承担赔偿责任。

上面这些就是条文当中最基本的内容。

这个条文规定的新规则，就是因突发事件等紧急情形，监护人暂时无法履行监护职责的，有关组织对被监护人负有临时生活照料的义务。这是根据新冠肺炎疫情防控工作的实际情况和总结的经验确定的新规则。新规则的要点包括以下三点。

第一，有关组织临时照料生活义务的适用条件。一是因发生突发事件等紧急情况，例如发生新冠肺炎这样的大规模传染，以及其他类似突发事件等情况。二是无民事行为能力人和或者限制民事行为能力人的监护人对被监护人暂时无法履行监护职责。三是由于监护人无法履行监护职责，被监护人处于无人照料的状态，无法正常生活，陷入窘迫甚至危难。具备这三个要件，就可以适用这一条规定的临时生活照料义务。

第二，对被监护人负有临时生活照料义务的组织，是被监护人住所地的居民委员会、村民委员会或者民政部门。居民委员会和村民委员会是地方自治组织，是特别法人，他们对本区域的居民、村民负有职责。民政部门是政府的主管部门，不仅是监护的监督机关，而且是负有监护义务的监护部门。如果出现了上述突发事件等紧急情况，这些组织就负有对陷入困境甚至危难的被监护人，承担安排必要的临时生活照料措施的义务，这些是法定义务，是必须履行的，不履行就要承担责任。

第三，为被监护人安排必要的临时生活照料措施。例如为被监护人设置专人进行生活照料，或者将被监护人集中起来进行生活照料等，使临时脱离监护的被监护人能够正常地生活，防止出现意外。

四、对总则编规定的“法人”主要条文的解读

（一）法人的成立

《民法典》第 58 条规定：“法人应当依法成立。法人应当有自己的名称、组织机构、住所、财产或者经费。法人成立的具体条件和程序，依照法律、行政法规的规定。设立法人，法律、行政法规规定须经有关机关批准的，依照其规定。”这是关于法人成立的规则，与原《民法通则》第 37 条相比，这个条文规定法人成立的条件有五个方面的变化。

法人成立是指法人开始取得民事主体的资格，享有民事权利能力。法人的成立，

表现为营利法人、非营利法人和特别法人的成立，一经成立，就开始具有法人的人格，成为民事权利主体。从这一法人成立的规则可以看到，“法人依法成立”是一个几乎无所不包的表述，不仅要求法人资格的取得须遵照法定程序，而且须具备法律所要求的实质要件；不仅指向法人设立行为的合法性，而且法人的事业目的必须合法，一言以蔽之，欲取得法人资格，一切都必须合法。归纳起来法人成立的具体条件：第一个是须有设立行为，必须经过设立人的设立行为才能够成立法人。第二个是须符合设立的要求。一是法人要有自己的名称，确立自己法人人格的文字标识；二是要有能够进行经营活动的组织机构。三是必须有自己固定的住所。四是须有财产或者经费能够进行必要的经营活动和承担民事责任。第三个是自由主义和许可主义结合，一般的法人成立采取自由主义，由法律、行政法规规定须经主管机关批准的法人的成立采取许可主义。第四个是须经过登记，法人的设立原则上需经过登记才能够取得法人资格，机关法人成立无须登记，事业单位法人和社会团体法人除了法律规定不需要登记的以外，也要办理登记。

这些关于法人的成立必须依法进行的条文规定概括起来有下面五个方面的新变化。

第一，将法人依法成立单独列为一款，规定法人应当依法成立，是法人成立条件的概括性规定。原《民法通则》第 37 条把它规定为条件之一，是不够妥当的。把它单独列为一款，体现了立法技术上的进步。

第二，删去了财产或者经费的限定语。2013 年在《公司法》修订的时候，删除了出资的最低要求，从实缴制变为认缴制。与此相协调，《民法典》删除了原《民法通则》第 37 条关于财产或者经费的“必要”这两个字。

第三，删除了能够独立承担民事责任的内容。能够独立承担民事责任，是法人成立后的法律效果，而不是法人成立的条件。删除这个内容也是对的。

第四，增加了法人成立须依照法律、行政法规规定的具体条件和程序办理。法人的成立必须依照法定的条件和程序办理，否则不能成立。

第五，增加了法人设立，法律、行政法规规定须经批准的，应当经过批准。法人的成立与法人的设立是不同的概念，设立是行为，成立是结果。法人的设立方式包括自由设立主义、特许设立主义、行政许可主义、准则设立主义以及强制设立主义。对一般的法人设立，采取自由设立主义，如果法律、行政法规规定应当经过批准成立的，必须遵守许可主义的设立方法和要求，经过批准才能成立，否则不能成立。

（二）法人承担有限责任

《民法典》第 60 条规定，法人以其全部财产独立承担民事责任。这是关于法人承担民事责任的规定，与原《民法通则》第 48 条关于“全民所有制企业法人以国家授予它经营管理的财产承担民事责任”，集体所有制企业法人、中外合资经营企业法人、中外合作经营企业法人和外资企业法人“以企业所有的财产承担民事责任，法律另有规定的除外”这样的规定相比，《民法典》第60条规定的适用范围更为宽泛，也更准确，适用于任何类型的法人。

这个新规则就是法人以其全部财产独立承担民事责任，就是有限责任。法人承担有限责任，突出的是法人的独立性与有限性。独立性表现在法人是以自己的财产承担民事责任，股东等法人的成员并不需要以自己的财产承担法人的民事责任。有限性表现在法人是以其全部财产独立承担民事责任，以其所有的财产为限，承担有限责任，法人用他的全部财产独立承担民事责任，还体现了法人民事责任能力的范围。

原《民法通则》没有使用民事责任能力概念，这个概念是指民事主体具有独立承担民事责任的法律地位或者法律资格，也叫侵权行为能力。关于法人是否具备民事责任能力，有肯定说与否定说，我国民法采法人实在说，承认法人的民事责任能力，法人作为一个实在的组织体，对其代表人及成员在执行职务中的行为造成他人的损害，承担民事责任，即代表责任或者替代责任。这些规则在《民法典》中都有规定。

（三）营利法人

《民法典》第76条规定，以取得利润并分配给股东等出资人为目的成立的法人为营利法人，营利法人包括有限责任公司、股份有限公司和其他企业法人等。这条规定了营利法人的内涵与外延，是一个新规则。

原《民法通则》将法人分为企业法人、事业单位法人、机关法人、社会团体法人等。在制定《民法典》总则时，大多数学者主张重新回归传统大陆法系民法的法人分类方法，把法人分为公法人与私法人、社团法人和财团法人等。立法机关没有采纳这种意见，最后是独创了新的分类，即营利法人、非营利法人和特别法人。

这条新规则的要点有两项。

第一，第1款规定的是营利法人的概念。营利法人是依法设立，以取得利润并分配给其股东等出资人为目的的法人，是法人的典型类型。营利法人的法律特征：一是营利法人具有人格性，具有法律上的人格，享有民事权利能力和民事行为能力，享有权利，承担义务，有独立的人格。二是营利法人是人与人结合的社团，是社团法人，具有人合性，具有鲜明的团体性特征。三是营利法人的设立目的是取得利润，并分配给它的股东，原则就是实现股东利益的最大化。营利法人与非营利法人、特别法人的本质区别，就在于是否以营利为目的，也就是能否取得利润，并且分配给出资人。

第二，第2款规定的是营利法人的外延，也就是营利法人的种类，包括有限责任公司、股份有限公司和其他企业法人。有限责任公司的股东以其认缴的出资额为限，对公司承担责任。股份有限公司的股东以其认购的股份为限，对公司承担责任。股份有限公司与有限责任公司的主要区别是承担有限责任的财产范围不同。其他企业法人则是有限责任公司和股份有限公司以外的，其他以营利作为设立目的的企业法人。

（四）非营利法人

《民法典》第 87 条规定，为公益目的或其他非营利目的成立，不向出资人、设立人或者会员分配所取得利润的法人，是非营利法人。非营利法人包括事业单位、社会团体、基金会、社会服务机构等。这是关于非营利法人的内涵与外延的规定。原《民法通则》没有作这样的规定，这一条是增加的新规则。主要的内容如下。

第一，非营利法人是只为公益目的或者其他非营利目的成立，不取得利润，或者不向其出资人、设立人或者会员分配利润的，具有民事权利能力和民事行为能力的法人。

第二，非营利法人的法律特征，一是非营利法人具有法人资格，而不同于非法人组织。二者最重要的区别是，非法人组织承担无限责任，非营利法人承担的是有限责任。二是非营利法人的设立目的具有非营利性，非营利法人与营利法人的主要区别在于设立目的是否具有营利性，说到底，就是分红还是不分红。非营利法人的设立目的分为两种，一种是纯粹以公益为目的设立的非营利法人，另一种是虽然非完全为公益目的，但是也不具有营利目的的非营利法人。这是从公益或者非公益这个角度上来划分的。三是非营利法人的财产权结构具有独特性，非营利法人只具有对外的法人财产权，其财产来源于捐赠、拨款，也有出资，但是均不享有非营利法人的股权，也不享有基于股权而享有的收益，没有分红的权利。所以，非营利法人进行活动，不得向出资人、设立人或者会员分配其所得的利润。四是非营利法人兼具公与私的双重属性。一方面，这种非营利法人设立目的的公益性或者非营利性，使它区别于营利法人，具有这种公的属性。另一方面，非营利法人是私法上的民事主体，具有民事权利能力和民事行为能力，从事民事活动，遵守私法的规则，享有权利、承担义务，具有私的属性，所以既有公、也有私，具有公与私的双重属性。

第三，非营利法人包括：一是事业单位法人，例如从事新闻出版、广播、电视、电影、教育、文艺等事业的法人。二是社会团体法人，比方说工会、妇女联合会、青年联合会、工商业联合会以及各类学术团体。三是捐助法人，包括基金会、社会服务机构以及宗教捐助法人等。

一般认为教育、医疗等机构的法人性质是非营利法人，不过，有些民办教育、民办医疗机构以营利为目的的，它的性质是营利法人，只有以公益为目的的或者非营利性为目的，它的性质才是非营利法人。

（五）捐助法人

《民法典》第 92 条规定，具备法人条件，为公益目的以捐助财产设立的基金会、社会服务机构等，经依法登记成立，取得捐助法人资格。依法设立的宗教活动场所，具备法人条件的，可以申请法人登记，取得捐助法人的资格。法律、行政法规对宗教活动场所有规定的，依照其规定。

这个是关于捐助法人资格的规定，《民法典》第 92 条到第 94 条明确规定了捐助法人的设立规则，捐助人的权利以及捐助法人决定瑕疵的效力。

原《民法通则》规定的非企业法人主要是事业单位法人与社会团体法人，没有规定捐助法人。《民法典》规定非营利法人，明确了其外延，包括事业单位、社会团体、基金会、社会服务机构等。其中基金会、社会服务机构是典型的捐助法人。

捐助法人作为民法典规定的非营利法人之一，应当依法设立，要点包括以下四个。

第一，捐助法人是指由自然人或者法人、非法人组织为实现公益目的，自愿捐助一定资金为基础而成立的，以对这种捐助资金进行专门管理为目的的非营利法人。

捐助法人的特点，一是捐助法人是财产集合体，是以财产的集合为基础成立的法人，所以是财团法人，跟公司不一样，公司是社团法人，捐助法人的财产既不是成员的出资或者缴纳的会费，也不是来源于政府的拨款，而是来源于民间捐赠和捐助。二是捐助法人没有成员，或者没有会员，不存在通常的社团法人由会员大会组成的权力机构，它只设立理事会和监事会。三是捐助法人具有非营利性，活动宗旨是通过资金资助进行科学研究、文化教育、社会福利和其他公益事业的发展，为公益法人。

第二，捐助法人的类型包括：一是基金会，是利用自然人、法人或者非法人组织捐赠的财产，以从事公益事业为目的，按照基金会管理条例成立的非营利法人，比方说宋庆龄基金会，就是这种典型的财团法人。二是社会服务机构，是由社会公益性资金或者政府财政拨款举办的，以公益为目的，运用专业技能在某些专业领域提供社会服务的机构。三是宗教捐助法人。如何定位寺院、道观、教会等宗教活动场所，法律一直没有规定，《民法典》这一条规定了宗教活动场所具有捐助法人的性质，有助于解决宗教活动场所财产的归属问题。

第三，《民法典》专门规定了宗教捐助法人，是捐助法人，是一个财团。由于具有特殊性，本条第 2 款专门规定宗教捐助法人。

第四，依法设立的宗教活动场所，具有法人条件的可以申请法人登记，取得捐助法人的资格。宗教捐助法人是依法设立具有法人条件的宗教活动场所，经过登记成立的捐助法人。它的特点：一是依法设立的宗教活动场所，包括寺院、道观、教会等。二是应当具备法人条件，有自己的名称、组织机构、住所、财产和经费。三是依照宗教活动场所自己的意愿，可以申请登记成立捐助法人，也可以不申请登记成为捐助法人，愿意登记为宗教捐助法人的，需经过登记后取得宗教捐助法人资格，成为民事主体，享有民事权利能力和民事行为能力，能够自己承担民事责任。

我想特别说一下对宗教捐助法人的一些考察情况。

有一年，我们几个教授专门到青海去考察宗教寺院的财产问题，很有收获。他们的财产到底是属于谁的，藏传佛教和汉传佛教看法是不一样的。青海的藏传佛教寺院里，活佛、僧侣都有自己的财产，但是，这些财产其实也不是属于活佛、僧侣个人的，而是属于寺院的财产，是财团法人的财产。汉传佛教的寺院不是这样的，每一个和尚都没有自己的财产，都是统一的寺庙财产，寺院是一个财团法人。

在青海曾经发生这样的争议，有一些出家人，他们家里人为了让他能有更好的生活条件，提供一些财产让他自己盖房子，可以自己独立修行。这个僧侣的这些财产，当他去世后，他的亲属提出了继承的请求。这些案件都集中到了青海省高级人民法院，最后统一的意见是：这些财产仍然还是寺庙的财产，虽然是他们个人在使用，但是只要捐助给了寺庙，这个财产就是属于寺庙的财产了，就不会成为个人的财产。

藏传佛教的大活佛有很多财产，这些东西从名义上说都是大活佛的，都由他自己来支配，但是，在他圆寂以后，这些财产仍然在那里，仍然是寺庙的财产，灵童转世，找出了新的活佛以后，新的活佛会继续住在同样的地方，并使用和支配这些财产。虽然从表面上看，这些财产是由他们个人在使用、支配，但是真正的权属应该属于寺庙，而不是个人的财产。

（六）特别法人

《民法典》第 96 条规定，本节规定的机关法人、农村集体经济组织法人、城镇农村的合作经济组织法人、基层群众性自治组织法人为特别法人。这是对特别法人的规定。

特别法人是在《民法典》之前没有用过的一个概念，原《民法通则》把法人分为企业法人、机关法人、事业单位法人和社会团体法人。农村集体经济组织、城镇农村的合作经济组织、基层群众性自治组织这些组织，之前都不具有法人的资格，不属于独立的法人。

为了满足社会生活实践的需要，也是为了体现民商合一的特点，《民法典》颠覆了原《民法通则》的法人分类标准，把法人区分为营利法人和非营利法人。在民法总则的草案中，很长时间里就是维持这种分法，就是营利法人和非营利法人。后来觉得营利法人和非营利法人还不能概括所有的法人，又增加了一种法人，就叫特别法人。现在《民法典》规定的法人就采取了这种三分法，即营利法人、非营利法人和特别法人。

特别法人，包括机关法人、农村集体经济组织法人、城镇农村的合作经济组织法人和基层群众性自治组织法人。

第 96 条是关于特别法人类型的规定，但是没有对特别法人的概念下具体的定义，而是从特别法人的范围方面作的规定。对特别法人应当确定这么几点。

第一，特别法人是指我国现实生活中存在的，既不属于营利法人，也不属于非营利法人，具有民事权利能力和民事行为能力，依法独立享有民事权利和承担民事义务的组织。

第二，特别法人的特点有这么几点：一是，特别法人是为公益目的或者其他非营利目的而成立，没有出资人和设立人，而是依据国家法律和政府的命令而设立的法人。二是，特别法人具有法人的组织形式，有自己的名称，有组织机构，有住所，有一定的财产或者经费，也有法定代表人，并且依照法律的规定而设立，具备法人的所有组织形式，是一个具有法人资格的组织体。三是，特别法人具有民事权利能力和民事行为能力，能够以自己的财产或者经费来承担民事责任。四是，特别法人的外延具有法定性，只有法律规定的机关法人、农村集体经济组织法人、城镇农村的合作经济组织法人、基层群众性自治组织法人才属于特别法人。

第三，《民法典》规定了特别法人以后，明确机关法人、农村集体经济组织法人、城镇农村的合作经济组织法人和基层群众性组织法人都具有民事主体资格，依法享有民事权利，承担民事义务。其性质就是法人，类型属于特别法人。

五、对总则编规定的非法人组织的解读

《民法典》总则编对非法人组织的规定比较少，内容不多，我只介绍一下非法人组织的一般情况，特别介绍一下法人分支机构的问题。

《民法典》第 102 条规定，非法人组织是不具有法人资格，但是能够依法以自己的名义从事民事活动的组织，非法人组织包括个人独资企业、合伙企业，不具有法人资格的专业服务机构等。这是关于非法人组织概念的规定。

我国在以前的民法立法中从来没使用过非法人组织的概念。《民法通则》只规定了两种民事主体，分别是自然人（公民）和法人，有关合伙、联营等特别的民事主体，则分别规定在自然人、法人一章中。可是，原《合同法》第 2 条规定创设了第三类民事主体，就是其他组织：本法所称合同是平等主体的自然人、法人、其他组织之间设立、变更、终止民事权利义务关系的协议；婚姻、收养、监护等有关身份关系的协议，适用其他法律的规定。这样，就在民事主体的规定上形成了立法上的矛盾。

原《民法通则》没有规定其他组织是民事主体，而原《合同法》却承认了其他组织的民事主体地位。制定《民法典》总则编的时候，为了给第三类民事主体的发展提供制度的依据，明确了非法人组织的民事主体地位。其实，在传统民法上，有非法人团体的概念，例如德国就有这个概念，但是并没有将其作为民事主体。我们

在立法建议中，曾经建议设立非法人团体，有条件地承认其民事主体地位。立法机关采取了非法人组织的概念，并且确认其具有民事主体资格，使其成为我国民法上的第三类民事主体。

这条新规则的要点是：

第一，确定非法人组织的内涵。即非法人组织是不具有法人资格，但是能够依法以自己的名义从事民事活动的组织。其基本特征：一是非法人组织是不同于自然人和法人的社会组织。二是非法人组织有自己的名称，以自己的名义进行民事活动，是不具备法人资格的社会组织。三是非法人组织具有相应的民事权利能力和民事行为能力。四是非法人组织有自己特定的民事活动目的，如进行经营活动，发展教育、科学宗教以及慈善事业，等等。

第二，非法人组织的外延。即非法人组织包括：一是独资企业，是指依照法律规定在中国境内设立由一个自然人作为投资人投资财产，以个人所有投资以及以个人财产对企业债务承担无限责任的经营实体。二是合伙企业，包括普通合伙企业和有限合伙企业，普通合伙企业是指由普通合伙人组成，合伙人对合伙企业债务承担无限连带责任的组织，有限合伙企业是指由普通合伙人和有限合伙人组成的合伙企业。三是不具有法人资格的专业服务机构，是特殊的普通合伙企业，是以专门知识和专门技能为客户提供有偿服务，并依法承担责任的一种普通合伙企业，例如律师事务所、会计师事务所等，都是提供专业服务的企业，是不具有法人资格的专业服务机构。四是其他非法人组织，比方说依法登记领取我国营业执照的中外合作经营企业、外资企业、依法登记领取营业执照的乡镇企业、街道企业等，符合《民法典》关于非法人组织条件要求的这些企业。

值得注意的是，法人的分支机构不属于非法人组织，《民法典》总则编草案第一次审议时，第 91 条第 2 款曾经规定分支机构是非法人组织，包括个人独资企业、合伙企业、营利性法人或者非营利性法人依法设立的分支机构。这样规定是不适当的，因为法人的分支机构如果属于非法人组织，就须承担无限责任，这样，就与法人的有限责任相矛盾。所以，在第二次审议稿中，就删除了法人的分支机构作为非法人组织的规定，而是将其作为法人的组成部分规定在第 74 条。法人的分支机构就不是非法人组织，仍然是法人的自己的组成部分，不能把它单独作为一个非法人组织来对待，这和原《合同法》的规定是不一样的。

《民法典》对其他组织的概念进行了改造，变成非法人组织，剔除了一些不具有独立地位，像分支机构这样的组织，符合条件的，就成为第三类民事主体。

六、对总则编关于民事权利规定的解读

我们现在要开始讨论《民法典》总则编关于民事权利的规定。这一部分的章名

叫“民事权利”，实际上既包括民事权利，也包括民事权利客体，更重要的还是民事权利客体，因为民事法律关系的要素是主体、客体和内容，主体和内容在《民法典》总则编中都有很好的规定，只有民事权利客体规定的内容偏少，且包含在民事权利的内容之中。大家在学习《民法典》的时候，对此要特别注意。

（一）人身自由和人格尊严

《民法典》第 109 条规定，自然人的人身自由、人格尊严受法律保护。这是关于人身自由和人格尊严的规定。与原《民法通则》第 101 条关于公民、法人享有名誉权，公民的人格尊严受法律保护，禁止用侮辱诽谤等方式损害公民、法人的名誉的规定相比，这一规定真正实现了人身自由和人格尊严从公权利到私权利的转变。这个公权利不是说的政府的公权力，而是公民的政治权利的公权利。

《宪法》第 37 条规定了人身自由，即中华人民共和国公民的人身自由不受侵犯，任何公民非经人民检察院批准或者决定，或者人民法院决定，并由公安机关执行，不受逮捕；禁止非法拘禁和以其他方法非法剥夺和限制公民的人身自由；禁止非法搜查公民的身体。《宪法》第 38 条规定人格尊严的内容，即中华人民共和国公民的人格尊严不受侵犯，禁止用任何方法对公民进行侮辱、诽谤和诬告陷害。《宪法》的这两个条文确立了人身自由、人格尊严的公权利属性。

在制定《民法通则》的时候，曾经试图实现人身自由、人格尊严从公权利到私权利的转变，立法机关局限于人身自由的公权利属性，没有把它纳入民事权利的范围。

原《民法通则》第 101 条承认人格尊严的私权利属性，但却把人格尊严作为名誉权的内容之一，实际上降低了人格尊严的法律地位。为了应对实践中人身自由权、人格尊严被侵犯的情形，最高人民法院制定《关于确定民事侵权精神损害赔偿责任若干问题的解释》，承认了人身自由、人格尊严的民事权利属性。

该司法解释第 1 条第 1 款规定，自然人因下列人格权利遭受非法侵害，向人民法院起诉请求赔偿精神损害的，人民法院应当依法予以受理：（1）生命权、健康权、身体权。（2）姓名权、肖像权、名誉权、荣誉权。（3）人格尊严权、人身自由权。经过理论与实践上的 30 年努力，人格尊严与人身自由的这种私权利属性，终于在这个条文中得到了承认。

《民法典》第 109 条至第 111 条规定的都是人格权。人格权是指民事主体专属享有，以人格利益为客体，为维护民事主体独立人格所必备的固有民事权利。

第 109 条规定的人身自由和人格尊严就是人格权。这两个人格权要分开来说一下。

人格尊严是一般人格权。第 109 条规定的人格尊严是一般人格权，第 990 条第 2 款也规定了一般人格权。第 109 条虽然是对一般人格权作一个概括规定，但着重的是将其公权利的性质转化为私权利。

一般人格权的性质是抽象人格权，与《民法典》第130条规定的自我决定权和第993条规定的公开权一道，构成抽象人格权的体系。一般人格权更为抽象和具有概括性，不同于人格权本身，也不同于各项具体人格权，而是人的基本权利。

一般人格权是抽象人格权，不是一种主观的权利，不具有独立的权利地位。它主要是一种权能性的权利，却又具有一定的独立性。一般人格权的范围极其广泛，在内容上不可能列举穷尽，因而需要采用高度概括的方式来阐释一般人格权的具体内容。一般人格权的内容尽管极其广泛，但是它概括的内容是可得而知的，这就是人格独立、人格自由和人格尊严。一般人格权这三项基本内容也是一般人格权客体的三大法益，可以概括一般人格权的所有内容。

一般人格权的功能是指一般人格权体系中所发挥的基本作用，包括解释功能、创造功能和补充功能。这些功能分为两种性质。一种是抽象功能，包括解释功能和创造功能，发挥的是一般人格权的母权利和渊源权的作用。另一种就是具体功能，也就是补充功能，对具体人格权无法提供保护又涉及人格尊严的其他人格利益，一般人格权就提供保护。这是讲的人格尊严。

再说一下人身自由，本条所规定的人身自由权是具体人格权。人身自由权是指自然人在法律规定的范围内，按照自己的意志和利益进行行动和思维，人身不受拘束、控制或者妨碍的权利，其客体是人身自由，是自由的一种表现形式，是指人的身体、行动和意志、思维的不受约束、不受控制、不受限制的状态。人格权法研究的自由是人身自由，不是一般的自由，人身自由权的内容就包括身体自由权和思维自由权。

我们要特别看到的是，《民法典》第1011条规定的就是身体自由权，而不是身体权。这一部分，我将在人格权编的时候再详细说明。

（二）身份权

《民法典》第112条规定，自然人因婚姻家庭关系等产生了人身权利受法律保护。这是关于自然人身份权的规定，原《民法通则》没有规定身份权，本条是关于身份权的新规定。

身份权是自然人因婚姻家庭关系产生的人身权，是自然人基于特定的亲属身份关系产生，并由其专属享有，以其体现的身份利益为客体，为维护该种身份关系所必须的权利。换一句话说，身份权就是由亲属身份关系发生的权利。

在我国民法中，对身份权一直是不怎么待见的，在研究婚姻家庭法的文献中，很少看到身份权的说明。我在研究人身权法中一直坚持研究身份权。《民法典》规定了身份权，我特别高兴。

身份权的法律特征是：第一，身份权表达的是亲属之间的身份地位；第二，身份权是亲属之间的权利义务关系；第三，身份权的主体有范围的限制，是在特定的亲属之间；第四，身份权的客体是身份利益；第五，身份权的本质是以义务为中心。

我们举个例子来说。比方说亲权，表达的是父母和未成年子女之间的这样的一种身份地位，就是亲子关系，这种亲子关系表达了一种权利和义务关系，就是父母对未成年子女有抚养、教育、保护的义务。这当然也是权利，亲子关系中亲权的对象是未成年子女，他有这种权利，要求父母提供抚养、教育、保护。亲权的主体有范围的限制，仅仅约束父母与未成年子女之间这样的关系。子女一旦超过 18 周岁，就不再受亲权的保护，变成了亲属权的关系。亲权的客体是身份利益，是父母和未成年子女之间的身份利益，是一种亲属关系的利益。亲权的本质完全是以义务为中心的，所以争夺对未成年人的抚养权，其实争的就是亲权。亲权其实主要是义务，权利倒是次要的，是以义务为中心的，这是亲权的对内关系。亲权的对外关系，表明身份权的绝对性，是一个绝对性的民事权利，它表明了享有身份权的权利主体，享有这种权利，其他任何人都负有不可侵犯的义务。

身份权的对内关系，来源于身份权的相对性。由于总是在特定的相对应的亲属之间享有身份权，因此，身份权的主要内容是对内的权利义务关系，对外主要是一个宣示的作用。

具体的身份权，包括配偶权、亲权和亲属权，我们一个一个地说。

1. 配偶权

先说配偶。配偶是指男女双方因结婚而产生的亲属，也就是具有合法婚姻关系的夫妻相互间的同一称谓和地位，在婚姻关系存续期间，妻是夫的配偶，夫是妻的配偶，双方互为配偶。

配偶权的具体内容包括：一是夫妻姓氏权，到底姓什么，特别是妻子应当姓什么；二是住所的决定权；三是同居义务；四是忠实义务；五是职业学习和社会活动的自由权；六是日常事务代理权；七是相互扶养扶助权；八是生育权，是夫妻双方生孩子的权利。这就是配偶权，即第一个身份权。

2. 亲权

第二个身份权是亲权，是指父母对未成年子女在人身和财产方面的管教和保护的权利与义务。亲权确定的是父母与未成年子女之间的身份关系，属于亲属法上的身份权。亲权的主要内容，一是身上照护权，是父母对未成年子女人身的教养、保护的权利和义务；二是亲权的财产照顾权，对于未成年子女的财产，亲权人有保护的义务。

3. 亲属权

第三个身份权叫亲属权，也有人把它叫作其他亲属权，是指除了配偶、未成年子女与父母以外的其他近亲属之间的基本身份权，表明了这些亲属之间互为亲属的身份地位和权利义务关系，为其专属享有以及支配，其他任何人均负有不得侵犯的义务。亲属权的主要内容是扶养权，分为抚养权、赡养权和扶养权。

《民法典》第 112 条规则的要点是什么呢？它明确了身份权依法受到法律保护。在此之前，《民法通则》并没有规定自然人的身份权，仅在第 104 条概括性地说明了婚姻家庭受法律保护。那是说婚姻家庭、老人、母亲和儿童受法律保护，残疾人的合法权益受法律保护，但是没有真正规定身份权，即使在原来的《婚姻法》中也没有使用身份权这样的概念。

《民法典》第 112 条明确了因婚姻家庭关系等产生的人身权利受到法律保护，就是对自然人身份权的积极确权，对身份权的保护具有重要意义。

（三）物权

《民法典》第 114 条规定，民事主体依法享有物权。物权是法定权利，是民事主体依法对特定的物享有直接支配和排他的权利，包括所有权、用益物权和担保物权。这是关于物权概念的规定，与《民法通则》关于"财产所有权以及与财产所有权有关的财产权"的规定相比较，明确了物权概念的内涵和外延。

这一条文着重强调两个方面的问题：

第一个方面，本条的第 1 款规定的是民事主体依法享有物权。这是宣示性的条款，主要是强调物权受法律保护。物权和债权是财产权的两大支柱，相较于债权，物权的基本特征有：第一，物权是绝对权，除了物权人以外，其他人都是物权的义务人；而债权是相对权，只能约束相对人，不能约束其他人。第二，物权是支配权，物权人行使物权不需要借助任何人的意识和行为；而债权是请求权，只能通过请求他人为一定行为或者不为一定行为来实现自己的利益。第三，物权具有排他性，实行一物一权原则；债权具有相容性，在一个物上可以同时存在两个以上的债权。有鉴于此，物权的效力优先于债权，受到法律的侧重保护，这里讲的是物权的属性和特征。

第二个方面，是本条的第 2 款规定，内容是物权的内涵与外延。物权是指民事主体在法律规定的范围内直接支配一定的物，享受利益并排除他人干涉的权利，是人与人之间对物的归属和利用关系在法律上的体现。物权都包括什么权利呢？

一是所有权，是所有人依法按照自己的意志，通过对所有物进行占有、使用、收益和处分的方式，独占性地支配其所有物，并排斥他人非法干涉的永久性物权。所有权包括单独所有权、共有权、建筑物区分所有权，相邻权也在所有权的范围里。

二是用益物权，是指非所有权人对他人所有之物所享有的占有、使用和收益的他物权。用益物权包括土地承包经营权、建设用地使用权、宅基地使用权、居住权、地域权等。

三是担保物权，是指债权人所享有的，为确保债权实现，在债务人或者第三人所有的物或者权利之上所设定的在债务人的债务不履行的时候，或者发生当事人约定的实现担保物权的情形时，就担保物的变价款优先受偿的他物权。担保物权包括抵押权、质权、留置权，还有所有权保留、优先权与担保等。

说完了这两个方面以后，我们可以看到，这一条新规则的要点是明确界定物权的内涵与外延。在此之前，《民法通则》仅规定了财产所有权、土地使用权与承包经营权、自然资源使用权与承包经营权。直到制定《物权法》的时候，才明确了物权的概念。《民法通则》里叫作“财产所有权以及与财产所有权有关的财产权”，《物权法》就开始改变了，第2条规定：因物的归属和利用而产生的民事关系适用本法，本法所称的物包括不动产和动产，法律规定权利作为物权客体的依照其规定。本法所称的物权是指权利人依法对特定的物享有直接支配和排他的权利，包括所有权、用益物权和担保物权。

《民法典》第114条就是在《物权法》第2条规定的基础上，进一步明确了物权的内涵与外延，同时强调民事主体依法享有物权，对于物权的保护具有重要的宣示性意义。

（四）债权

《民法典》第118条规定，民事主体依法享有债权。债权是因合同、侵权行为、无因管理、不当得利以及法律的其他规定，权利人请求特定义务人为或者不为一定行为的权利。这是关于债权的规定，《民法通则》仅对债的定义作了规定，没有规定债权，《民法典》第118条规定了这种关于债的概念，是一个新的规定。

对于债权概念的规定，要点有四个。

第一，民事主体依法享有债权。这一条规定是宣示性的条款，主要强调债权受到法律保护。债权的法律特征包括：其一，债权是相对权，是特定主体之间的民事法律关系；其二，债权的性质是请求权，债权的实现有赖于债务人为一定行为或者不为一定行为，也就是债权人只能请求债务人为一定行为或者不为一定行为；其三，债权具有期限性，原则上不能有永久存在；其四，债权具有相容性，对同一标的物可以成立内容相同的数个债权，其相互之间并不排斥；其五，债权具有平等性，数个债权人对同一债务人先后发生数个普通债权的时候，其效力一律平等；其六，债权的客体具有多样性；其七，债权具有任意性。

第二，债权的概念是指债的内涵与外延。债权是按照合同约定或者依照法律的规定，在当事人之间产生的特定的权利和义务关系，也称为债权关系或者债的关系。在债权关系中，享有权利的人就是债权人，负有义务的人就是债务人，债权人享有的债权权利就是债权，义务人承担的义务就是债务。债权就是在债的关系中，一方请求另一方为一定行为或者不为一定行为的权利，也就是债权人请求债务人为一定行为或者不为一定行为的权利。

第三，债权产生的根据。债权有五种类型，分别是合同之债、侵权之债、无因管理之债、不当得利之债以及因法律规定产生的其他的债，即单方允诺之债，也是债权产生的根据。这五种债，合同之债、无因管理之债、不当得利之债都在合同编中规定，侵权之债在侵权责任编里规定。

第四，因“法律的其他规定”产生的债，主要是指单方允诺之债。《民法典》总则编一审稿曾经规定单方允诺是债的类型之一，但是由于有人反对，在之后的审议稿中删除了单方允诺之债的内容，改写成因“法律的其他规定”产生的债。这主要是考虑到单方允诺之债的主要形式是悬赏广告，最高人民法院《关于适用〈中华人民共和国合同法〉若干问题的解释（二）》第3条规定了悬赏广告是合同。其实，除了悬赏广告以外，还存在其他单方允诺之债，所以，这个条文就规定了因“法律的其他规定”产生的其他的债。

第五，在《民法典》第118条还有一个很重要的内容，就是规定了债的客体。这个债的客体是怎么规定的？就是“权利人请求特定义务人为或者不为一定行为”。对于债的客体众说纷纭，没有统一的意见。其实，这个条文的第2款已经界定了债权的客体，即权利人请求特定义务人为或者不为一定的行为。这一点很重要，就是将债的客体法定化，也就不必再去争论了。

（五）知识产权

《民法典》第123条规定，民事主体依法享有知识产权。知识产权是权利人依法就下列客体享有的专有的权利：一是作品；二是发明、实用新型、外观设计；三是商标；四是地理标志；五是商业秘密；六是集成电路布图设计；七是植物新品种；八是法律规定的其他客体，例如数据就是数据专有权的客体。

这个条文是关于知识产权及其客体的规定。在此之前，《民法通则》仅在第94条至第97条，分别笼统地规定了著作权、专利权、商标权、发明权、发现权以及其他科技成果权。与《民法通则》的规定相比，《民法典》第123条界定了知识产权的概念，规定了知识产权的客体。

知识产权也叫智慧财产所有权，是指民事主体基于其创造性智力成果和工作工商业标记，依法产生的专有的民事权利的统称。

知识产权是一种无形财产权，属于广义的财产权利范畴，它的客体是智慧劳动成果或者是知识产品，它是一种无形的财产，或者是一种没有形体的财富，也是创造性的智力劳动所产生的劳动成果。

知识产权的内容包括两大部分：

第一部分是人身权利，也称为精神权利，是指权利同取得智力成果的人身不可分离，是人身关系在法律上的反映，包括作者的署名权、作品的发表权、作品的修改权、维护作品完整权等。

第二部分是财产权利，也称为经济权利，是指智力成果被法律承认以后，权利人可以利用这些智力成果取得报酬或者得到奖励的权利。

主要的知识产权类型包括下边这些：

第一是著作权，是作品制作者及其他主体对各类作品的创作成果依法享有的权利。广义的著作权除了狭义著作权以外还包括表演权、录音录像制品、作者和广播电视局等在传播作品过程中就自己创造的劳动成果等，所享有的民事权利。

第二是专利权，是发明创造人或其他权利受让人，对特定的发明创造，在一定期限内依法享有独占实施的知识产权。

第三是商标权，是指商标主管机关依法授予商标所有人对其注册商标予以国家法律保护的专有知识产权。

第四是其他知识产权，例如地理标志权、商业秘密权、植物新品种权、集成电路布图设计专有权，等等。

对知识产权的客体，这一条文作了很明确的列举，包括 8 种。

第一是作品，包括文学艺术和自然科学、社会科学工程技术等作品，这是著作权的客体。

第二是发明、实用新型、外观设计。发明是对产品方法或者它的改进所提出的新的技术方案。实用新型是指对产品的形状构造或者其结合所提出的适于实用的新的技术方法。外观设计是指对产品的形状、图案或者其结合，以及色彩与形状图案的结合，所作出的富有美感并适用于工业应用的新设计。这些是专利权的客体。

第三是注册商标，即经商标局核准注册的商标，包括商品商标、服务商标和集体商标证明商标，等等，是商标权的客体。

第四是地理标志，也就是原产地标志，是鉴别来源于某个地区的产品的标志，它标志着产品的质量声誉和其他确定的特性，主要决定于原产地。

第五是商业秘密，是不为公众所知悉，能为权利人带来经济利益，具有实用性，并经权利人采取保密措施的技术信息和经营信息。

第六是集成电路布图设计，设计对于电子元件、器件间互联线模型的建立，所有的器件和互联线都需安置在一块半导体衬底材料之上，从而形成电路。

第七是植物新品种，是指经过人工培育的，或者对发现的野生植物加以开发，具有新颖性、特异性、一致性和稳定性，并有适当命名的植物品种。

第八是法律规定的其他客体，例如《民法典》第 127 条规定的数据，是数据专有权的客体。

这一条新规则的要点有两个：第一是界定了知识产权的概念。《民法通则》只规定了著作权、专利权、商标权等，并没有规定上述这些权利的概念，也没有规定知识产权本身的概念。《民法典》这个条文规定抽取了著作权、专利权、商标专用权等内容的一般要素，界定了知识产权的概念，这是一个要点。第二是界定了知识产权的客体。《民法通则》只规定了著作、专利、注册商标等客体，没有规定上述所有知识产权的客体。之后，立法机关陆续制定了知识产权的单行法，包括但不限于《著作权法》《专利法》《商标法》《植物新品种保护条例》等。《民法典》第 123 条结合上述单行法的规定，界定出了完整的知识产权的客体。

这一条文对知识产权的概念及客体的规定是非常重要的。同时，它还有一个特别重要的作用，就把所有的知识产权单行法与《民法典》链接起来，它们都成为《民法典》的特别法，加入《民法典》的体系中来了。所以，我认为这个条文就是知识产权单行法与《民法典》的链接条款，起到了这种链接的作用。

（六）继承权

《民法典》第 124 条规定，自然人依法享有继承权，自然人合法的私有财产可以依法继承。这是关于继承权的规定，与《民法通则》第 76 条关于公民依法享有财产继承权的规定相比，本条删除了“财产”二字，并明确了继承权的客体是遗产。

继承权是指自然人按照被继承人所立的合法有效遗嘱或者法律的直接规定而享有的继承被继承人遗产的权利。在继承中，遗留财产的死者是被继承人，死者的财产叫遗产，取得遗产的人就叫继承人，继承人继承遗产的权利，是继承权。

继承权的主体是自然人，而不能是法人、非法人组织或者国家，继承权是自然人依照合法有效的遗嘱或者法律的直接规定而享有的继承被继承人遗产的权利，其发生根据有两种，一是法律的直接规定，二是合法有效的遗嘱的指定。继承权的客体是被继承人的遗产。继承权的性质是财产权，同时具有身份属性，因为继承通常是在特定的亲属之间发生的，因而继承权具有双重属性。

继承权的客体是遗产，遗产就是自然人死亡时遗留下来的个人合法财产。具体地说，遗产是自然人死亡时遗留下来的财产，不是自然人死亡时留下的财产的不是遗产；遗产是自然人的个人财产，不属于个人的财产，不能成为遗产；遗产是自然人的合法财产，不是自然人合法取得和合法享有的财产也不能成为遗产。

遗产具有时间上的限定性，被继承人死亡的时间是划定遗产的特定时间界限，在被继承人死亡之前，该自然人具有民事权利能力，他享有财产所有权等各种权利，自然人死亡以后就不再有民事权利能力，他的财产就转变为遗产。遗产具有内容上的财产性，遗产只能是自然人死亡时遗留的个人财产，具有财产性。遗产在范围上具有预定性，遗产必须是自然人死亡时遗留的个人财产，只有在被继承人生前属于被继承人个人所有的财产才能成为遗产。遗产具有性质上的合法性，有自然人死亡时遗留下的财产，只有依法可以由自然人拥有的，并且被继承人有合法取得根据的财产才是遗产。遗产具有处理上的流转性，遗产是要转由他人承受的，因此被继承人死亡时遗留的财产必须具有流转性。

《民法典》第 124 条对继承权的规定，有以下两个要点：第一，把“财产继承权”修改为继承权。原来《民法通则》规定的是公民享有财产继承权，尽管自然人所享有的继承权在内容上具有财产性，但是将其表述为财产继承权还是有所不当，这个条文就删除了“财产”二字，体现了立法用语的精准。第二，明确了继承权的客体是遗产，《民法通则》没有规定继承权的客体，《继承法》第3条规定遗产是公民死亡时遗留的个人合法财产，之后进行了具体的列举。《民法典》修正了这些缺陷，把公民改为自然人，概括规定遗产是继承权的客体，没有遗产就不存在继承法律关系。

（七）股权和其他投资性权利

《民法典》第125条规定，民事主体依法享有股权和其他投资性权利。这是关于股权和其他投资性权利的规定，《民法通则》没有对此作出规定。

股权是指股东基于出资行为，在依法设立的公司中取得股东地位或者出资人的资格，在公司中享有的以财产收益权为核心，并可以依法参与公司事务的权利。股权性质上还是财产权利。不过，股权的内容比较复杂，不仅包括财产权利的内容，还包括了股东身份的权利。

其他投资性权利，是指股权人以外的自然人、法人或者非法人组织，作为出资人或者开办人，基于其向非公司性的营利法人或者非法人组织出资，而获得的出资人或者开办人的身份，以及基于该身份而享有的经营收益权。这些其他投资性权利也属于民事权利，与股权类似，所以民法予以保护。

《民法典》规定股权和其他投资性权利具有重大意义。制定《民法通则》的时候，还没有完全摆脱计划经济体制的影响，在民事权利的类型中，没有规定股权和其他投资性权利；在制定《侵权责任法》的时候，就明确了股权为侵权责任保护的民事权益之一，不过也没有规定其他投资性权利。《民法典》第125条第一次宣示股权和其他投资性权利的民事权利地位，为股权和其他投资性权利的积极确权和消极保护提供了法律基础。将来对上述民事权利进行保护的时候，就可以直接适用这一规则。

（八）数据与网络虚拟财产

《民法典》第127条规定，法律对数据、网络虚拟财产的保护有规定的，依照其规定。这个条文规定了数据和网络虚拟财产是民事权利的客体，是为了满足互联网时代保护个人数据与网络虚拟财产的需求而新设的条款。

这个条文规定数据和网络虚拟财产是民事权利客体，这个内容原来是写在物权客体的条文里边的，就是说明网络虚拟财产和数据是物权的客体。在《民法典》制定过程中，很多人对这个条文有意见，产生了很多争议，难以有一个统一的意见。主要的反对意见是：网络虚拟财产还是一个发展的东西，怎么能够把它界定成物权的客体呢？数据也是这样，争论太大。后来，有的主张删除，有的主张保留，经过商量说，干脆给它一个不太显眼的地方去规定，避免发生重大争议，因为不规定还不行，它代表了时代的特点。最后，就把它放到了第127条的位置，这真的是一个不太显眼的地方。

可以看出来，网络虚拟财产是一个物权的客体，数据不是物权客体，是知识产权的客体。

我们现在分别说一下，先说数据。《民法典》总则编草案曾经把数据作为知识产权的客体，网络虚拟财产作为物权的客体，但是，数据与网络虚拟财产的属性有比较大的区别，立法机关就把它从原来的规定当中移除，单列了一个条款来作出规定，就是这个规定数据、网络虚拟财产的条款。尽管目前对数据与网络虚拟财产的属性没有最终的结论，但基于立法的考察，我更倾向于认为数据是知识产权的客体，网络虚拟财产是物权的客体。数据可以分为原生数据和衍生数据，这个是我们在制定《民法典》总则时的一个调查结果。

原生数据是指不依赖于现有数据而产生的数据，衍生数据是指原生数据被记录存储后，经过算法加工计算聚合而成的系统的、可读性的、有使用价值的数据，例如购物偏好数据、信用记录数据等等。能够成为知识产权客体的数据是衍生数据，性质属于智力成果，与一般的数据不同。在数据市场交易和需要民法规制的数据就是衍生数据，以衍生数据为客体建立的权利就是数据专有权。数据专有权是一种财产权。性质属于一种新型的知识产权，它与传统的知识产权有明显的不同，在权利的主体、客体以及保护等方面都存在着明显的差别。

作为数据权利客体的衍生数据，在业务实践中并不需要具备这些门槛，数据专有权具备传统知识产权的无形性、专有性、可复制性的特点，但不具备传统知识产权的地域性、时间性的特点，所以是一种新型的权利类型。应当看到的一点是，作为数据专有权的客体的衍生数据，必须是经过脱敏处理的，就是说这些数据不能够体现权利人的身份信息，也不能通过复原的方法发现这些身份信息的内容，也就是《民法典》第1038条规定的“经过加工无法识别特定个人且不能复原”的信息。所以在这一点上，一个数据只要是衍生数据，它作为数据专有权的客体时，就不能有个人身份信息的内容在里面，不能通过它来识别个人的身份。这样的数据，才是数据专有权上的数据，不能直接利用这样的数据去侵害他人的个人信息权。

下面再说网络虚拟财产。网络虚拟财产是指虚拟的网络本身以及存在网络上的具有财产信息性的电磁记录，它是一种能够用现有的度量标准度量其价值的数字化的新型财产。

网络虚拟财产作为一种新兴的财产，具有不同于现有财产类型的特点。网络虚拟财产属于特殊物，它具有以下的意义：第一，把网络虚拟财产归入特殊物，顺应这种物权法的发展趋势。第二，特殊物准确反映了网络虚拟财产的特性，是对网络虚拟财产的客观界定和准确描述。这里有一个问题是：很多人都反对网络虚拟财产的概念，认为：根本就没有物的形态，怎么能把它界定成物权客体，怎么能把它叫作物呢？但是，应该记住，在世界上没有电的时候，民法对于物的界定就叫有形物，无形就不是物。但是，当出现了电的时候，这个有形物的概念就受到了质疑，争论了好多年，最后终于统一说电也是物，它是物的一种特殊形态，就叫自然力。这样的一个认识过程，跟今天去认识网络虚拟财产的物的属性，不是完全一样的吗？在这样的一种情况下，我们稍微超前一点，界定它是一种物的属性，就能够更好地去对待网络虚拟财产，能够更好地保护网络虚拟财产的权利人。因此，界定网络虚拟财产的物的属性，具有进步价值，意义真的是非常重大的。我总是想，《民法典》幸亏还保留了第 127 条，要不然的话，我们对于当代社会中高科技产物，就缺少正确的反映。

《民法典》对于数据和网络虚拟财产的保护的规定是：法律对其有规定的，依照其规定。对衍生数据和网络虚拟财产的保护是很明确的，对衍生数据应当用数据专有权来保护，对网络虚拟财产就用物权来保护。

（九）自我决定权

《民法典》第 130 条规定，民事主体按照自己的意愿依法行使民事权利，不受干涉。这是关于民事主体行使权利的要求，是自我决定权，原《民法通则》没有规定过这样的内容。

民事权利主张，是在民事权利的存在或者权利的行使受到妨碍的时候，权利人对特定人提出的承认权利的存在，或者排除妨碍保障权利行使的要求。民事权利行使，是指民事权利主体具体实施构成民事权利内容的行为，实现受法律保护的合法民事权益，是把这种可能性变为现实性的过程。把民事权利的这种可能性变为现实性的具体行为，就是把民事权利的内容予以实现。民事权利的实现是民事权利行使的最终目的，是把民事权利的可能性变为最终的现实性，是行使权利的最终结果。

在这三个概念中，民事权利行使是核心概念。民事权利行使的要求是完全尊重民事主体的意愿，其实质就是民事主体享有自我决定权。

自我决定权是自然人享有的以发展自己的人格为目的，对于生命、身体、健康、姓名、肖像、名誉、荣誉隐私以及其他民事权利的行使，有权自行决定，不受他人干涉的权利。自我决定权作为权利人对自己具体民事权利行使的自我控制与支配，是权利人针对自己的人格发展的要求，做自己权利的主人，决定自己权利的行使，实现自己的追求。所以，自我决定权是一个大的概念。我们过去通常讲，自我决定权是人格权的自我决定权，《民法典》第 130 条把自我决定权作了扩展，作为所有民事权利的自我决定权，这就是说自我决定权是一个体现自我价值、根据自己意愿行使权利的权利。

自我决定权具有相对宽泛的范围，但却是独立的保护对象，就是民事权益。

自我决定权不是一个具体的民事权利，而是一个支配民事权利的权利，因此是具有权能性的一个权利。

《民法典》第130条把自我决定权的对象扩大到所有的民事权益，包括但不限于人格权，对民事主体行使民事权利具有重要的意义。进一步说就是权利主体对自己所享有的民事权利和利益，都有权依照自己的意愿进行支配，按照自己的意愿行使，通过支配和行使自己的权利来满足自己的要求，实现自我价值。

七、对总则编规定的民事法律行为规定的解读

《民法典》总则编第六章和第七章规定了民事法律行为和代理，内容比较复杂。择其要者，我只讲一讲其中精彩的民事法律行为效力的规定。

（一）民事法律行为生效的时间

《民法典》第136条规定：民事法律行为自成立时生效，但是法律另有规定或者当事人另有约定的除外。行为人非依法律规定或者未经对方同意，不得擅自变更或者解除民事法律行为。

这是关于民事法律行为生效时间的规定，它来源于原《民法通则》第57条关于法律效力的规定：民事法律行为从成立时起具有法律约束力，行为人非依法律规定或者取得对方同意，不得擅自变更或者解除。《民法典》基本上沿袭了《民法通则》第57条的做法，不同的是调整了民事法律行为生效的时间。

民事法律行为的生效，是指民事法律行为因符合法律规定而能够引起民事法律关系的设立、变更或者终止的法律效力。民事法律行为成立之后，须具备生效的要件，才能使民事法律行为发生法律上的效力，发生设立、变更或者消灭民事法律关系的法律后果。

第136条第1款的前半句，规定的是民事法律行为生效的一般时间，在一般情况下，民事法律行为生效取决于民事法律行为成立的时间，这两个时间点是一致的，处于同一个时间点。也就是说，依法成立的民事法律行为，具备法律行为生效要件的，就即时生效。

第136条第1款的后半句，规定的是民事法律行为生效的特殊时间，民事法律行为成立和生效的时间既有相一致的情形，也有不一致的情形。民事法律行为的成立和生效并非一个时间，包括三种情况：第一种情况是法律规定民事法律行为须登记生效的，成立后须经过登记程序才能发生法律效力。第二种情况是当事人约定民事法律行为生效条件的，约定的生效条件成就才能发生法律效力。第三种情况是附生效期限的民事法律行为，所附期限到来时，民事法律行为才能够生效，其成立和生效也并非同一时间。

民事法律行为生效后，对行为人产生法律上的拘束力，主要表现在：第一，民事法律行为生效以后，行为人必须信守自己的承诺，自觉全面地履行义务，接受民事法律关系的拘束，这就是第一个效力。第二，在民事法律行为生效后，如果对已经生效的民事法律行为需要作出变更和解除，须依照法律规定或者是按照当事人的双方约定才可以实施，不然的话就是违约。

第 136 条规定的新规则的要点，是调整了民事法律行为的生效时间。原《民法通则》第 57 条规定，法律行为从成立时起具有法律约束力，没有规定例外情形。第 136 条新增了除外规定，也就是法律另有规定或者当事人另有约定的除外。增加了这个规则，就更加符合实际情况。比如说，法律规定需要经过批准或者当事人附有生效条件或者期限的，就只有在满足了相应的要求时，民事法律行为才能生效。

（二）限制民事行为能力人实施的民事法律行为的有效或者效力待定

《民法典》第 145 条规定，限制民事行为能力人实施的纯获利益的民事法律行为或者与其年龄、智力、精神健康状况相适应的民事法律行为有效，实施的其他民事法律行为经法定代理人同意或者追认后有效。相对人可以催告法定代理人自收到通知之日起 30 日内予以追认。法定代理人未作表示的，视为拒绝追认。民事法律行为被追认前，善意相对人有撤销的权利，撤销应当以通知的方式作出。

这是关于限制民事行为能力人实施民事法律行为效力的规则。与原《民法通则》第 58 条第 1 款第 2 项规定相比，这个条文发生了重大变化。这个规则就叫限制民事行为能力人实施的民事法律行为的有效或者效力待定。

第 145 条第 1 款前半句规定的是限制民事行为能力人实施的民事法律行为有效的情形。有两种：第一种是纯获利益的民事法律行为，这样的行为在《民法典》第 19 条、第 22 条已经作了规定。第二种是与其年龄、智力、精神健康状况相适应的民事法律行为，其中与其年龄相适应，是指限制民事行为能力的未成年人；与其智力、精神健康状况相适应，是指限制民事行为能力的成年人。

本条第 1 款后半句规定的是限制民事行为能力人实施的民事法律行为效力待定的情形。限制民事行为能力人实施的依法不能独立实施的民事法律行为，其效力是民事法律行为虽已成立，但是，是否生效还不能确定。只有经过特定当事人的行为，才能确定其生效还是不生效。

本条第 2 款规定了限制民事行为能力人实施的民事法律行为的效力确定方法。限制民事行为能力人实施的依法不能独立实施的民事法律行为的效力的确定，必须经过以下途径：

第一，法定代理人的同意权和追认权。经法定代理人同意的限制民事行为能力人的民事法律行为，当然发生法律效力；法定代理人虽然没有同意，但是，在行为实施之后予以追认，该法律行为同样也生效。

第二，相对人的催告权。限制民事行为能力人实施的民事法律行为，他的法定代理人没有同意又没有追认的，相对人可以在 30 日内催告法定代理人予以追认，法定代理人经过催告予以追认的，发生效力。法定代理人没有作出表示的，就视为拒绝追认，这个法律行为就是无效的。

第三，善意相对人的撤销权。在限制民事行为能力人实施的效力待定的民事法律行为被追认之前，善意相对人对该行为享有撤销的权利，撤销的方式应当以通知的方式作出。撤销权是形成权，只要在该期限内行使，该民事法律行为就被撤销，自始不发生法律效力。

第 145 条的新规则的要点是：

第一，改变了限制民事行为能力人实施民事法律行为的效力状态。原《民法通则》一概认定限制民事行为能力人实施的民事法律行为无效，阻碍了民事交易的顺利开展。原《合同法》第 47 条修改了这一规则，认定限制民事行为能力人依法不能独立实施的民事法律行为是效力待定的民事法律行为。本条规定在承袭原《合同法》第 47 条的基础上，规定限制民事行为能力人实施的民事法律行为一般为效力待定，个别情形下有效。这样的规定有益于交易活动的开展，也是对限制民事行为能力人行使民事权利行为的尊重。

第二，新增了限制民事行为能力人实施的民事法律行为效力确定的途径。本条规定借鉴了原《合同法》第 47 条关于限制民事行为能力人订立的合同经法定代理人追认后，该合同有效，但纯获利益的合同或者与其年龄、智力、精神健康状况相适应而订立的合同，不必经法定代理人追认的规定。

第二，相对人可以催告法定代理人，在 30 日内予以追认。法定代理人未作表示的视为拒绝追认。民事法律行为被追认之前，善意相对人有撤销的权利，撤销应当以通知的方式作出。这是原《合同法》第 47 条的规定。《民法典》第 145 条就借鉴了这个规定，新增加了法定代理人的同意权与追认权、相对人的催告权和撤销权，通过赋予法定代理人与相对人的这些权利，能够尽快把民事法律行为的效力状态确定下来，避免因效力待定而阻碍交易活动的顺利进行。

总的来说，本条文改变了限制民事行为能力人实施民事法律行为的效力状态，同时，新增了法定代理人的同意权与追认权、相对人的催告权和撤销权，完善了限制民事行为能力人实施的民事法律行为效力的规则。

（三）虚假行为与隐藏行为的效力

《民法典》第 146 条规定了两种民事法律行为的效力规则，一个是虚假行为的效力，另一个是隐藏行为的效力："行为人与相对人以虚假的意思表示实施的民事法律行为无效。以虚假的意思表示隐藏的民事法律行为的效力，依照有关法律规定处理。"

原《民法通则》和《合同法》都没有作出类似的规定，这一条文是关于两种民事法律行为效力的新规则，也就是虚假行为无效与隐藏行为的效力。我们按照这两个行为分开来说。

先说虚假民事法律行为，《民法典》第 146 条第 1 款规定的就是它的效力认定的规则。虚假行为是指行为人与相对人通谋而为虚假的意思表示，虚假行为是双方行为，是双方进行串通的行为，是双方当事人的意思表示都不真实，而不是一方当事人的意思表示不真实。

虚假行为的特点是双方当事人进行通谋，通常具有不良的动机，因而在主观上是共同故意，在意思表示上是双方的不真实。如果仅有一方的非真实意思表示，而对方并非为真实意思表示的合意，或者有误解，或者发生错误的，就都不构成虚假意思表示。虚假行为的法律后果是无效，不具有虚伪表示的行为所期待发生的法律效果。

值得注意的是，关于虚假民事法律行为对第三人的效力，《民法典》总则编在第四次审议稿中，曾经规定双方均不得以此对抗善意第三人，但是，最后还是删除了这个规定。结合立法的历史变化，可以认定虚假的民事法律行为属于绝对无效，而不是相对无效。

虚假行为的典型表现就是假离婚。我们可以看到，在一个城市突然要房屋限购，或者是汽车限购的，立刻到婚姻登记机构离婚的就排成行了，甚至连夜去排，争取第二天要完成登记离婚，然后好去买房，好去买车。这些都是典型的虚假行为。这样的虚假行为是无效的行为。

问题是，这种行为虽然是无效的行为，但是经过婚姻登记部门登记，就发生了效力。在这种情况下，究竟应当是无效，还是可撤销呢？

这还是真的值得研究的。经过登记的虚假行为，应当首先确认行为无效，然后再去撤销登记，这样可能比较合适。问题是，两个人在串通离婚的时候，其实有一个人就真想离婚，串通说来个假离婚，最后真的造成了真离婚，那就是另外一种情形了。这时候，可能需要通过诉讼来解决。

这是讲的第一种情况，就是虚假行为无效。

第 2 款规定的是隐藏的民事法律行为。隐藏法律行为的效力在第 2 款规定得还算是明确。隐藏行为是行为人把他们的真实意思隐藏在虚假的意思表示中，表意人与相对人之间因碍于情面或者其他原因，这种所谓的意思表示虽然都不是出于争议，却隐藏着它像法律行为的这种真正的效果。其实质就是通谋的虚伪意思表示中隐藏着他项法律行为。确定隐藏行为效力原则，是虚伪行为隐藏其他法律行为者，适用关于该隐藏的法律行为之规定，这是我国台湾地区学者的一个表述。

《民法典》第 146 条第 2 款不是使用上述表述，而是规定“依照有关法律规定处理”。这样的表述所包含的具体的规则是什么呢？就是虚假的意思表示行为无效，至于其隐藏的真实意思表示行为是否有效，应当依照该行为的法律规定来判断：符合隐藏的这种法律行为规定的，认定为有效；否则，就是无效的。原《民法通则》第58条第1款第6项与原《合同法》第52条第3项，规定以合法形式掩盖非法目的的民事法律行为一律无效。以合法形式掩盖非法目的的法律行为，就属于隐藏的民事法律行为，因为违反了法律法规的强制性规定而无效。

不过，这种行为只是隐藏行为中的一种。此外，还有以非法形式掩盖非法目的的民事法律行为、以合法形式掩盖合法目的的民事法律行为以及以非法形式掩盖合法目的的民事法律行为这三种情况。加到一起，隐藏行为就是四种，对此，都应当依照被隐藏的民事法律行为的法律规定适用法律。说到底，就是被隐藏的法律行为，法律对它是怎么规定的，就按照法律规定来判断它，有效就是有效，无效就是无效。

（四）重大误解行为

《民法典》第147条规定，基于重大误解实施的民事法律行为，行为人有权请求人民法院或者仲裁机构予以撤销。这是关于重大误解民事法律行为可撤销的规定，与原《民法通则》第59条第1款规定重大误解可变更、可撤销的后果不同，删除了可变更的部分。

重大误解，是指一方当事人由于自己的过错，对法律行为的内容等发生了误解，由此实施了法律行为。该法律行为所涉及的利益对当事人而言是重大的。误解是当事人对民事法律行为的内容等发生认识上的错误，直接影响当事人的权利和义务。

重大误解的构成要件：一是当事人因为误解而作出了意思表示，二是重大误解的对象须是民事法律行为的内容，三是误解是由当事人自己的过失造成的。

当事人由于重大误解而实施的民事法律行为，其法律后果就是相对无效。重大误解的一方当事人有权请求人民法院或者仲裁机构予以撤销。如果行为人不行使撤销权，不请求对该民事法律行为予以撤销，那么该重大误解的民事法律行为就继续有效。

说到底，重大误解是民法上的错误的一种类型，只是错误中的一种情况，而不是全部。但现在由于《民法典》没有规定错误，只规定了重大误解，其他错误就缺少了法律适用的依据。我的观点是，如果出现重大误解之外的其他错误，在没有规定的情况下，可以比照本条规定予以认定。

我说一个案例：在北京郊区有一个地方，有一个烟酒商店，有一种酒老板想通过有奖销售来促销，就印了一些奖券。开始卖酒的这一天，买一瓶酒就给一个奖券，公告说：一等奖三名，奖励多少钱；二等奖几名，奖励多少钱；还有三等奖多少钱，多少名。第一个人买了一瓶酒，一打开奖券，发现是一等奖，老板就给他兑了奖，他把钱拿走了。继续往下卖，没卖一会儿，就出现了好几个一等奖，每一个奖券都有奖，都是二等奖、三等奖，还有一等奖。结果发现奖券印错了，个个都有奖。老板就不卖了。已经卖出的这些客户就跟着他，要他兑奖。老板说，我就没有说这么多奖啊，这怎么出了这么多奖呢。这些中奖的人不干了，非得让老板给兑付奖券，说要不就是违约。这些人向法院起诉，要求判决老板兑现奖金。老板答辩就说，这是个错误，结果把剩下的奖券打开一看，各个奖券都有奖，一等奖就有好几百个，他根本兑不起。法院就认定这是一个错误，但是，法律只规定了重大误解，是自己的错误，没有规定第三人的错误。后来，法院就比照重大误解的去判了，认定这种行为是无效的。

《民法典》第 147 条规定的重大误解的要点是什么？就是删除了重大误解可变更的规定。

原《民法通则》第 59 条第 1 款规定，重大误解的后果是可变更、可撤销，下列民事行为一方有权请求人民法院或者仲裁机构予以变更或者撤销：一是行为人对行为内容有重大误解的，二是显失公平的。原《合同法》第 54 条第 1 款也按照《民法通则》第 59 条第 1 款的规定，规定重大误解的民事法律行为可变更、可撤销。

《民法典》第 147 条只规定了重大误解的民事法律行为可撤销，删除了可变更的规定。之所以删除了变更权，原因在于变更法律行为需要双方当事人的合意，不具有形成权的性质。如果双方当事人对于具有效力瑕疵的民事法律行为的变更达成了合意，符合《民法典》第 133 条关于民事法律行为是民事主体通过意思表示设立、变更、终止民事法律关系的行为的规定，就不需要继续强调当事人的变更权，如果双方达不成变更的合意，向法院和仲裁机构申请裁判其实也很难裁定怎样变更。所以，《民法典》第 147 条直到第 151 条，都把原《民法通则》规定的可变更、可撤销中的可变更删除，统一规定为可撤销的民事法律行为。

（五）一方欺诈行为

《民法典》第 148 条规定，一方以欺诈手段使对方在违背真实意思的情况下实施的民事法律行为，受欺诈方有权请求人民法院或者仲裁机构予以撤销。这是关于欺诈的民事法律行为可撤销的规定，与原《民法通则》第 58 条第 1 款第 3 项规定的一方欺诈的民事法律行为无效的规定相比，这个条文改变了一方欺诈的民事法律行为效力的后果，从无效改为可撤销。当事人受欺诈作出的意思表示不真实，所以该民事法律行为具有效力上的瑕疵，《民法典》第 148 条和第 149 条分别规定了当事人一方欺诈与第三人欺诈时的效力瑕疵规定。

第 148 条规定的是一方欺诈，它是指民事法律关系的当事人一方故意实施某种欺骗对方的行为，并使对方陷入了错误认识，而与欺诈行为人实施民事法律行为。

一方欺诈的构成要件是：第一，欺诈的一方须出于故意，或者是以欺诈为手段，引诱对方当事人与其订立民事法律行为，或者是订立民事法律行为的行为本身就是欺诈。第二，欺诈行为人在客观上实施了欺诈的行为，包括行为人故意捏造事实，虚构情况，诱使对方当事人上当受骗，以及当事人故意隐瞒真实情况，不将真实情况告知对方当事人，因而使对方上当受骗，与其订立民事法律行为。第三，受欺诈一方是在违背真实意思的情况下实施民事法律行为，另一方当事人受行为人的欺诈，而使自己陷入错误的认识当中，由此作出了错误的意思表示，与行为人订立了民事法律行为。

一方欺诈行为的法律后果，是受欺诈方有权请求人民法院或者仲裁机构予以撤销，它是可撤销的民事法律行为。对此，受欺诈的对方享有撤销权，可以行使该撤销权，向人民法院或者仲裁机构请求撤销该民事法律行为。

第 148 条规定的新规则，是把一方欺诈行为的法律后果，从无效修改为可撤销。原《民法通则》第 58 条规定一方欺诈的民事法律行为是无效的。原《合同法》细化了不同情况下，一方欺诈的民事法律行为的效力，分成损害国家利益和不损害国家利益这样两种情况。损害国家利益的无效，原《合同法》第 54 条和第 52 条分别规定：一方以欺诈、胁迫的手段订立合同，损害国家利益，一律无效；损害对方当事人利益，不损害国家利益的，是可撤销可变更的行为。

对原《合同法》的这种规定，学者一直持批评意见，反对把欺诈行为区分为损害国家利益和损害当事人利益这两种形式，分别规定完全不同的法律效果，实际上就是一种区分保护的思想，也就是国家利益特殊保护，当事人利益采用一般保护。这是一种不公平的保护。

制定《民法典》的时候，为了充分贯彻平等原则，第 148 条对此进行了修改，统一规定了一方欺诈的民事法律行为，都是可撤销的民事法律行为。这就是第 148 条规定的一方欺诈的民事法律行为，他方享有撤销权的规则。

（六）第三人欺诈行为

《民法典》第 149 条规定，第三人实施欺诈行为，使一方在违背真实意思的情况下实施的民事法律行为，对方知道或者应当知道该欺诈行为的，受欺诈方有权请求人民法院或者仲裁机构予以撤销。这是关于第三人欺诈行为的效力规则。原《民法通则》和《合同法》都只规定了一方欺诈的民事法律行为的效力，没有规定第三人欺诈的民事法律行为的效力。这个条文规定了第三人欺诈行为的效力，属于一个新增条款，是一个新规则。

第三人欺诈的民事法律行为，受欺诈方享有撤销权。其规则的要点是以下三点。

第一，第三人欺诈行为是指民事法律行为当事人以外的第三人，对一方当事人故意实施欺诈行为，致使该方当事人在违背真实意思的情况下，与对方当事人实施的民事法律行为。最典型的第三人欺诈行为就是骗取担保，比方说，债权人与债务人约定以新抵旧，就是借新贷还旧债，债务人找到担保人，谎称只是一般的借贷关系，不是以新抵旧，请求其与债权人签订担保协议，担保人就与债权人签订了担保合同。这就是第三人欺诈。最高人民法院《关于适用〈中华人民共和国担保法〉若干问题的解释》第 40 条规定，主合同债务人采取欺诈、胁迫等手段，使保证人在违背真实意思的情况下提供保证的，债权人知道或者应当知道欺诈、胁迫事实的，该担保协议按照《担保法》第 30 条的规定，就是免除保证人的保证责任。

这种骗取担保的情况，就是第三人欺诈。这里要说到，主合同其实是债权债务合同，从合同是担保合同。作为担保合同来说，主债权人和担保人是当事人，债务人就是第三人。第三人采取欺诈的行为，就是主债务人实施欺诈的行为，例如主债权人就是银行，其知道第三人欺诈的这种情况，还是签订了担保协议，那就构成了第三人欺诈，就是担保人在违背真实意思的情况下实施的民事法律行为，而主债权人是知道该欺诈行为的，此时受欺诈的担保人就有权请求人民法院或者仲裁机构予以撤销。

第二，第三人欺诈行为的构成要件是：首先，实施欺诈行为的行为人，是民事法律行为双方当事人之外的第三人，不是民事法律行为的双方当事人。比方说骗取担保，民事法律行为的双方当事人是主债权人和担保人，债务人并不是这个担保合同的当事人，而是第三人，虽然他与担保合同有利益关系，正是有利益关系，他才欺诈嘛。其次，第三人实施欺诈行为，是对民事法律行为当事人的一方进行，而不是对民事法律行为当事人的双方进行欺诈，他是骗这一个人，不是骗两个人。再次，受欺诈的一方当事人由于受第三人的欺诈，在违背真实意思的情况下与对方当事人实施了民事法律行为，这就是受骗的结果。最后，尽管第三人不是对受欺诈人的对方当事人实施欺诈行为，但是，对方当事人在与受欺诈人一方当事人实施民事法律行为的时候，他是知道或者应当知道第三人的欺诈行为的。

第三，第三人欺诈行为的法律效力，是因第三人欺诈行为而实施的民事法律行为，对方当事人知道或者应当知道该欺诈行为的，这个第三人欺诈行为就是可撤销的民事法律行为。受欺诈方的当事人享有撤销权，有权请求人民法院或者仲裁机构对该民事法律行为予以撤销。

这就是《民法典》第 149 条规定的第三人欺诈的民事法律行为受欺诈方享有撤销权。

（七）一方或者第三人胁迫行为

《民法典》第 150 条规定，一方或者第三人以胁迫手段，使对方在违背真实意思的情况下实施的民事法律行为，受胁迫方有权请求人民法院或者仲裁机构予以撤销。这一个条文是关于一方或者第三人胁迫的民事法律行为可撤销的规定，与原《民法通则》规定的一方胁迫的民事法律行为无效相比，发生了重大变化：一是增加规定了第三人胁迫的民事法律行为的效力规则，二是将胁迫的民事法律行为的效力统一修改为可撤销。

胁迫是指行为人以将来发生的祸害或者实施不法行为，给另一方当事人以心理上的恐吓或者直接造成损害，迫使对方当事人与其实施民事法律行为。胁迫分为两种：一种是以恐吓为手段的胁迫，另一种是以不法行为为手段的胁迫。

胁迫行为的构成要件是：

第一，行为人须有实施威胁的事实。在以恐吓为手段的胁迫行为中，行为人威胁的事实是将来发生的祸害，包括涉及生命、身体、健康、财产、名誉、自由等方面所要受到的严重损害。在以不法行为为手段的胁迫行为中，使相对人感受恐惧等心理，行为人直接实施不法行为，已经或者正在对相对人产生人身的或者财产的损害。

第二，行为人实施胁迫行为须出于胁迫的故意，是通过胁迫，使相对人与其订立民事法律行为。

第三，相对人因受到胁迫而实施订立民事法律行为的行为，相对人由于在心理上或者人身上受到威胁，因而不得不与行为人订立民事法律行为。

符合上述这些要求，就构成了胁迫行为。胁迫行为的后果是成立可撤销的民事法律行为。受胁迫方对该民事法律行为享有撤销权，有权请求人民法院或者仲裁机构予以撤销。

这个条文规定的新规则包括两个方面：

一是新增了第三人胁迫的法律行为效力规则。在此之前，无论是原《民法通则》还是原《合同法》，都规定的是一方胁迫的民事法律行为效力，从来没有规定过第三人胁迫的民事法律行为效力，这一条规定补足了这个立法漏洞。这样一来，在因第三人胁迫作出法律行为的时候，当事人就可以依照这个规则，请求撤销该民事法律行为。

二是统一规定了胁迫法律行为的法律后果是可撤销，体现了对国家利益与个人利益的平等保护。

有一个问题需要说明：为什么在欺诈行为的规定中，一方欺诈和第三人欺诈要分成两条写，而在胁迫行为的规定中，一方胁迫和第三人胁迫却放在一个条文中写呢？这两种情况为什么会采用两种不同的方法来写呢？其实，就是因为，一方欺诈和第三人欺诈的构成要件是不同的，必须分开来写。而一方胁迫和第三人胁迫，不论在什么情况下，构成要件都是一样的，所以就放在一起写，不必分成两条来写。

（八）显失公平行为

《民法典》第 151 条规定，一方利用对方处于危困状态、缺乏判断能力等情形，致使民事法律行为成立时显失公平的，受损害方有权请求人民法院或者仲裁机构予以撤销。这一条文是关于显失公平的民事法律行为可撤销的规定，与原《民法通则》第 59 条第 1 款第 2 项规定显失公平的民事法律行为可变更或者可撤销相比，本条规定将乘人之危纳入了显失公平的范围，同时，将其法律效果都修改为可撤销。所以，这条规则就叫显失公平的民事法律行为，受损害方享有撤销权。

本条规定显失公平，把乘人之危和显失公平规定在一起，统一称为显失公平。显失公平就是指一方当事人利用对方处于困境，或者缺乏判断能力等情况，与对方当事人实施对自己明显有重大利益，而对对方明显不利的民事法律行为。

显失公平的特征是：首先，民事法律行为的内容对双方当事人明显不公平，一方承担更多的义务，却享有更少的权利，另一方享有更多的权利，却承担更少的义务。其次，获得利益的一方当事人所获得的利益超过法律所允许的程度。再次，受害的一方因处于危困状态，或者是在缺乏判断能力的情况下实施的民事法律行为。

显失公平的构成要件包括：

第一，利用对方当事人处于危困状态，包括经济、生命、健康、名誉等方面的窘迫，或者情况比较紧急，迫切需要对方提供金钱、物资、服务或者劳务。或者对方当事人缺乏判断能力，无法确认与自己的利益关系，对行为的内容认识不准确，承担了不利于自己的后果。

第二，对方当事人因危困状态或者缺乏判断能力，而与行为人实施民事法律行为。在乘人危困状态中，对方当事人明知行为人提出的条件是利用自己的危难或者急迫从中获取不当利益，但因危困所迫，而与其实施民事法律行为；缺乏判断能力是行为人因无知没有交易经验，不熟悉经营活动等等，贸然与对方实施民事法律行为。

第三，行为人所获得的利益超出了法律所准许的限度，其结果是显失公平。一般认为，出卖人交付的标的物的价格少于其可得价值的一半，或者超出其市场价格的一倍，就属于显失公平。显失公平的发生时间是在实施民事法律行为之时。

显失公平的受损害方有权请求人民法院或者仲裁机构予以撤销。受到损害的一方基于这种显失公平的民事法律行为，有权向人民法院或者仲裁机构请求行使撤销权，撤销显失公平的民事法律行为。

这一条新规则的要点是：

第一，合并了乘人之危与显失公平。原《民法通则》以及原《合同法》分别规定了乘人之危与显失公平，而在实践中，乘人之危与显失公平其实很难作出明确的区分。所以，在制定《民法典》总则编的时候，就把乘人之危与显失公平合并为同一种民事法律行为，统一称为显失公平，减少了民事法律行为效力的类型，简化了法律关系，也解决了司法实践中比较难以区分的难题。

第二，调整了显失公平的法律效果。在此之前，原《民法通则》分别规定了乘人之危与显失公平及其法律效果——乘人之危的民事法律行为无效，显失公平的民事法律行为可变更可撤销；《合同法》仍然区分乘人之危与显失公平，但是统一了二者的法律效果，都是可变更可撤销的合同。《民法典》统一乘人之危与显失公平为显失公平行为，并将其法律效果调整为可撤销。

（九）可撤销行为的撤销权的除斥期间和撤销权的消灭

《民法典》第152条规定，有下列情形之一的，撤销权消灭：一是当事人自知道或者应当知道撤销事由之日起一年内、重大误解的当事人自知道或者应当知道撤销事由之日起90日内没有行使撤销权；二是当事人受胁迫，自胁迫行为终止之日起一年内没有行使撤销权；三是当事人知道撤销事由后明确表示或者以自己的行为表明放弃撤销权。当事人自民事法律行为发生之日起5年内没有行使撤销权的，撤销权消灭。

这个条文是关于撤销权的除斥期间及撤销权消灭的规定。在此之前，原《民法通则》没有这方面的规定。本条新增加了这样的条款，叫作撤销权的除斥期间。撤销权的除斥期间，依据撤销事由进行区分。

因重大误解、胁迫、欺诈以及显失公平实施的民事法律行为，一方当事人享有的撤销权，可以因一定的法定事由而消灭。法定事由主要是两个：一是超过除斥期间而没有行使权利，消灭撤销权；二是撤销权人放弃撤销权，也消灭撤销权。

除斥期间，包括一般除斥期间与特别除斥期间。

一般除斥期间，是当事人自知道或者应当知道撤销事由之日起的一年。在此期间当事人没有行使撤销权的，撤销权消灭，起算时间为知道或者应当知道撤销事由之日起。

特别除斥期间有三种情况：第一，重大误解的除斥期间，是当事人自知道或者应当知道撤销事由之日起90日。第二，当事人受胁迫而实施的民事法律行为的除斥期间为一年，起算时间是胁迫行为终止之日，在起算时间上采取特别方法以保护受胁迫的当事人。第三，如果当事人不知道或者不应当知道撤销事由发生的，最长除斥期间是当事人自该法律行为发生之日起的5年。在上述规定的除斥期间完成后，撤销权就消灭了。

关于撤销权人放弃撤销权，它的性质是撤销权消灭的法定事由。当事人放弃撤销权有两种形式：第一种形式，是以明示方式放弃撤销权，也就是当事人知道撤销事由后，明确表示自己放弃撤销权，那就是明示的放弃撤销权。第二种形式，是以默示方式放弃撤销权，当事人知道撤销事由后，以自己的行为表明放弃撤销权，这种情况就等于是撤销权产生以后，还继续履行自己的义务，这就是以自己的行为表明放弃了撤销权。以明示或者默示方式放弃撤销权的，原来的民事法律行为继续有效。

（十）违反法律强制性规定和违背公序良俗行为

《民法典》第153条规定，违反法律、行政法规的强制性规定的民事法律行为无效，但是该强制性规定不导致该民事法律行为无效的除外；违反公序良俗的民事法律行为无效。

这一条文是关于违反法律行政法规的强制性规定和违背公序良俗的民事法律行为无效的规定。与原《民法通则》第 58 条第 1 款第 5 项关于违反法律或者社会公共利益的民事行为无效的规定相比，《民法典》第 153 条规定了违反法律、行政法规强制性规定无效的除外条款，同时把违背公共利益修改为违背公序良俗。

《民法典》第 8 条规定了民事主体从事民事活动不得违反法律规定，不得违背公序良俗。第 143 条第 3 项也规定了不违反法律、行政法规的强制性规定，不违背公序良俗，是民事法律行为有效的条件之一。第 153 条规定违反法律、行政法规强制性规定和违背公序良俗的民事法律行为无效，不仅是具体贯彻落实基本原则，同时也是与第 143 条民事法律行为有效的条件相对应，体现了《民法典》的体系性和逻辑性。

这一条文规定了两种行为的效力。

首先是，违反法律、行政法规强制性规定的民事法律行为无效。违反法律、行政法规强制性规定的法律行为，是指当事人在订约目的、具体内容以及形式上都违反法律、行政法规强制性规定的民事法律行为。当事人在主观上可以是故意所为，也可以是过失所致。规定违反法律、行政法规的强制性规定的民事法律行为无效，基础是《民法典》第 7 条和第 143 条。第 153 条又规定："但是，该强制性规定不导致该民事法律行为无效的除外。"这个但书表明的是什么呢？

在法律和行政法规中，有些规定虽然也是强制性规定，但却不是效力性的强制性规定，而是管理性的强制性规定，违反效力性强制性规定，其直接后果是民事法律行为无效。违反管理性强制性法律规定，不一定直接导致该民事法律行为无效，而是要看所违反的管理性强制性规定的法律属性。这种行为的类型划分，是公然违法行为与非公然违法行为。前者也叫形式违法行为，是指当事人在订立民事法律行为的时候，就明知法律行为违法，却仍然订立这种公然违法的法律行为。一经订立就是无效的法律行为，是公然违法。后者叫实质违法行为，是指行为的违法性并非显而易见，而是表面合法而在实质上违法，一经查实以后，也是绝对无效的民事法律行为。这是关于违反法律和行政法规的民事法律行为无效的情况。

其次，违背公序良俗的民事法律行为无效。在私权神圣的原则下，既要尊重民事主体的意思自治，按照自己的意思设立、变更、终止民事法律关系，也必须尊重公共秩序和善良风俗。法律强制认定违反公序良俗的民事法律行为无效。

民事法律行为，特别是民事主体实施的非交易性质的民事法律行为，如果该法律行为违背了社会全体成员普遍认为须遵循的道德准则，违背了我国民法所恪守的基本理念，就构成了违背善良风俗。非交易性质的民事法律行为损害全体社会成员的共同利益，破坏社会的共同生活规则，违反社会成员相互之间的共同行为准则的，就是违背公共秩序的民事法律行为，这样的民事法律行为都是无效的民事法律行为。

在说完了这两种无效的民事法律行为之后，我们看一看这一条新规则的两个要点。

第一个要点，是新增了违反法律强制性规定行为无效的除外条款。原《民法通则》第 58 条第 1 款第 5 项，规定违反法律或者损害社会公共利益的一概无效。原《合同法》第 52 条分别规定了损害社会公共利益以及违反法律、行政法规规定的行为无效。但是，关于怎么确定违反法律、行政法规的强制性规定，最高人民法院《关于适用〈中华人民共和国合同法〉若干问题的解释》进一步解释了效力性强制性规定。因为管理性强制性规定与效力性强制规定的强制性的区分，一直是司法实践的难题。《民法典》在原《民法通则》第 58 条以及原《合同法》第 52 条规定的基础上，把它规定为：违反法律、行政法规的强制性规定的民事法律行为无效，但是该强制性规定不导致该民事法律行为无效的除外。增加了这一个除外的条款，就能够灵活对待违反法律、行政法规的民事法律行为的效力，而不是一刀切地一概认定为无效，这是第一个要点。

第二个要点，是把违反公共利益修改为违背公序良俗。《民法典》第 7 条与第 143 条把原《民法通则》关于公共利益、公共道德的概念替换为公序良俗，这条规定当然也进行了调整，以公序良俗替代公共利益和公共道德。据此，违反社会公共秩序和善良风俗的民事法律行为就归于无效。

（十一）恶意串通行为

《民法典》第 154 条规定，行为人与相对人恶意串通，损害他人合法权益的民事法律行为无效。这一规定与原《民法通则》第 58 条第 1 款第 4 项以及第 61 条第 2 款规定相比，是将恶意串通限定在民法领域内来进行评价。

第 154 条规定的恶意串通，是指当事人为实现某种目的进行串通，共同订立民事法律行为，造成他人利益损害的违法行为。

在司法实践中，认定恶意串通是比较困难的，很难得到法官的支持。因此要严格把握恶意串通的以下几个构成要件：第一，当事人在主观上具有恶意，相互之间具有共同的非法目的，都有恶意。第二，当事人之间互相串通，串通是指相互串联、沟通，使当事人之间在行为的动机、目的、行为以及行为的结果上达成一致，达成共同的非法目的。第三，双方当事人串通实施的行为，损害他人的合法权益。比方说，某城建集团将自己下属的一个资产总额 1 亿元的开发部，以 300 万元的对价出让给对方当事人，双方当事人均得到了好处，损害的却是开发部的利益。这样的行为，就是恶意串通。

恶意串通的民事法律行为绝对无效，这种民事法律行为实施之后，发生一律无效的法律后果。

第 154 条规定的新规则，要点是将恶意串通限定在民法领域内进行评价。这体现在以下两个方面：

第一，删除了损害国家、集体或者第三人利益的表述。原《民法通则》第 58 条第 1 款第 4 项与原《合同法》第 52 条第 2 项都规定，恶意串通损害国家、集体或者第三人利益。本条规定把这一部分统称为损害他人合法权益。这样的修改是完全正确的。恶意串通仍然是民事法律行为，属于民法规范的领域，应当按照民法的规范来处理，而无须刻意强调对于恶意串通行为一定要特别保护国家、集体的利益。

第二，删除了追缴恶意串通取得的财产的规定。原《民法通则》第 61 条第 2 款规定了恶意串通获取财产的应当返还，就是双方恶意串通实施民事行为，损害国家的、集体的或者第三人的利益的，应当追缴双方取得的财产，收归国家、集体或者返还第三人。原《合同法》第 59 条也作了类似的规定：当事人恶意串通，损害国家、集体或者第三人利益的，因此取得的财产收归国家所有或者返还集体、第三人。《民法典》第 154 条没有延续这样的做法，而是把恶意串通作为一个普通的无效民事法律行为来规定，没有在规则上对恶意串通行为给予更多的否定性评价。这一条规定通过把恶意串通限定在民法领域内评价，剔除了公法的因素，避免了《民法典》与其他法的内容的混杂，使《民法典》的规范更加纯粹。

八、民事责任和诉讼时效

（一）民事义务和民事责任

《民法典》第 176 条规定，民事主体依照法律规定或者按照当事人约定，履行民事义务，承担民事责任。这个条文是关于民事义务与民事责任的规定。与原《民法通则》第 106 条第 1 款规定关于公民、法人违反合同或者不履行其他义务的，应当承担民事责任的规定相比，这一条规定继续沿用了同样的立法模式，把民事义务与民事责任规定在一起，强调的是民事义务与民事责任之间的逻辑关系。

相比之下，两条规定的不同之处在于，本条规定修改了对主体的表述，明确了民事义务来源于法定和约定，以及民事义务与民事责任的关系。

先说民事义务这一部分。大家可以看到，《民法典》其实没有对民事义务作太多的规定。按道理说，《民法典》应当对民事义务作一个比较完整的规定。但实际上《民法典》只是在第 176 条中说了“履行民事义务”这一句话。不过，有了这六个字，我们也就可以对民事义务展开研究了。

民事义务是与民事权利相对应的概念，是指义务人为了满足权利人的要求，而为一定行为或者不为一定行为的法律负担。它的特征是：第一，民事义务产生于法律的规定和当事人的约定。第二，民事义务的内容表现为为一定行为或者不为一定行为。第三，义务的履行是为了满足权利人的利益。第四，民事义务具有法律的强制性。

而民事责任，是指民事主体不履行或者不完全履行民事义务所应当依法承担的不利后果。不履行或者不完全履行民事义务，就是违反民事义务。民事责任既是违反民事义务所承担的法律后果，也是救济民事权利损害的必要措施，同时，还是实现民事权利保护请求权的直接手段。

民事责任的特点是：第一，民事责任是以民事义务的存在为前提产生的法律责任。第二，民事责任是具有强制性的法律责任。第三，民事责任是具有制裁性的法律责任。第四，民事责任主要是具有财产性的法律责任。第五，民事责任主要是具有补偿性的责任，也包括一定的惩罚性。比方说，惩罚性赔偿就具有惩罚性。我们的民法规定了越来越多的惩罚性赔偿责任，这与大陆法系民法拒绝、限制惩罚性赔偿责任的做法是不一样的。

民事责任与民事义务的区别是：第一，民事责任产生在民事义务的不履行之后。第二，民事责任与民事义务分别与国家公权力、民事权利概念相关联。第三，民事义务属于当为，而民事责任不仅是当为，而且是必为。

民事责任与民事义务既有严格的区别，又有密切的联系。《民法典》第 176 条同时规定民事义务和民事责任，反映的就是这种关系，也就是违反民事义务的行为，是产生民事责任的原因和依据，而民事责任是违反民事义务行为所引起的不利法律后果。无论是违约产生的民事责任，还是侵权产生的民事责任，都以民事法律规定义务或者约定义务作为前提。在这里，违反义务为因，承担责任为果，所以民事责任的本质就在于它是法律责令违反民事义务、侵害民事权利的当事人所承担的不利法律后果。从另一个角度上说，民事责任也是民事义务履行的担保。

这一条规则有以下三个要点。

第一，明确民事义务来源于法定和约定。原《民法通则》第 106 条第 1 款规定了公民、法人在违反合同或者不履行其他义务时，须承担民事责任，界定了义务与责任的关系，也就是责任是义务违反的法律后果，而这里的义务来源于合同或者其他义务。这个表述是不够准确的。第 176 条规定就明确了民事义务来源于法律规定和当事人的约定，当事人违反法律规定和当事人约定的义务时，就要承担民事责任。

第二，修改主体的表述。原《民法通则》第 106 条第 1 款规定的是公民、法人在违反义务时需承担民事责任，没有规定非法人组织的地位，同时还带有公法的色彩。第 176 条对这一表述进行了调整，直接概括为民事主体，包括自然人、法人和非法人组织。

第三，本条的实质内容是要规定民事责任，即民事义务不履行的后果是承担民事责任。民事责任是民事义务不履行的法律后果，在学习和理解这个条文的时候，应当看清这一点，因为这一条是引领“民事责任”章各条规定的概括性条款，所以非常重要。

（二）善意救助者造成损害的责任豁免

《民法典》第184条规定，因自愿实施紧急救助行为造成受助人损害的，救助人不承担民事责任。这个条文是关于善意救助者的责任豁免的规定，也叫好撒玛利亚人法责任豁免。在此之前的《民法通则》以及司法解释，都没有对此作出规定，这一条是民法典的新规则。

之所以规定善意救助者的责任豁免，是为了弘扬传统美德，应对我国目前的社会诚信危机。其要点有三：

第一，学理上所称的善意救助者责任豁免原则，其实就是域外国家法律都规定的“好撒玛利亚人法”，我们民间都把它叫作好人法。好撒玛利亚人法的核心，是赋予好撒玛利亚人以责任的豁免权。救助者在救助他人的过程中，即使存在一般过失，也不对此承担责任。我国规定的好撒玛利亚人法的含义，一是坚持鼓励善意施救者的救助积极性；二是承认特殊救助义务，不宜确定为一般救助义务；三是承认善意救助者的豁免权。

第二，善意施救者享有豁免权须具备以下要件：一是，行为人为善意救助者，就不包括故意造成受助者的损害。二是，行为人实施的是救助行为，而不是其他行为。三是，行为人的善意救助行为造成了受救助者的损害。符合上述条件的善意救助者，即使造成了被救助人的损害，也不承担民事责任，不论是一般过失还是重大过失，都是一样的。

第三，在我国社会，当前在好撒玛利亚人法的适用上，存在一些影响诚信道德建设的问题，例如对好撒玛利亚人难辨真假，由此引起一些法律适用问题。一方面，好撒玛利亚人即善意救助者反被受救助者讹诈，使真的好撒玛利亚人蒙冤，错误地被判决承担侵权责任。另一方面，行为人造成他人损害后，冒充好撒玛利亚人，混淆是非，逃避责任，造成很坏的社会影响。

在《民法典》总则编草案的三审稿中，曾经规定善意救助者需要承担因重大过失造成的责任，即一般过失造成损害的豁免，重大过失造成损害的要承担适当的责任。最终在审议通过《民法典》的时候，删除了重大过失者除外的规则，完全免除了善意救助者的责任。但这种做法其实不利于规范善意救助者的不当救助行为，比如说，当被救助者处于困境或者危难中时，如果不懂医学常识的人采取了不当的救助措施，将会对被救助人造成严重损害。如果善意救助者对这种重大过失的行为不承担责任，反而会间接影响到实践中不当危险的发生。

关于这一点一个重要表现就是院前救助的问题。

院前救助说的是什么呢？是说一个突然发生严重病患，例如心梗的患者在进到医院之前的抢救。在这方面，各地都有院前救助条例。这类救助条例体现的一个基本精神，就是救助这种突发严重疾病的人，最好要懂医学常识，不能够采取不当的救助行为，因为不当的救助行为很可能会造成患者死亡等严重后果。普通人要是不懂的话，打“120”就行了。

我觉得《民法典》现在的这个规定还是可以作进一步探讨的。

（三）诉讼时效期间

《民法典》第188条规定：向人民法院请求保护民事权利的诉讼时效期间为3年。法律另有规定的，依照其规定。诉讼时效期间自权利人知道或者应当知道权利受到损害以及义务人之日起计算。法律另有规定的，依照其规定。但是，自权利受到损害之日起超过20年的，人民法院不予保护，有特殊情况的，人民法院可以根据权利人的申请决定延长。

这个条文是关于诉讼时效期间的规定，与原《民法通则》的规定相比，改变了一般诉讼时效的期间以及起算点，明确了诉讼时效延长的适用范围。

诉讼时效是什么呢？诉讼时效是权利人在法定期间内不行使权利，该期间届满后，发生义务人可以拒绝履行其给付义务的效果的民法制度。设立诉讼时效制度的主要目的，是客观地促进法律关系安定，及时结束权利义务关系的不确定状态，稳定法律秩序，降低交易成本。也就是说，法律帮助“勤勉人”，不帮助“睡眠人”。

诉讼时效期间包括三种。

第一种是一般诉讼时效，是指由《民法典》统一规定的，普遍适用于法律没有作特殊诉讼时效规定的各种民事法律关系的消灭时效。

第二种是特别诉讼时效，也叫作特殊诉讼时效，是指由《民法典》或者民法单行法特别规定的，只适用于某些特殊民事法律关系的消灭时效。

第三种是最长诉讼时效，也叫绝对诉讼时效，是指不适用诉讼时效中止、中断、延长规定的长期诉讼时效的期间。

第188条规定的是一般诉讼时效期间和最长诉讼时效期间，以及该期间起算的规则。一般诉讼时效期间是3年，是权利人自知道或者应当知道权利受到损害以及义务人之日起计算。期间起始的时间须具备两个要件：一个是权利人知道或者应当知道权利受到损害。另一个要件是知道或者应当知道义务人。具备了这两个要件，即开始起算诉讼时效期间。对诉讼时效期间起算时间法律另有规定的情况如《民法典》第189条到第191条规定的三种情形。最长诉讼时效期间是20年。在权利受到侵害的事实发生之后，权利人一直不知道或者不应当知道权利受到损害及其义务人的，则从权利受到损害之日起计算，超过20年的人民法院就不予保护；不过，本条第2款最后一句里还有个特别规定，即：有特殊情况的，人民法院可以根据权利人的申请决定延长。这个条件比较弹性，关键在于对特殊情况的判断，并且须有权利人的申请。

本条规则的新要点有三个。

第一，是期间的变化。原《民法通则》第 135 条规定，向人民法院请求保护民事权利的诉讼时效期间为 2 年。这一诉讼时效的期间比较短，原来的立法目的，原本是在于促进权利人尽快行使权利，以利于加速社会经济流转，但是在实际结果上对权利人过于苛刻。因此，在制定《民法总则》的时候，就把一般诉讼时效期间改为 3 年。

第二，是期间计算起算点的变化。原《民法通则》第 137 条规定的诉讼时效期间起算点，是从知道或者应当知道权利被侵害时起计算。《民法典》现在改成：一是“权利被侵害”修改为“权利受到损害”，使规定更有弹性；二是新增加了知道义务人为必要条件，更符合实际情况，加强了对权利人的保护。

为什么说这样规定就加强了对权利人的保护呢？一是因为权利受到损害的时候开始算，仅仅是一个方面，如果受害的权利人不知道谁是义务人，他能行使这个权利吗？是不能行使这个权利的。所以，新规定是不仅有权利人知道或者应当知道权利受到损害这个要件，还有知道义务人是谁这个条件，只有在这两个条件都具备的时候，才开始计算诉讼时效。这当然就使对权利人的保护得到了加强。

第三，明确了诉讼时效期间延长的适用条件。原《民法通则》第 137 条在规定了一般诉讼时效期间之后，规定了最长诉讼时效期间，最后规定了诉讼时效期间的延长。这在实践当中引起了争议，即诉讼时效期间延长是否既适用于一般诉讼时效，也适用于最长诉讼时效。《民法典》第 188 条的规定，明确了诉讼时效期间延长的适用范围，终结了这个争议。这条采取的立法技术，是将句号改为了逗号，即在最长诉讼时效的规定之后用逗号分隔，接着规定诉讼时效期间的延长。这样一来，就明确了诉讼时效期间的延长，仅针对最长诉讼时效，而不包括一般诉讼时效与特别诉讼时效。

（四）诉讼时效期间完成的后果是义务人产生抗辩权

《民法典》第 192 条规定，诉讼时效期间届满的，义务人可以提出不履行义务的抗辩。诉讼时效期间届满后，义务人同意履行的，不得以诉讼时效期间届满为由抗辩；义务人已自愿履行的，不得请求返还。这是关于诉讼时效期间届满义务人产生抗辩权的规定，与原《民法通则》第 138 条的规定相比，将诉讼时效完成的后果由胜诉权消灭主义修改为抗辩权发生主义。

诉讼时效完成后，发生的法律效果是产生抗辩权。法律规定的诉讼时效期间届满，义务人产生抗辩权，因而，义务人可以提出不履行义务的抗辩。抗辩权，就是抗辩他人行使权利的对抗权，对方权利人行使请求权，而该方当事人享有抗辩权，就是可以行使抗辩权去对抗请求权，进而据此拒绝请求权人的请求给付，并且拒绝履行义务。

诉讼时效期间完成产生的抗辩权是永久性抗辩权。抗辩权人一经行使抗辩权以对抗请求权，就永久发生拒绝给付、不履行义务的法律效力。所以，时效消灭抗辩权是指诉讼时效期间完成后，义务人产生的据以对抗请求权人行使请求权，拒绝履行自己义务的抗辩权。这个抗辩权与合同履行中的那些抗辩权是不一样的。合同履行中的抗辩权，都是一时性抗辩权，而诉讼时效期间完成的抗辩权是永久性抗辩权。

诉讼时效期间完成的法律效果包括两个方面：一是直接效果，产生时效消灭的抗辩权。二是本体效果，即时效抗辩请求权行使后的效果。

所以，诉讼时效期间完成后，义务人行使抗辩权的，就产生本体效果：一是对于义务人的效果，义务人可以拒绝权利人履行义务的请求，同时把权利人的请求权转化为自然债权，自己的义务转化成自然债务，从而取得这种时效利益。二是对于权利人的效果，其实体权利和诉权都不消灭，但是这种实体权利变成一种自然权利，不具有要求债务人履行的强制力，权利人的权利不会消灭，仍然可以继续行使程序上的起诉权，向法院提起诉讼，只要符合起诉条件，法院就应当受理，而不得直接以时效期间届满为由驳回起诉或者不予受理。因为诉权是国家赋予当事人向法院提起诉讼以请求法院保护的权利，是一种宪法性的权利，不适用诉讼时效的规定。三是义务人自愿履行的效果。义务人同意履行的，不得以诉讼时效届满为由抗辩；义务人已经自愿履行的，不得请求返还。因为这两种行为均为义务人放弃了抗辩权。

这一条文规定的新规则的要点是：诉讼时效期间完成后，义务人产生永久性抗辩权。此前的《民法通则》第 138 条规定的是，时效完成消灭胜诉权，借鉴的是苏联立法例，采取了胜诉权消灭主义。这个规定之前受到很多批评，最高人民法院后来在司法解释中改变了对《民法通则》这一规定的解释方法，确定了抗辩权发生主义。《民法典》接受司法解释的意见，把这一条修改为抗辩权发生主义，不再采取胜诉权消灭主义，法院不得依照职权适用诉讼时效驳回权利人的诉讼请求，由此平衡了债权人与债务人之间的利益。

第二讲
民法典怎样保护你的物权

现在要讲的是《民法典》怎样保护你的物权，这是《民法典》第二编“物权”规定的内容。

《民法典》在由原《物权法》为基础，编纂成为物权编的过程中，进行了较大的修改，增加了一些新的物权规则，修改了部分原来的规则。对于这些物权新规则应当怎样理解，在司法实践中怎样适用，需要认真研究。我们在这一讲中，针对这些物权新规则，讨论它们在保护物权中的作用，以及它们是更好地保护民事主体的物权的。

一、民法典对物权变动和物权保护规则的修改

（一）继承开始时不是受遗赠物权变动的生效时间

《民法典》第 230 条规定了因继承取得遗产物权的时间，即因继承取得物权的，自继承开始时发生效力。这与原《物权法》第 29 条关于“因继承或者受遗赠取得物权的，自继承或者受遗赠开始时发生效力”的规定相比，删除了因受遗赠物权发生变动时间的内容。理解和适用这一条文的规定时，应当侧重理解受遗赠物权变动的生效时间。

继承属于法律事实中的事件。因继承取得物权的，是自继承开始时发生物权变动的效力。继承开始时，说到底，就是被继承人死亡的时间。当被继承人死亡，继承开始之时，继承人当然就取得了所继承的遗产的物权。尽管在被继承人死亡之时，也就是继承开始之时，继承人可能没有实际对遗产进行分割，或者没有将遗产占有，但是，不论当时还是事后对遗产才实际继承，遗产权属的变动都发生在继承开始之时。被继承人生前所有的财产因其死亡而成为遗产，丧失了自己的物权；遗产被继承人继承，继承人取得了遗产的物权，发生了物权变动。这个物权变动的时间，就是继承开始时。

受遗赠取得遗产物权的时间却不同。遗赠属于法律事实中的行为，其性质显然不同于继承。原《物权法》第 29 条将两类不同性质的原因所引起的物权变动合并规定在一起，似乎是我国立法的创设，在比较法上属于罕见。同时，这一规定也与继承编的规定相冲突。根据原《物权法》第 29 条的规定，遗赠可以直接产生物权变动的效力，无须经过公示，于受遗赠开始时取得物权。原《继承法》第 25 条第 2 款规定："受遗赠人应当在知道受遗赠后两个月内，作出接受或者放弃受遗赠的表示。到期没有表示的，视为放弃受遗赠。"对此，受遗赠人取得遗赠的遗产存在一个是否接受遗赠的问题，有两个月的除斥期间：受遗赠人在知道受遗赠后的两个月内，应当作出接受或者放弃受遗赠的表示。到期没有表示的，视为放弃受遗赠。只有在作出接受遗赠的意思表示后，才有权请求遗嘱执行人或者继承人交付遗赠标的物。可以说，遗赠不直接产生物权变动的效力，只具有债权的效力。为了弥合这一冲突，《民法典》第 230 条删除了受遗赠物权变动规则的内容。

对此，遗赠的物权变动的生效时间，应当根据《民法典》关于物权变动的一般规则以及遗赠的规则来认定。《民法典》第 1124 条第 2 款规定："受遗赠人应当在知道受遗赠后六十日内，作出接受或者放弃受遗赠的表示；到期没有表示的，视为放弃受遗赠。"这个条文的适用规则是：第一，在受遗赠人知道受遗赠后的 60 天内，应当作出是否接受遗赠的意思表示。第二，受遗赠人在 60 天内表示接受遗赠的，可以请求取得受遗赠物。第三，在 60 天内，受遗赠人作出放弃受遗赠的表示后，即丧失受遗赠权，被继承人遗嘱指定的遗赠财产成为继承人继承的遗产。第四，超过 60 天时限，受遗赠人没有作出明确表示的，视为受遗赠人放弃受遗赠权，遗赠财产也就成为继承人继承的遗产。

据此，受遗赠人自作出接受遗赠的意思表示时，有权请求遗嘱执行人或者继承人交付遗赠标的物。根据《民法典》规定的物权变动规则，受遗赠人自不动产的登记或者动产交付时取得受遗赠物的所有权。

在继承中，不论是遗嘱继承还是法定继承，其遗产的物权变动时间都是自继承开始发生效力，使遗产的物权变动在时间上紧密衔接。在遗赠中，由于遗产物权的变动须经受遗赠人作出接受遗赠的意思表示而发生效力，因此，在接受遗赠之前溯及被继承人死亡之间，存在一段物权的空白期。在这个期间里，遗产物权处于不确定状态，只有在受遗赠人作出接受遗赠的表示并交付或者登记后，才能确定遗赠的遗产归受遗赠人所有。在受遗赠人明示放弃或者默示放弃受遗赠权时，遗赠财产成为继承遗产，继承人按照继承规则继承该遗产的物权变动时间，仍然溯及继承开始之时，即被继承人死亡之时，遗产的物权空白期由此得到弥补。

（二）物权保护方式的适用规则

《民法典》第 239 条规定了物权保护方式的适用规则，在规定了"本章规定的物权保护方式，可以单独适用，也可以根据权利被侵害的情形合并适用”的内容后，删除了原《物权法》第 38 条第 2 款，即：“侵害物权，除承担民事责任外，违反行政管理规定的，依法承担行政责任；构成犯罪的，依法追究刑事责任。”

《民法典》规定的物权请求权有返还原物、排除妨碍、消除危险、恢复原状（含修理、重作、更换）和损害赔偿。这些不同的物权请求权，所救济的物权受到损害的情形并不相同。针对不同的物权损害情形，可以选择不同的物权请求权予以救济。如果一个物权受有多种情形的损害，可以选择适用多种请求权救济。因此，法律允许物权请求权单独或者合并适用。应当注意的是，损害赔偿已经在侵权责任编中规定为侵权责任请求权，恢复原状请求权虽然在侵权责任编中没有规定，但是《民法典》第 237 条和第 238 条规定的条文中，都加上了“依法”二字，这意味着这两种请求权所依据的法律并不是《民法典》的物权编，而是另有他法，这个“他法”，应当是《民法典》的侵权责任编。因而可以确定，恢复原状和损害赔偿请求权是侵权责任请求权，而不是物权请求权。在确定侵害物权的恢复原状和损害赔偿责任时，尽管有这两个条文的规定，但是，这两个条文并没有请求权，其性质属于侵权责任请求权，应当依照《民法典》侵权责任编的规定，确定损害赔偿责任或者恢复原状的责任。

这一条之所以删除原《物权法》第 38 条第 2 款关于侵害物权时的行政责任和刑事责任的规定，主要是因为《民法典》的属性是私法，只规定民事法律规范。承担行政责任或者刑事责任应当由行政法或者刑法进行规范，《民法典》并不问。此外，从立法技术角度考虑，《民法典》第 187 条专门规定了非冲突性责任竞合的规则，适用于《民法典》分则各编。因此，在一个侵害物权的行为发生了民事责任与刑事责任、行政责任竞合时，直接适用《民法典》第 187 条的规定就行了，无须在《民法典》的物权编中重复规定。

二、物权编对所有权一般规则的修改与适用

（一）完善不动产的征收规则

原《物权法》规定了不动产的征收规则。为了更好地保护民事主体的物权，《民法典》第 243 条对不动产的征收规则作了完善，规定的内容是：“为了公共利益的需要，依照法律规定的权限和程序可以征收集体所有的土地和组织、个人的房屋以及其他不动产。”“征收集体所有的土地，应当依法及时足额支付土地补偿费、安置补助费以及农村村民住宅、其他地上附着物和青苗等的补偿费用，并安排被征地农民的社会保障费用，保障被征地农民的生活，维护被征地农民的合法权益。”“征收组织、个人的房屋以及其他不动产，应当依法给予征收补偿，维护被征收人的合法权

益；征收个人住宅的，还应当保障被征收人的居住条件。”“任何组织或者个人不得贪污、挪用、私分、截留、拖欠征收补偿费等费用。”

这一规定与原《物权法》第 42 条相比，主要有三个方面的规则变化。

第一，增加了征收集体所有的土地，除了应当依法足额支付补偿费用外，还规定了“及时”支付的新规则。原《物权法》第 42 条规定“应当依法足额支付”费用，规定的是支付补偿费用的数量标准，并没有时间标准的要求。在实践中，征收集体所有的土地给付补偿费用，往往有很长时间的拖欠，致使农民的合法权益不能得到很好的保障。强调支付补偿费用须及时进行，确定了支付补偿费用的时间标准，是对征收者的进一步要求，也是保障农民权益的必要措施。

第二，明确了征收集体所有的土地，应当依法及时足额支付农村村民住宅的补偿费用。原《物权法》第 42 条规定征收集体所有的土地，只规定应当支付土地补偿费、安置补助费、地上附着物和青苗的补偿费等，没有规定对村民住宅的补偿。尽管农村村民住宅的补偿费可以概括在“等”字里，但因法律未作出明确列举，实践中屡屡出现农村村民住宅的征收补偿费无法取得，合法权益无法得到保障的情况。《民法典》增加规定农村村民住宅的补偿费，就是要维护农民利益，保障农民的居住条件。

第三，对条文文字进行了修改。将原《物权法》第 42 条中的“单位”全部改成了“组织”。“单位”不是严格意义的民法概念，“组织”能够包括法人与非法人组织，用语更为精准。

征收是国家取得所有权的方式之一，是将集体或者个人的财产征收到国家手中，使其成为国家所有权的客体，其后果是集体或者个人的所有权消灭，国家取得所有权。鉴于征收的权利变动后果，应当对其予以严格限制。为了加强对民事主体物权的保护，审查时应当注意：

第一，征收必须是为了公共利益的需要，而不是一般的建设需要。

第二，征收必须依照法律规定的权限和程序进行。

第三，征收的财产应当是土地、房屋及其他不动产。

第四，征收不动产应当支付补偿费，对丧失所有权的人给予合理的补偿。征收集体所有的土地，应当支付土地补偿费、安置补助费、农村村民住宅和地上附着物补偿费等费用。要足额安排被征地农民的社会保障费用，维护被征地农民的合法权益，保障被征地农民的生活。征收组织、个人的房屋或者其他不动产，应当给予征收补偿，维护被征收人的合法权益。征收居民住房的，还应当保障被征收人的居住条件。

第五，为了保证补偿费能够及时足额地发到被征收人的手中，任何组织和个人不得贪污、挪用、私分、截留、拖欠征收补偿费等费用。

（二）增加无居民海岛所有权的规定

《民法典》第 248 条规定的是以前从来没有规定的问题，就是无居民海岛的所有权归属，内容是：“无居民海岛属于国家所有，国务院代表国家行使无居民海岛所有权。”

无居民海岛，是指不属于居民户籍管理的住址登记地的海岛。2010 年 3 月 1 日，我国《海岛保护法》开始实施，第 4 条明确规定无居民海岛属于国家所有，由国务院代表国家行使无居民海岛所有权。凡是对无居民海岛开发利用，都必须报经省级人民政府或者国务院批准并取得海岛使用权、缴纳海岛使用金。2011 年 4 月 12 日，国家海洋局公布了中国首批 176 个可以开发利用的无居民海岛名录，涉及辽宁、山东、江苏、浙江、福建、广东、广西、海南 8 个省区。《民法典》吸收了这一立法规定，为 176 个无居民海岛的国家所有权提供了民事基本法的依据，进一步明确了无居民海岛归国家所有，任何组织和个人都不得对无居民海岛享有所有权。

国家对无居民海岛享有所有权，有权直接对其占有、使用、收益和处分。国家是特殊的民事权利主体，以国家的名义进行民事活动时，由国务院代表国家行使所有权。

对无居民海岛的权属争议，不是表现在所有权的争议，而是使用权的争议。无居民海岛所有权属于国家，无可争议。当将无居民海岛的使用权出让给民事主体享有时，则会发生权属争议。对此，依照《海岛保护法》的规定和参照建设用地使用权出让的规则，确认争议的焦点，准确适用法律。

（三）集体成员对集体财产的相关资料享有查阅权和复制权

为了更好地保护农村集体组织的成员的权利，《民法典》第 264 条规定：“农村集体经济组织或者村民委员会、村民小组应当依照法律、行政法规以及章程、村规民约向本集体成员公布集体财产的状况。集体成员有权查阅、复制相关资料。”

与原《物权法》第 62 条相比，这一条文新增加了集体成员的查阅权与复制权，以更好地保障农村集体经济组织成员知情权的实现。

农村集体经济组织是特别法人，其财产为全体集体经济组织成员享有。农村集体经济组织对其所有的财产，代表全体集体成员享有所有权。集体经济组织成员即农民是组织成员，享有成员权。成员权包括财产性权利（例如集体利益分配请求权）、征地补偿款分配请求权、管理经营性权利（例如知情权、经营管理权和决策权）以及退出权。这一条文特别强调的是农村集体经济组织或者代行农村集体经济组织职权的村民委员会、村民小组在行使集体所有权时，必须保障集体成员的知情权。

这一条文的要求是：

第一，农村集体经济组织以及代行集体经济组织职权的村委会、村民小组，都对全体农民即集体成员负有向本集体成员公布集体财产状况的义务。只有集体经济组织或者村委会、村民小组依照法律、行政法规以及章程、村规民约的规定，向本集体成员公布集体财产状况，才能使成员的知情权得到满足。

第二，农民作为集体经济组织成员，享有相应的知情权，知情权的内容包括本条新增的查阅权和复制权。集体成员享有查阅权、复制权，就可以依照法律、行政法规以及章程、村规民约的规定，请求查阅农村集体经济组织公布的相关资料，并获得这些资料的复印件。这不仅能够保障其作为集体成员知晓集体财产的状况，进行核对，并且可以积累资料，作为证据，以备诉讼之需。与此相对应，农村集体经济组织或者村委会、村民小组负有相应的义务，当集体成员请求查阅或者复制时，应当满足集体成员的要求，不得拒绝。

这些权利和义务，都是有关农村集体土地所有权的内容。当发生争议诉讼到法院时，应当依照这样的规定，界定纠纷性质，按照上述规则妥善处理和解决纠纷。

（四）规定添附是所有权取得的方式

《民法典》第322条新增了添附作为所有权取得方式之一，即："因加工、附合、混合而产生的物的归属，有约定的，按照约定；没有约定或者约定不明确的，依照法律规定；法律没有规定的，按照充分发挥物的效用以及保护无过错当事人的原则确定。因一方当事人的过错或者确定物的归属造成另一方当事人损害的，应当给予赔偿或者补偿。"

原《物权法》没有规定添附规则，但在学理上和实务上都有广泛讨论和具体适用，只是没有法律根据而已。原《物权法》为什么没有规定添附是所有权取得的方式？是因为例举添附的表现形式时，说添附是自己的砖砌到了他人的墙里面时，所有权的关系应当怎样处理的问题，就有人批评，法律不应当规定这些陈芝麻烂谷子的事情，而应当规定大的原则问题。但其实这只是举例，再说关乎众多民事主体的利益，陈芝麻烂谷子的事情也是大事。《民法典》将添附规定为所有权的取得方式之一，解决了添附物的权属认定规则。但比较遗憾的是，这一条文没有规定添附的类型和具体的适用规则，还需要进行更多的说明。

先说添附的定义吧。添附，是指不同所有权人的物被结合、混合在一起成为一个新物，或者利用别人之物加工成为新物的事实。把添附作为取得所有权的根据，原因在于添附发生后，要回复各物的原状，在事实上已不可能，或者在经济上是不合理的，有必要使添附物归一方所有或各方共有，以解决各方的物权权属争执。

添附物的归属因添附情况的不同，分为三种类型，具体的法律适用规则是：

1. 加工

加工，是指一方使用他人的物，将其加工改造为具有更高价值的物。原物因为加入了加工人的劳动而成为新物，如在他人的木板上作画。加工物的所有权归属，当事人有约定的依约定处理；无约定的，加工所增价值未超过原材料价值的，加工物归原材料所有权人所有；加工价值显然大于原物的价值的，新物可以归加工人所有；如果加工价值与原材料价值相当，可由双方共有。除共有外，不论哪种情况，取得加工物所有权的一方，都应当对对方的加工劳动或原材料的价值予以补偿。

2. 附合

附合，是指不同所有权人的物密切结合在一起而成为一种新物。在附合的情况下，各原所有权人的物虽可识别，但非经拆毁不能恢复原来的状态。如砖、木的附合构建成房屋。附合物的所有权归属应区分两种情况：当动产附合于不动产之上时，由不动产所有权人取得附合物的所有权，原动产所有权人则可取得与其原财产价值相当的补偿。当动产与动产附合时，附合的动产有主从之别的，由主物的所有权人取得附合物的所有权，是单独所有，而非共有[①]，从物的所有权人有权请求对方以价值上的补偿；如无主从之别，则由各动产所有权人按其动产附合时的价值共有附合物。

3. 混合

混合，是指不同所有权人的物互相结合在一起，难以分开并形成新的财产。如米与米的混合，酒与酒的混合。混合与附合不同，在混合的情况下，已无法识别原各所有权人的财产，而附合则是原各所有权人的财产仍然能够识别。混合物一般应由原物价值量较大的一方取得所有权，给另一方以相当的补偿。如果原物价值量相差不多，也可由各方共有。

将添附的所有权归属规则概括起来，主要规则是：

第一，因加工、附合、混合而产生的物的归属，有约定的按照约定。

第二，没有约定或者约定不明确的，依照法律规定。

第三，当事人没有约定，法律也没有规定的，按照充分发挥物的效用以及保护无过错当事人的原则确定。充分发挥物的效用原则，是根据物归属于哪一方更能够发挥物的效用，就将所有权归属于哪一方的规则。保护无过错当事人的原则，是指对于无过错一方当事人给予更好的保护。两个原则，应当首先考虑物的效用原则。

第四，因一方当事人的过错或者确定物的归属给另一方当事人造成损失的，应当给予赔偿或者足额的补偿。

三、物权编对建筑物区分所有权规则的修改

（一）补充规定业主大会和业主委员会的设立权限和程序

为了更好地保护业主的建筑物区分所有权中的管理权，《民法典》第 277 条规定："业主可以设立业主大会，选举业主委员会。业主大会、业主委员会成立的具体

① 鲍尔·施蒂尔纳．德国物权法：下册．申卫星，王洪亮，译．北京：法律出版社，2006：445.

条件和程序，依照法律、法规的规定。”“地方人民政府有关部门、居民委员会应当对设立业主大会和选举业主委员会给予指导和协助。”

这一规定与原《物权法》第 75 条相对照，有两个变化：一是增加了转介性条款，即业主大会、业主委员的设立条件和程序，须依照法律、法规的规定；二是增加规定居民委员会是对业主大会和业主委员会的指导和协助部门。这些规则细化了设立业主大会、业主委员会的程序规定。

住宅小区之所以要设立业主大会、业主委员会，是因为全体业主对区分所有的建筑物享有管理权。整栋建筑物的所有权实际上是一种特殊的按份共有。与按份共有关系一样，各业主之间是共有关系，构成所有人的团体。全体业主组成一个团体，整体享有住宅建设用地使用权以及其他共同的权利，管理共用设施及其他事务，解决业主之间发生的纠纷。区分所有建筑物的管理，是为维持区分所有建筑物的物理机能，并充分发挥其社会的、经济的机能，对其所为的一切经营活动，有关建筑物之保存、改良、利用、处分，以及业主共同生活秩序的维持等。行使管理权的团体是业主大会，业主大会选举业主委员会，行使日常管理权。

业主大会具有团体性，其性质为非法人团体性质的管理团体，本来是应当将其认定为非法人组织，作为民事主体和民事诉讼主体，享有相应的资格，以更好地保护全体业主的合法权益，《民法典》没有作出这样的规定。

《物业管理条例》第 16 条第 1 款规定，业主委员会自选举产生之日起 30 日内备案。既然没有要求业主委员会进行登记，那么业主委员会就不能取得非法人组织的民事主体资格。业主委员会是作为业主大会的执行机构，行使管理权。

这一保护业主权利新规则的要点是：住宅小区设立业主大会以及业主委员会的条件和程序，应当依照法律、法规的规定，例如，《民法典》物权编对业主大会和业主委员会规定的条件和程序，以及国务院《物业管理条例》第 8 条至第 10 条规定的条件和程序。同时，居民委员会对设立业主大会和选举业主委员会有权给予指导和帮助。原《物权法》只规定地方政府有关部门对设立业主大会及选举业主委员会负有给予指导和协助的职责，《民法典》规定居民委员会也负有这种职责。这是考虑到居民委员会作为特别法人，对社区建设本来就有自己的职责。赋予其对设立业主大会及选举业主委员会负有给予指导和协助的职责，当是顺理成章的工作内容。

在实践中，就业主大会以及业主委员会的设立发生争议的，应当依照法律和行政法规的规定，确定责任归属，妥善解决纠纷。

（二）修改业主共同决定的事项与表决规则

同样，《民法典》为了更好地保护业主对小区物业的管理权，于第 278 条规定了业主共同决定的事项以及决定的方法，即：“下列事项由业主共同决定：（一）制定和修改业主大会议事规则；（二）制定和修改管理规约；（三）选举业主委员会或者更换业主委员会成员；（四）选聘和解聘物业服务企业或者其他管理人；（五）使用建筑物及其附属设施的维修资金；（六）筹集建筑物及其附属设施的维修资金；（七）改建、重建建筑物及其附属设施；（八）改变共有部分的用途或者利用共有部分从事经营活动；（九）有关共有和共同管理权利的其他重大事项。”“业主共同决定事项，应当由专有部分面积占比三分之二以上的业主且人数占比三分之二以上的业主参与表决。决定前款第六项至第八项规定的事项，应当经参与表决专有部分面积四分之三以上的业主且参与表决人数四分之三以上的业主同意。决定前款其他事项，应当经参与表决专有部分面积过半数的业主且参与表决人数过半数的业主同意。”

与原《物权法》第 76 条相比，这一条文的规定在以下两个方面发生了重大改变。

第一，是新增加了业主共同决定的事项。增加规定改变共有部分的用途或者利用共有部分从事经营活动，是业主共同决定的事项。这一内容来源于《最高人民法院关于审理建筑物区分所有权纠纷案件具体应用法律若干问题的解释》原第 7 条关于“改变共有部分的用途、利用共有部分从事经营性活动、处分共有部分，以及业主大会依法决定或者管理规约依法确定应由业主共同决定的事项，应当认定为物权法第七十六条第一款第（七）项规定的有关共有和共同管理权利的‘其他重大事项’”的规定。《民法典》物权编吸收了该条司法解释的经验，补充规定了本项业主共同决定事项，主要原因是改变共有部分的用途或者利用共有部分从事经营性活动，是对业主共有部分的重大改变，涉及业主的重大利益。将共有部分改作他用，例如将公共活动场所改变为物业工作场所，当然就影响到业主的共同利益。利用共有部分从事经营活动，例如将公共绿地建设房屋出租或者将共有部分的空间出租给快递公司，当然也影响业主的共同利益，应当由全体业主共同决定。

第二，是修改了业主共同决定事项的表决规则。业主共同决定事项，首先必须符合表决的前提条件，即由专有部分面积占比三分之二以上的业主且人数占比三分之二以上的业主参与表决。只有在专有面积以及人数符合表决条件的情况下，才可以对重大事项进行表决，否则决议无效。针对筹集维修资金（不包括使用维修资金），改建、重建建筑物及其附属设施，改变共有部分的用途或者利用共有部分从事经营活动，应当由参与表决专有部分面积四分之三以上的业主且参与表决人数四分之三以上的业主同意。至于其他事项，也需要参与表决专有部分面积过半数的业主且参与表决人数过半数的业主同意。总的来说，业主共同决定的事项涉及业主的切身利益，通过修改业主共同决定事项的决议规则，解决了实践中业主决定难的问题，使决议的作出更加慎重。

具体改变的规则是：

第一，增加了表决的前提条件，即参与表决的人必须符合人数以及专有面积要求。

第二，修改了使用建筑物及其附属设施的维修资金的表决规则，即由原来的须占总面积三分之二以上的业主且占总人数三分之二以上的业主确定，修改为须有参与表决的二分之一以上的面积和业主人数同意。这是通过降低表决要求，解决维修资金的使用难问题。

第三，修改了筹集建筑物及其附属设施的维修资金、改建或者重建建筑物及其附属设施的表决规则，即由原来的须三分之二的面积和业主人数决定改为须有参与表决的四分之三的面积和业主人数同意。

第四，修改了改变共有部分的用途或者利用共有部分从事经营活动的表决规则，即由原来的二分之一的面积和业主人数决定，修改为由参与表决的四分之三的面积和业主人数同意。

在实践中，应当按照上述规定确定共同决定事项的决议是否有效。专有部分面积和建筑物总面积的计算方法是：专有部分面积，按照不动产登记簿记载的面积计算；尚未进行物权登记的，暂按测绘机构的实测面积计算；尚未进行实测的，暂按房屋买卖合同记载的面积计算；建筑物总面积，按照前项的统计总和计算。业主人数和总人数的计算方法是：业主人数，按照专有部分的数量计算，一个专有部分按一人计算，但建设单位尚未出售和虽已出售但尚未交付的部分，以及同一买受人拥有一个以上专有部分的，按一人计算；总人数，按照前项的统计总和计算。

（三）“住改商”用房应当经有利害关系的业主一致同意

《民法典》为了更好地保护业主的合法权益，于第 279 条规定住宅改为经营性用房的条件：“业主不得违反法律、法规以及管理规约，将住宅改变为经营性用房。业主将住宅改变为经营性用房的，除遵守法律、法规以及管理规约外，应当经有利害关系的业主一致同意。”

与原《物权法》第 77 条规定相对比，这一条文只增加了两个字，即“一致”同意，却对保护业主的合法权益具有重要的作用。

对于“住改商”的经有利害关系的业主同意，究竟是一致同意，还是多数人同意，还是只要一人同意，原《物权法》第 77 条未作出明确规定，只是笼统地规定“应当经利害关系的业主同意”，在司法实践中不易掌握。对此，《最高人民法院关于审理建筑物区分所有权纠纷案件具体应用法律若干问题的解释》第 10 条第 2 款规定：“将住宅改变为经营性用房的业主以多数有利害关系的业主同意其行为进行抗辩的，人民法院不予支持。”这表明，“住改商”即使得到多数有利害关系的业主同意，也不能证明其行为合法。当然，仅少数有利害关系的业主同意其行为，更不能得到法院的支持。《民法典》物权编对此作出明确规定，即“住改商”应当经有利害关系业主的一致同意，才可以进行。

关于有利害关系的业主，《最高人民法院关于审理建筑物区分所有权纠纷案件具体应用法律若干问题的解释》(2009 年) 第 11 条作出了较为清晰的认定，即：“业主将住宅改变为经营性用房，本栋建筑物内的其他业主，应当认定为物权法第七十七条所称‘有利害关系的业主’。建筑区划内，本栋建筑物之外的业主，主张与自己有利害关系的，应证明其房屋价值、生活质量受到或者可能受到不利影响。”据此，应当根据经营性用房用途的不同、影响范围和影响程度的不同，具体分析确定。一般而言，相邻业主是有利害关系的业主。影响范围越广，影响程度越深时，不论是隔壁的业主，还是相邻或者不相邻的业主，凡是因住宅改变为经营性用房受到影响的业主，都是有利害关系的业主。有利害关系的业主同意“住改商”，应当作出明确的意思表示，不能采用默示同意的规则。而且有利害关系的业主必须一致同意“住改商”。未经有利害关系的业主一致同意便进行“住改商”，有利害关系的业主有权行使物权请求权或者侵权请求权获得私法上的保护。

(四) 紧急情况下业主大会或业主委员会可依法申请使用维修资金

《民法典》第 281 条规定：“建筑物及其附属设施的维修资金，属于业主共有。经业主共同决定，可以用于电梯、屋顶、外墙、无障碍设施等共有部分的维修、更新和改造。建筑物及其附属设施的维修资金的筹集、使用情况应当定期公布。”“紧急情况下需要维修建筑物及其附属设施的，业主大会或者业主委员会可以依法申请使用建筑物及其附属设施的维修资金。”对比原《物权法》第 79 条的规定，改变的规则是：

第一，将“电梯、水箱等共有部分的维修”修改为“电梯、屋顶、外墙、无障碍设施等共有部分的维修”，对维修的共有部分规定得更明确，更符合现代建筑物的设计现状与要求。维修资金尽管是业主购房时交付的，但是，属于全体业主共有，其他人不得主张权利。维修资金的用途，是对电梯、屋顶、外墙、无障碍设施等共有部分进行维修、更新和改造。维修资金的用途应当作为共有部分、公用设施设备保修期满之后的维修、更新和改造。之所以是在保修期满之后使用，是因为保修期满之前，这些部位的维修等是由开发商负责的，不应使用维修资金。维修资金必须专款专用，不得挪作他用。业主大会和业主委员会也不得以维修资金承担民事责任。维修资金的筹集是重大事项，应当经过业主大会讨论决定，不得擅自进行。维修资金的筹集、使用情况，应当定期向全体业主公布，增加透明度，便于监督管理。

第二，新增加紧急情况下维修资金使用的规定，是备不时之需，即紧急情况出现时，需要维修建筑物及其附属设施的，业主大会或者业主委员会可以依法申请使用维修资金。问题是，首先，这里的“依法”究竟是依据何种法律，还需要进一步明确。根据这个规定，这个依法，更重要的是程序的规定，即怎样依法申请使用。其次，对紧急情况的界定，也需要进一步明确，究竟在哪些情况下属于紧急情况。《住宅专项维修资金管理办法》第 24 条第 1 款规定：“发生危及房屋安全等紧急情况，需要立即对住宅共用部位、共用设施设备进行维修和更新、改造的，按照以下规定列支住宅专项维修资金：（一）住宅专项维修资金划转业主大会管理前，按照本办法第二十二条第四项、第五项、第六项的规定办理；（二）住宅专项维修资金划转业主大会管理后，按照本办法第二十三条第四项、第五项、第六项和第七项的规定办理。”据此，《民法典》第 281 条第 2 款所规定的“依法”应当指向《住宅专项维修资金管理办法》。紧急情况应当主要指的是危及房屋安全以及与危及房屋安全具有同等危险性的情形，例如出现意外灾害造成建筑物损害，需要动用维修资金进行维修或者改建。

（五）利用共有部分产生的收益扣除合理成本后属业主共有

在实践中，物业小区的共有部分进行经营所获得的利益，经常被开发商、物业管理人等所侵占，损害了业主的权益。为了保护好业主的合法权益，《民法典》第 282 条规定了区分所有建筑物共有部分收益的归属规则：“建设单位、物业服务企业或者其他管理人等利用业主的共有部分产生的收入，在扣除合理成本之后，属于业主共有。”

区分所有建筑物的共有部分属于业主共有，如果对共有部分进行利用发生了收益，应当归属于全体业主所有。建设单位、物业服务企业和物业管理人不能将这些收益作为自己的经营收益，否则，就侵害了全体业主的权利，构成侵权行为。

无论是建设单位还是物业管理企业或者其他管理人，对其管理的区分所有建筑物的共有部分在不损害业主利益的情况下，是可以进行利用的，并且通过利用这些共有部分创造利益，使共有部分发生收益。由于共有部分的权利属于全体业主，对其利用而增加的收益，也应当归全体业主所有，只是利用共有部分的管理者可以扣除合理成本。处置这些共有部分发生的收益的办法是：

第一，应当扣除建设单位、物业服务企业或者其他管理人合理的管理成本，这是业主应当负担的部分，不应当由物业服务机构自己负担。

第二，应当给利用共有部分的建设单位、物业服务企业或者其他管理人留下必要的利润。物业服务机构等也是经营机构，为经营业主的共有部分获得收益付出了代价，应当有一定的回报，但应当实事求是。《民法典》物权编对此未作规定，我觉得可以计入管理成本之中。

第三，其余部分，归属于全体业主共有。至于如何处置，根据《住宅专项维修资金管理办法》第 27 条关于“下列资金应当转入住宅专项维修资金滚存使用：……（三）利用住宅共用部位、共用设施设备进行经营的，业主所得收益，但业主大会另有决定的除外”的规定，该收益应当转入专项维修资金滚存使用，但业主大会另有决定的除外。也就是说，如果业主大会决议分给全体业主个人享有，则应当按照每一个业主专有部分面积比例，合理分配。

（六）物业服务企业或其他管理人负有及时答复及执行应急处置措施的义务

《民法典》第 285 条规定："物业服务企业或者其他管理人根据业主的委托，依照本法第三编有关物业服务合同的规定管理建筑区划内的建筑物及其附属设施，接受业主的监督，并及时答复业主对物业服务情况提出的询问。""物业服务企业或者其他管理人应当执行政府依法实施的应急处置措施和其他管理措施，积极配合开展相关工作。"这一条文是关于物业服务企业和业主关系的规定。

与原《物权法》第 82 条关于"物业服务企业或者其他管理人根据业主的委托管理建筑区划内的建筑物及其附属设施，并接受业主的监督"的规定相比，本条规定有重大变化。

业主、业主大会、业主委员会与物业服务企业或者物业管理人之间的关系，是建筑物区分所有权法律关系中的一个法律关系，也是一个独立的法律关系。业主大会和业主委员会是业主的自治组织，是业主群体的组织形式，代表业主权益。业主和物业服务企业以及其他管理人之间的法律关系是合同关系，《民法典》合同编将其规定为典型合同，而不是隶属关系。双方须在平等协商的基础上，建立合同关系，按照《民法典》合同编有关物业服务合同的规定，承担物业服务业务，确定双方的权利和义务，解决双方的纠纷。

物业服务企业或者其他管理人主要有三个方面的义务。

第一，物业服务企业或者其他管理人在管理物业中，应当根据业主的要求，依照《民法典》合同编有关物业服务合同的规定，管理好建筑区划内的建筑物及其附属设施，并接受业主的监督。

第二，对业主提出的询问，物业服务企业或者其他管理人应当及时答复，以满足业主对物业服务的知情权和行使管理权，对物业服务企业或者管理人进行更好的监督。

第三，对于政府依法实施的应急处置措施和其他管理措施，物业服务企业或者其他管理人应当严格执行，积极配合。

本条规定的新规则要点是：

第一，明确了物业服务企业或者其他管理人与业主之间的关系是物业服务合同关系。原《物权法》第 82 条只规定了物业服务企业或者其他管理人是根据业主的委托进行管理，所规定的法律关系是委托合同关系，需要适用委托合同的法律规则。《民法典》合同编将物业服务合同作为典型合同专设一章规定后，本条规定的内容随之改变，即明确了物业服务企业或者其他管理人与业主之间应当适用《民法典》合同编物业服务合同的规定。

第二，强调了物业服务企业或者其他管理人的及时答复义务。原《物权法》第 82 条只规定了业主对物业服务企业或者其他管理人的监督权。本条规定新增了物业服务企业或者其他管理人的及时答复义务，主要是为了通过保障业主知情权的方式来间接实现业主的管理权。

第三，新增了物业服务企业或者其他管理人负有执行应急处置措施和其他管理措施的义务。在突发事件等紧急情况下，政府会依照法律规定进行紧急处置，例如在新冠肺炎疫情防控时期，政府采取断然措施，防控疫情，就涉及对小区居民的防控应急管理问题。对此，物业服务企业或者其他管理人负有执行和配合的义务：一是必须执行政府依法实施的应急处置措施和其他管理措施，应当不折不扣地执行政府的指令；二是积极配合开展相关工作，管理好小区的有关事务，保护好小区居民的合法权益。

总的来说，本条规定所产生的重大变化，为司法实践中的纠纷提供了法律依据。申言之，对于这些方面发生的纠纷，在处理中，应当适用《民法典》合同编关于物业管理合同的规定，确定双方的权利义务关系。物业服务企业或者管理人应当接受业主的监督，及时答复业主的询问，充分保障业主的知情权。如果物业服务企业或者管理人不履行这一义务，情节比较严重的，应当追究其违约责任。此外，物业服务企业或者其他管理人还应当执行政府的应急措施和管理措施，积极开展配合政府的工作，以保障小区居民的安全。如果物业服务企业或者管理人不履行这一义务，属于违反治安管理的行为，应当承担行政责任。如果不履行这一义务还造成业主或者小区居民损害，应当承担民事责任。

（七）进一步强调业主的法定义务

《民法典》第 286 条规定："业主应当遵守法律、法规以及管理规约，相关行为应当符合节约资源、保护生态环境的要求。对于物业服务企业或者其他管理人执行政府依法实施的应急处置措施和其他管理措施，业主应当依法予以配合。""业主大会或者业主委员会，对任意弃置垃圾、排放污染物或者噪声、违反规定饲养动物、违章搭建、侵占通道、拒付物业费等损害他人合法权益的行为，有权依照法律、法规以及管理规约，请求行为人停止侵害、排除妨碍、消除危险、恢复原状、赔偿损失。""业主或者其他行为人拒不履行相关义务的，有关当事人可以向有关行政主管部门报告或者投诉，有关行政主管部门应当依法处理。"与原《物权法》第 83 条相对比，本条规定的内容发生了很多重大的变化。

业主负有守法义务，除了遵守法律、行政法规之外，还要遵守管理规约的规定。管理规约是业主大会制定的区分所有建筑物管理的自治规则，内容是业主为了增进共同利益，确保良好的生活环境，经业主大会决议的共同遵守事项。管理规约的订立、变更或废止，都必须经过业主大会决议，经专有部分面积占比三分之二以上的业主且人数占比三分之一以上的业主参与表决。决定该事项，应当经参与表决专有部分面积过半数的业主且参与表决过半数的业主同意。管理规约的内容主要包括：

第一，业主之间的权利义务关系；第二，业主之间的共同事务；第三，业主之间利益调节的事项；第四，对违反义务的业主的处理办法。规约的效力在于约束全体业主的行为，故规约只对该建筑物的业主有效，也及于业主的特定继受人。业主委员会和物业服务机构不得违反该规约而另行处置管理事务，与规约相抵触的管理行为不具有效力。

业主的相关行为应当符合节约资源、保护生态环境的要求。比如，业主在倾倒垃圾时应当进行垃圾分类，以促进资源回收，减少环境污染。

根据防控新冠肺炎疫情的经验教训，《民法典》除了对物业服务企业或者其他管理人负有执行政府依法实施的应急措施和其他管理措施的义务作出规定之外，还规定了业主对此负有的义务，即对于物业服务企业或者其他管理人执行政府依法实施的应急处置措施和其他管理措施，业主应当依法予以配合。在新冠肺炎疫情的防控期间，确实存在业主不配合物业服务企业或其他管理人管控举措的行为，有的甚至造成严重的病毒传染后果。在物业服务企业或其他管理人与业主的关系层面，业主应当服从管理；在执行政府的应急处置措施和其他管理措施层面，业主作为管理相对人，也有服从管理的义务。因此，业主应当依法予以配合。

业主大会或者业主委员会对任意弃置垃圾、排放污染物或者噪声、违反规定饲养动物、违章搭建、侵占通道、拒付物业费等损害他人合法权益的行为，有权依照法律、法规以及管理规约，请求行为人停止侵害、排除妨碍、消除危险、恢复原状、赔偿损失。这是业主大会和业主委员会基于全体业主的管理权产生的物权请求权和侵权请求权，其权利来源于业主的共有权和管理权。业主以及其他行为人应当服从管理，否则业主大会和业主委员会可以行使请求权，要求损害其他业主合法权益的行为人承担责任。

业主或者其他行为人拒不履行相关义务的，有关当事人可以向有关行政主管部门报告或者投诉，有关行政主管部门应当依法处理，该处罚的应当予以处罚。

这一条文规定的新规则要点是：

第一，新增了业主应当遵循绿色原则的要求。《民法典》第 9 条规定了绿色原则为基本原则。为充分贯彻落实这一基本原则的要求，本条新增了业主行为应当符合节约资源、保护生态环境要求的规定。

第二，新增了业主应当依法配合实施应急处置措施和其他管理措施的义务。这是应对突发事件等紧急情况必须遵守的要求，也是依法应当履行的义务。

第三，新增了业主的恢复原状请求权。原《物权法》第 83 条只规定了业主有权请求停止侵害、排除妨害、消除危险、赔偿损失，而未规定恢复原状请求权，是立法的遗漏。本条规定新增了业主的恢复原状请求权，补足这一立法漏洞，是正确的做法。

第四，删除了业主对侵害自己合法权益的行为，可以依法向人民法院提起诉讼的规定。原《物权法》第 83 条第 2 款规定了业主对侵害自己合法权益的行为，可以依法向人民法院提起诉讼的规定，本条规定删除了这一内容。之所以删除这一规则，并非否定了这一起诉权，而是放在下一条文（第 287 条）中一并作出规定。

第五，新增业主或者其他行为人拒不履行相关义务时的处理手段。原《物权法》第 83 条第 2 款只规定了有关当事人的起诉权，而未规定报告权和投诉权。本条规定新增了有关当事人的报告权和投诉权，以行政手段的方式保障了有关当事人的合法权益。据此，行为人拒不履行相关义务的，有关当事人可以向有关行政主管部门报告或者投诉。有关行政主管部门依法享有处理权，有权对此作出处罚或者其他措施。比如，当业主未按规定分类投放垃圾时，根据《北京市生活垃圾管理条例》第 68 条第 2 款的规定，由生活垃圾分类管理责任人进行劝阻；对拒不听从劝阻的，生活垃圾分类管理责任人应当向执法部门报告，由执法部门对业主予以书面警告；再次违反规定的，处以罚款。

（八）进一步强调保护业主的权利

在物业小区中，在业主和建设单位、物业服务企业以及其他管理人之间，经常发生权益争议。在此，应当特别保护好业主的权利。《民法典》第 287 条特别规定："业主对建设单位、物业服务企业或者其他管理人以及其他业主侵害自己合法权益的行为，有权请求其承担民事责任。"这是将原《物权法》第 83 条第 2 款删除的部分，进行扩充形成的新规则，能够更好地维护业主的合法权益。

第一，业主对建设单位、物业服务企业和其他管理人享有的请求权。业主作为建筑物区分所有权的权利人，面对建设单位、物业服务企业或者其他管理人，会发生利益上的冲突。如果建设单位、物业服务企业或者其他管理人侵害业主的合法权益，本条赋予业主以请求权，对建设单位、物业服务企业或者其他管理人侵害自己合法权益的行为，有权请求其承担民事责任，维护自己的合法权益。业主行使该请求权，可以直接向建设单位、物业服务企业和其他管理人请求，也可以直接向人民法院起诉，由人民法院判决。

第二，业主对其他业主侵害其合法权益享有请求权。业主作为建筑物区分所有权人，也有可能与其他业主发生利益上的争执。业主与业主之间，既是各自物业的所有权人（有的还是相邻权人），又是对共有部分的共有权人，还是共同行使管理权的权利人。他们之间不仅存在共同的利益，也存在利益冲突。如果一方业主不依照专有权、共有权和管理权的行使规则实施行为，就有可能损害其他业主的合法权益，造成对方业主的损失。其他业主侵害了业主自己的合法权益，业主享有请求权，有权请求其他业主承担民事责任。业主向法院起诉的，法院应当依照物权请求权和侵权请求权的规定，责令侵害其他业主合法权益的行为人，承担民事责任。

四、物权编对共有规则的修改

（一）变更共有财产的性质或用途属于共有人决定的重大事项

共有权是共有人享有的所有权，应当加强保护。《民法典》为了更好地保护共有人的物权，确定变更共有财产的性质或者用途的，属于共有人决定的重大事项。第301条关于“处分共有的不动产或者动产以及对共有的不动产或者动产作重大修缮、变更性质或者用途的，应当经占份额三分之二以上的按份共有人或者全体共同共有人同意，但是共有人之间另有约定的除外”的规定，就是在原《物权法》第97条关于共有物重大修缮处理规则的基础上，增加了“变更性质或者用途”也属于重大事项的内容。

之所以规定变更共有的不动产、动产的性质或者用途属于共有人决定的重大事项，是因为这种管理行为与共有人的利益紧密相关。对共有物的管理行为，分为处分行为、保存行为、改良行为和利用行为。对共有物的改良行为，是对共有物的更新或者改建行为，对共有物或物上其他权利进行利用或改善，为增加共有物的收益或效用，都对共有人的利益具有重要意义。重大修缮和变更性质或者用途都是对共有物的改良行为，都属于重大管理事项，应当适用一样的规则，因此，对变更共有物的性质或者用途的行为，与重大修缮适用同样的规则，是完全符合法理的。

对共有的不动产或者动产进行重大修缮、变更性质或者用途的改良行为，应当经占份额三分之二以上的按份共有人或者共同共有人全体一致同意。只有在共有人另有约定的情况下，才可以按照当事人的约定处理。例如，按份共有人之间已经达成了分管协议，对所有共有人具有拘束力，应当按照分管协议的约定管理共有物。没有达到这一规定要求的份额，且没有另外约定的，部分共有人处分共有财产或者进行重大修缮、变更性质或者用途的行为，为无效。

（二）按份共有人行使优先购买权应当依照法律规定的规则进行

为了保障按份共有人的物权，《民法典》第306条规定了按份共有人行使优先购买权的具体规则：“按份共有人转让其享有的共有的不动产或者动产份额的，应当将转让条件及时通知其他共有人。其他共有人应当在合理期限内行使优先购买权。”“两个以上其他共有人主张行使优先购买权的，协商确定各自的购买比例；协商不成的，按照转让时各自的共有份额比例行使优先购买权。”

原《物权法》第101条只规定了按份共有人享有优先购买权，没有明确规定优先购买权的行使规则。最高人民法院《关于适用〈中华人民共和国物权法〉若干问题的解释（一）》[已失效，以下简称《物权法司法解释（一）》]补足了这一法律漏洞，第 9 条至第 14 条详细规定了按份共有人行使优先购买权的规则。《民法典》的这个条文部分采纳了该司法解释的规定，规定了按份共有人行使优先购买权的具体规则。

第一，按份共有人行使优先购买权的一般规则。一般规则分为两部分：

一是，决定转让其共有份额的按份共有人，应当将转让条件及时通知其他共有人。该款内容虽然未规定按份共有人的优先购买权是否限于外部转让，但是，根据行文可以推断是向共有人之外的人转让。这是因为，按份共有人之间的份额转让不会打破共有的内部关系，按份共有人之间转让共有份额时，其他共有人处于平等地位，不得主张优先购买权。按份共有人对外转让份额时，会打破原有的内部关系。为了简化共有关系，防止外人的加入使共有人内部关系趋于复杂，按份共有人对外转让时，其他共有人享有优先购买权。因此，确定按份共有人的优先购买权限于共有人向共有人以外的人进行的外部转让。只有在向外部转让时，其他按份共有人才享有优先购买权，转让人应当将转让条件及时通知其他共有人。

二是，其他共有人应当在合理期间内行使优先购买权。关于合理期间的认定，条文没有规定，可以参照《物权法司法解释（一）》第 11 条关于按份共有人优先购买权的行使期间的规定，即："优先购买权的行使期间，按份共有人之间有约定的，按照约定处理；没有约定或者约定不明的，按照下列情形确定：（一）转让人向其他按份共有人发出的包含同等条件内容的通知中载明行使期间的，以该期间为准；（二）通知中未载明行使期间，或者载明的期间短于通知送达之日起十五日的，为十五日；（三）转让人未通知的，为其他按份共有人知道或者应当知道最终确定的同等条件之日起十五日；（四）转让人未通知，且无法确定其他按份共有人知道或者应当知道最终确定的同等条件的，为共有份额权属转移之日起六个月。"要求其他共有人在合理期间内行使优先购买权。这些规则可以不在法律中规定，它们是司法实践的问题，应当参照这一司法解释确定合理期间。

第二，两个以上按份共有人都主张优先购买权的规则。按份共有人转让其共有份额，两个以上的其他共有人都主张优先购买权的，也是应该规定具体的规则。借鉴《物权法司法解释（一）》第 14 条关于两个以上按份共有人优先购买权的行使规则，即"两个以上按份共有人主张优先购买且协商不成时，请求按照转让时各自份额比例行使优先购买权的，应予支持"，规定了两个规则：

一是，两个以上的其他共有人都主张行使优先购买权的，应当采用协商方法，按照协议的方法确定各自的购买比例。

二是，两个以上的其他共有人主张行使优先购买权且协商不成的，则按照转让时各自的共有份额比例，行使优先购买权。这里有一个份额比例的换算问题，例如，按份共有人为三人，各自的份额为三分之一。一人转让其三分之一的份额，另外两个其他共有人都主张优先购买权，各自占有共有财产的三分之一，扣除转让人的三分之一，这两个共有人的比例就成为二分之一，每个人应当购买转让份额的二分之一。

五、物权编对土地承包经营权及三权分置的修改和完善

（一）删除特殊林木承包期延长规则，调整承包期届满的续期规则

为了更好地保护土地承包经营权，《民法典》第 332 条规定：“耕地的承包期为三十年。草地的承包期为三十年至五十年。林地的承包期为三十年至七十年。”“前款规定的承包期限届满，由土地承包经营权人依照农村土地承包的法律规定继续承包。”

这一条文与原《物权法》第 126 条规定相对比，一是删除了“特殊林木的林地承包期，经国务院林业行政主管部门批准可以延长”的规定；二是明确规定承包期届满，应当按照农村土地承包的法律规定继续承包。规定的主要内容是：

第一，对耕地、草地、林地的承包期都没有变化，继续沿用原《物权法》第 126 条第 1 款关于承包期间的规定，耕地的承包期为 30 年，草地的承包期为 30 年至 50 年，林地的承包期为 30 年至 70 年。删除了关于特殊林木林地承包期的延长规则，这与 2018 年 12 月 29 日通过的《农村土地承包法》（第二次修正）第 21 条第 1 款删除了特殊林木的林地承包期延长规则相一致。

第二，本条第 2 款明确了承包期届满时，土地承包人继续承包所应当依照的法律规定。原《物权法》第 126 条第 2 款规定：“前款规定的承包期届满，由土地承包经营权人按照国家有关规定继续承包。”土地承包经营权人于承包期届满后有权按照国家有关规定继续承包，但这里对于究竟是哪部法律或者行政法规尚不明确。立法上的转介性条款指代不明，造成了司法实践中适用法律的困难。为了解决这一问题，《民法典》编纂时将“按照国家有关规定”修改为“依照农村土地承包的法律规定”，进一步明确了承包期届满后适用的法律依据，即在实践中，应当适用《农村土地承包法》的规定。根据修正后的《农村土地承包法》第 21 条第 2 款规定，耕地承包期届满后再延长 30 年，草地、林地承包期届满后依照前款规定相应延长。

（二）土地承包经营权的流转限于互换与转让

《民法典》第 334 条规定了土地承包经营权的流转规则：“土地承包经营权人依照法律规定，有权将土地承包经营权互换、转让。未经依法批准，不得将承包地用于非农建设。”与原《物权法》第 128 条相对比，有三方面的变化，有利于保护土地承包经营权人的权益。

第一，将土地承包经营权的流转依据，由依照农村土地承包法的规定，修改为

依照法律规定，扩大了土地承包经营权适用的法律依据，包括但不限于《农村土地承包法》，例如还有民法典的规定。

第二，删除了流转期限不得超过承包期的剩余期限的规定。《农村土地承包法》第 38 条规定了土地承包经营权的流转规则，其中就包含了这一内容，无须重复性地规定。其实，当事人即使约定流转期限超出了承包期的剩余期限，也是无效的约定。

第三，删除了土地承包经营权流转的转包方式，仅保留了互换、转让。《农村土地承包经营法》第二次修正，仅规定了土地承包经营权的流转方式为互换、转让，删除了关于转包、出租的规定。与此相一致，《民法典》物权编也仅保留了互换、转让作为土地承包经营权的流转方式。这是因为，农村土地承包实行三权分置，转包的行为其实已经被涵盖在土地经营权的范围之内，没有必要继续规定。

对土地承包经营权进行互换、转让的，当事人应当签订书面合同。

土地承包经营权进行互换，是为了方便耕种或者各自需要，应当在属于同一集体经济组织的土地的承包经营权进行互换。

土地承包经营权具有可让与性。如果土地承包经营权人有稳定的非农职业或者有稳定的收入来源，经土地所有权人同意，可以将全部或者部分土地承包经营权转让给其他从事农业生产经营的农户，由该农户同土地所有权人确立新的承包关系，原土地承包经营权人与土地所有权人在该土地上的承包关系即行终止。

采取转让方式流转土地承包经营权的，应当经土地所有权人同意；采取互换方式流转的，应当报土地所有权人备案。

土地承包经营权互换、转让，采取登记对抗主义，应当按照本法第 335 条关于"土地承包经营权互换、转让的，当事人可以向登记机构申请登记；未经登记，不得对抗善意第三人"的规定进行。

土地承包经营权采取互换、转让方式流转，使对方取得土地承包经营权，实现的是土地承包经营权的流转。受让一方对土地承包经营权的取得，是继受取得而不是原始取得。

（三）土地承包经营权人三权分置的基本规则

为了更好地调动农民对土地的热情，使农民的土地承包经营权得到更好的保障，《民法典》对农村土地权属规定了"三权分置"的新规则，在农村土地集体所有权和土地承包经营权两个权利之上，增加规定了一个新的权利，就是土地经营权，因而形成了在农村土地权属上的三权分置。

土地经营权，是建立在农村土地承包经营的三权分置制度产生的权利，即：在农村土地集体所有权的基础上，设立土地承包经营权；再在土地承包经营权之上设立土地经营权，构成三权分置的农村土地权利结构。其中，土地所有权归属于农村集体经济组织所有，土地承包经营权归属于承包该土地的农民家庭享有。由于土地承包经营权的流转性不强，受到较多的限制，为增加其流转性，盘活这一物权，在土地承包经营权之上，再设立一个土地经营权，属于土地承包经营权人享有的，可以进行较大范围流转，并且能够保持土地承包经营权不变的用益物权。由于这个权利是建立在用益物权基础上的用益物权，因此可以称为“用益用益物权”，或者“他他物权”。

深化农村土地制度改革，一是稳定承包权，二是放活经营权。改革的核心就在于三权分置，即在坚持农村土地集体所有的前提下，促使承包权和经营权分离，形成所有权、承包权、经营权三权分置，经营权流转的格局。《农村土地承包法》率先进行改革，新增了关于土地经营权的内容。《民法典》物权编借鉴《农村土地承包法》的立法经验，于第 339 条、第 340 条、第 341 条分别规定了土地经营权的流转规则、土地经营权人的权利以及土地经营权的设立规则。

农村土地三权分置的基本规则是：

1. 土地经营权的流转

《民法典》第 339 条规定了三权分置中的土地经营权的流转规则，即：“土地承包经营权人可以自主决定依法采取出租、入股或者其他方式向他人流转土地经营权。”这一条文借鉴了《农村土地承包法》第 36 条关于“承包方可以自主决定依法采取出租（转包）、入股或者其他方式向他人流转土地经营权，并向发包方备案”的规定。不过有两处改变，一是删除了转包。从法律本质而言，转包的性质就是出租，但根据农村土地承包经营的实践，习惯上将集体组织内部成员之间的承包地租赁关系称为转包。为了在法律关系上更为精简准确，本条未采纳出租（转包）的方式来规定土地经营权的流转规则，而是只规定了出租，但是其内涵包括了转包。

建立在土地承包经营权之上的土地经营权，是土地承包经营权人的权利，权利人可以将土地经营权转让，由他人享有和行使土地经营权，而土地承包经营权人保留土地承包经营权，并因转让土地经营权而使自己获益，进而保持了土地公有的制度。这就是设置三权分置制度的初衷。

依照这一规定，土地承包经营权人为了发展农业经济，实现自己的权益，可以将土地经营权采用出租、入股或者其他方式，向他人流转土地经营权，将承包土地的占有、使用、收益权转让给他人。通过流转土地经营权，既保住了自己的土地承包经营权，又能够使自己获得转让土地经营权的收益。

2. 土地经营权人的权利

《民法典》第 340 条规定了土地经营权人的权利：“土地经营权人有权在合同约定的期限内占有农村土地，自主开展农业生产经营并取得收益。”这一规定采纳的是《农村土地承包法》第 37 条的内容。

土地经营权是特殊的用益物权，通过转让而取得土地经营权的权利人，是用益物权人，享有用益物权的权利。由于土地经营权是建立在土地承包经营权这个用益物权之上的用益物权，其期限受到原来的用益物权期限的制约，因而土地经营权人取得的权利行使期限是在土地承包经营权合同约定的期限内，即设置土地经营权的期限不得超过土地承包经营权的期限，土地承包经营权的期限受制于设置土地承包经营权合同的期限。在合同约定的期限内，土地经营权人享有用益物权的权能，即占有、使用、收益的权利，有权占有该农村土地，自主开展农业生产经营活动，获得收益。

3. 土地经营权的设立规则

《民法典》第 341 条借鉴《农村土地承包法》第 41 条立法经验，规定了土地经营权的设立规则是登记对抗主义，即："流转期限为五年以上的土地经营权，自流转合同生效时设立。当事人可以向登记机构申请土地经营权登记；未经登记，不得对抗善意第三人。"与《农村土地承包法》第 41 条相比，增加了土地经营权"自流转合同生效时设立"，与登记对抗主义之下的物权变动条款几乎相同。

土地经营权作为用益物权，其设立的方式是出让方和受让方签订土地经营权出租、入股等合同，在合同中约定双方各自的权利义务。流转期限为 5 年以上的土地经营权流转，当该合同生效时，土地经营权就设立，受让方取得土地经营权。对于土地经营权的登记问题，采登记对抗主义，当事人可以向登记机构申请土地经营权登记，未经登记的，不得对抗善意第三人；经过登记的，可以对抗善意第三人。

对于不满 5 年的土地经营权流转，没有明文规定，其实也应当自流转合同生效时设立，不会在其他的时点发生取得土地经营权的效力。至于是否应当登记，应当理解为不必登记。

（四）特殊承包方式取得的土地承包经营权人有权流转土地经营权

《民法典》第 342 条规定的是通过招标、拍卖、公开协商取得土地承包经营权流转土地经营权的规则，即："通过招标、拍卖、公开协商等方式承包农村土地，经依法登记取得权属证书的，可以依法采取出租、入股、抵押或者其他方式流转土地经营权。"

原《物权法》第 133 条规定，通过招标、拍卖、公开协商等方式取得的土地承包经营权，可以转让、入股、抵押或者以其他方式流转。随着三权分置的改革，通过招标、拍卖、公开协商方式承包土地取得承包经营权的，其流转也采取三权分置的方法，流转其土地经营权，可以将通过招标、拍卖、公开协商等方式取得的土地承包经营权与土地经营权分离。

根据本条的规定，对于"四荒"土地，即荒山、荒沟、荒丘、荒滩等农村土地，可以通过招标、拍卖、公开协商等方式进行承包经营，达成合意后，土地所有权人应当将"四荒"土地交给承包经营权人经营。通过这种方式取得的土地承包经营权，尽管与通过承包经营权合同取得的土地承包经营权有所不同，但是都可以参加民事流转。只要依法登记取得权属证书，就可以对土地经营权进行转让、入股、抵押或者以其他方式流转，使承包人保留自己的土地承包经营权且通过流转自己的土地经营权而获得利益，实现自己的权利。

对于“四荒”土地通过招标、拍卖、公开协商等方式取得的土地承包经营权，将其土地经营权进行流转，适用民法典关于农村土地承包经营权流转土地经营权的规定。

六、物权编对建设用地使用权规则的修改与完善

（一）设立建设用地使用权应当遵循民法的绿色原则要求

《民法典》第 346 条规定设立建设用地使用权应当遵循民法绿色原则的要求：“设立建设用地使用权，应当符合节约资源、保护生态环境的要求，遵守法律、行政法规关于土地用途的规定，不得损害已设立的用益物权。”这一条文部分采用了原《物权法》第 136 条关于“新设立的建设用地使用权，不得损害已设立的用益物权”的内容。在此基础上，这一条文规定了以下新内容来更好地保护权利主体的物权。

第一，规定设立建设用地使用权应当遵循绿色原则的要求。《民法典》第 9 条规定了绿色原则，在分则各编中，都要贯彻绿色原则的要求。设立建设用地使用权时，也必须贯彻这一基本原则，符合节约资源、保护生态环境的要求，不浪费资源，不损害生态环境，保护好我们共同生活的生态环境。

第二，设立建设用地使用权应当遵守法律、行政法规关于土地用途的规定。设立建设用地使用权应当遵守法律、行政法规关于土地用途的规定，按照批准的土地用途使用土地。

适用这一规定，应当确定违反这两种义务应当承担何种责任。对于后者，土地管理法有规定；对于前者，目前并没有明确的规定，可以比照后者的规定，确定违反绿色原则的行为人应当承担的责任。

（二）原则规定住宅建设用地使用权自动续期应依法办理

《民法典》关于住宅建设用地使用权的规定，规定的是每一个城镇居民都极为关注的权属问题，因此，第 359 条规定我要给大家细细地讲一下。

这一条规定：“住宅建设用地使用权期限届满的，自动续期。续期费用的缴纳或者减免，依照法律、行政法规的规定办理。”“非住宅建设用地使用权期限届满后的续期，依照法律规定办理。该土地上的房屋以及其他不动产的归属，有约定的，按照约定，没有约定或者约定不明确的，依照法律、行政法规的规定办理。”

这个条文分成了两部分，第一部分是住宅建设用地使用权的续期，第二部分是非住宅建设用地使用权的续期。

我先介绍第一部分。社会特别关注的是住宅建设用地使用权期限届满的续期。这个问题也要分成两部分来介绍。

先要介绍住宅建设用地使用权的续期。我们现在的住宅建设用地使用权的期限原则上是 70 年，即最长 70 年。在现实中，也有规定 30 年、40 年、50 年、60 年的。不管规定多少年，反正最长是 70 年。

在制定《物权法》的时候，规定住宅建设用地使用权期限，有一个引起广泛注意的问题，就是在购买了住宅建设用地使用权的时候，也买了在上面的房子。房子是永久产权，但是，地是有期限的。当 70 年期满以后，房子往哪放呢？商品房是人的住宅，解决的是基本人权的问题啊。草案规定到期要请求政府续期，政府不准续期，就会出现这个问题。

立法机关研究这个问题，认为不解决是不行的，会引起老百姓的不满，给人民群众的生活造成很大的困难，人们对物权法也会不满意。后来采取的办法是，70 年到期以后自动续期，不用申请。这样的规定受到欢迎，《物权法》第 149 条规定了住宅建设用地使用权期限届满自动续期，就把老百姓的情绪给稳定住了。

后来出现了问题。2016 年左右，温州的一些商品房到期了，原来取得的是 30 年期限的建设用地使用权，就要到期了，起码应当先延期到 70 年。延长到 70 年，业主还少交了几十年出让金，应该补交，有关单位就做了一个测算，要补交的钱很多，几乎是原房价的 2/3。这个消息上网后，老百姓就不同意了，就把自动续期的问题又提出来了。

我在中国人民大学主持召开了一个高端的研讨会，把参加制定物权法的老专家都请到一起，来讨论这个问题。大家都对这个问题非常关心，也提出了一些重要的意见。

讨论的第一个问题是，住宅建设用地使用权不到 70 年的续期到 70 年要不要补交费用？有的主张应当交一定的费用，因为毕竟买的期限短。也有的人说不应该交。后来大家总结出了深圳模式和温州模式。深圳解决住宅建设用地使用权期限较早，因为他们是最早开发商品房的，有些规定的是 20 年，早就到期了，续期到 70 年都不收费。温州说要收钱，就叫温州模式。对这一问题的讨论意见，得到高层的赞许，态度是今后在这个问题上不再收费，一律延长到 70 年。

讨论的第二个问题，是住宅建设用地使用权 70 年期满后还要不要再交费或者缴税。有的人认为还是应该交费的，有的人说应该缴税。我提的意见是，住宅建设用地使用权到期自动续期这个规定，最终的逻辑推演，一定是“一次取得，永久使用”，因为，取得一个建设用地使用权，70 年到期后自动续期，假如说继续续期 70 年，第二个 70 年届满后不是还要自动续期吗？第三个 70 年呢？它还是自动续期。

住宅建设用地使用权其实是一个没有期限的权利。买了一次，就变成永久的使用权。这样，业主的住宅建设用地使用权，就变成了一个恒产。“恒产者有恒心”，只有有恒产，才能够有恒心。恒产主要是指土地，房屋都不能算房产，因为房屋早晚是要塌掉的，还要再建新房屋。“一次取得，永久使用”，是生活规律对我国住宅建设用地使用权的本质要求。

关于住宅建设用地使用权到期自动续期要不要交费，《民法典》第 359 条规定的是续期费用的缴纳或者减免，依照法律、行政法规的规定办理。可以说，《民法典》对这个问题没表态，说的是，无论是缴纳还是减免，都是由法律和行政法规的规定决定，要么是立法机关制定法律，要么是国务院制定行政法规，其他任何人都无权解决这个问题。

到底应当怎么办，我的想法是，建设用地使用权是“一次取得，永久使用”的用益物权，70 年的期限到期了，是自动续期，是不应该交费的。为什么？就是因为我们一直在讨论房地产税的问题，业主买了房，除了买房交的买房钱以外，也交了购买住宅建设用地使用权的钱。在自动续期时要交房地产税，房地产税里包括地税，地税反映的就是土地使用权人与国家的关系。既然是这样，都让交了土地税，凭什么还要再缴纳住宅建设用地使用权的费用呢？这是完全不应该的。所以，续期后，要么收税，要么收费，收费就不能收税，收税就不能收费，又收费、又收税是不合理的。

再介绍这个规定中的第二部分，是非住宅建设用地使用权的续期问题。它也有期限，像工业用地期限是 50 年，50 年期满后也可以续期，应当按照法律规定去办理。建设用地使用权不续期的，土地上的房屋以及其他不动产的归属，有约定的，就按照约定去办，没有约定或者约定不明确的，也依照法律、行政法规的规定去办理。

对于非住宅建设用地使用权期限届满的续期问题，没有特别受到关注，因为那是经营者的权属问题，与老百姓的个人权属没有关系。

七、物权编对新设立的居住权规定的规则

（一）界定居住权的概念

《民法典》在用益物权的种类上，有一个特别值得注意的问题，就是新设立了一种用益物权，即居住权。这个居住权是一个什么样的权利，具有什么样的内容，民事主体应当怎样取得和行使居住权，都是特别重要的问题。

《民法典》第 366 条规定了居住权的概念：“居住权人有权按照合同约定，对他人的住宅享有占有、使用的用益物权，以满足生活居住的需要。”这就是对居住权概

念的界定。

《物权法（草案）》曾经规定过居住权，但是最终被删除了。编纂《民法典》物权编时，学界普遍认为规定居住权确有必要，主要理由是：第一，充分发挥房屋的利用效能；第二，充分尊重所有权人的意志和利益；第三，有利于发挥家庭职能，实现亲属与他人之间的互帮互助。十九大报告也提出，要加快建立多主体供给、多渠道保障、租购并举的住房制度，让全体人民住有所居。居住权是其举措之一。

民法的居住权与公法的居住权不同。国家保障人人有房屋居住的权利也叫居住权或住房权。《世界人权宣言》第 25 条规定："人人有权享受为维持他本人和家属的健康和福利所需的生活水准，包括食物、衣着、住房"。这属于公法权利，是基本人权和自由，不是民法上的用益物权。

民法上的居住权，是指自然人依照合同的约定，对他人所有的住宅享有占有、使用的用益物权，是用益物权的一种。其特征：一是居住权的基本属性是他物权，具有用益性；二是居住权是为特定自然人基于生活用房而设立的物权，具有人身性；三是居住权是一种长期存在的物权，具有独立性；四是居住权的设定是一种恩惠行为，具有不可转让性。

居住权作为用益物权的一种类型，具有特殊性，即居住权人对于权利的客体即住宅只享有占有和使用的权利，不享有收益的权利。这是因为，居住权的设立目的是满足生活居住的需要，不能以此进行出租等营利活动。只有当事人在另有约定时，才有例外。

（二）设立居住权须采用书面形式订立合同并完成登记

怎样才能取得居住权呢？依照法律的规定，居住权的设立应当遵循严格的要求：一是订立书面的居住合同，二是完成登记。

1. 通过书面合同设立居住权

《民法典》第 367 条规定："设立居住权，当事人应当采用书面形式订立居住权合同。""居住权合同一般包括下列条款：（一）当事人的姓名或者名称和住所；（二）住宅的位置；（三）居住的条件和要求；（四）居住权期限；（五）解决争议的方法。"

按照这一规定：第一，居住权可以通过合同方式设立。房屋所有权人通过书面合同的方式与他人协议，设定居住权。例如，男女双方离婚时在离婚协议中约定，离婚后的房屋所有权归一方所有，另一方对其中的一部分房屋享有一定期限或者终身的居住权。第二，居住权合同应当包括的条款。设定居住权的合同条款，应当按照上述规定确定，可以约定其他事项。

2. 居住权采取登记生效主义

对于居住权的生效，《民法典》第 368 条规定了设立居住权采取登记生效主义，即："居住权无偿设立，但是当事人另有约定的除外。设立居住权的，应当向登记机构申请居住权登记。居住权自登记时设立。”居住权是用益物权，只有经过登记才能生效。设立居住权的双方当事人在订立了居住权设立合同后，还应当向登记机构申请居住权登记。经过登记后，居住权才正式设立，居住权人取得居住权。居住权设立的时间，是登记时。之所以对居住权采取登记生效主义，是因为虽然居住权与租赁权相似，但是租赁权是债权，居住权是物权，性质截然不同，如果不采取登记生效主义，就会与租赁权相混淆。

（三）居住权原则上不得转让、继承和出租

《民法典》第 369 条规定了居住权人的义务：“居住权不得转让、继承。设立居住权的住宅不得出租，但是当事人另有约定的除外。”这一规定的要点是：

第一，居住权人对权利标的不得转让和继承。古罗马创设居住权制度时，是为了照顾某一特定的人的权利，原因在于，无夫权婚姻和奴隶的解放日多，每遇家长亡故，那些没有继承权又缺乏或丧失劳动能力的人的生活就成了问题，因此，丈夫或家主就把一部分家产的使用权、收益权等遗赠给妻或者被解放的奴隶，使他们生有所靠、老有所养。因此，由古罗马而来的居住权制度，具有权利主体的限定性以及鲜明的伦理性，并由此衍生出不可转让、不得继承等身份性的内容。《民法典》规定的居住权制度是社会性居住权。社会性居住权具有保护弱者权益的功能，与古罗马的居住权制度一样，是为特定人的居住需要而设定。故仍沿袭了古罗马的基本规则，规定居住权人对其居住的房屋不得转让，也不能成为居住权人的遗产，不能由其继承人所继承。

第二，居住权人对权利标的不得出租。在居住权存续期间，权利人对居住权的标的负有不得出租义务，不能以此进行营利活动。双方当事人在设立居住权合同中对该义务另有约定的，依照其约定处理。这是因为，居住权的转让行为和居住权的出租行为，在法律性质上固然截然区分，但是在经济效果上基本类似。既然不允许居住权人对其居住的房屋进行转让，也不应当允许其进行出租。如果当事人另有约定的，则可以出租。

第三，合理使用房屋的义务。居住权人不得将房屋用于生活消费以外的目的，可以对房屋进行合理的装饰装修，进行必要的维护，但不得改建、改装和作重大的结构性改变。

第四，对房屋的合理保管义务。居住权人应当合理保管房屋，在居住期内尽到善良管理人的注意义务，不得从事任何损害房屋的行为。如果房屋存在毁损的隐患，应当及时通知所有人进行修缮或者采取必要的措施。

（四）居住权因居住权人死亡而消灭

对于居住权的消灭，《民法典》第 370 条规定：“居住权期限届满或者居住权人

死亡的，居住权消灭。居住权消灭的，应当及时办理注销登记。”居住权依据一定的事实而消灭，居住权期限届满和居住权人死亡是居住权消灭的部分原因。

居住权消灭的原因有：

第一，居住权抛弃。居住权人采用明示方法抛弃居住权的，居住权消灭。这种明示的抛弃意思表示应当对所有权人作出。居住权人作出抛弃表示的，即发生消灭居住权的效力，并且不得撤销，除非得到所有权人的同意。

第二，居住权期限届满。居住权设定的期限届满，居住权即时消灭，所有权的负担解除。

第三，解除居住权条件成就。在设定居住权的遗嘱、遗赠或者合同中，对居住权设有解除条件的，如果该条件成就，则居住权消灭。

第四，居住权撤销。居住权人具有以下两种情形的，房屋所有权人有权撤销居住权：(1) 故意侵害住房所有权人及其亲属的人身权或者对其财产造成重大损害的；(2) 危及住房安全等严重影响住房所有权人或者他人合法权益的。居住权人行使撤销权，应当经过法院裁决，不得自行为之。

第五，住房被征收、征用、灭失。房屋被征收、征用，以及房屋灭失，都消灭居住权。住房所有权人因此取得补偿费、赔偿金的，居住权人有权请求分得适当的份额；如果居住权人没有独立生活能力，也可以放弃补偿请求权而要求适当安置。

第六，权利混同。住房所有权和居住权发生混同，即两个权利归属于同一人的，发生居住权消灭的后果。例如，房屋所有权人将房屋转让或者赠与居住权人，此时居住权的存在已经丧失意义，因此发生居住权消灭的后果。

居住权消灭，在当事人之间消灭居住权的权利义务关系，居住权人应当返还居住的房屋。居住权人死亡，居住权人的继承人应当返还。

（五）通过遗嘱方式设立居住权

居住权也可以通过遗嘱的方式设立。《民法典》第 371 条规定：“以遗嘱方式设立居住权的，参照适用本章的有关规定。”

依据遗嘱方式设立居住权，包括遗嘱继承和遗赠。

第一，依据遗嘱继承方式设立居住权。房屋所有权人可以在遗嘱中对死后房屋作为遗产的使用问题，为法定继承人中的一人或者数人设定居住权，但须留出适当房屋由其配偶终身居住。

第二，依据遗赠的方式设立居住权。房屋所有权人可以在遗嘱中为法定继承人之外的人设定居住权。例如，遗嘱指定将自己所有的房屋中的一部分，让自己的保姆终身或者在一定期限内居住。

不论是依据遗嘱继承方式还是依据遗赠方式取得居住权，都是遗嘱取得居住权。遗嘱取得居住权，依照本章的规定进行：

第一，遗嘱生效后，还须进行居住权登记，否则不能取得居住权。

第二，居住权不得转让、继承，设立居住权的住宅不得出租。

第三，一般而言，居住权人死亡的，居住权消灭。如果遗嘱继承或者遗赠对居住权附有解除条件，于条件成就时居住权消灭。

八、物权编对地役权规则的修改与完善

（一）用益物权人继受土地所有权人享有或者负担的地役权

《民法典》第 378 条规定："土地所有权人享有地役权或者负担地役权的，设立土地承包经营权、宅基地使用权等用益物权时，该用益物权人继续享有或者负担已设立的地役权。"与原《物权法》第 162 条的规定相比，将"土地承包经营权人、宅基地使用权人"修改为"用益物权人"，扩大了地役权法定取得的范围，即土地所有权人享有或者负担地役权时新设立用益物权的权利人继续享有或负担地役权，包括但不限于土地承包经营权人、宅基地使用权人。

在权利人所有的土地上，原来既存供土地使用的地役权的权利或者负担，当在该土地上设立土地承包经营权、宅基地使用权时，该用益物权的权利人对于既存的土地使用设施有继续使用的必要时，则继续享有或者负担以使用该设施为内容的地役权。换句话说，在国有或集体所有的土地上，如果已经存在供整宗土地使用的设施，如引水设施、道路设施等，所有权人就该土地的一部分设立土地承包经营权、宅基地使用权等用益物权，而这些用益物权的权利人又有继续使用这些设施必要的，则用益物权的权利人依法取得或者负担既存设施的地役权。

（二）已设立用益物权的土地设立地役权须经用益物权人同意

《民法典》第 379 条规定："土地上已设立土地承包经营权、建设用地使用权、宅基地使用权等用益物权的，未经用益物权人同意，土地所有权人不得设立地役权。"与原《物权法》第 163 条相比，本条规定将"权利"修改为"用益物权"，用语更为准确。这是因为，只有土地承包经营权、建设用地使用权、宅基地使用权等用益物权会和地役权发生权利冲突，担保物权等不会和地役权发生权利冲突。因此，只有在先设立了用益物权，后设立地役权时，才需要严格限制。

设立地役权的人，可以是不动产的所有权人，如集体土地所有权人或建筑物、构筑物及其附属设施的所有权人；也可以是不动产的使用权人，如土地承包经营权人、建设用地使用权人、宅基地使用权人。虽然本法前条规定，权利人所有的土地已经设立地役权，又设定用益物权的，用益物权人应当继续享有或者负担地役权；但是，在他人所有的土地上已设立了土地承包经营权、建设用地使用权、宅基地使

用权等权利的，设定地役权的权利属于用益物权人。因此，未经用益物权人同意，土地所有权人不得在该土地上设立地役权，即只有经过用益物权人同意，土地所有权人才可以设立地役权。

九、物权编对抵押权规则的修改与完善

抵押权是担保物权，在担保债权中具有特别重要的价值和地位。在原《担保法》《物权法》中规定的抵押权，有些规则不适当，对于保护抵押权人以及其他权利人的权益不利，《民法典》在物权编中对抵押权的一些规则进行了修改和完善。

（一）海域使用权可以作为抵押财产

《民法典》第 395 条规定了抵押财产的范围，与原《物权法》第 180 条规定的内容相对比，有两个变化：

第一，新增海域使用权作为可抵押财产，可以设置抵押权。原《物权法》第 122 条规定了海域使用权受法律保护，但并未规定海域使用权是否可以用作抵押。《民法典》物权编将海域使用权纳入可以设置抵押权的财产范围。

第二，删除招标、拍卖、公开协商等方式取得的“四荒”土地的承包经营权作为可抵押财产。这是因为，农村土地三权分置改革后，“四荒”土地承包经营权设置抵押，只能是在“四荒”土地承包经营权上设置的土地经营权可以设置抵押。第 339 条已经规定了土地经营权可以通过抵押的方式流转，因而不再重复。

据此，法定的抵押财产范围：一是建筑物和其他土地附着物；二是建设用地使用权；三是海域使用权；四是生产设备、原材料、半成品、产品；五是正在建造的建筑物、船舶、飞行器；六是交通运输工具；七是法律、行政法规未禁止抵押的其他财产，例如土地经营权。

（二）浮动抵押的债权人就抵押财产确定时的动产优先受偿

浮动抵押是原《物权法》新设立的抵押权的种类，经过十三年的适用，总结了经验和不足，《民法典》第 396 条作出了新的规定：“企业、个体工商户、农业生产经营者可以将现有的以及将有的生产设备、原材料、半成品、产品抵押，债务人不履行到期债务或者发生当事人约定的实现抵押权的情形，债权人有权就抵押财产确定时的动产优先受偿。”

与原《物权法》第 181 条关于抵押权的规定相对比，新的条文规定有两个变化：

第一，删除了经当事人书面协议的规定。浮动抵押，也叫动产浮动抵押，是指企业、个体工商户、农业生产经营者作为抵押人，以其所有的全部财产包括现有的以及将有的生产设备、原材料、半成品、产品为标的而设立的动产抵押。浮动抵押

不同于一般的动产抵押。原《物权法》第 181 条规定动产浮动抵押须有当事人的书面协议，为要式行为。本条规定删除了这一形式要件的限制。据此，当事人之间成立动产浮动抵押，并不以书面形式为限，还可以通过口头形式或者其他形式订立。不过，为了更好地保存证据，以便将来诉讼之需，当事人之间应当尽量采用书面形式订立协议。

第二，债权人就抵押财产确定时的动产优先受偿。浮动抵押权制度是为克服财团抵押权制度的缺陷并使企业可以获得巨大的融资而发展起来的。从保护企业发展的角度看，浮动抵押较财团抵押为优；但从保护抵押权人的侧面观察，则正好相反。这是因为，浮动抵押权具有抵押人利用其财产自由经营的特点，抵押人可以在浮动抵押确定之前放手进行经营。只有在浮动抵押确定时，抵押人的全部财产才成为确定的抵押财产，抵押权人才可以就确定的抵押财产优先受偿。这不利于抵押权人权益的实现。

浮动抵押权的效力及于浮动抵押确定时抵押人所有的或者有权处分的全部财产。原《物权法》第 181 条规定债权人就实现抵押权时的动产优先受偿，确定的时间点不准确，因而将其修改为债权人就抵押财产确定时的动产优先受偿。

浮动抵押的确定时间和实现抵押权的时间不同。《民法典》第 411 条已经规定了抵押财产的确定时间，即："依照本法第三百九十六条规定设定抵押的，抵押财产自下列情形之一发生时确定：（一）债务履行期限届满，债权未实现；（二）抵押人被宣告破产或者解散；（三）当事人约定的实现抵押权的情形；（四）严重影响债权实现的其他情形。"而浮动抵押权的实现，自抵押权人向人民法院提出实现抵押权的申请，经人民法院作出浮动抵押权实现的决定时开始。人民法院作出浮动抵押权实现的决定应当予以公告，并同时发布查封抵押人总财产的公告，抵押人的全部财产由财产管理人管理，财产管理人应当在抵押人住所地办理浮动抵押权登记的机关进行浮动抵押权实现开始的登记。浮动抵押权的实现与其他抵押权的实现相比没有特别之处，应当按照一般抵押权实现的方式实现，债务人不能履行债务时，债权人有权就约定实现抵押权时的动产优先受偿。将浮动抵押用抵押权实现时间作为确定的时间，显然不适当。

抵押财产的确定时间在实现抵押权的时间之前。为了充分保护抵押权人的合法权益，应当认定债权人就抵押财产确定时的动产优先受偿。这样，能够防止抵押人恶意实施损害抵押权人利益的行为，抵押财产确定后，实现抵押权之前，抵押人为逃避债务而处分抵押财产的，抵押权人享有撤销权，可以请求撤销该处分行为。

（三）动产抵押实行登记对抗主义

我国民法承认动产可以设置抵押权。对于动产设置抵押权的生效，《民法典》第 403 条规定："以动产抵押的，抵押权自抵押合同生效时设立；未经登记，不得对抗善意第三人。”这一规定改变了原《物权法》第 188 条仅规定了部分动产抵押权的设立采取登记对抗主义的适用范围，不再局限于生产设备、原材料、半成品、产品、正在建造的船舶、航空器、交通运输工具等，而是所有的动产抵押设立均实行登记对抗主义。因此，以动产设置抵押的是所有动产，包括但不限于生产设备、原材料、半成品、产品、正在建造的船舶、航空器、交通运输工具等，采取登记对抗主义，抵押权自抵押合同生效时设立；未经抵押登记的，抵押权亦设立，只是不得对抗善意第三人。

值得注意的是，《民法典》并未单独规定浮动抵押的登记对抗，而是将其整合至一般动产抵押的登记对抗制度中。由此，立法上明确了浮动抵押只是动产抵押的一种特殊形态。

（四）抵押不破租赁限于抵押权设立前抵押财产已出租并转移占有

《民法典》对买卖不破租赁原则增加了新的要求，第 405 条规定：“抵押权设立前，抵押财产已经出租并转移占有的，原租赁关系不受该抵押权的影响。”原《物权法》第 190 条规定了两种抵押不破租赁的情形：一是将已出租的财产设置抵押，二是将已抵押（未登记）的财产予以出租。相比较，本条规定仅保留了第一种情况，并增加了“并转移占有”作为抵押不破租赁的条件；删除了第二种情况，这种租赁不得对抗抵押，限缩了抵押不破租赁规则的适用范围。

按照这一规定，对抵押权设立之前抵押财产出租，租赁关系不受抵押权影响的条件是：第一，订立抵押合同前抵押财产已出租；第二，成立租赁合同关系并且已经将租赁物转移占有。之所以添加占有作为要件，是因为租赁之所以能物权化，取得对抗的效力，正是因为其支撑要素是承租人对租赁物的有权占有，缺乏该要素的租赁合同就是普通的债。据此，抵押权设立之前仅订立了租赁合同，但是，抵押财产并未被承租人占有的，不受抵押不破租赁的限制。

另外，对已抵押的财产再出租时如何处理抵押与租赁的关系，方法是：将办理了抵押登记的财产出租，不论是不动产抵押登记还是动产抵押登记，都取得对抗第三人的效力，承租人不能对抗抵押权人。将未办理抵押登记的财产出租，根据财产的性质区别对待：不动产未经抵押登记，抵押权不成立，不存在抵押权与租赁权相互对抗的前提；动产未经抵押登记，不具有对抗第三人的效力，善意承租人可以对抗抵押权人。

（五）抵押人转让抵押财产无须抵押权人同意

原《物权法》对设置抵押权的财产的流转，规定了比较严格的限制性要求，对于保护抵押人的财产所有权有所不利，限制了其所有权的行使。《民法典》改变了这一做法，第 406 条规定：“抵押期间，抵押人可以转让抵押财产。当事人另有约定的，按照其约定。抵押财产转让的，抵押权不受影响。”“抵押人转让抵押财产的，应当及时通知抵押权人。抵押权人能够证明抵押财产转让可能损害抵押权的，可以请求抵押人将转让所得的价款向抵押权人提前清偿债务或者提存。转让的价款超过债权数额的部分归抵押人所有，不足部分由债务人清偿。”

这样，就修改了原《物权法》第 191 条的规定。该条规定比较严格，即抵押期间，抵押人经抵押权人同意转让抵押财产的，应当将转让所得的价款向抵押权人提前清偿债务或者提存；转让的价款超过债权数额的部分归抵押人所有，不足部分由债务人清偿；抵押期间，抵押人未经抵押权人同意，不得转让抵押财产，但受让人代为清偿债务消灭抵押权的除外，当然应当准许转让。

在财产上设置了抵押权，并不禁止抵押财产的流转，只要抵押权跟随抵押财产一并移转，就能够保障抵押权人的权利。原《物权法》的规定是不适当的。《民法典》第 406 条的规定以承认抵押权的追及效力为前提，颇合法理。根据本条规定的法理，确认和应当适用的规则是：

第一，抵押期间，抵押人转让抵押财产的，并不加以禁止。

第二，如果当事人对此另有约定的，按照其约定。

第三，抵押期间，抵押人将抵押财产转让的，抵押权不受影响，即抵押财产是设有抵押权负担的财产，进行转让，抵押权随着所有权的转让而转让，取得抵押财产的受让人在取得所有权的同时，也负有抵押人所负担的义务，受到抵押权的约束。

第四，抵押权人能够证明抵押财产转让可能损害抵押权的，可以请求抵押人将转让所得的价款向抵押权人提前清偿债务或者提存。转让的价款超过债权数额的部分，归抵押人所有，不足部分由债务人清偿。

（六）其他可以登记的担保物权清偿顺序参照抵押权受偿顺序

《民法典》第 414 条规定：“同一财产向两个以上债权人抵押的，拍卖、变卖抵押财产所得的价款依照下列规定清偿：（一）抵押权已登记的，按照登记的时间先后确定清偿顺序；（二）抵押权已登记的先于未登记的受偿；（三）抵押权未登记的，按照债权比例清偿。”“其他可以登记的担保物权，清偿顺序参照适用前款规定。”与原《物权法》第 199 条相比，删除了第一项中关于登记顺序相同的按照债权比例清偿的规则。这是因为，抵押权登记一定存在先后顺序，不存在顺序相同的可能。

第一，确定抵押权顺序的一般标准。抵押权的顺位也叫抵押权顺序，是指抵押人因担保两个或两个以上债权，就同一财产设定两个或两个以上的抵押权时，各抵押权之间优先受偿的先后次序。

同一财产向两个以上的债权人抵押的，拍卖、变卖抵押财产所得的价款的清偿顺位有三项标准：一是抵押权都已经登记的，按照登记的先后顺序清偿。二是抵押权已经登记的，先于未登记的受偿。已经登记的优先清偿，没有登记的，只能在经过登记的抵押权实现后，以剩余的抵押财产受偿。三是抵押权未登记的，经抵押权担保的债权仍然是平等债权，不具有对抗效力，无优先受偿权，仍按照债权比例平均清偿。不过，仅动产抵押适用这三项标准。不动产抵押采取登记生效主义，仅适用第一项标准。

第二，其他可以登记的担保物权的清偿顺序。这一条文增加规定的是，其他可以登记的担保物权具有公示的可能时，也可以参照抵押权的清偿顺序规则确定清偿顺序。这样，担保物权的清偿顺序就有了统一的法理基础，即“公示在先，权利在先”。

（七）进一步明确同一物上的抵押权、质权受偿顺序

我国承认动产抵押，因而抵押财产被质押或质押财产被抵押的情形会发生。为了进一步明确在同一物上的抵押权、质权的受偿顺序，《民法典》第 415 条规定：“同一财产既设立抵押权又设立质权的，拍卖、变卖该财产所得的价款按照登记、交付的时间先后确定清偿顺序。”这与最高人民法院《关于适用〈中华人民共和国担保法〉若干问题的解释》（已失效）第 79 条第 1 款关于“同一财产法定登记的抵押权与质权并存时，抵押权人优先于质权人受偿”的规定完全不同。

对于司法解释原来的这一规定，争议颇多。有学者认为，应当按照担保物权设立的时间先后来确定清偿顺序，即明确“时间在前，权利优先”的规则，通过物权设立的时间确定权利的优先效力。有学者持有不同的意见，认为担保物权的优先性来源于公示效力，因而应当采取“公示在前，权利优先”的规则。争论的结果，是后一意见被《民法典》第 414 条采纳。

同一财产既设立抵押权又设立质权的，清偿顺序是：拍卖、变卖该财产所得的价款，按照登记、交付的时间先后确定清偿顺序。即不论是抵押权还是质权，先看公示的时间。不论是登记成立还是交付成立，只要是权利公示在先，就优先受清偿。

（八）增加规定动产抵押中间价款超级优先权

《民法典》在担保物权的抵押权中，增加了一个非常难懂的条文，就是第 416 条。这个条文规定了动产抵押中间价款超级优先权：“动产抵押担保的主债权是抵押物的价款，标的物交付后十日内办理抵押登记的，该抵押权人优先于抵押物买受人的其他担保物权人受偿，但是留置权人除外。”

在浮动抵押中，抵押财产在抵押过程中，只要是没有被确定，都可以增加或者减少，无须经过任何附加手续。在抵押的动产中，“流入”抵押财产的特定动产将成为抵押财产，“流出”的动产将移出抵押财产。流入抵押财产的特定动产如果是设有抵押权的，流入抵押财产又自动负担浮动抵押权，会导致在同一个物上有两个并存的抵押权，因而产生两个抵押权的受偿顺序问题。流出抵押财产的特定动产，尽管

负担浮动抵押权，但是，由于担保的债权没有确定，因而“逃离”了浮动抵押的担保财产。对于后者，本条没有规定，但是从逻辑上可以推出这个结论。

流入浮动抵押财产的特定动产在其流入前设有抵押，流入后负担浮动抵押权，而发生同一物上存在两个抵押权受偿顺序问题的规则，称为“购买价金担保权”或者“中间价款超级优先权”，其规则是：

第一，动产抵押担保的主债权是抵押物的价款，即流入的特定动产已经设定的抵押权，担保的是该主债权，其担保数额是该抵押物的价款。

第二，如果该标的物在交付后 10 日内办理了抵押登记，该抵押权就具有了超级优先权，即使其设立时间在后，也享有最优先的顺位。

第三，该超级优先权优先顺位对抗的是原来存在的浮动抵押权人的抵押权，即在具有超级优先权的抵押权的抵押财产上，尽管也负担了浮动抵押权，但是由于其享有超级优先权，因而享有该超级优先权的抵押权人，优先于抵押物买受人的其他担保物权，包括浮动抵押权，因而能够最优先受偿。

第四，留置权人除外，买受人即浮动抵押人在其所负担的其他担保物权中，不包括留置权，因为留置权是法定担保物权，并非约定担保物权，因而超级优先抵押权的优先效力不能对抗留置权。

（九）规定对集体土地使用权抵押权实现的限制性规则

《民法典》第 418 条规定了集体所有的土地使用权抵押实现抵押权的规则：“以集体所有土地的使用权依法抵押的，实现抵押权后，未经法定程序，不得改变土地所有权的性质和土地用途。”与原《物权法》第 201 条相比，将对土地承包经营权或者乡镇、村企业的建设用地使用权抵押的特别规定，修改为对集体所有土地使用权的规定，用语更为准确精练。

以集体所有土地的使用权，包括乡镇、村建设用地使用权、土地经营权等用益物权依法抵押，这些抵押权在实现时，应当依照法定程序，对土地所有权的性质进行变更，例如征收为建设用地使用权、签订出让合同，缴纳出让金等，然后才能拍卖、变卖变价，清偿债务。未经法定程序，就不得改变土地所有权的性质和土地用途，不能直接按照集体所有土地的使用权设置的抵押权实现债权。

（十）进一步完善最高额抵押权人的债权确定事由

《民法典》第 423 条规定了最高额抵押权人的债权确定的事由：“有下列情形之一的，抵押权人的债权确定：（一）约定的债权确定期间届满；（二）没有约定债权确定期间或者约定不明确，抵押权人或者抵押人自最高额抵押权设立之日起满二年后请求确定债权；（三）新的债权不可能发生；（四）抵押权人知道或者应当知道抵押财产被查封、扣押；（五）债务人、抵押人被宣告破产或者解散；（六）法律规定债权确定的其他情形。”与原《物权法》第 206 条规定相比，有两个变化：

第一，将“抵押财产被查封、扣押”修改为“抵押权人知道或者应当知道抵押财产被查封、扣押”。最高额抵押权担保债权的确定，是指最高额抵押权担保的一定范围内的不特定债权，因一定事由的发生而归于具体特定。只有抵押权人知道或者应当知道抵押财产被查封、扣押时，抵押权担保债权的确定才有意义，新规定显然比原来的规定要严谨且符合情理。

第二，将债务人、抵押人“被撤销”修改为“解散”。《民法典》总则编关于法人一章将《民法通则》规定的“撤销”修改为“解散”。与这一规定相统一，本条规定也修改为“解散”。

十、物权编对质权规则的修改与完善

（一）调整了汇票、本票和支票的顺序

《民法典》第 440 条规定：“债务人或者第三人有权处分的下列权利可以出质：（一）汇票、本票、支票；（二）债券、存款单；（三）仓单、提单；（四）可以转让的基金份额、股权；（五）可以转让的注册商标专用权、专利权、著作权等知识产权中的财产权；（六）现有的以及将有的应收账款；（七）法律、行政法规规定可以出质的其他财产权利。”与原《物权法》第 223 条相比有两个变化。

第一，调整了汇票、本票和支票的顺序。原《物权法》第 223 条规定为汇票、支票和本票，本条规定将其调整为汇票、本票和支票。之所以作出这样的调整是因为，汇票与本票在实践中更为常用。汇票的出票人与付款人之间不需要有资金关系；本票的出票人与付款人均是自己，也不存在资金关系；支票的出票人与付款人则必须有资金关系。两相比较，汇票与本票比支票更利于权利质权人权利的实现。与此相对应，《民法典》第 441 条、第 442 条也作了相应调整。

第二，将应收账款限定为现有的以及将有的应收账款。原《应收账款质押登记办法》（已失效）第 3 条规定：“本办法所称应收账款是指应收账款债权人因提供一定的货物、服务或设施而获得的要求应收账款债务人付款的权利以及依法享有的其他付款请求权，包括现有的以及将有的金钱债权，但不包括因票据或其他有价证券而产生的付款请求权，以及法律、行政法规禁止转让的付款请求权。”借鉴这一规定，将“现有以及将有的”应收账款作为可以出质的权利范围，限定了应收账款的范围。

（二）删除权利质押订立书面合同的要求，修正权利质押登记规则

《民法典》对质权的行使规则作了部分调整，主要表现在以下四个条文中。

《民法典》第441条规定："以汇票、本票、支票、债券、存款单、仓单、提单出质的，质权自权利凭证交付质权人时设立；没有权利凭证的，质权自办理出质登记时设立。"与原《物权法》第224条对比，删除了"应当订立书面合同"的规定。

《民法典》第443条第1款规定："以基金份额、股权出质的，质权自办理出质登记时设立。"与原《物权法》第226条对比，也删除了"应当订立书面合同"的规定。

《民法典》第444条第1款规定："以注册商标专用权、专利权、著作权等知识产权中的财产权出质的，质权自办理出质登记时设立。"也删除了原《物权法》第227条规定的"应当订立书面合同"的内容。

《民法典》第445条第1款规定："以应收账款出质的，质权自办理出质登记时设立。"与原《物权法》第228条规定对比，也删除了上述内容。

上述这些规定之所以删除了当事人应当订立书面合同的要求，是因为原《物权法》规定权利质权的设立是要式行为，应当订立书面合同。《民法典》物权编未沿用这一做法，而是以登记或者交付与否作为是否设立权利质权的标准，因此做出上述改变。同时，上述规定都删除了权利质权具体登记机构的规定，这是因为过去权利质押登记机构相对分散，不能完全适应经济发展的需要。为了给设立统一登记制度留下空间，删除了权利质押的具体登记机构，现已基本统一为"中国人民银行征信中心"。

根据上述规定，下述质权的设立规则是：

第一，票据质权、债券质权、存款单质权、仓单质权、提单质权自权利凭证交付时设立；没有权利凭证的，自办理出质登记时设立。

第二，以基金份额、股权出质的，质权自办理出质登记时设立。股权是由股份、股票来表彰的，股权质权也就表现为以股份、股票质押。基金份额是指基金管理人向不特定的投资者发行的，表示持有人对基金享有资产所有权、收益分配权和其他相关权利，并承担相应义务的凭证。基金份额、股权出质后，不得转让，但是，经出质人与质权人协商同意的，可以转让。出质人转让基金份额、股权所得的变价款，应当向质权人提前清偿债务，也可以进行提存，实现质权。

第三，以注册商标专用权、专利权、著作权等知识产权中的财产权出质的，质权自办理出质登记时设立。知识产权中的财产权出质后，出质人不得转让或者许可他人使用商标、专利和著作权等的财产权，但是经过出质人与质权人协商同意的除外。出质人转让或者许可他人使用出质的知识产权中的财产权所得的变价款，应当向质权人提前清偿债务，或者进行提存，以实现质权。

第四，设立应收账款质权，须以应收账款出质，质权自办理出质登记时设立。登记由质权人办理，质权人也可以委托他人办理。登记的内容包括质权人和出质人的基本信息，应收账款的描述，登记期限，质权人应将在办理质押登记前与出质人签订的协议提交给统一登记系统。质权人可以与出质人约定将主债权金额等项目作为登记内容。应收账款出质后不得转让，但是经过出质人与质权人协商同意的除外。出质人转让应收账款，其所得的变价款，应当向质权人提前清偿债务，或者进行提存，实现质权。

第三讲
民法典怎样保护你的债权

这一讲，我要讲一下民法典怎样保护民事主体的债权。其实，民法典不仅保护债权人的债权，也保护债务人的合法权益，这部分不叫债权法而叫债法，就是这个道理。我们这里的标题为了统一，就只说了保护债权。

大家知道，我国《民法典》没有规定债法总则，只规定了“合同编”。其实，这个合同编就是一个债法，包括债总和债各，只是不包括侵权责任，因为侵权之债是在侵权责任编中规定的。合同编通则，规定的基本上是债总的内容，当然也有合同的一般性规则；在债各中，不仅规定了合同之债，还规定了无因管理之债和不当得利之债，甚至包括单方允诺之债（悬赏广告）。从这个意义上说，《民法典》的合同编通则，其实就是一个债法总则。

债法的基本职能是保护债权。因而，不论是合同之债，还是无因管理之债、不当得利之债，以及单方允诺之债，债权人的债权都受到《民法典》的保护，当然，债务人的合法权益也一样得到保护。

《民法典》合同编的内容过于庞大，无法一下子都讲清楚。这一讲主要讲合同编通则的新规则，再简单讲一下保证合同的主要规则，说明《民法典》对债权的保护方法。

一、关于合同编通则一般规定的新规则

（一）有关身份关系的协议参照适用合同编规定

我想要讲的第一个条文，是第 464 条。这条说：“合同是民事主体之间设立、变更、终止民事法律关系的协议。”“婚姻、收养、监护等有关身份关系的协议，适用有关该身份关系的法律规定；没有规定的，可以根据其性质参照适用本编规定。”这是说，通常讲的合同，是交易中的合同，进行交易的甲方、乙方等签订了一个确立交易关系权利义务的合同。不过，涉及有关身份的协议，也具有合同的性质，除了

自己的那部分规则以外，没有规定的，也要适用合同编的规定，因为身份协议也是合同。所以，像婚姻、收养、监护这些协议，我们把它们叫作身份法律行为。

身份法律行为也是民事法律行为，但是，身份法律行为更多讲的是确立、变更、终止身份关系。

讲到身份关系时，还不仅是指婚姻、收养、监护，大家要特别注意的是，《民法典》人格权编里规定的有关人格利益的许可使用合同，就是第 993 条规定的公开权的问题，也适用合同编的规则。第 993 条是说民事主体对享有的一些人格利益，比方姓名、肖像、企业的名称，可以把部分使用权通过订立许可使用合同许可他人使用。这一部分也是适用合同编的规则的。

这里要分两个方面：一方面，讲的是属于我们个人的问题。比方说，企业想要使用谁的肖像来做广告，一定要和权利人订立一个肖像许可使用合同。订立肖像许可使用合同，要在合同约定的范围里使用，使用哪一幅肖像，使用的范围是多大，使用的期间是多久，报酬是多少，都必须明确约定。这些都要适用合同编的规定。

另一方面，是涉及企业本身的人格利益。比方说对企业的名称，企业享有名称权。企业的名称也可以转让，包括两种转让：一种转让只是许可使用。一个公司觉得另一个公司的品牌比较好，想使用这个公司的名称，这就是部分转让。很多地方都有王府井百货大楼，其实都是用的北京王府井百货大楼的名称，这种使用就是部分转让，转让的协议就叫许可使用合同。另一种是把名称完全让渡给他人。一个公司经营到一定程度，不想再经营了，把整个公司的名称全部让渡给他人，自己今后永远也不使用这个名称，这就属于名称权的全部转让。全部转让名称在民间通常叫作"盘"，也有人把它叫"兑"。这也分成两种形式：一种叫相对转让主义，是说把名称让渡给他人后，自己还可以经营同类的公司，另一种叫绝对转让主义，是把公司名称让渡给他人后，永远不再经营这类业务。通常的名称转让是绝对转让。因为一个公司做得很好，把名称卖给别人，如果还用这个名字还是经营这个业务，会对买这个公司名称的人构成妨害，在利益上发生影响。

在理解《民法典》第 464 条的时候，对于婚姻、收养、监护以及人格利益许可使用合同等属于非交易的身份合同，如果是有民法典其他编的规则，就用自己的规则；自己的规则不够的，就用合同编的规定。

这里还有一个很特别的问题，就是关于婚姻的问题。我国民法特别是婚姻法，一直否认婚姻关系的契约性质，说婚姻不是契约，但是，国外的民法都认为婚姻是契约，因为婚姻是两个人的合意，两个人有了结婚的合意以后，才去民政部门进行婚姻登记。两人的合意是什么呢？合意不就是契约吗？很多婚姻法学者否认婚姻的契约性质，认为婚姻合意只是婚姻登记的基础，是政府批准才发生婚姻关系。但是，如果没有婚姻当事人的合意，政府批准谁呢？既然承认婚姻的合意是登记的基础，这个合意当然就是协议，协议就是契约。

《民法典》其实解决了这个问题：有关婚姻的协议可以适用合同编的规则。而且离婚要有协议，而离婚协议就是身份关系。不承认结婚要有协议，却规定离婚要有协议，是很矛盾的做法。但是，《民法典》第 464 条第 2 款规定了婚姻行为也是民事法律行为，它就是契约性质，就要受到合同法的规制。

在学习这个条文时，要看到，除了通常的交易行为要适用合同编，涉及身份、人格利益的一些问题，也是要适用合同编的规则的。

（二）合同效力相对性原则及其突破

《民法典》第 465 条规定："依法成立的合同，受法律保护。""依法成立的合同，仅对当事人具有法律约束力，但是法律另有规定的除外。"

这个条文的第 1 款来源于原《合同法》第 8 条第 2 款关于依法成立的合同受法律保护的规定。这个条文的第 2 款是新增加的规定，规定的是合同效力的相对性原则，以及合同效力相对性原则的突破的新规则。

我从三个方面来介绍这个条文。

1. 依法成立的合同的效力

依法成立的合同具有的法律效力是受法律保护。这里说的是合同成立后所发生的法律效力，是在当事人之间发生的法律效力，当事人必须受到合同约定效力的约束。如果当事人在合同依法成立以后不履行合同义务或者不完全履行合同义务，法律将强制其履行并接受违约责任的制裁。因此，合同的效力一方面是说，依法成立的合同对当事人具有这种法律上的拘束力；另一方面是说，不履行合同的时候，法律基于合同来保护当事人的债权，保障合同债权的实现。

合同效力就是合同的法律约束力，是说合同有法律赋予的、并受到法律保护的法律效力。合同法坚持合同依法成立即具有法律约束力，表述的目的在于强调合同在当事人之间的效力是依照法律的规定产生的，效力就是合同对当事人的法律拘束力。法律拘束力也就是合同对当事人的法律强制力。一方面，这种拘束力是依照法律发生的，国家法律规定合同已经法律承认，当事人就必须履行；另一方面，这种拘束力要求当事人严格履行合同，债权人依照法律行使债权，债务人依照法律履行债务，这种要求是以国家的强制力作为保障的。

当事人如果不按照合同的约定全面履行义务，法律将确认这种行为为违反法律的行为，并对行为人予以民法的制裁，责令其承担民事责任。

2. 合同效力的相对性原则

这一条中新增加的第 2 款，是在讲合同效力的相对性，就叫合同效力的相对性原则。法律的拘束力对于合同来说，是有限度的，只对合同当事人发生，对合同以外的人不发生法律拘束力，这就是合同效力的相对性原则，是对合同的法律拘束力进行适当限制，不可扩张到合同当事人以外的其他民事主体。

合同效力的相对性主要表现在三个方面：

一是合同主体的相对性。合同关系只能发生在特定的合同主体之间，只有合同当事人一方才能向合同的另一方当事人基于合同提出请求。

二是合同内容的相对性。是指合同的权利义务相互对应，并且为合同当事人所享有。超出合同约定和法律规定的债权债务，不能拘束合同当事人，其他任何人也不得主张合同规定的债权，这就是讲权利义务的合同内容的相对性。在双务合同中，一方的债权就是对方的债务，而另一方享有的债权的基础就在于他承担了合同的债务，债权和债务是相对应的。

三是合同责任的相对性。合同义务的相对性必然影响到合同责任，合同责任只能发生在特定的债权人和债务人之间，合同关系以外的人不承担违约责任；合同的债权人、债务人也不对合同关系以外的第三人承担违约责任。

3. 合同效力相对性原则的突破

这个条文也规定了合同效力相对性原则的但书，即“但是法律另有规定的除外”。这一部分在学理上，叫合同相对性效力的突破。该条文第 2 款规定但书，含义是：在法律另有规定的情况下，可以打破合同效力相对性原则，使合同的效力约束第三人。

当代合同法对合同效力相对性原则有所突破，主要表现在以下三个方面：

一是涉他合同。合同的相对性表现在合同不能为他人设定义务，但是准许合同单纯地为第三人设定利益，以及向第三人履行的合同。在这里，尽管这两种第三人都不是合同的当事人，但是他们毕竟依据该合同发生了权利或者负担了义务，这种涉他合同的出现，是债权相对性突破的表现。

二是债的保全。合同效力的相对性除了上面的表现以外，还表现为合同当事人不得向第三人主张权利。可是，在债的保全制度中，债权人撤销权和债权人代位权都是在法律规定的要件具备时，合同的债权人可以向合同关系以外的第三人主张撤销权和代位权，向第三人主张债务人的债权或者撤销债务人与第三人实施的民事法律行为。这种债权人所享有的债权保全的权利，突破了债的相对性原则，目的就在于保全债务人的财产，保障债权人的债权实现。

三是侵害债权的侵权责任。当代侵权法确认侵害债权的侵权责任，将其包含在《民法典》第 1164 条规定中，侵权责任保护的民事权益中，就包括债权。如果第三人故意侵害债权人的债权，造成了债权不能实现的损害后果，债权人享有侵权损害赔偿权利人的地位，有权向第三人主张侵权责任，保护自己的债权。这也是合同效力相对性突破的一个表现。

这个条文中所说的“但是法律另有规定的除外”，就是合同相对性效力的突破，包括涉他合同、债的保全和侵害债权的侵权责任。在这三个方面，不受合同效力相对性原则的约束。

二、对合同编合同的订立新规则的解读

（一）可以采用要约承诺之外的其他方式订立合同

《民法典》第 471 条规定："当事人订立合同，可以采取要约、承诺方式或者其他方式。"这个条文规定得虽然比较简单，但是它体现了订立合同的一般要求，与原《合同法》第 13 条的规定相比，增加了订立合同的"其他方式"的新规则。

合同订立是缔约人为意思表示并达成合意的一种状态。合同订立是当事人为实现预期目的作出意思表示并达成合意的动态过程，包含当事人各方为了进行交易，与对方进行接触、洽谈，最终达成合意的整个过程，是动态行为和静态协议的统一体。

合同订立和合同成立不同。这是两个相互联系又相互区别的概念。合同的成立是合同订立的组成部分，标志着合同的产生和存在，属于静态的协议。合同订立既包括合同成立，也包括缔约各方接触和洽谈的动态过程，涵盖了交易行为的主要内容。合同订立是整个缔约过程，合同成立仅仅是合同订立的结果。

合同订立的意义是什么？第一，没有合同的订立，也就没有合同的存在。第二，合同的订立是合同权利义务得以实现的前提，没有这样一个合同订立，哪里存在合同的权利和义务呢？第三，没有合同的订立就没有合同责任的发生，因为没有权利就没有义务，没有义务就没有违反义务的后果，当然就没有合同责任。

合同订立的方式主要是要约、承诺。在订立合同中，一方当事人提出要约，另一方当事人予以承诺，双方当事人就交易目的及其实现就达成了合意。合意，讲的就是合同的意思表示达成了一致，合同就成立了。

所以，要约和承诺是订立合同的方式，也是合同订立的两个阶段，产生合同成立的结果。

这个条文中增加的新的规定，是合同订立除了要约、承诺方式以外，还有合同订立的其他方式。订立合同的其他方式，是指没有明显的要约、承诺的意思表示过程而订立合同的方式。这主要是指格式条款、悬赏广告、网络购物等。

一是多数格式条款在订立时，缺少明确的要约、承诺的形式，比方说买电影票，一个电影票 60 块钱，交了 60 块钱，票就给你了，这里似乎看不出明显的要约、承诺，也没有明显的磋商过程。

二是悬赏广告实际上一经发出，就发生效力，行为人履行了悬赏广告要求的行为，就产生了债的请求权。这种民事法律行为本来就没有明显的要约、承诺的过程，是一个因单方允诺产生的债。但是，多数人把悬赏广告的性质认定为合同，因而悬赏广告的订立方式就是"其他方式"，没有一个明显的要约、承诺过程而订立合同。

三是在网络购物和网络服务中，由于采取线上的“背靠背”的交易方式，所有的要约、承诺都集中在网络交易平台上进行，集中在网络交易平台上的确认键上。消费者一按确认键，合同就成立了，就生效，就开始履行了。因为这种合同的要约、承诺不明显，所以也是采取“其他方式”订立合同。

（二）签署合同按指印与签字、盖章具有同等效力

《民法典》第490条有一个很特别的规定，就是合同成立的签署方法。原《合同法》规定的方法是签字或者盖章，现在又增加了一个按指印。

为什么要增加“按指印”这样的方法作为签署合同的方法呢？因为签字和盖章都太容易伪造了。

先说签字。前一段讨论了一个案件，这个案件里共有20多份合同，当事人全都是签字，而且一方当事人合同上的签字长得是一模一样毫无差别。拿到司法鉴定机构鉴定，鉴定的结果是，所有的20多个签名都是一样的，证明这个签名是假的，是模仿的。我说我自己的体验。前一段我签名售书，让我签500本，签了500本书后，累得手腕都不会动了，而且从前面第一本签的字，到最后一本签的字，是完全不一样的。这就是，一个人写字，不会是完全一样的。文字鉴定要找文字的稳定性特征，找到稳定性特征，就能够得出同一性结论，而不是要求一模一样。签字是完全一模一样的，证明这个签字是假的。所以，签字是最容易模仿的。

再说盖章。盖章是更容易模仿的。用电子技术刻一个公章，可以和真的公章几乎没有什么区别，可不是原来说刻的“萝卜章”，一下就能找出不同的地方在哪里。印章的模仿是一个很大的问题，盖章容易被模仿。

现在说到按指印。采用按指印的方法签署合同，是更保险的，因为指纹的特征是终身不变的。有一个案件，借款人在信用社凭据上留的是指纹。借款到期后，他想怎么能不还，就把按指印的食指指肚用刀划伤了，他就以为跟原来指纹不一样了。可等受伤的手指长好后，再去比对，指纹还是一样的，逃不掉的。除非把手指头剁掉，但那其实就更有问题了。所以，按指印可能在订立合同中，是签署合同的更有效、更保险的方法。

（三）电子商务平台网络交易合同的成立时间

《民法典》第491条是关于网络交易合同成立方式的规定：“当事人采用信件、数据电文等形式订立合同要求签订确认书的，签订确认书时合同成立。”这是讲的合同成立的时间。其实，用微信订立合同也是这样，也是书面合同。但是，如果双方当事人约定将来要把这些合意的内容写一个确认书，那么，一定要有确认书，这个确认书签署的时候，是合同成立的时间。

确认书也有两种情况。一种是确认书把整个交易的内容全部写明白了，确认书

本身就是合同。还有一种是简单地确认以前通过电子邮件、微信、信件确定的那些内容，是合同的内容。

第491条第2款规定："当事人一方通过互联网等信息网络发布的商品或者服务信息符合要约条件的，对方选择该商品或者服务并提交订单成功时合同成立，但是当事人另有约定的除外。"这就是在网络上，也就是通常说的线上交易，在这里提交订单就是签订合同，提交的按钮一点，这个合同就成立了。

网上交易，能够保证网络交易成功的主要条件是有第三方支付平台。第三方支付平台参加进来为网上交易提供支持，就使网络交易真正成为区别于以往任何交易方式的一种交易。如果没有第三方支付平台的支持，在网上想要买个东西，销售者担心消费者不交钱，消费者怕交了钱销售者不给发货。双方都在担心之中，交易不能顺畅地进行。第三方支付平台出现以后，这个问题就解决了。在网上购物，消费者选购一个商品，点击提交订单的按钮，支付的价款就到了第三方支付平台上；销售者看钱已经到了支付平台上，马上发货，这样就把双方交付过程中的担心完全化解了。所以，第三方支付平台是交易过程中的革命性发展，是划时代的发展。正是有了第三方交易平台的付款方式，整个互联网的交易才能达到今天这样的程度。

为什么这个条文只是规定合同成立而没说合同生效呢？这里其实主要是针对网络服务合同说的。因为商品交易没有这个问题，下单的行为既是合同成立，也是合同生效，还是合同开始履行。而网络服务合同要有个过程，因为网络服务合同多数是线上下单，线下履行。除非是某些特定的服务，比如提供咨询，对方把报告发过来就可以了。网络服务合同有着成立、生效和履行的不同阶段，因此，下单只是生效。例如打车，按提交的按钮，合同成立；车到了约定的地点，乘客上车了，合同开始生效；到了约定的地点，才真正收费。条文最后说的"另有约定的除外"，就是网络购物合同，下单既是合同成立，也是合同生效。大家在理解这一条文时，要特别注意掌握网络交易的特点。

（四）预约合同的效力及违反预约义务的责任

我们再来讨论《民法典》第495条，这个条文很重要，规定的是关于预约及其责任的问题。

预约合同是交易过程中的一种形态，我国以往的合同法从来没有规定过预约，在实践中都依照习惯和法理解决。

对于预约究竟是不是要约，即预约是不是合同，学界的看法很不一样。在实践中，判断预约不是很难，最大的问题是预约不履行要承担什么样的责任。有人认为预约其实是没约，没约就不承担违约责任。在商品房买卖中，开始也有个预约，正式签的约才是商品房买卖合同，之前叫预售合同。其实，预约是存在的，只是在立法上没有进行规制。

对待预约，最重要的有三个问题：一是承不承认预约，二是预约违约是不是要承担违约责任，三是预约中约定了合同的主要条款能否构成本约。

1. 法律承认预约是预约合同

《民法典》承认预约，认为预约和本约是相对应的两个阶段。在习惯上，我们就称为预约和本约，但是《民法典》第 495 条将预约称为预约合同，相对应的就是本约合同了。

缔约人开始商量要定一个合同，确定下来签订一个什么样的合同，什么时候签订，这些意见达成合意了，就成立预约了。

预约到底有没有效力呢？我们有一句话经常说，“预约也是约”。《民法典》第 495 条规定：“当事人约定在将来一定期限内订立合同的认购书、订购书、预订书等，构成预约合同。”预约也是合同，定了预约，也要受到合同责任的约束。

说到预约，很典型的是订婚。两个人订婚的目的是什么？就是约定将来两个人要结婚。如果说我们俩订婚就是先试试，将来结不结婚不一定，这就不叫订婚。所以，订婚就是成立婚约，就是一个结婚的预约。婚约虽然不产生后果，但是，订婚以后，双方当事人可能就有一些财产上的交往，当一方毁约的时候，有没有责任的问题呢？小的花销当然没有问题，请吃饭，看电影，都没有问题。但是，订婚时一方给对方买了 20 万元的钻戒，如果不结婚了，不要还吗？通常是要还的。

承认预约是一种合意，也叫预约合同，双方要受到预约合同的约束。预约的内容是在将来一定期限内订立合同，其表现形式就是认购书、订购书、预订书等。

2. 预约违约也要承担违约责任

当事人一方不履行预约合同约定的订立合同义务的，对方可以请求其承担预约合同的违约责任。

预约也是约，一方当事人违反了预约的约定，当然也要承担违约责任。预约违约不是违反本约的义务，而是违反预约的义务，预约的义务就是将来要订立合同，现在到时间了，不跟我订合同，就是违约，就要承担责任。

预约的违约责任应该怎么去确定，是一个问题。当然，预约违约最好的民事责任方式就是继续履行，通过继续履行，就履行了订立合同的预约义务，就进入本约合同的领域了。

如果不能继续履行，就要对违约造成的损失进行赔偿。这个违约的损害应当怎样赔偿呢？合同责任中有缔约过失责任，有合同无效责任，有实际违约责任。在通常情况下，缔约过失的损害赔偿责任与合同无效的损害赔偿责任基本相同，就是对信赖利益的损失予以赔偿。实际违约承担的是对预期利益的损害赔偿，加害给付赔偿的是固有利益的损害。预约违约造成的损失，应当按照哪一个标准承担赔偿责任呢？这是值得研究的。

依照我的看法，预约违约行为与缔约过失行为和合同无效责任的情形相似，都是在合同没有成立或者合同生效之前发生的损害赔偿责任，因此，预约违约的损害赔偿，大体上应当采用信赖利益损失的赔偿。其基本的标准就是，由于信赖对方预约合同是会履行的，而对方违反预约义务不订立合同，使其信赖利益受到了损害，因而赔偿的损失就是信赖利益的损失。

在通常情况下，预约违约的损害赔偿当然不会像实际违约那样造成预期利益的损失，但是可能会比缔约过失的损失要稍宽一些，更接近于合同无效的损害赔偿责任。

3. 预约有无可能成为本约

合同预约具备了合同的主要条款，虽然没有履行预约的义务订立本约，但是有些约定的本约义务已经部分履行，可否直接把它认定为一个本约呢?

对此，我的基本看法是，当一个预约约定了合同的主要条款，一方已经实际履行了部分内容，对方接受了履行，在这种情况下，可以认定这个预约其实就是一个本约，一方违反约定的义务，直接可以按照违约责任处理，构成本约的违约。

《民法典》对预约作出的规定还是比较原则，需要进一步细化预约的规则，还需要进行司法解释，才能具有更好的可操作性。

（五）悬赏广告的性质

现在我们来研究《民法典》第499条规定的悬赏广告。

悬赏广告到底是一个什么性质的行为，其实一直是有争论的，在学术上有两种看法：一种认为是单方允诺之债，另一种认为是合同之债。

在《民法典》颁布之前，最高人民法院的司法解释确认悬赏广告是合同性质，根据是，一个人做了一个悬赏广告，一定要有一个人实施了悬赏广告指定的行为，悬赏广告的行为就是要约，实施悬赏广告指定的行为就是承诺，即以行为方式进行的承诺。既然有了要约和承诺，悬赏广告就构成合同。

这种观点有一个很大的问题，就是要约和承诺之间的时间距离过长。认定一个合同，要约、承诺是以承诺时才发生合同效力。而悬赏广告是只要一悬赏就生效，而不是有承诺的行为才生效。这就是一个问题，与合同的性质不合。

有一个典型案件，一个人丢了一个包，里面可能有很重要的东西，就在报纸上发悬赏广告，说：有人要能把包送给我，给1万元报酬；有人能给我提供有益线索，让我能找到包，给5 000元报酬。这个包被一个人捡到了，看到悬赏广告后，他就想把15 000元酬金都要到手。约好见面后，捡包的人说：这个包不是我直接捡的，是有人向我提供了有益线索，我按照他提供的线索才捡到的，因此，还给你包要给10 000元，再给5 000元我去给那个提供线索的人。丢包的人说：只能给10 000元，不能给15 000元，因为提供有益线索是向我提供，而不是向你提供。捡包的人说，要是不给15 000元，休想要到包。捡包的人没有办法，向法院起诉，要求被告按照约定付酬。法院判决说，拾金不昧是中华人民共和国公民的善良美德，捡到人家包就要还给失主，不得索要钱财，把原告的诉讼请求给驳回了。通过这个案例，我是想说悬赏广告不是在还包的时候发生效力的，而是只要一发布悬赏马上就发生效力，这与双方达成合意时发生效力是一样的。

所以，悬赏广告是单方允诺之债，不是个合同行为。最高人民法院之前的司法解释说悬赏广告是合同性质，是因为当时只有《合同法》，其他法律都没有规定，因而将其界定为合同之债，就能够找到法律依据。现在《民法典》合同编通则已经做了规定，就有了法律依据了。特别是，《民法典》的合同编其实是一个债编，合同编通则规定了很多债法的规则，特别是把无因管理和不当得利作为准合同作了规定，而且合同编并未在典型合同中规定悬赏广告，且未明确说其为合同之债，因而将悬赏广告界定为单方允诺之债，并不违反《民法典》的规定。

单方允诺之债不仅包括悬赏广告，还包括其他，例如公共汽车、公园承诺 60 岁以上老年人免费乘车，还有幸运奖等单方允诺行为。

对于单方允诺，《民法总则（草案）》原来也是有规定的，后来被删掉，变了一种说法，即《民法典》第 118 条第 2 款规定的："债权是因合同、侵权行为、无因管理、不当得利以及法律的其他规定，权利人请求特定义务人为或者不为一定行为的权利。"这里的因"法律的其他规定"产生的债的关系，就包括单方允诺之债，悬赏广告就在其中。尽管悬赏广告的条文写在合同编里，但是并没有写在哪一种合同中，而是写在合同编的通则分编中。因此，我仍然主张悬赏广告是单方允诺之债，而不是合同。

三、对合同编合同的效力新规则的解读

（一）被代理人履行义务或接受履行视为对无权代理合同的追认

接下来，我想再说几个合同编与总则编之间相关联的条文，大家在学习时，要结合起来理解。

先说《民法典》第 503 条，这条规定："无权代理人以被代理人的名义订立合同，被代理人已经开始履行合同义务或者接受相对人履行的，视为对合同的追认。"这个条文对应的是位于总则编的《民法典》第 171 条。第 171 条第 1 款规定："行为人没有代理权、超越代理权或者代理权终止后，仍然实施代理行为，未经被代理人追认的，对被代理人不发生效力。"

对无权代理的合同的追认办法是，相对人可以催告被代理人自收到通知之日起 30 日内予以追认，被代理人未作表示的，视为拒绝追认。行为人实施的行为被追认以前，善意相对人有撤销的权利，撤销应当以通知的方式作出。

对于被代理人没有追认的，就是无权代理，无权代理对被代理人没有效力。

《民法典》第 503 条规定的是，无权代理人以被代理人的名义实施订立合同的行为，被代理人没有表示追认，对方也没有要求撤销，但是，被代理人已经开始履行合同的义务，或者已经接受了相对人的履行，这时候，被代理人实际上就是以行为对无权代理的效力予以承认，因此，就视为已经追认。

被视为被代理人追认行为，产生的后果就是合同成立、生效了。尽管是无权代理，但是如果被代理人已经接受了对方的履行，或者自己做了履行，他回头再说没有追认这个合同因而是无效的，就没有道理了。

《民法典》有一个特点，是把一个问题放到几个不同的地方去规定。比方说物权法的原则，物权法定原则放在总则编规定，公示公信原则放在物权编里规定；连带责任和按份责任放到总则编规定，侵权责任编没有规定连带责任和按份责任，侵权法案件适用连带责任或者按份责任的，要去找总则编的规定。在学习中，要注意《民法典》的这个特点，对《民法典》的掌握要统筹理解。

（二）法定代表人超越权限订立的合同的效力规则

《民法典》第 504 条规定的合同规则，与总则编里第 61 条规定法定代表人超越代表权限行为效力的条文相对应。第 504 条规定："法人的法定代表人或者非法人组织的负责人超越权限订立的合同，除相对人知道或者应当知道其超越权限外，该代表行为有效，订立的合同对法人或者非法人组织发生效力。"

这个条文对应的第 61 条规定："依照法律或者法人章程的规定，代表法人从事民事活动的负责人，为法人的法定代表。""法定代表人以法人名义从事的民事活动，其法律后果由法人承受。""法人章程或者法人权力机构对法定代表人代表权的限制，不得对抗善意相对人。"这个第 3 款与第 504 条就是相互关联的条文。

《民法典》第 61 条第 3 款规定的是，一个越权的法定代表人与相对人订立一个合同，这个相对人不知道法定代表人越权，是个善意相对人，因而不得以其越权为由，认为该合同无效。这个条文解决的是对善意相对人的保护问题。

法定代表人越权和相对人实施民事法律行为，相对人只要是善意、无过失的，这个法律关系效力就是不受影响的。

第 504 条进一步规定，法定代表人或者非法人组织的负责人超越权限订立的合同，除相对人知道或者应当知道其超越职权外，该代表行为有效。这就是从另一个方面补充第 61 条第 3 款的规定。第 61 条规定的是法定代表人越权订立合同的，不能对抗善意相对人，第 504 条进一步规定，如果相对人知道或者应当知道法定代表人的行为是越权行为，那就不是善意，不能适用第 61 条第 3 款规定，而应当适用第 504 条规定，订立合同就是有效的。

这是在说，一个人要跟别人订立一个合同，对要与自己订立合同的法定代表人，应该进行一个尽调。做了尽调，知道其越权；或者没有尽调，应当知道越权而未尽调，就是应当知道，就是有过失。一个谨慎的商人在订立合同时，应该去查一查对方的法定代表人，看看法人章程对他的权限有没有限制，这就是确定第 61 条规定的“善意”的标准。善意就是不知情，不知情的原因是无过失。反过来说，如果不知情是因为没有去了解该了解的情形，就是有过失了，就是非善意。把这两个条文结合起来以后，对法定代理人越权签订合同的效力问题就都解决了。

（三）不得仅以当事人超越经营范围主张确认合同无效

再说一个与总则编的规定相关联的条文，就是《民法典》第 505 条，与它对应的是第 65 条。这两个条文的关系，说得通俗一点，就是按第 65 条说的，超越经营范围的行为好像很严重，但是第 505 条基本上把第 65 条的规定给否定了。

为什么这么说呢？还是先看第 65 条：“法人的实际情况与登记的事项不一致的，不得对抗善意相对人。”这种说法跟第 61 条第 3 款规定的内容基本一致，法人不能超越经营权限，超越了经营权限，就不能对抗善意的相对人。

再看第 505 条：“当事人超越经营范围订立的合同的效力，应当依照本法第一编第六章第三节和本编的有关规定确定，不得仅以超越经营范围确认合同无效。”这等于把第 65 条的规定基本上否定了，不能以超越经营范围确定一个行为是无效的，确认无效的理由，还得看民事法律行为那一章规定的无效的理由——恶意串通，违反法律强制性规定或者违背公序良俗等。要是没有这些无效的理由，仅仅说超越经营范围就认定合同是无效的，基本上没有可能。

这样规定倒是比较简单了，就是判断合同效力的标准，仍然还是民事法律行为有效无效的标准，而不是仅仅靠违反超越经营范围来确定。不过，有一点，对于超越经营范围订立的合同，如果相对人是善意为之，则超越经营范围的一方以此作为理由主张合同无效的，不能予以支持，因为第 65 条规定的就是不得对抗善意相对人。就此而言，在认定这种合同有效的时候，第 65 条还是管用的。

四、对合同编合同的履行新规则的解读

（一）电子商务平台买卖合同的标的物交付时间

《民法典》第 512 条规定的是网络交易的交付时间。第 1 款规定：“通过互联网等信息网络订立的电子合同的标的为交付商品并采用快递物流方式交付的，收货人的签收时间为交付时间。电子合同的标的为提供服务的，生成的电子凭证或者实物凭证中载明的时间为提供服务时间；前述凭证没有载明时间或者载明时间与实际提供服务时间不一致的，以实际提供服务的时间为准。”

这一部分跟刚才讲的电子交易的成立时间，是衔接的。有一些电子合同一成立，同时就生效了，接着就开始履行了。讲到网络服务合同时，不是一点击确认键就生效，还要有实际履行的行为。这些条文说得都比较准确。

第 2 款规定："电子合同的标的物为采用在线传输方式交付的，合同标的物进入对方当事人指定的特定系统且能够检索识别的时间为交付时间。"这种情况，比方说服务的内容是咨询，给一个咨询报告就完成交付，这时，咨询报告到了对方当事人的网络系统，接收了，就算是交付了。如果到了特定系统，但是打不开，没办法识别，再发一遍，能打开了，这个时间才是真正的交付时间。

（二）选择之债与选择权的行使

现在要说一个债法上的选择之债的规则。即《民法典》第 515 条和第 516 条。选择之债是原《合同法》中没有规定的规则，原来只规定了按份之债和连带之债，也没有规定不真正连带之债。《民法典》增加规定了选择之债。

我先说一个选择之债的案例。有一个商家有一套门市房，对外出租，也可以购买。有一个公司本来想买，但是一时钱不够，就想先租后买。两个公司一谈就谈下来了，定了合同，内容是：承租人先租两年，租满两年以后，由承租人选择，或者是租，或者是买。承租人占有这个房子后，进行了重新装修，按照自己的经营思路进行装修。两年承租结束后，承租人通知对方要买房，出租人不同意，说只能租，不能卖给你。原因是房屋市场价格上升很快，出租人感觉吃亏了。

那法官到底要支持谁？这里就是一个选择之债的问题。与选择之债相对应的是简单之债。简单之债是债的标的只有一个，没有选择的余地的债。选择之债的标的有两个以上，如果不选择一个债的标的作为履行的内容，这个债是没有办法履行的。当对这两个以上可以选择的债的标的选择出来一个的时候，就变成了简单之债，这个债就可以履行了。

在这个案件中，就是租赁转买卖的合同，开始租赁的时候约定，租赁两年，这个租赁两年是个简单之债，就是租赁。然后，约定租满两年后，第三年是买还是租，有两个标的，由承租人决定。两年时间一到，合同就变成两个标的，一个是租赁，一个是买卖。这里就有了一个选择权。这个选择权由谁来行使呢？约定好了是由债务人一方来选择，他选择说买，那就是买；他说租，那就是租赁。就这样，一个简单之债经过两年以后，变成了选择之债。选择之债要选择一个才能履行，按照约定，是由承租人行使选择权。承租人选择说买，那当然就是买了。房价上涨，是商业风险问题，只要达不到情势变更的程度，出租方就得认可。这里适用的就是选择之债的规则。

第 515 条和第 516 条规定的就是选择之债的规则。

第 515 条规定：标的有多项而债务人只需履行其中一项的，债务人享有选择权。

这里明确规定的是债务人享有选择权。为什么会说债务人享有选择权呢？因为双方当事人在订立合同的时候，既然订立的是一个选择之债，那么，选择哪一个选项，其实都在债权人的意思表示之中。既然两种标的债权人都是同意的，当然就是由债务人选择了。债务人选择A，是在债权人的意思表示范围之内；债务人选择B，当然也在债权人的意思表示范围之内。所以。选择之债的选择权一定是债务人的权利。

当然，这里也有一个但书："但是，法律另有规定、当事人另有约定或者另有交易习惯的除外。"这里有三个除外：法律有明确规定是第一个，法律规定不可以由债务人选择的，当然就是不能由债务人选择。第二个，如果当事人约定，选择权不在债务人手里，而是在债权人手里，当然原来约定有效，由债权人选择。第三个是交易习惯，按照交易习惯，选择之债的选择权在债权人手里的，当然就是由债权人选择。

不管谁是选择权人，享有选择权的当事人在约定期限内或者履行期限届满未作选择，对方要对其进行催告。经过催告后，在合理期限内仍未选择的——这个合理期限究竟怎样定，还需要最高人民法院作出司法解释——选择权就转移到对方。一般规定不是由债务人选择吗？债务人到期没有选择，债权人就要给他一个催告，催告他尽快选择。还要给一个期限，比如说给了两个月，两个月期满，债务人还是没有选择，债权人就可以选择了。债权人选择哪一个标的，债务人就必须履行哪一个标的。

这一条主要解决的，就是什么是选择之债，选择权由哪一方享有，选择权人不选择的法律后果是什么这样三个问题。

接下来是第516条，这条首先规定的是当事人行使选择权的具体方法。选择权人作出选择之后，应当及时通知对方，通知到达对方的时候，债的标的就确定了。选择权是一个形成权，形成权的特点是形成权人一行使权利，就发生了形成的效果。选择权就是这样，选择权人行使选择权，就要通知对方，要选择A，通知到达对方立刻发生效力，A就是履行的标的。标的确定后，就不得变更。这就是选择的效力。

不过，这里也有但书规定：标的确定后，原则是不得变更，但是，经过对方当事人同意的除外。这就是合同法的特点，虽然说选择之债一经选择不得变更，一方想要变更，对方同意变更，那有什么好说的呢？当然可以变更。只要不违反法律的强制性规定，变更就是有效的。

第516条最后一款规定："可选择的标的发生不能履行情形的，享有选择权的当事人不得选择不能履行的标的，但是，该不能履行的情形是由对方造成的除外。"这是说，可选择的标的发生不能履行情形的时候，有可能只剩下一个，也有可能还有可选择的余地。只剩下一个，就没有选择的余地了，就变成了简单之债，直接履行就是了。如果还有两个以上的标的可以选择，其中有的是可以履行的，有的是不可以履行的，选择权人就不能选择这个不能履行的标的。如果选择不能履行的标的，那不是生生地让对方不能履行而去承担违约责任，或者将合同引入死路吗？

但是有一个除外的情形，那就是，该不能履行的情形是由对方造成的。选择权人选择这个不能履行的标的作为合同的标的，对方不能履行，而不能履行是对方当事人造成的，让你履行你不能履行，那你就承担违约责任吧！这时候就可以选择不能履行的标的。所以，当事人在这种情况下头脑要清醒，发现这样的问题，立刻就给一个选择，能让自己立于不败之地。

（三）按份之债债权债务份额的确定方法

《民法典》第517条规定："债权人为二人以上，标的可分，按照份额各自享有债权的，为按份债权；债务人为二人以上，标的可分，按照份额各自负担债务的，为按份债务。""按份债权人或者按份债务人的份额难以确定的，视为份额相同。"

这是对可分之债及其规则的规定，与原《民法通则》第86条规定相比，这条是从标的可分的角度，对按份债权和按份债务作出了新规定。

原《民法通则》第86条是从按份债务的角度来规定的。《民法典》是从可分之债的角度规定的。可分之债就是指在债的关系中，债权或者债务是可以分割的，按份享有债权或者按份承担债务。

可分之债相对应的就是不可分之债。不可分之债是指在债的关系中，债的标的不能分割的债。既然债的给付为不可分，那么，各债权人只能享有统一的给付标的，自然也就只能为全体债权人请求履行。不可分债务本质上是复数的债务，因其给付标的不可分，所以在履行上应当准用连带债务的规定，各债务人均应当承担全部的给付义务。

可分之债的性质为复数之债，只是因为标的的同一而联系在一起，各个债权或者债务并无共同目的，所以，各债权人或者债务人发生的事项，原则上不对其他债权人或者债务人产生效力。

债权和债务是否可以分割的标准是：第一，是债权或者债务的分割是否损害债的目的，分割不损害债的目的，就是可分之债，否则就是不可分之债。第二，当事人对债权或者债务的分割是否有约定，是否约定禁止分割，有禁止分割的约定的，为不可分之债。第三，债权或者债务的分割是否符合交易习惯和标的物的用途，如钥匙与锁的关系，交易时就不可能仅交付其中之一，所以它们是不可分的标的。

可分之债分为可分债权和可分债务。债权人为二人以上，标的可分，按照份额各自享有债权的就是按份债权。债务人为二人以上，标的可分，按照份额各自负担债务的，就是按份债务。

可分之债的效力是：

第一，可分之债能够形成为按份之债，债务人可以以其份额向债权人分别作出履行。

第二，可分之债可以实行部分免除、抵销等，可分债务的不履行发生按份责任，应当适用《民法典》第177条规定的按份责任规则。这里说的，就是按份之债和按份责任之间的关系。原本是债的问题，不可分之债不能履行了，就发生按份责任的问题。

（四）连带债权和连带债务的基本规则

《民法典》第518条规定的是连带之债："债权人为二人以上，部分或者全部债权人均可以请求债务人履行债务的，为连带债权；债务人为二人以上，债权人可以请求部分或者全部债务人履行全部债务的，为连带债务。""连带债权或者连带债务，由法律规定或者当事人约定。"

原《民法通则》第87条也规定了连带债权和连带债务。本条规定的主要是连带债权和连带债务的区别，以及连带债权和连带债务产生的基础。

连带之债是在一个债的关系中，债权人或者债务人有数人的时候，各个债权人均得请求债务人履行全部债务，各个债务人均负有履行全部债务的义务，且全部债务应一次全部履行而归于消灭的债。其中，具有连带关系的数个债权人是连带债权人，享有的债权为连带债权；具有连带关系的数个债务人为连带债务人，所负的债务是连带债务。

与连带之债相对应的就是单独之债。单独之债是指债的关系中，债务人为一人的债务。单独之债其实是债的常态，绝大多数的债都是单独之债，单独之债由单一的债务人自己承担清偿债务，自负其责。

连带之债产生于两种原因：

一是法定连带之债，比方说合伙债务，法律规定是连带之债；还有共同侵权行为的损害赔偿责任，也是连带之债，是法律规定的连带之债。

二是意定连带之债，当事人通过协议约定为连带债权或者连带债务。例如连带责任保证，约定的就是债务人和保证人承担清偿责任的连带之债。

成立连带之债须具备的要件是：第一，债的一方或者双方当事人为二人以上；第二，债的标的须为同一；第三，数个债的目的须具有同一性；第四，连带债权人之间或者连带债务人之间须有连带关系，即对于数个债权人或者债务人中的一个人发生的非关于个人利益的行为，相对于其他债权人或者债务人也发生同样的效力。连带债权的部分或者全部债务债权人，均可以请求债务人履行债务，他的债权实现的，消灭债务人的债务。连带债务的部分或者全部债务人都有义务满足债权人履行要求，部分债务人履行全部债务的，连带债权也就全部消灭。

《民法典》对连带之债规定了很详细的规则，很遗憾的是，仍然没有规定不真正连带之债。不真正连带债务是与连带之债最相类似，却有不同的多数人之债，是指多数债务人就基于不同的发生原因，而偶然产生的同一内容的给付，并因债务人之一的履行，而使全体债务人的债务归于消灭的债务。

不真正连带之债与连带之债不同。以不真正连带债务为例，连带债务最终是在数个连带债务人之间各自按照应当承担的内部份额来分担责任，因此，每一个连带债务人都是最终债务人。而不真正连带债务的债务人，分为中间债务人和最终的债务人，履行债务的最终结果是最终债务人要承担全部债务，中间债务人即使承担了债务清偿义务，也对最终债务人享有全部债务的追偿权。

例如，对连带责任保证之债，很多人都认为是连带债务，在书面表达上也叫连带责任保证，但是，它其实不是连带债务，而是不真正连带债务，原因就在于保证合同中的保证人负有清偿债务的这种保证责任，仅仅是中间债务人，而主债务人才是最终债务人，连带保证人承担了保证责任之后，产生对主债务人的求偿权，有权就其全部履行进行追偿，最终的清偿责任仍然是由主债务人承担，而不是由作为非债务人的保证人来分担。所以，所谓的连带责任保证之债其实是不真正连带责任的保证之债。

举这个事例同样可以说明，不真正连带责任和连带责任还是有很大区别的。我国法律经常规定不真正连带之债，在司法实践中也经常适用，例如产品责任的生产者和销售者的责任分担，就是不真正连带责任，但是，法律并没有一个抽象的规则来对不真正连带之债进行规范。这是我们补充说明的一个问题。

（五）连带债务人内部份额的确定方法及追偿权

《民法典》第 519 条规定："连带债务人之间的份额难以确定的，视为份额相同。""实际承担债务超过自己份额的连带债务人，有权就超出部分在其他连带债务人未履行的份额范围内向其追偿，并相应地享有债权人的权利，但是不得损害债权人的利益。其他连带债务人对债权人的抗辩，都可以向该债务人主张。""被追偿的连带债务人不能履行其应分担份额的，其他连带债务人应当在相应范围内按比例分担。"

这是对连带债务份额的规定，与《民法典》第 178 条第 2 款规定的连带责任规则基本相同，规则更为具体。

连带债务对外不分份额，只有对内才分份额。连带债务人在内部对自己的份额承担最终的责任，最后总是要分给每一个连带债务人的，连带债务人可以事先约定份额，或者根据实际情况来确定份额。

如果债务份额难以确定的，视为份额相同，各个债务人以同等份额来承担最终责任，这是对债务份额的确认。

还有追偿权的问题。在连带债务中，对外由于每一个债务人都负有履行全部债务的义务，债权人有权向连带债务人中的数人或者全体请求履行，被请求的债务人不得以还有其他债务人为由而推脱履行，也不得以自己仅负责债务中的一定份额为由而拒绝履行全部债务。

连带债务人这时承担的清偿责任，就是连带债务的中间性清偿责任，不是最终的责任。在承担中间性清偿责任中，如果实际承担债务的连带债务人承担了超过自己份额的债务，有权就超出的部分，对其他连带债务人在其未履行的份额范围内，向其追偿。在行使追偿权的时候，承担了超出自己份额的中间性清偿责任的债务人，实际上相应的就享有了债权人的利益，可以向其他债务人追偿。当然，追偿人行使债权人的债权是可以的，但是不得损害债权人的利益。

连带债务人在行使追偿权的时候，如果其他连带债务人对连带债务的债权人享有抗辩权，可以向该债务人主张对债权人的抗辩对抗债务人的追偿权。

连带债务与连带责任的连接点就在于连带债务的不履行，连带债务不履行发生连带责任，至于连带债务和连带责任的规则，其实是相同的。

《民法典》在全国人民代表大会审议期间，在第 519 条又增加了一款："被追偿的连带债务人不能履行其应分担份额的，其他连带债务人应当在相应范围内按比例分担。"这就是连带之债的债务人责任份额的二次分担规则。比方说，有 5 个连带债务人，其中 1 个债务人不能履行他应当分担的份额，其他那四个人就按照比例去分担这个连带债务人不能承担的债务份额。

（六）连带债务人之一所为事项具有涉他效力

《民法典》第 520 条规定："部分连带债务人履行、抵销债务或者提存标的物的，其他债务人对债权人的债务在相应范围内消灭；该债务人可以依据前条规定向其他债务人追偿。""部分连带债务人的债务被债权人免除的，在该连带债务人应当承担的份额范围内，其他债务人对债权人的债务消灭。""部分连带债务人的债务与债权人的债权同归于一人的，在扣除该债务人应当承担的份额后，债权人对其他债务人的债权继续存在。""债权人对部分连带债务人的给付受领迟延的，对其他连带债务人发生效力。"

这个条文规定的内容比较复杂，是对连带债务人之一所为事项具有涉他效力的规定，是以前的法律中没有规定的连带债务的规则。

在连带债务中，就一个债务人所生的事项，有的及于其他债务人，有的不能及于其他债务人。前面这种叫有涉他效力的事项，后面这种就叫无涉他效力的事项。

在连带债务中，有涉他效力的事项包括以下四种：

第一，部分连带债务人履行、抵销债务或者提存标的物的，其他债务人对债权人的债务在相应的范围内就消灭了。例如，部分债务人一经提存，或者一经履行，整个相应范围内的债务就都消灭了，对其他债务人有涉他的效力。这就是连带债务涉他效力的典型表现，部分连带债务人的清偿行为效果及于其他连带债务人，已经履行了债务的债务人，可以依照追偿权的规则，向其他没有清偿债务的连带债务人进行追偿。

第二，部分连带债务人的债务被债权人免除的，在该连带债务人所应承担的份额范围内，其他债务人对债权人的债务消灭。免除一个连带债务人的债务，其他连带债务人都享受这个后果，这是债权人免除连带债务人之一债务的效果及于全体连带债务人的规则。比方说，连带债务人之一对债权人的连带债务被债权人免除，免除的虽然是连带债务人的部分债务，但是对全体连带债务人都有效，这一部分就都消灭了，是有涉他效力的事项。

第三，部分连带债务人的债务与债权人的债权同归于一人的，这就是混同，在扣除该债务人所应承担的份额后，债权人对其他债务人的债权继续存在。这是连带债务的部分连带债务混同，对连带债务的效果就发生混同的部分债务消灭，其他部分的连带债务仍然存在。这部分债权消灭，其他债权仍然还存在，属于有涉他效力的事项。

第四，债权人对部分连带的债务人的给付受领迟延的，那么，对其他连带债务人发生效力，主要是指债权人对部分连带债务人的给付受领迟延引发的后果，例如发生的抗辩等，全体连带债务人均可以此进行抗辩，都可以拿这个事由来抗辩债权人的请求。

还有一个涉他效力的事项，这一条文没有规定，当部分债务人得到法院的有利判决，并且该判决并非基于该债务人与债权人个人关系的，其他债务人可以援用该判决而拒绝履行，但是，该债务人败诉判决的效力不及于其他债务人。这个涉他事由虽然法律条文中没规定，但是在法理上是确认其属于有涉他效力的事项的。

（七）连带债权的债权份额与超过份额受领的返还义务

《民法典》第 521 条规定："连带债权人之间的份额难以确定的，视为份额相同。""实际受领债权的连带债权人，应当按比例向其他连带债权人返还。""连带债权参照适用本章连带债务的有关规定。"这是对连带债权的债权份额及超过份额受领的返还义务的规定。这也是以前的民事法律没有规定的规则，这个规则叫连带债权的债权份额与超过份额受领的返还义务。

在对外关系上，连带债权的债权人是不分份额地享有债权的，但是，在连带债权人的内部，每个人都有自己的债权份额，连带债权人的债权份额应当按照约定或者实际情况来确定。连带债权人之间的份额难以确定的，视为份额相同，按照相同的份额享有债权。这就是对连带债权确定份额的规则。

由于连带债权的债权人都可以向债务人主张债权，债务人都有满足连带债权人部分或者全部的权利主张的义务，因而就会出现实际受领超过自己份额的连带债权人。这时的解决规则，就是超过份额受领的返还义务规则。

当出现这种情形的时候，该连带债权人应当按照份额的比例向其他连带债权人返还，其他债权人按照份额的比例享有债权利益的返还请求权，他们之间形成了一个新的债权债务关系。比方说，两个债权人各自享受 50%的债权，其中一人请求债务人履行，债务人就全履行了，都给他了。此人对另外的那个连带债权人，就要去返还 50%的受领债权，如果不返还，另一个连带债权人就有权向他要求返还。就这个请求返还的权利，也形成了一个债权债务的关系。

连带债权的规则多数都与连带债务的规则是相同的，所以，对连带债权的规则可以准用连带债务的有关规定。这个条文最后规定是很明确的。

（八）第三人代为履行

《民法典》第 524 条规定："债务人不履行债务，第三人对履行该债务具有合法利益的，第三人有权向债权人代为履行；但是，根据债务性质、按照当事人约定或者依照法律规定只能由债务人履行的除外。""债权人接受第三人履行后，其对债务人的债权转让给第三人，但是债务人和第三人另有约定的除外。"

这个条文规定的是第三人代为履行债务及其后果。原《合同法》对此没有规定。

一个债务已届履行期，债务人不履行债务有可能损害第三人的利益，也就是第三人对该债务的履行具有合法利益，第三人产生代为履行债务的权利，有权向债权人代为履行，以使自己的合法权益得到保全。如果根据债务的性质，按照当事人的约定或者依照法律的规定，该债务只能由债务人履行的，就不适用第三人代为履行的规则。

第三人代为履行，债权人接受第三人的履行的，就产生了请求权让与的后果，债权人对债务人的债权就转让给了第三人，第三人对债务人就享有了债权，可以向债务人主张该债权。如果债务人和第三人对如何确定他们之间的债权债务关系另有约定的，那就按照约定来办理，不受这一债权转让规则的拘束。

举一个具体事例来说。在转租中，本租合同的当事人就租赁合同设置了转租的，就出现了本租和转租的问题。本租合同的当事人是出租人和承租人，转租合同的次承租人对出租人而言，是本租合同的第三人，他们之间并没有直接的关系。如果承租人拖欠租金，其后果将会使出租人解除本租合同，这时候，必然涉及次承租人的合法权益，对转租的次承租人来说，承租人的权利消灭了，自己当然也会受到直接的影响，因而属于具有合法利益。次承租人为了保全自己的合法利益，就是为了使本租合同不被解除，有权向债权人代承租人履行给付租金的债务，向出租人履行承租人的债务，支付租金。次承租人作为第三人向出租人交付租金，保全了主租赁合同，实际上也就保全了自己的转租合同的利益，使自己的利益受到了保护。由于次承租人代承租人向出租人给付了租金，出租人对承租人享有的给付租金的债权，就转移给了次承租人，次承租人有权向承租人主张这一请求权。如果承租人与次承租人之间另有约定，比方说次承租人对出租人给付的租金，抵扣次承租人对承租人转租的租金，当然就可以按照约定来处理。

转租的次承租人这样的典型事例，就能够把第三人代为履行债务及其后果的规则诠释得清清楚楚。

（九）中止履行后未恢复履行能力且未提供担保的视为根本违约

《民法典》第 528 条规定："当事人依据前条规定中止履行的，应当及时通知对方。对方提供适当担保的，应当恢复履行。中止履行后，对方在合理期限内未恢复履行能力且未提供适当担保的，视为以自己的行为表明不履行主要债务，中止履行的一方可以解除合同并可以请求对方承担违约责任。"

这个条文规定的是行使不安抗辩权后的效果，与原《合同法》第 69 条规定，增加了债务人未恢复履行能力且未提供担保的，视为根本违约，并应当承担违约责任的新规则。

条文中说的当事人依据前条规定中止履行，就是关于不安抗辩权的中止履行。正好接着前面的规定，接下来就说它的后果。《民法典》规定不安抗辩权的条文没有变化，所以没有专门来讲。不安抗辩权，是指在双务合同中有先履行义务的一方当事人，在有确切的证据证明对方当事人丧失或者可能丧失履行能力，因而不能履行合同义务的时候，享有的暂时中止履行的抗辩权。双务合同的一方当事人依约定应当先履行其债务的时候，就应当先履行债务，本来先履行义务的这一方当事人是不享有履行抗辩权的。但是，在合同成立以后，当其发现后履行一方当事人的财产状况明显减少，有可能危及先履行一方当事人的债权实现时，如果仍强迫先履行一方当事人先为给付，就可能出现先履行一方当事人履行了债务，其债权却无法实现的情形，这是有悖于公平原则的。法律为了贯彻公平原则，避免一方当事人蒙受损失，特设置不安抗辩权。所以，不安抗辩权的性质是一时性抗辩权，属于间接保障债权的手段。

双务合同的先履行一方本来就应该先履行，但是，对方的情况发生了变化，一旦履行了以后，很可能自己的履行就泡汤了，债权就没办法实现了，在这种情况下，法律给他一个不安抗辩权，虽然是应当先履行，但是在出现这些情况的时候，心里产生了"不安"，就可以根据这些情况，请求中止履行，用不履行债务来保护自己的利益。

法律为求双方合同当事人利益的平衡，规定主张不安抗辩权的当事人，对后履行一方当事人负有通知义务。通知义务是说，我现在要不履行了，我要告诉你，行使的是不安抗辩权。不安抗辩权的行使，取决于权利人一方的意思，无取得另一方同意的必要。

法律规定不安抗辩权的权利人负有及时通知的义务，是为了避免另一方当事人因此受到损害。本来就是应该你先履行，你现在不履行，必须告诉人家是什么原因。

通知的另一个目的，是便于使后履行一方当事人在得到这个通知以后，及时提供充分的履行债务担保，这样就能够消灭不安抗辩权。不安抗辩权消灭以后，先履行一方就应当恢复履行。这是配套的规则。

不安抗辩权行使后产生的法律效果是：

第一，在先履行一方已经发出行使不安抗辩权的通知后，在后履行一方当事人没有提供适当担保之前，先履行一方有权中止自己履行。

第二，后履行一方当事人接到通知后，向对方提供了适当担保，不安抗辩权即行消灭，合同应当恢复履行，主张不安抗辩权的当事人应当继续承担先履行的义务。

第三，先履行债务的当事人中止履行并通知对方当事人以后，对方当事人在合理的期限内没有恢复履行能力，也没有提供适当的担保，就可以视为他是根本违约。这是因为，先履行一方都提出不安抗辩了，后履行一方还不提供担保，也没有恢复履行能力，那就可以认为是根本违约，先履行一方不仅产生法定解除权，可以单方解除合同，而且可以主张追究后履行一方的违约责任。

这一条规定的新规则，就是刚才说的第三项，原《合同法》第 69 条规定先履行一方当事人中止履行后，对方在合理期限内未恢复履行能力并且未提供适当担保的，直接规定的后果就是解除合同。仅仅规定解除合同，还是不够的，所以，《民法典》第 528 条规定增加这个后果，将后履行一方的行为认定为根本违约，产生的后果不仅是先履行一方当事人产生法定解除权，同时还产生违约责任的请求权，在行使法定解除权解除合同的同时，可以主张后履行一方承担违约损害赔偿责任。

这个规定是非常好的。本来是先履行一方对后履行一方产生履行的“不安”，对其行使抗辩权后，如果对方既没有恢复履行能力，也没有提供担保，当然就可以解除合同，同时还可以请求损害赔偿。

（十）情势变更原则的构成要件及后果

现在要说一个最重要的规定，就是《民法典》第 533 条规定的情势变更原则。情势变更原则是我国立法和司法中的一个特别重要的问题，经历了风风雨雨，终于把它定下来了，真的是很好的事情。

最早的时候，在制定《合同法》之前的三部合同法，即《经济合同法》、《涉外经济合同法》和《技术合同法》时，都没有规定情势变更原则。在制定统一《合同法》的时候，最高人民法院和学者都主张规定情势变更原则，因为在 1980 年代后期经历过一次大规模的物价变动的情况，发生了普遍适用情势变更的情况。最高人民法院出台过一个司法解释，规定在这种情况下可以用情势变更原则。不过，接着出现了对情势变更原则滥用的情况。在制定《合同法》的时候，立法机关对要不要规定情势变更顾虑很多，很难作出决定。经过多次讨论，最后终于还是删掉了，《合同法》就没有情势变更原则了。后来，在实践中有一些确实需要适用情势变更原则的案件，最高人民法院在合同法的司法解释中又规定可以谨慎适用情势变更的原则。在修订合同法作为《民法典》合同编的时候，情势变更原则很轻易地就写进来了，没有太大的争执，因为这个规则真的有适用的现实需要。

《民法典》第533条对情势变更原则的规定是比较准确的："合同成立后，合同的基础条件发生了当事人在订立合同时无法预见的、不属于商业风险的重大变化，继续履行合同对当事人一方明显不公平的，受不利影响的当事人可以与对方重新协商；在合理期限内协商不成的，当事人可以请求人民法院或者仲裁机构变更或者解除合同。"

适用情势变更原则的要件是：第一，合同成立后的合同基础发生了变化；第二，合同基础的变化是当事人在订立合同的时候是无法预见的；第三，这种变化不属于商业风险；第四，继续履行合同对当事人明显不公平。具备了这四个要件，就符合情势变更原则的要求，就可以进行再协商，协商不成的，就可以请求变更或者解除合同。

前些时间，我们讨论了两个案例，都是构成情势变更原则适用的要件的案件，我说给大家听听。

在一个城市，某铁路企业占了很大的一块地，有的是属于铁路运营需要的，这一部分没有问题，应该是国有划拨的土地；还有一部分土地上是铁路企业相关的一些其他机构，比如科研所之类的单位，这些占地原来也是划拨的土地。市政府做了一个决定，铁路运营单位的土地还是照样划拨，对铁路非运营机构用地实行改革，由划拨改为出让，但是有优惠条件，比方一亩地卖给普通企业要300万元，铁路非运营机构只要30万元。铁路非运营机构觉得合算，就买了很多地。原告公司买了500亩，其他很多铁路非运营机构也采取这样的办法买了很多地。自己开发不完，就与其他非铁路的公司合作开发。政府了解到这种情况后，认为这是铁路非运营机构投机取巧，因而作出新规定：铁路非运营机构拿到优惠地后自己开发的，就是30万元一亩；但是，铁路非运营机构和地方企业合作开发的，按照土地交易的市场价格计算土地出让金。原告公司买了500亩地后，原本是与被告公司签了合作合同，共同开发这块地。原告公司原来买这块地花了1亿元，出资作价1亿元；被告公司出现金1亿元；双方对取得的利润五五分成。但是，政府的这个文件下达后，就改变了这种情况，原告公司支付土地出让金达到10亿元，而被告公司才出资1亿元，却要分得50%的利益，是不公平的。因此，原告公司找到被告公司协商，请对方增加出资或者减少获得的利润。被告公司不同意，声称必须信守合同。原告公司协商不成，向法院起诉，提出了适用情势变更原则的请求。

我们都觉得这个案件是一个典型的情势变更原则适用的案件，完全符合情势变更的构成要件：一是合同订立了，二是合同的基础发生了重大变化，三又不是商业风险，四是后果完全不公平。依照情势变更原则的规则，双方应当进行再协商，协商不成的，就可以请求法院或仲裁机构对合同进行变更或者解除合同。

前些日子我们又讨论了一个案件，也认为应该认定是情势变更。黑龙江的龙煤集团，到乌鲁木齐买了一个公司51%的股权，因为该公司有一个煤炭的探矿权，煤炭的储量价值2亿多元，买这51%的股权就支付了1.2亿多元。龙煤集团拿到股权后，政府发了一个文，因为探矿区位于南山风景区，凡是在这个区域里的所有探矿证一律不给延期了。这个公司没有了探矿权，就不可能再有采矿权，因而这个公司就等于什么都没有了，实际上就是龙煤集团买了一个空壳公司51%的股权，成为控股股东。股权出让双方就协商怎么分担损失，因为龙煤集团已经交了6 000多万股价款了，主张情势变更。对方说不行，还有6 000多万元股价款未付，龙煤集团构成违约，应当赔偿1亿多元。

我们讨论这个案件，也认为构成情势变更，合同成立后，合同的基础变了，购买股权的目的是买探矿权，探明白了就会有采矿权，就可以采煤，就可以卖煤。但由于政府的政策的改变，这个公司完全没有价值了，发生了情势变更，可以请求变更和解除。

适用情势变更原则有两个步骤：

第一个步骤是再协商。出现了情势变更的情形，符合法律规定的要件要求，双方当事人应该进行再协商，在一起商量怎么去解决这些问题，恢复合同利益的公平。

第二个步骤是请求法院或者仲裁机构变更或者解除合同。当事人再协商不成，主张权利的一方可以行使权利，请求对该合同变更或者解除，变更和解除的决定权不在当事人，而在法院和仲裁机构。人民法院和仲裁机构应该结合案件的实际情况，根据公平原则，变更或者解除合同。

五、对合同编合同的主体的变更以及权利义务终止新规则的解读

（一）第三人加入债务

还要讲一个第三人加入债务的规则。《民法典》第552条规定："第三人与债务人约定加入债务并通知债权人，或者第三人向债权人表示愿意加入债务，债权人未在合理期限内明确拒绝的，债权人可以请求第三人在其愿意承担的债务范围内和债务人承担连带债务。"

这是原《合同法》没有规定的规则，是《民法典》新增加的一个规则，填补了合同立法的一项规则空白。

第三人加入债务简称为债务加入，也称为并存的债务承担，是指债务人并没有脱离原债务关系，第三人又加入原存的债务关系当中，与债务人共同承担债务。等于是新增加进来了债务人。

构成债务加入的要件是：

第一，第三人与债务人约定第三人加入债务，与债务人共同承担债务。

第二，第三人或者债务人通知债权人，或者第三人向债权人表示自己愿意加入债务，与债务人共同承担债务。

第三，债权人同意，或者没有在合理的期限内明确拒绝。同意当然没有问题。没有在合理期限内明确拒绝，就视为同意。因为增加债务人对债权人只是有好处而没有坏处，所以债权人没有明确拒绝，那就视为同意，第三人也就加入债务了。

符合这三个要件的要求，就构成了债务加入。

债务加入的效果可以概括为以下四个方面：

第一，对债权人的效力。第三人加入债务，使债权人的债权进一步得到了保障，债权人可以向原债务人主张权利，也可以向第三人主张权利，主张第三人向他清偿债务。但是，债权人仍然只享有一个债权，而不是两个债权。第三人加入实际上是成了共同债务人。

第二，对原债务人的效力。第三人承诺履行，仅为第三人加入原债务，原债务人并没有脱离原债权债务关系，仍然是债务人，仍然对债权人负有履行合同的义务，依然享有对债权人的合理抗辩权。

第三，对第三人的效力。第三人愿意加入债务里来，这时候，他就成为共同债务人，与原债务人一起向债权人承担义务，可以行使原债务人对债权人的抗辩，及原债务人享有抗辩理由的，当然第三人也可以抗辩，不因为第三人加入债务以后就影响了原来的抗辩关系。

第四，对第三人与原债务人关系的影响。第三人与原债务人一起向债权人并列承担清偿责任，这种责任性质是连带责任，也就是第三人在其愿意承担的债务范围内，他和债务人承担连带责任，就是说，第三人加入债务时，可以对全部债务都表示愿意加入，也可以表示对部分债务加入，只对部分债务来负责，要根据他愿意承担的债务范围，和债务人承担连带债务。

这就是第三人加入债务的基本效力。

侵权责任并合与债法的债务加入有相似之处，都是在原有的债务人范围内，又增加新的债务人，与原来的债务人共同承担同一个债务。不过，债务加入是新债务人为原债务人承担债务，当新加入的债务人不能履行债务，或者履行债务不符合债的本质要求时，原债务人还应当承担债务履行责任。而侵权责任并合不是仅有新的侵权人加入侵权人中，作为侵权人来承担侵权责任，而是既有新的侵权人加入侵权人当中，又要与原债务人就是原侵权人共同承担侵权责任。同时，法律还规定，新加入的侵权人应当承担何种责任形态，而不是仅仅为原侵权人承担责任而已。所以，侵权责任并合与债务加入的区别其实还是很明显的。

要看到侵权责任并合讲的是侵权法的规则，债务加入是一个债法的规则，这个区别是一个根本性的区别。在具体细节上也有区别，这个一定要注意。

（二）合同解除是合同权利义务终止的特别事由

《民法典》第557条规定，有下列情形之一的，债权债务终止：一是债务已经履行；二是债务相互抵销；三是债务人依法将标的物提存；四是债权人免除债务；五是债权债务同归于一人；六是法律规定或者当事人约定终止的其他情形。对于合同解除，该条专门规定："合同解除的，该合同的权利义务关系终止。"

这个条文是对债的终止及其事由的规定，与原《合同法》第91条规定相比，是把合同解除从合同权利义务终止的法定事由当中予以移除，单独作为一种合同权利义务关系终止的规则。这样，内容还是基本上一致，但是在逻辑上更清晰了。

债的终止，也叫债权债务关系消灭或者债的消灭，在中国的法律中，好像不愿意用"消灭"这个概念，合同权利义务终止或者债的终止，其实就是合同消灭或者债的消灭。

债的终止，是指在当事人之间，债的关系在客观上已经不复存在，债权与债务归于消灭。这个条文规定的债的消灭原因有七种：一是债务已经按照约定履行，债务就清偿了，当然就消灭了；二是债务互相抵销，当然也消灭债务；三、四、五、六是提存、免除、混同、其他原因，这些都是债的消灭的原因。除了这些以外，第七个是解除。这些债的消灭原因综合起来，可分为三类：第一，是基于债的目的的达到而消灭，债权人的预期利益得到了满足。第二，基于当事人的意思而消灭，当事人的一致意思要消灭债的关系，当然可以消灭债的关系。第三，基于法律的直接规定而消灭，例如合同的法定解除，当事人死亡或者丧失行为能力，法人的终止等。

债的终止发生的效力是：

第一，债的当事人之间的债权债务关系消灭，债权人不再享有债权，债务人不再负担债务。

第二，债权的担保及其他从属的权利义务消灭。债的关系消灭之后，附随于债权的担保物权和保证债权等，一并消灭。

第三，负债字据的返还。比方说借款人出具的欠条，就是负债字据，债的关系消灭后，债务人可以请求债权人返还或者涂销负债字据；债的关系部分消灭的，或者负债字据上还有债权人其他权利的，债权人可以请求将债的消灭的事由记入负债字据，债权人主张不能返还或者不能记入的，债务人可以请求债权人出具债的消灭证书，就是得给债务人写个东西，表明这些债的关系已经消灭了，不然的话，负债字据在债权人的手里没有改变，好像债务人没有履行这些债，所以，要出具一个债的消灭证书，这是必要的。

第四，附随义务开始履行。例如买车的维修、保养的义务开始约束出卖人，要履行这些附随义务。

第五，不影响债的关系中结算和清理条款的效力。债权债务关系消灭以后，合同中还有关于结算和清理条款的，这些结算和清理条款的效力还继续存在，一旦出现争议，继续发生作用，按照这些约定解决结算和清理的问题。

这个条文增加的新规则，是合同解除使该合同权利义务关系终止，这是没有问题的。但是，这种终止与其他合同权利义务关系终止的性质是不同的。原《合同法》第 91 条规定，合同解除是合同权利义务消灭的事由之一，与其他的合同权利义务终止的事由是规定在一起的，就排下来了。但是，仔细地推敲，合同的解除与其他合同权利义务终止的事由是不同的，比方说清偿、抵销、提存、混同等，都是因为合同的权利实现，义务履行而消灭。但是，合同解除是合同的债权债务关系被解除，不是自己解除的，而是被解除，从根本上把合同的债权债务关系消灭掉，而不是权利实现和义务履行。《民法典》第 557 条把合同解除单独规定为一款，区别于清偿、抵销等合同债权债务关系终止事由的性质，划清界限。这样的规定，就使合同的权利义务终止事由的逻辑关系更加清晰，性质更加明确。所以，这个规定也是非常好的，非常正确。

（三）数个同种类债务及利息之债与费用之债的清偿抵充顺序

下面我来讲一下《民法典》第 560 条和第 561 条规定的清偿抵充和清偿顺序。原来在最高人民法院的司法解释中已经规定了这个规则，因为原《合同法》没有规定清偿抵充。《民法典》的这两个条文对此作了规定。

第 560 条规定："债务人对同一债权人负担的数项债务种类相同，债务人的给付不足以清偿全部债务的，除当事人另有约定外，由债务人在清偿时指定其履行的债务。"债务人对同一个债权人负有数个债务，这数个债务的种类相同，比方说都是金钱给付之债。这时，债务人先还了一部分钱，要说清楚先还的是哪一部分的债，说清楚就没有问题了。如果债务人先还了一笔钱，但还的是哪一笔没说明白，就按法律规定确定是先还的哪一部分，这就是清偿抵充的问题。

条文中说的"除当事人另有约定外"，就是说债务人在清偿的时候，已经指定其履行的债务的约定。债务人说履行的是哪个债，就是履行的哪个债。

对此，债务人没有指定的，清偿抵充的顺序是：首先，应当优先履行已经到期的债务；其次，数项债务都已经到期的，优先履行对债权人缺少担保的，或者担保最少的债务；再次，数项债务都没有担保或者担保相等的，优先履行债务人负担较重的债务；从次，债务人负担相同的，按照债务到期的先后顺序履行；最后，到期时间相同的，按照债务比例履行。把债务人没有说要还哪一笔的债务的清偿，按照这样的顺序来确定，这就叫清偿抵充。

《民法典》第 561 条是说利息之债和费用之债的清偿抵充顺序。债务人在履行主债务以外，还应当支付利息或者实现债权的有关费用，其给付不足以清偿全部债务的，除当事人另有约定以外，按照下列顺序：第一，是费用之债，第二，是利息之债，第三，是主债务，即本金之债。

为什么要这样排列抵充的顺序呢？

首先要把费用之债先清偿了，这是最先要清偿的。无论是清算还是这些涉及财产分配的场合，比方公司破产，破产管理人给做破产管理，不能白忙乎吧？所以，首先得把这个费用之债解决了。因为是给债务人干这个事情，费用要有保障，拿到费用了，才能去管下边的这些事情。所以，费用之债是第一项的优先权。

然后就是利息之债。为什么利息之债一定要在前呢？因为我国基本上实行的是单利，不计复利，利息是不生息的，因此，要先把利息给还了，然后才是本金之债。

费用之债、利息之债、本金之债这三个债务的抵充顺序，就是这样。第 560 条规定的是数项债务的抵充顺序，第 561 条规定的是费用、利息、本金之债的抵充顺序。

（四）行使解除权的方式及效果

《民法典》第 565 条分为两款，第 1 款规定："当事人一方依法主张解除合同的，应当通知对方。合同自通知到达对方时解除；通知载明债务人在一定期限内不履行债务则合同自动解除，债务人在该期限内未履行债务的，合同自通知载明的期限届满时解除。对方对解除合同有异议的，任何一方当事人均可以请求人民法院或者仲裁机构确认解除行为的效力。"第 2 款规定："当事人一方未通知对方，直接以提起诉讼或者申请仲裁的方式依法主张解除合同，人民法院或者仲裁机构确认该主张的，合同自起诉状副本或者仲裁申请书副本送达对方时解除。"

这是对解除权生效时间的规定，与原《合同法》第 96 条的规定相比，有了很大的变化，形成了一个新规则，概括起来，就是解除合同通知载明解除日期的，到期自动解除；诉讼、仲裁解除合同的自起诉状副本或仲裁申请书副本送达之日解除。增加的就是这两个新规则，其他的都是原来规定的规则。

解除权的性质是形成权，行使解除权的方式就是通知。行使解除权的通知到达对方当事人时，解除权就发生效力，合同就解除了。这就是，通知的行为，就是行使解除权的行为。

确定解除权生效时间的基本规则是：

第一，通知到达生效。当事人采取直接行使解除权的通知方式，通知到达的时间，就是解除权生效的时间。这里有两种情形：一是解除权人在行使解除权时，只要把解除合同的意思表示通知对方，就产生解除的效力，确定解除权生效的时间采到达主义，合同自通知到达对方时起就解除了。二是通知载明债务人在一定期限内不履行债务，则期限届满时合同自动解除。债务人在该期限内确实没履行债务的，合同就自通知载明的期限届满时解除了。对方如果对行使解除权解除合同有异议，任何一方当事人都可以向法院提起诉讼，或者向仲裁机构申请仲裁，请求确认解除合同的效力。人民法院或者仲裁机构确认请求权成立的，按照上述解除权生效时间的规定来裁判，那就是通知到达的标准和到期不履行的标准。

第二，诉讼、仲裁方式的解除权生效。当事人一方不采取通知的方式行使解除权，而是直接向法院或者仲裁机构起诉或者申请仲裁，以诉讼或者仲裁方式依法主张解除合同，人民法院或者仲裁机构支持该方当事人行使解除权主张的，解除权什么时候生效呢？合同解除的时间为该起诉状副本或者仲裁申请书副本送达对方的时间，而不是裁判、裁决生效的时间。

有人认为，解除权生效的时间应当是在判决书、调解书或者裁决书确定生效时。这是不对的，因为解除权是形成权，解除权人向法院起诉提出诉状，向仲裁机构申请仲裁提出仲裁申请书副本，在送达给对方当事人的时候，就已经行使了解除权，当然要把这个时间作为确定解除权行使的期间，发生合同解除的效力。裁判或者裁决确认这个解除权是有效的，当然就从这个时间开始确定解除合同的效力。

这个条文规定的新规则是：

第一点是增加规定，行使解除权的通知如果载明债务人在一定期限内不履行债务即合同自行解除，债务人在该期限内未履行债务的，合同自通知载明的期限届满时解除。权利人通知给债务人时间让其履行，在这个期限中债务人还不履行，当然合同到期就解除了。

第二点是增加规定，当事人一方没有通知对方，而直接向法院起诉或者向仲裁机构申请仲裁，人民法院或者仲裁机构确认主张的，自起诉状副本或者仲裁申请书的副本送达给对方时，合同解除。

《民法典》合同编增加了这两个规则，再加上原来规定的解除权通知到达对方当事人生效的规则，我国合同法的解除权生效规则就比较全面了，完全能够适应司法实践的需要，规范合同解除的民事法律活动，形成了一个比较完整的合同解除权行使生效时间的体系。

六、对合同编和人格权编违约责任新规则的解读

（一）金钱债务的违约人应当承担继续履行的责任

《民法典》第 579 条规定："当事人一方未支付价款、报酬、租金、利息，或者不履行其他金钱债务的，对方可以请求其支付。"这是对不履行金钱债务违约责任的规定，与原《合同法》第 109 条的规定相比，扩大了金钱债务应当承担继续履行责任的范围。

金钱债务，又称为金钱之债、货币之债，是指以给付一定数额的金钱为标的的

债务。非金钱债务，是指除了以给付金钱作为标的的债务之外的债务，其标的包括金钱以外的物、行为和智力成果等。

金钱债务与非金钱债务履行的违约责任承担方式是不同的。金钱债务违约责任的主要承担方式，是当事人一方未履行的，对方可以请求其承担继续履行即请求其支付的违约责任。而当事人一方不履行非金钱债务或者履行非金钱债务不符合约定的，对方可以要求其履行，但是有除外条款。

债务人未支付价款、报酬、租金、利息，以及不履行其他金钱债务的违约行为，都是金钱债务的违约行为。这些不履行金钱债务的行为，都构成违约责任，债权人可以向对方当事人请求继续支付。应当看到，债权人对金钱债务的债务人行使继续履行请求权的，并不是债权本身的请求权，而是债权保护请求权的二次请求权，因而在观念上，它与原来的履行是不同的。金钱债务的债务人违约，债权人请求其继续履行的，因为金钱债务不存在履行不能的问题，所以债务人应当继续履行。

继续履行是合同责任的主要方式，继续按照合同的约定进行履行，适用范围是一切生效的、合同没有实际履行或者没有完全履行的场合，并且该合同能够履行，合同也有继续履行的必要。对于金钱债务的债务人迟延履行的，除了继续履行之外，还可以请求债务人承担违约金、赔偿逾期利息等违约责任。

这一条规定的新规则，是扩大了金钱债务违约承担继续履行责任的范围。原《合同法》第 109 条只规定了支付价款或者报酬的金钱债务，没有规定其他金钱债务，导致金钱债务继续履行的范围比较窄，对其他金钱债务的债务人需承担继续履行责任的，只能类推适用。

《民法典》第 579 条不仅在支付价款、报酬的基础上增加了租金、利息的金钱债务，而且规定了弹性的范围，即其他金钱债务，因而这一规则就适用于全部的金钱债务，涵盖了全部的金钱债务违约承担继续履行责任的适用范围。

（二）非金钱债务不能继续履行陷入合同僵局的破解方法

《民法典》第 580 条规定的内容比较复杂，首先规定的是非金钱债务违约的继续履行，不能履行的除外条款，以及非金钱债务履行不能发生合同僵局的破解方法。

1. 非金钱债务的继续履行

第 580 条第 1 款首先讲的是前提，即债务人不履行非金钱债务，当事人一方不履行非金钱债务或者履行非金钱债务不符合约定的，对方当事人即守约方可以请求继续履行。这个当然没有问题。

2. 非金钱债务不能继续履行的除外条款

金钱债务是可以履行的，一方违约当然要继续履行。但是，下面这些情况就不能继续履行了：

第一，法律上不能或者事实上不能。非金钱债务的履行构成法律不能或者事实不能，当然不能履行。前者如法律规定禁止流通物的交付，后者如标的为特定物且已灭失。

第二，债务的标的不适于强制履行或者履行费用过高。不适宜强制履行，当然不能继续履行；履行费用过高，通常称为履行费用过巨，在经济上是不划算的，当然也不能继续履行。

第三，债权人在合理期限内没有请求履行。这个责任不在债务人，因此不能要求继续履行。

在这三种情况下，债权人不能对债务人请求继续履行，而应当请求债务人以其他方式承担违约责任。

3. 非金钱债务陷入合同僵局的破解方法

在前述三种不能继续履行非金钱债务的情况下，债权人就有一个解除权的问题了。既然债务人违约，又不能继续履行，就可以请求解除合同，解除权由守约方享有。

《民法典》第 580 条第 2 款解决的就是这个合同僵局的破解问题。上面规定的这三种情况出现了，这个合同就不能继续履行了，那么，对方即守约方就应该享有解除权。守约方行使解除权，就把这个合同消灭了，双方就都解脱了。

但是，有一种情况，守约的这一方当事人如果认为，对方违约，我享有解除权，但是我就是不解除，我就拖着你，在这个合同里不让你出去，就会形成合同僵局。

对这个合同僵局一定要有一个破解方法，就像公司僵局也得有个解决的办法一样，总得想出个办法来把这个僵局破解掉。

最早的想法是，合同僵局出现以后，由于守约方一方滥用权利，享有解除权却不行使，致使合同陷入僵局，就让违约方享有解除权，违约方行使解除权，就可以把合同解除掉，然后该承担什么样的违约责任就承担什么样的违约责任。

这个意见受到一些学者的强烈反对：违约方绝对不可以享有解除权，违约方是应受谴责的一方，怎么还能给他解除权呢?

基于反对意见的强烈，立法机关就把第 2 款给删掉了。

删掉第 2 款后，又有一些坚持这个破解合同僵局条文的专家不干了，主张根据我们中国的实际情况，提出这样一个解决合同僵局的方法，挺好的，为什么就要删除呢?

立法机关反复斟酌，寻求新的办法，最后终于规定了现在这个破解合同僵局的方法。这就是，有前款规定的除外情形之一，致使不能实现合同目的的，人民法院或者仲裁机构可以根据当事人的请求终止合同权利义务关系，但是不影响违约责任的承担。这样的规定，就把这个表述变得非常缓和了。

通俗地说，就是有第 1 款规定的三种情况之一的，本来应该是解除合同的，但是解除权人没有解除合同，使合同陷入僵局，致使不能实现合同目的，这时，不是说违约方有解除权，而是说人民法院或者仲裁机构可以根据当事人的请求终止合同权利义务关系，这个“当事人”，就包括违约方和守约方两方，他们都可以请求法院和仲裁机构予以解决。其实，这个方法有点虚假，因为守约方本来就有解除权，只有违约方没有解除权，但是，说双方都有请求的权利，就比较和缓，比较容易被接受。其实，守约方直接行使解除权就可以了，说双方当事人都有这个权利，就更客观一点了。

双方当事人享有的这个权利，不是解除权，解除权是形成权，它们的这个权利不是形成权，而是可以向法院或者仲裁机构提出请求的权利，因而是请求权，即终止合同的权利义务关系的请求权。

这样，就把解除权这个形成权变成了一个请求权，最终的决定权在法院和仲裁机构手里。其实，说来说去，这一款还是写的违约方遭遇合同僵局时的权利，但是，文字上确实没这么说，而是说两方都有。

当然，主张删除第 2 款的那些学者一眼就识破了这个“计谋”，还是坚持主张删除这一款。最后《民法典》通过时保留了这一款，也就不能删除了。这也是《民法典》具有中国特色的一个规则。

（三）人格权编规定的违约责任的精神损害赔偿责任

有关合同的违约责任问题，再介绍一下不是合同编规定的规则，而是人格权编规定的第 996 条，即违约责任的精神损害赔偿责任的问题。

在我国原来的民法中，在违约责任中不可以请求精神损害赔偿。这次《民法典》第 996 条规定，当一个违约行为损害另外一方的人格权并造成严重精神损害的，受害人选择请求其承担违约责任的，不影响受损害方请求精神损害赔偿。因此，在合同领域中，本身就可以在请求违约责任的同时请求精神损害赔偿，这意味着，当一个违约行为损害对方人格权造成严重精神损害时，守约方在起诉违约赔偿的同时，就可以直接请求精神损害赔偿了。这个规定改变了以往违约责任不可以请求精神损害赔偿的做法，是我国合同法上的一个很大变化。这个规定，没有写到合同编里，而是写在了人格权编，在适用的时候应当注意。

当然，说到违约责任的精神损害赔偿，受到损害的一方当事人应当主要是自然人，自然人作为合同一方当事人，违法行为损害其人格权造成严重精神损害的，可以同时请求精神损害赔偿。在企业和企业之间，不存在违约行为侵害对方当事人的人格权造成严重精神损害的情形。同时，对于精神损害赔偿的适用，是救济自然人人格权益损害的方法，法人、非法人组织不存在精神损害赔偿救济的问题，因此很难适用这一条文的规定。只有在自然人是合同当事人，对方实施违约行为，且造成这样的损害时，才可以适用《民法典》第 996 条进行救济。

第四讲
民法典对人格权的保护

《民法典》对人格权的保护，是通过人格权编的 51 个条文实现的。人格权编实际上是一部新法，条文完全都是新的。在起草的过程中经历了风风雨雨，终于成为《民法典》的组成部分，成为保护人民人格权的法律武器。在这一讲里，我着重介绍其中一些最重要的保护人民人格权的条文。

一、关于人格权编一般规定的解读

《民法典》人格权编“一般规定”一章规定的是人格权编的一般性规则，内容比较多，特别丰富。第 989 条不展开讲了，它规定的是人格权编的调整范围：“本编调整因人格权的享有和保护产生的民事关系。”

（一）具体人格权的范围和一般人格权

《民法典》人格权编的第一个实质性条文是第 990 条：“人格权是民事主体享有的生命权、身体权、健康权、姓名权、名称权、肖像权、名誉权、荣誉权、隐私权等权利。”“除前款规定的人格权外，自然人享有基于人身自由、人格尊严产生的其他人格权益。”第 1 款讲的是具体人格权，是一个列举性的规定，列举了具体人格权的类型，不必多讲。

这个条文的第 2 款特别重要，规定的是一般人格权。

这个条文规定一般人格权，一般人格权的核心内容是人格尊严，不包括人身自由。人身自由是具体人格权，不是一般人格权。对此，应当正确理解这个条文，只有人格尊严才是一般人格权的核心内容。人身自由和人格尊严的保护方法完全不同。如果说，在一般人格权中要有一个自由的话，则应该是人格自由，人格自由才是一般人格权的内容。

一般人格权更重要的问题，不是说它本身包含什么，而是说它的补充功能。这刚好要和第 1 款的规定结合起来。第 1 款规定了这么多具体人格权，对这些侵害具体人格权的行为，当然就要用这些具体人格权的规则来保护，比方说，杀人是侵害生命权，还有侵害身体权、侵害名誉权，这些都用具体人格权来保护。一般人格权要保护的，不是这些具体人格权保护的那些人格利益，而这些具体人格权不能保护的人格利益又涉及人格尊严，影响人格尊严。这个时候，这些具体人格权不能保护、又涉及人格尊严的人格利益就要用一般人格权来保护。这就是一般人格权的补充功能。

一般人格权的功能，就是去补充具体人格权所保护的人格利益的不足部分，这一部分由一般人格权来保护。这一点非常重要。

之前有个法院请了一位著名的民法教授，向他请教一个案件怎样适用法律。这个案件涉及个人信息的侵害，又涉及隐私利益的侵害，还涉及肖像权的保护，这样的案件应该怎么去界定它的性质呢？这位教授就说，这就是一般人格权的问题，要用一般人格权保护，因为涉及的人格权太多了。

我觉得这个意见是不对的。一般人格权是对具体人格权不能保护的那些部分人格利益提供保护，侵权行为侵害了多少个具体人格权，都是具体人格权保护的问题，而不能侵害的具体人格权一多，就用一般人格权来保护。大家一定要记住，一般人格权是对具体人格权不能保护的那些人格利益受到损害，造成人格尊严损害的，提供法律保护。

向法院请求保护要用《民法典》第 990 条第 2 款规定的一般人格权，必须是“前款规定的人格权外”的人格利益受到损害。德国司法用一般人格权保护的，就是这样的方法。我们的一般人格权是从德国借鉴过来的。大家看到，《德国民法典》的人格权规定得确实很少，只规定了姓名权、生命权、身体权、健康权、自由权，还有一个贞操权，主要规定了这些具体人格权，其他的隐私权、名誉权等都没有规定。后来，在涉及这些规定的具体人格权之外的人格利益的损害案件时应当怎么办，法律就没有明文规定了。德国法院开始引用《德国基本法》第 1 条规定的人格尊严，作为一般人格权的法源，保护这样的人格利益。所以，我们这里讲的一般人格权，最主要的功能就是补充具体人格权立法的不足。

德国采用一般人格权保护具体人格权保护不足的那些人格利益，其实是对立法不足采取的一个变通方法。我们现在编纂《民法典》，就有了这个机会，把一般人格权直接写进了法典中。凡是这些具体人格权不能保护的那些人格利益受到损害，又涉及人格尊严的问题的，就用一般人格权来保护。律师在代理的时候，假如一个当事人向你提出来，说他的人格利益受到损害了，又找不到具体人格权作为保护的依据，这时候就要考虑它是不是一般人格权的问题，是否要适用一般人格权的规定进行保护。

关于保护一般人格权的问题，最早的典型案例是陕西宝鸡的一个案件。王先生领着夫人和孩子到一个餐厅吃饭，在吃饭过程中，来了一位女士，领进来一只大狗，就在他对面坐着，然后点了两个菜，开始还以为是女士自己要吃，结果两个菜上来后，那只大狗就趴到桌子上开始吃，吃完了，领着狗一算账，人起来就走了。王先生说，我怎么混到跟狗在一起吃饭的地步了呢？就向法院起诉，说是餐厅侵害了他的人格尊严。这就是“人狗同餐”的案例。

跟狗在一起吃饭，是不是就侵害了人格尊严呢？有人会说，我们家狗就是我家的孙子，是我家的儿子，你跟我家狗一起吃饭还是抬举你了呢！但是，这是个别人的观念，就整个人类的伦理来讲，人和狗毕竟还是两种，人格和狗格还是有区别的，是吧？

还有一个是“人狗同浴”的案件。有一个案件，说的是在上海的一个浴池，就是过去那种大澡堂，里边有那种一个屋两个浴盆的隔间，一位女士正在浴盆里泡着洗澡，又来一位女士领着一只大狗，后来这位女士进来以后，把浴盆的水放满了就把狗塞进去洗开了。原来的这位女士气炸了，我怎么混到跟狗在一起洗澡呢？这不是涉及人格尊严的问题吗？她向法院起诉，法院认为这个浴池侵害人格尊严，就用了一般人格权进行保护，判决支持了原告的诉讼请求。

案件相似，结果却不同：宝鸡的法院判决驳回了王先生的诉讼请求，认为“人狗同餐”不构成侵权；上海的法院判决“人狗同浴”构成侵权，要承担赔偿责任。一个“人狗同餐”，一个“人狗同浴”，为什么一个就判侵权，另一个就判不侵权呢？其实，这就是对一般人格权的理解问题，理解不一样，判决结果就不一样。

不过，第 990 条第 2 款有一个字还是有些问题的，就是“其他人格权益”里的“权”。这里用“权”还是有点牵强，因为只要是人格权，就应该用具体人格权来保护，只有不能用具体人格权保护的人格利益受到侵害，才用一般人格权予以保护。最高人民法院 2001 年《关于确定民事侵权精神损害赔偿责任若干问题的解释》（已修改）在讲一般人格权益的时候，规定的就是“其他人格利益”。如果涉及“权”的侵害和保护，就不必用一般人格权来保护了，没有具体权利保护的人格利益，才要用一般人格权来保护。

不过，这个条款中写“其他人格权益”也有它的道理，那就是一般人格权还可以创造新的具体人格权。当一个人格利益成熟起来，能够成为一个具体人格权的时候，就可以独立出去创建一个新的人格权。所以，从这个角度上看，规定“其他人格权益”的“权”，还是有意义的。但是，在司法实务中用一般人格权保护的是其他人格利益，而不是权利。

这一点，律师在代理的时候，如果当事人提出来说这种人格利益受到损害了，要求请求赔偿，如果找不着具体人格权的规范基础作为依据，就要好好想想是不是符合《民法典》第 990 条第 2 款的规定，符合要求的，就可以适用第 990 条第 2 款向法院起诉。这是讲的第一个条文。

（二）人格权的绝对权属性和义务人的不可侵义务

《民法典》第 991 条规定的是人格权的绝对权属性，即："人格权受法律保护，任何组织或者个人不得侵害。"这是对人格权的保护原则，没有太多的实务操作上的意义。

要掌握的是，人格权是绝对权，权利主体之外的任何其他民事主体都是义务主体，都负有不可侵义务。违反不可侵义务，就构成侵害人格权。

（三）人格权的固有权属性

《民法典》第 992 条规定的是人格权不得放弃、转让或者继承。这就是人格权的固有性，权利人对自己的人格权原则上是不可以放弃、转让和继承的。这是个理论上的问题，在实务操作中，例外的是名称权，可以放弃、转让，甚至可以"继承"，比如个体工商户的名称，如果是个体工商户的名称权人死亡，其继承人继承其营业，同时继承其名称权，也是可以的。

（四）人格权的公开权

《民法典》第 993 条规定："民事主体可以将自己的姓名、名称、肖像等许可他人使用，但是依照法律规定或者根据其性质不得许可的除外。"这里讲的是人格权的公开权，也有人把它叫作人格商品化权或者商事人格权。

公开权说的是有一些人格权，其客体的人格利益有商业价值。当这种人格利益应用到商品经济中的时候，会变成财产利益。这时候，公开的这种权利，就是属于权利人自己的权利，其他任何人如果没有经过权利人的同意，把权利人的人格利益应用到市场中，就构成侵权责任。

原来在《民法通则》的观念下，这种行为也是侵权行为，同样要承担责任。那么是不是就没有公开权的规定也可以呢？问题是：为什么侵害那样的一些人格权就要承担责任？要有一个根源，这个根源就是公开权。公开权是权利人的权利，是不是要公开，要由权利人说了算。同时，侵害具体人格权造成的损害，通常是精神利益的损害，适用《民法典》第 1183 条规定确定损害赔偿责任。侵害公开权造成的损害，是人格权中包含的财产利益的损害，适用《民法典》第 1182 条规定，赔偿的是侵害人身权益造成权利人的财产损失。这样分析，就能够看出《民法典》规定公开权的必要性。

这一条文的主要问题，是这里的"等"如何理解。

在这里，首先规定的是什么样的人格权中的人格利益可以公开，可以通过行使公开权而获取财产利益。这里提到的是姓名、名称和肖像等，这里的"等"所包含的人格利益，是指那些放到市场中会产生经济利益的人格利益。名称当然没有问题，用一个好的企业的名称，会带来很大的经济利益，这也是公开权的问题。姓名也可以公开，在21世纪之初，有人把鲁迅这个名字用于“鲁迅酒”的商标，这就是侵害了公开权。对个人来说，最重要的是肖像，用一个人的肖像做广告，可能会获得很大的经济收益，所以，肖像是特别需要保护的公开权的内容。

在这一条文的“等”里面还包含什么呢？第一个就是隐私。隐私是有价值的，隐私存在价值的关键，得看这个人的名气大到什么程度，地位达到什么程度，公众的关注度到了什么程度。如果是一个普通老百姓，天天上班、下班，把他的隐私说给大家听，就没有什么太大的价值。但是，假如说一个人的经历特别复杂，地位又高，他的每一件事情大家都关心，这样的隐私就有价值了。比方说，某个影视明星要把他的隐私讲给大家听，肯定很多人会有兴趣，写成小说，肯定卖得好。这就产生了经济利益。

第二个就是个人信息。个人信息也有经济价值，对个人信息进行加工，放到市场里，会发生性质的变化，就变成了财产利益。

第三个就是声音权。声音也是有价值的，演唱、演说、朗诵等等，都有市场价值，对其公开权也要进行保护。

实现权利人自己人格利益中包含的财产利益的这个权利，是我们每一个人享有的公开权。有了公开权，在侵权行为人没有经过权利人的同意，就把权利人的肖像拿出去做广告时，行为人就是侵害了权利人的公开权，权利人就可以向侵权人要求承担损害赔偿责任。

实务工作者在处理这一类案件的时候，第一，要看这种人格利益是不是属于公开权保护的范围；第二，要看行为人的行为侵害的是不是人格利益中的财产利益；第三，要注意这种损害赔偿和其他损害赔偿不一样，一定要用《民法典》第1182条来确定。

我曾经写过一篇文章，讨论一个人的人格利益本来是精神利益，为什么这种精神利益就会变成财产利益呢。我的结论是，每一个人的肖像中包含的是美学价值，这人长得特别漂亮，大家都愿意关注他；反过来，一个人特别丑，也有很高的关注度。肖像的美学价值应用到市场领域的时候，就会吸引消费者的眼球。市场经济就是“眼球”经济，用具有很高美学价值的肖像做广告，就会让更多的消费者去关注这个产品，也就可能引起消费者购买商品的冲动，消费者一购买，商家就赚钱了。所以，肖像就是通过市场这样一个中介，把其中包含的美学价值转换成了财产价值，发生了经济上的利益。它的产生机制就是这样的。

实务工作者在处理这种案件的时候，我刚才说那三点，要看是不是符合这样的要求，符合这样的要求的，就可以去提出主张，为受害人讨回公道。

（五）对死者人格利益的保护

《民法典》第994条是讲对死者人格利益保护的规则：“死者的姓名、肖像、名誉、荣誉、隐私、遗体等受到侵害的，其配偶、子女、父母有权依法请求行为人承担民事责任；死者没有配偶、子女且父母已经死亡的，其他近亲属有权依法请求行为人承担民事责任。”这一部分的规则，从《民法通则》以后大家就已经很熟了，不用太多去说。

中国最早的保护死者人格权益的案件是1988年的天津《今晚报》社案件：吉文贞，艺名叫荷花女，是20世纪40年代天津文艺界一个明星，后来到19岁的时候就死了。有一个作家写了一部长篇小说《荷花女》，在《今晚报》上连载，写到最后的时候，作者推测荷花女19岁就死了，是因为性关系混乱患性病而死。荷花女的母亲、哥哥看到这里，就火了，向法院起诉，主张《今晚报》社和作者侵害死者的名誉权。《民法通则》没有规定死者的人格权保护的问题，审理法院向最高人民法院请示，最高人民法院做的批复就把死者人格利益的保护确定了下来。这就是讲死者人格利益保护的第一个案件。2001年最高人民法院关于精神损害赔偿的司法解释中，规定了对死者人格利益的保护，确定对死者的姓名、肖像、名誉、荣誉、隐私以及遗体、遗骨这六种人格利益依法予以保护。

第994条就是从这一条司法解释来的，规定死者人格利益的保护仍然是六种：死者的姓名、肖像、名誉、荣誉、隐私、遗体等受到侵害的，他的配偶、子女、父母等有权来保护。

这样的规定，在司法实务操作中要注意这么几点：

第一，自然人死亡以后，对他的人格利益还要进行必要的保护，这是确定的。保护的范围，就是六个方面：姓名、肖像、名誉、荣誉、隐私以及遗体等，这里的“等”，最起码包括声音和个人信息。当一个人死后，侵害死者的这些人格利益，会造成损害，必须予以精神损害赔偿。实际上，19世纪的很多哲学家就论证过，死者的名誉是要受到保护的，死者的一些人格利益是要受到保护的。对死者的保护，从更通俗的角度上说，是指一个人活着的时候，其人格尊严要保护，如果人死了以后受到诽谤、诋毁，其实损害的是活着的人的感情。一个人活着的时候有法律保护，死了以后如果别人怎么骂他法律都不管，就会伤害更多的活着的人的感情。所以，孟德斯鸠说过，对一个人好的名声的保护，在他死亡以后。

第二，自然人死亡以后，谁来保护他的人格利益。从1988年的批复开始，最高人民法院就规定，保护死者人格利益的主体是他的近亲属。当时有一个考虑是对死者的人格利益保护，要有一个确定的保护年限，就像《著作权法》规定的保护50年。最高人民法院采用的办法是：死者有近亲属的时候，就由他的近亲属来保护，若是没有近亲属了，说明保护没有太大价值，就不保护了。这样，大体上概算一下，到一个死者的配偶、子女、父母、兄弟姐妹、祖父母、外祖父母、孙子女、外孙子女全部去世，也就是死者去世以后50年左右，所以，也和保护50年差不多。《民法典》第994条明确的是，在近亲属对死者人格利益进行保护时，也像继承顺序那样，分成两个顺序，配偶、父母、子女是第一顺序的保护人，有他们在的时候，死者的其他近亲属没有起诉的资格；如果第一顺序的配偶、父母、子女不在了，就由死者的兄弟姐妹、祖父母、外祖父母、孙子女、外孙子女来保护。

第三，这个条文还包括另一层含义，即当一个死者名誉等受到损害，要求赔偿所得的赔偿金，在什么范围里去分配，其实也是这两个顺序。比方说，父母、子女、配偶可以起诉的时候，获得的赔偿金是由他们来分配的；等他们都不在的时候，由兄弟姐妹、祖父母、外祖父母、孙子女、外孙子女起诉的时候，这个损害赔偿金就由他们来分配。从字面上看，这个条文好像没有这样的含义，但其实这是文中应有之义。这就是死者人格利益保护的赔偿金归谁所有的问题。这一部分也很重要。

我再说两个案件给大家参考。

第一个案例，也是比较早的案件，发生在哈尔滨。有两个老太太住在原来的老的社区中，后来，一个老太太搬出来住，到新的小区居住。有一天，两个老太太在街上见面了，一个老太太就问另一个老太太：你家搬哪去了？这个老太太回手一指说，我家就住那栋楼。当时刚好有一个摄影家在这里采风，就用照相机把这个画面给拍下来了。画面上正是这两个老太太，一个老太太指着那个漂亮的新楼，另一个老太太用手搭在额头向那个新楼看。摄影家给这个作品起的标题是“我家就住那栋楼”，这就成了一幅很好的摄影作品，参加摄影比赛也获了奖。这事开始别人都不知道，只是小范围内的事情。有一天，有一个工厂要做广告，产品是司机防晕眩眼镜。厂商找了广告商，广告商就开始设计，想有一个形象的广告会效果更好，就跟摄影家们征集照片。刚才说的这个摄影家就把他拍的这张老太太的照片提供给广告商，广告设计者一看非常好，那个手搭在额头的老太太特别慈祥，感情也很饱满，就把她用来作为广告的形象。广告商就在《哈尔滨日报》上用半版的篇幅刊登了这个广告，一半是介绍产品，另一半就是老太太的照片，照片上的广告词是：“司机朋友：慈母盼你平安归”。本来老太太是看看大楼，结果变成盼望儿子安全归了。这当然是一个挺贴切的广告。这个广告见报后，老太太的一些邻居说，这个老太太已经都死一年了，还做广告，这得赚多少钱！有人告诉老太太的亲人，问你们赚了多少钱。老太太的亲人说他们没做广告，说老太太死了一年了，怎么能跑报纸上去做广告。他们看到《哈尔滨日报》后，就开始追查。报社说他们没有侵权，广告设计者说也没有侵权，是照片提供者的责任。最后把这个事情弄清楚了，老太太的亲属向法院起诉主张构成侵权。这个案件肯定构成侵权，作者不仅没有经过权利人同意就摄制照片，还给他人进行商业利用了。当然，广告设计者也构成侵权，应当承担过失责任。

第二个案例是侵害死者的遗体利益的，也是一个典型案例。北京有一个医院，一个眼科医生是很牛的眼科权威，他有两个患者急等着角膜供体进行角膜移植，但角膜库里就没有，医生急得不行。这一天，医生听说有一个其他患者死了，刚刚送到太平间里。这个医生等不及了，偷偷进到太平间里，把死者的两个角膜都取出来了，回头就开始手术，给这两个患者移植上了，两个人就能看到东西了。等到第二天早晨，死者家属来太平间接尸体，就看好像哪个地方有点不对劲，结果把盖着的单子一打开，发现两个眼睛都没了，就向公安局报案。公安机关开始查，发现有两个患者突然眼睛治好了。侦查人员一问医生，医生就承认是昨天晚上从太平间偷来的。公安机关就把他给抓起来，涉嫌的罪名是毁坏尸体罪，要求检察机关批捕。北京市人民检察院认为这个案件比较特殊，请示最高人民检察院，最高人民检察院提交检察委员会讨论。我们在讨论的时候说，这个案件在刑事上不应当构成犯罪，偷了一个死者的角膜，使两个患者重见光明，没有犯罪的故意，不应当定为刑事犯罪。至于侵权问题，在民事上该怎么赔偿就怎么赔偿，应该让当事人自己去索赔。让医生赔多少，那两个接受角膜移植的人肯定都会拿钱，对不对？这个案件也是特别典型的案件，是关于侵害死者尸体、保护死者遗体的问题。

讲到这个问题的时候，我想再往前延伸一下，要讲到《民法典》第 16 条关于胎儿的人格利益保护问题。胎儿的人格利益保护条文，涉及遗产继承、接受赠与等胎儿利益保护，将胎儿视为具有民事权利能力。涉及遗产继承问题，继承编有规定，第 16 条其实写不写都不要紧；接受赠与这个可以写，但并不是特别的重要。这里面最重要的其实是对胎儿人格利益的保护。胎儿在母亲肚子里的时候，如果受到侵权行为的侵害，造成身体、健康的损害，需要损害赔偿请求权的保护，这个才是特别重要的。但是，第 16 条刚好相反，把特别重要的这部分保护问题放到"等"里去了。实践中遇到的难题是，按照前面的解释，胎儿的人格利益受到损害，其出生后向法院起诉请求保护，是没有问题的，但是，由于胎儿的人格利益保护法律上没有明确规定，而是放在"等"里面，如果向法院去起诉这样的诉讼请求，你说这一条中的"等"字就包括胎儿的人格利益保护，可以主张人身损害赔偿请求权、抚养损害赔偿请求权等，法官就是不采信、驳回这个诉讼请求，有什么道理可说呢？现在有一个规定很好，就是法官判案要进行类案检索，但是，如果法官就不检索，或者检索了不按照类案去判，当事人也没有办法。

在讲对死者人格利益的保护的时候，同时要看到胎儿的人格利益保护也很重要。对胎儿人身损害赔偿请求权的保护，典型的案件是美国 1980 年代加利福尼亚州最高法院判的辛德尔案件。辛德尔在 1980 年代初得了乳腺癌。患病的原因，是她的母亲在怀她的时候吃了一种保胎药，叫乙烯雌酚，这种药的成分残留在胎儿的身体里，女性就可能患乳腺癌，后来这种药就被政府给禁了。医院确定是其母亲吃这种药，给辛德尔造成了损害后果。后来，辛德尔向加利福尼亚州初等法院起诉生产这种药的阿伯特化工厂，一审法院驳回了原告的起诉，理由是原告没有证明她的母亲吃的药是阿伯特化工厂生产的。辛德尔上诉到上诉法院，法院把当时生产这种药的工厂全都追加成被告，判决他们按照生产这种药当年的市场份额承担连带责任。这些被告上诉到加利福尼亚州最高法院，法院认为按照市场份额规则确定责任份额是对的，但是判决承担连带责任不合适，应该是按份责任，这些工厂按照在这一年生产的药在整个市场中所占的百分比，也就是市场份额来承担按份责任。侵权法上的市场份额规则，就是从这个案件中来的。这个案件是典型的保护胎儿人格利益的案例。

我们国内到目前为止，还没有听到胎儿人身损害赔偿的典型案件，唯一一个案件，法院没判决赔偿，但是体现了保护胎儿人格利益精神。这是成都法院判的一个案件。一个孕妇坐车，发生了交通事故，把她撞伤了。她在医院住了一段时间，出院后不久生下了儿子。她向法院起诉，一个主张是她自己的人身损害赔偿，另一个主张是代理她的儿子起诉人身损害赔偿。关于儿子的人身损害赔偿她主张说，她在医院里治疗伤害，正是其怀孕期间，吃了那么多药，一定会对孩子有身体有损害。法院很认真地对待第二个诉讼请求，组织医疗专家对这个孩子做了两次身体检查，都不能确定现在已经造成了人身损害，孩子很健康，不能确定可以损害赔偿。法院判决没有支持这个诉讼主张，但是在判决理由中说：如果以后发现对这个孩子确有损害，能够证明与这次交通肇事有因果关系，可以另行起诉。这就给他保留了诉权。这个案件判得是很好的。在实务中如果碰到这样的案件，可以适用第 16 条的“等”字，争取得到法院的支持，这个条文里的“等”确实是包含人身损害赔偿请求权的。

（六）人格权请求权

《民法典》第 995 条规定的是人格权请求权。这是以前的法律从来没有规定过的一个条文。不过，这一部分我想先留着不说，到讲《民法典》侵权责任编规定的侵权请求权时，再结合在一起做说明。

（七）违约行为可以请求精神损害赔偿

《民法典》第 996 条是关于违约行为造成精神损害赔偿的规则，因当事人一方的违约行为损害对方人格权利，造成严重精神损害，受损害方选择请求其承担违约责任的，不影响受损害方请求精神损害赔偿。

对于这个条文，大家在实践中都能掌握，在原来的司法实践中，违约是不可以请求精神损害赔偿的。这个规则是最高院 2001 年关于精神损害赔偿的司法解释确定的。但是，这个司法解释里没有一个条文说违约不能请求精神损害赔偿，确定这个规则，是从这个司法解释的标题上得出来的。

这个司法解释的标题是《最高人民法院关于确定民事侵权精神损害赔偿责任若干问题的解释》，标题就把精神损害赔偿适用范围给限制死了，所有的关于精神损害赔偿的规则，都是侵权损害赔偿的规则，不包含违约的问题，所以，违约不可以请求精神损害赔偿。如果在实际生活中，一个违约行为确确实实造成了精神损害，怎么办呢？那就要用原《合同法》第 122 条规定的责任竞合的方法，去另行提起侵权诉讼，才能够主张精神损害赔偿，才能够得到法院的支持，在违约诉讼中起诉就是不行的。

其实，这种解释，就是拘泥于理论的限制，严格区分合同之诉和侵权之诉的界限，一定要折腾当事人再来一次诉讼不可。

这个问题，很多国家都已经解决了：在违约损害赔偿中，当事人起诉违约损害赔偿责任时，因为违约行为侵害了对方的人格权益，被侵权人就可以同时请求精神损害赔偿。我们以往拘泥于这样的规则没有改变，《民法典》第996条算是把它改变过来了。当一个违约行为同时侵害了对方的人格权并造成严重精神损害的时候，被侵权人就可以请求精神损害赔偿了。

这个条文没有具体说起诉违约责任时，是否可以同时请求精神损害赔偿，只是说“不影响受损害方请求精神损害赔偿”。从现在的行文中，可以作出这样的理解——两个损害赔偿可以一起起诉。这样，律师在代理违约责任案件的时候，如果当事人主张也受到了人格权益的损害，要求精神损害赔偿的，就可以直接引用第996条规定，在违约损害赔偿的请求中，一并提出精神损害赔偿的请求。当然，这还是两个主张，即违约和侵权，也是两种责任，一种是违约责任，另一种是侵权责任，可以把它们合并到一起来进行，就在一个诉中就提出来。

这个条文的规定，有点像产品责任中的产品自损的赔偿问题。产品责任中，对产品自损是否可以同时请求损害赔偿的问题，同样是一个违约损害赔偿和一个侵权损害赔偿能不能放在一起诉讼的问题。原《侵权责任法》第41条规定中已经解决了这个问题。

实践中处理违约责任案件，如果其中也涉及对方人格权的损害，当事人主张精神损害赔偿的，在同一个诉讼中起诉应该能够得到法院的支持。如果是分成两个诉讼来起诉，由两个不同的法院受理，比如先提起一个违约之诉，由有管辖权的法院审理；再提起一个精神损害赔偿的侵权之诉，可能就是另一个法院管辖，还可能出现两个法院判决结果不一样的后果。所以，一起起诉，就把这个问题给避免了。对这一部分，律师在操作的时候，一定要把握好。

（八）人格权侵权行为禁令

《民法典》第997条规定：“民事主体有证据证明行为人正在实施或者即将实施侵害其人格权的违法行为，不及时制止将使其合法权益受到难以弥补的损害的，有权依法向人民法院申请采取责令行为人停止有关行为的措施。”这是我国民法第一次规定侵害人格权的禁令。

我们以前的民事立法从来没有过禁令，都把停止侵害当成禁令。这一次直接就写了禁令，是一个很大的进步。原来规定的那个停止侵害，还是停止侵害，属于责任方式，是人格权请求权的问题。单独、明确地提出禁令，具有重要价值。比方说，如果当事人找到律师，说要向法院请求一个侵权行为的禁令，能够证明行为人正在实施侵权行为，或者即将对权利人实施侵权行为，要求法院禁止其侵权行为，律师就可以代理当事人向法院起诉，申请禁令。

举例来说，有记者或者是通讯员写了一篇文章，涉及当事人的名誉权损害问题，明天文章就要见报了，当事人今天向法院申请禁令，禁止这篇文章发表。还例如，一部小说书稿里有诽谤权利人的内容，当权利人知道这部小说正在印刷，就向法院请求禁令，裁定立刻禁止实施这种侵权行为，印刷厂必须停止印刷，然后再确定侵权的问题。

这个条文有一个问题没有写进来，就是当事人在向法院申请人格权的侵权禁令的时候，可能是正确的，禁止的就是侵权行为，这没有问题；但是也可能权利人判断错了，申请禁令把人家正在印刷的小说给停止了，但是最后确认不构成侵权责任，这时候，禁令申请人就要承担责任。所以，在申请禁令的时候，是应该提供担保的，一旦行使禁令请求权错误，就可以拿担保的财产去承担责任，要不然的话，用禁令把对方折腾一阵，最后不构成侵权，禁令申请人却跑了，这不太公平。这样，就能弥补漏洞。

我经常说，法官在接受禁令请求的时候，一定要当事人提供担保，如果当事人不提供担保，就不给发布禁令。这样，就能把这个问题解决了，填补上条文中的漏洞。

（九）“生命权、身体权和健康权之外的人格权”是什么意思？

《民法典》第 998 条规定的是精神损害赔偿的基本方法：“认定行为人承担侵害除生命权、身体权和健康权外的人格权的民事责任，应当考虑行为人和受害人的职业、影响范围、过错程度，以及行为的目的、方式、后果等因素。”不过，这个条文没有明确说精神性人格权，而是说“除生命权、身体权和健康权以外的人格权”，这是什么意思呢？

这三个人格权以外的人格权，就是通常说的精神性人格权。为什么条文不说精神性人格权，是因为精神性人格权、物质性人格权这种说法，是学理上的说法，在法律中不好用这样的概念，所以就说是“除生命权、身体权和健康权以外的人格权”。这三个人格权都是物质性人格权，那么，三个物质性人格权以外的人格权，当然就是精神性人格权。

这一条文说的是精神损害赔偿的计算方法，确定这样的责任时，应该怎么去确定赔偿数额。条文说，要考虑行为人和受害人的职业、影响范围、过错程度，以及行为的目的、方式、后果等因素，根据这些因素去综合确定赔偿范围。

说到底，确定精神损害赔偿数额的方法其实就是一个：法官酌定。法官根据这个案件的这些因素，确定一个赔偿数额，就是它了。在这个问题上，律师在代理的时候，向法院起诉，要大体上计算出一个赔偿数额，提出主张。确定精神损害赔偿数额的基本依据是什么？就是第 998 条的规定。根据这个条文规定的这些因素，应该计算出具体的数额，让法官参考。

现实的司法实践中，有的法院对精神损害赔偿判得很高，有的法院判得很低。最典型的案件是大概十年前上海的一个案件，受害人女大学生钱某，在某超市逛了一圈，没买什么东西就出来了，不知道为什么，钱某一到收银台，收银台机器就叫，收银员说你买了什么东西没拿出来。钱某说没买东西。来两个保安，让她再走一遍，收银台的警报还是叫。保安就把钱某弄到一个小屋里，让脱衣服检查，再摸一摸什么也没有，穿上衣服再通过收银台，机器还是叫。最后超市才让钱某离开。钱某忍气吞声地被检查了这么多次，还被脱衣服搜身，气极了，向法院起诉超市侵害其名誉权。这个侵权行为的情节是很严重的了。一审法院判决超市赔偿精神损害 20 万元。超市认为判决不公，向中级法院上诉。中级法院改判赔偿 1 万元。

当时记者找我采访，说法院这不能这样判吧？一审法院 20 万元，二审法院改判 1 万元，怎么差别这么大啊？记者问我到底哪个判得对。我说，哪个都不太对，一个太高，一个太低。他问我应该判多少合适，我说中间那个数比较合适，要 10 万元应该差不多。

依照《民法典》第 1183 条规定确定精神损害赔偿数额的时候，要考虑三个因素：第一，这样一个赔偿数额应当能够对受害人起到精神抚慰的作用。精神损害赔偿主要是抚慰受害人的精神创伤的。第二，这样一个赔偿数额能够对受害人起到惩戒的作用，太少了不行。第三，这个数额对整个社会来说要能够起到一般警示的作用，让社会成员感到不敢去实施侵权行为，我国台湾地区学者把这个叫阻吓作用，阻吓作用就是警示其他社会成员：你要是实施侵权行为，也要赔这么多钱。也就是说，精神损害赔偿有抚慰作用、惩戒作用和阻吓作用。当确定的精神损害赔偿数额能够符合这三个要求的时候，这个数额就是合适的，这就是计算精神损害赔偿数额的原则。

按照这个计算原则，看看这个案子里一审法院判决 20 万元，好像是高了一点；二审法院判 1 万元，又起不到阻吓作用，因而可能谁都不满意这个判决，可能超市会比较满意？受害人肯定不满意，对社会的警示作用也不好。

（十）媒体对人格利益的合理使用与不合理使用的民事责任

《民法典》第 999 条规定的是媒体对人格利益的合理使用与不合理使用的民事责任："为公共利益实施新闻报道、舆论监督等行为的，可以合理使用民事主体的姓名、名称、肖像、个人信息等；使用不合理侵害民事主体人格权的，应当依法承担民事责任。"

什么叫新闻报道？就是媒体告诉公众正在发生事实的信息，是对新近发生的事实的报告。新闻的本源是用事实说话，是对客观事实进行报道和传播而形成的信息，是对事实真实的传达。客观事实本身不是新闻，被报道出来的新闻是在报道者对客观事实进行主观反映之后形成的观念性的信息，是报道者把自己对客观事实的主观认识传达出来而产生的信息。

什么是舆论监督？就是媒体以及其他舆论通过发表新闻、评论等，对社会的政治生活、经济生活、文化生活等方面进行批评，实行监督的权力（利）和功能。原本意义上的舆论监督，涵括在权力监督体系之中。如今舆论监督被进一步扩展，其含义已经超出了权力监督的职能，几乎成了无所不能的权利（力）和功能。舆论监督属于新闻自由的范畴，是新闻批评的自由和权利，媒体通过行使新闻批评的自由和权利，实现对社会生活的监督功能。

新闻批评自由是新闻自由的一个组成部分。批评是媒体的公共职能之一，是一种权利，新闻的采写、发布者有权通过新闻媒体对不正当的社会生活现象提出批评，形成舆论，督促其改进，推动社会文明的进步。正因为如此，新闻报道和舆论监督不可避免地要涉及被报道和监督的人物的人格利益。为保障媒体的公正性和媒体职能的实现，《民法典》规定，具有新闻性的合理抗辩事由，能够阻却新闻报道、舆论监督侵害人格权的违法性，成为正当的合法行为。

实施新闻报道、舆论监督，可以合理使用他人的人格要素，不构成侵害人格权的民事责任。合理使用包括：第一，为公共利益实施新闻报道、舆论监督等行为；第二，使用的是民事主体的姓名、名称、肖像、个人信息等人格要素；第三，须符合正当使用的范围，即为实施新闻报道、舆论监督的目的，不得超出该范围。符合上述要件要求的，对他人人格要素的使用为正当使用，不承担民事责任。例如，拍摄新闻事件中人物的肖像进行报道，不构成侵害肖像权。

媒体尽管是在实施新闻报道、舆论监督，但是对他人的人格要素进行不合理使用的，应当依法承担民事责任。不合理使用的行为包括：一是没有正当事由而使用，例如为个人创作而使用；二是使用的人格要素超出了法律规定的范围，例如揭露个人隐私；三是超出了正当使用的范围，即在正当使用的范围之外进行使用。这些对他人人格要素的使用都是非法使用，构成侵害人格权的民事责任。

（十一）行为人承担侵害人格权责任应与行为方式和影响范围相适应

《民法典》第 1000 条规定的是承担侵害人格权责任应当与行为方式和影响范围相适应："行为人因侵害人格权承担消除影响、恢复名誉、赔礼道歉等民事责任的，应当与行为的具体方式和造成的影响范围相当。""行为人拒不承担前款规定的民事责任的，人民法院可以采取在报刊、网络等媒体上发布公告或者公布生效裁判文书等方式执行，产生的费用由行为人负担。"

与人格权请求权相对应的是民事责任，包括消除影响、恢复名誉、赔礼道歉等，都是人格权请求权的内容。这里提到的几种民事责任，都是精神性的民事责任，而不是侵权损害赔偿责任。当精神性人格权受到侵害后，救济该种精神损害的民事责任，就是侵害精神性人格权请求权的具体内容。

请求侵权人承担消除影响、恢复名誉、赔礼道歉等精神性民事责任，应当考虑以下因素：

第一，应当与行为的具体方式相当。要求行为人承担消除影响、恢复名誉、赔礼道歉责任，如果与行为人的行为方式不相适应，可能会达不到消除影响的效果。例如，在互联网上造成的损害，不能要求到传统媒体上消除影响。

第二，与行为造成的影响范围相当。不能扩大范围进行消除影响、恢复名誉、赔礼道歉，例如，在本地报刊上进行诽谤的，不能责令行为人在全国性传统媒体上进行消除影响等。范围不相适应的消除影响、恢复名誉、赔礼道歉，将会扩大损害后果，给人格权造成新的侵害。

消除影响、恢复名誉、赔礼道歉责任方式，可以通过口头方式，也可以通过书面方式进行，其内容不得违反法律规定和社会公德，书面材料需要公布的，必须经人民法院审核同意。确定消除影响、恢复名誉、赔礼道歉的范围，应当注意防止由此扩大侵权影响。如果采用停止侵害的责任方式，在媒体侵权中一般是禁止刊有侵权新闻的报纸、杂志继续发行。对此，应采慎重态度，在判决时采用须确有必要；在诉讼中，原告申请侵权禁令的，应当事先提供担保。

对于确定的上述民事责任，责任人拒不承担的，人民法院可以对这些民事责任方式进行强制履行，方法是：人民法院在报刊、网络等媒体上发布公告或者公布生效裁判文书等。因采取强制履行方式而产生的费用由行为人负担。这本身也是一种制裁方式。

（十二）身份权请求权

《民法典》第 1001 条讲的是身份权请求权，这个问题属于婚姻家庭编里的内容，在这部分我就不说了。

二、关于生命权、身体权和健康权条文的解读

《民法典》人格权编的第二章，规定的是生命权、身体权和健康权，条文很多，内容很丰富。

（一）生命权的内容和义务人的义务

《民法典》第 1002 条规定：“自然人享有生命权。自然人的生命安全和生命尊严受法律保护。任何组织或者个人不得侵害他人的生命权。”

这一条文对生命权的规定，确定了三个方面的内容：第一，生命权是绝对权；第二，生命权的内容包括生命安全维护权和生命尊严维护权；第三，生命权的义务人是任何组织和个人，负有的义务是不可侵义务。

先说生命权的内容。生命权的内容包括生命安全维护权和生命尊严维护权。

生命安全维护权，是当侵权行为危害到一个自然人的生命安全时，权利人有权进行防卫，维护自己的生命安全。这个防卫，就是正当防卫的问题，生命安全维护权与正当防卫是结合到一起的权利。

正当防卫，刑法和民法都对其作了规定，“两高一部”近年也作了解释，放宽了正当防卫的范围。我们过去把正当防卫限制得太死了，条件要求太严格，经常出现一采取防卫措施造成损害就给认定成防卫过当的情况。

针对生命安全维护权是不是包括自卫权的问题，美国的自卫权规定非常宽。有一个案例是这样的。一个妇女是单身母亲，家里有两个孩子。这一天，外边来了两个歹徒，就要砸门进来。单身母亲家里有两支枪，她拿出了一支枪，但是她还是有点担心，就给 911 打电话说，我现在家里来了两个歹徒正在砸我的门，要进来，我家里还有两个幼年的孩子，我现在可不可以向他们开枪打死他们？对方就跟她说，我现在不能告诉你可不可以打死他们，但是，你可以做一切事情来保护你和你的孩子，你听明白了吗？她说：真的吗？回答是：真的！单身母亲举起手枪，打了两枪，打死一个，重伤一个。警方认为这个妈妈完全是在自卫，这就叫正当防卫。我们过去讲正当防卫，人家也没拿枪逼你，你怎么就拿枪把人家给打死了？你的行为肯定是防卫过当。现在就好多了。

《民法典》第 1002 条规定生命权的内容，与之前立法相比，最重要的变化是写了生命尊严维护权，确定生命权中包含生命尊严。这对我们每一个人都是特别重要的规定。

《民法典》规定每一个人都享有人格尊严。人格尊严通常保护的是人出生之后到死亡之前的人格尊严，没有特别强调生的尊严和死的尊严。把生命尊严写到生命权中，就强调了人享有生的尊严，要得到尊重；还享有死的尊严，也要得到尊重，特别是要尊重人的死的尊严。

我之前写过文章探讨，认为死的尊严最起码包含三个问题：

第一个是生前预嘱。生前预嘱是说自然人在神志清醒的时候，预料到将来生命垂危，神志不清醒了，这时候要用什么样的方法去治疗，用什么样的方法去面对死亡。如果有生前预嘱，届时就可以尊重预嘱人的预嘱，按预嘱人的意见去做。

第二个是临终关怀。一个人在临终之前，可能会经受很多痛苦，医疗机构能不能采取人道的方法对待临终之人呢？在过去，对临终又经受严重痛苦的人，规定了很多的用药禁令，特别是禁止了许多麻醉药品的使用等。临终关怀，就是要打破这些禁忌，对临终之人进行安慰治疗，让他能够有尊严地、不那么痛苦地死去，维护其死的尊严。

第三个是尊严死。尊严死，包含积极的安乐死和消极的安乐死。积极的安乐死是采取医疗手段让临终之人提前结束生命，避免痛苦。消极安乐死就是患者不接受治疗，自己自然迎接死亡。现在，消极安乐死基本没问题，问题比较大的是积极安乐死，我们还没有立法，规定对申请安乐死的人采取积极安乐死的行为不认定为故意杀人罪。很多人主张把积极安乐死合法化，呼吁制定安乐死法。我想，有了生命尊严这个概念，离制定安乐死法可能就不会那么遥远了。立法机关为什么没有制定安乐死法？是因为社会的道德水准还没达到那个程度，比如之前在某地就发生了一个案子：这家的儿子把他父亲弄到深山，埋在一个山洞里，后来老人被人发现得救了。类似案件的发生印证了大家对制定安乐死法的担忧，还是有道理的。

（二）身体权的内容和义务人的义务

有关身体权的诉讼案件很少见。自 2004 年 5 月 1 日实施的最高人民法院《关于审理人身损害赔偿案件适用法律若干问题的解释》提到身体权受到损害也可以起诉以来，直到今天，也没有看到特别好的侵害身体权案件的判决。

《民法典》第 1003 条规定的身体权，包括两部分内容。

第一，身体组成部分的完整性，是身体权的基本内容。这个完整性又包括两部分：一是身体的实质完整性。没有经过权利人的同意，强行把身体组成部分给去掉一部分，就是侵害了身体的实质完整性。比如按着一个人把头发给剃掉，侵害的就是身体的完整性；为了使用权利人的血液，强行按着权利人给抽血，这也是侵害身体权的实质完整性；需要一个肾，就把权利人的肾强制拿出来，也是侵害身体的实质完整性。二是身体的形式完整性。身体的形式完整，就是任何人不可以非法触摸，非法触摸他人身体也是侵权，侵害的就是身体的形式完整性。你看一个一两岁小女孩，摸一下人家的脸，说好漂亮的小姑娘，可能还有人会说这人好有爱心；可是，小姑娘 18 周岁了，这人还去摸人家的脸，说你好漂亮啊！这是不是性骚扰行为？非法触摸他人身体，就是侵害身体权，甚至构成性骚扰。我觉得，中国人还比较缺少身体权的观念，不太注意保护好自己的身体权。如果有典型的侵害身体权的案件，律师要抓住，代理当事人向法院起诉。《民法典》第 1006 条规定完全民事行为能力人有权依法自主决定无偿捐献身体的细胞、组织、器官、遗体，这是涉及身体权的问题，是身体组成部分完整性的内容；第 1007 条规定禁止以任何形式买卖人体细胞、人体组织、人体器官、遗体，也涉及身体的完整性问题。

第二，第 1003 条还规定了行动自由是身体权的内容。对此，笔者认为，行动自由是人身自由权的内容，人身自由权包括行动自由即身体自由，以及思维自由即意志自由。

（三）健康权及其内容

《民法典》第 1008 条关于临床试验的规定，涉及的是健康权的问题。临床实验是医学发展的必要方法，无论是防疫、治疗，还是新的医学理论研究等，进行到一定程度的时候，就必须在人体上进行实验，经过人体临床试验成功以后，才可以应用到临床医疗。现在的新冠病毒疫苗，就是经过了很多次动物的实验，然后开始进行人体实验，成功了之后，才用到人身上进行防疫。这样做，都是为了人类本身的健康、生命所必需的。

进行临床试验就要涉及接受临床实验的人的健康权问题，所以，第 1008 条规定了进行临床实验时应当遵守的底线，最后的要求是不能向受试者收取任何费用。如果在临床试验中造成受试者的损害，要起诉时，我觉得可以依据这样的条文去起诉。

（四）对人体基因和人体胚胎的保护

《民法典》第 1009 条涉及人体基因、人体胚胎保护的问题。这一条文也是规定了一个底线，就是不得危害人体健康，不得违背伦理道德，不得损害公共利益。

这个条文是在编纂《民法典》人格权编的时候临时加进来的一个条文。因为在这段时间，发生了“基因编辑婴儿”事件。事件被报道之后，我国科技部和国家卫健委都表明了态度，禁止这样的研究行为。也是在这个事件发生了以后，《民法典》上增加了这个条文。这个条文还有一个价值，就是为相关裁判提供了一个法律依据。江苏无锡的人体冷冻胚胎权属争议的案件，涉及人体胚胎的问题。在这个案件中，争议的主要焦点就是人体胚胎的法律属性，人体胚胎在民法上到底是物，还是人？一审法院按照学者的意见认定，胚胎是人格物，是具有人格利益要素的物，既然是物，当然就可以继承，只是由于卫生部有禁止代孕的规定，所以判决不能继承。二审法院的判决则认为，一审法院判决认定为人格物是错误的，人体冷冻胚胎既不是人，也不是物，而是介于人与物之间的过渡存在。但是，民法上只有人和物，没有中间过渡性的存在，这完全是二审法院自己创造出来的概念。二审判决里还有一个说法，就是：这个案件认定是继承争议是不对的，实际上争议的是对冷冻胚胎的监管权和处理权。这里的监管权和处理权也是硬编出来的概念，但却把问题的实质说出来了——人体冷冻胚胎的权属确实应当属于争议双方。另外，二审判决还有一个勇敢的行为，认为人民法院审理案件只受法律和行政法规的拘束，卫生部的规定只是规章，对法院没有约束力。最后判决，在南京鼓楼医院的 6 枚人体冷冻胚胎的监管权和处置权属于本案双方当事人。二审判决以后，我写了一篇《一份标志人伦与情理胜诉的民事判决——人的体外胚胎权属争议案二审判决释评》，支持二审判决的结果。四位老人就拿着判决书上鼓楼医院，拎着冷冻箱，主张自己的权利。鼓楼医院接待态度特别好，说法院判决我们败诉，我们一点意见都没有，我们给你们保管，等到卫生部什么时候把那个文件撤了，我们就什么时候把冷冻胚胎还给你们。我又写文章支持当事人的要求，说不给就强制执行。后来，医院就把冷冻胚胎给了四位老人，后来运到境外找人代孕，生出两个健康的孩子。好像是前年春节三十儿那天，有记者打电话跟我说，杨老师，那两个孩子终于回到祖国了，把我们乐得不行了。为了这四位老人的后代，我们经过了这么长时间的努力，终于让他们如愿以偿，他们看到了自己的血缘的传承和延续。法律不过是人情，对不对？干吗要去剥夺人家留有后代这样的权利呢？

这个条文涉及人体胚胎的问题，尽管没有说人体胚胎的性质是什么，但是，毕竟是在《民法典》中规定了人体胚胎，将来在处理这类案件的时候，就有了一定的法律依据。

（五）关于性骚扰的问题

《民法典》第 1010 条规定的是性骚扰行为及其责任：违背他人意愿，以言语、文字、图像、肢体行为等方式对他人实施性骚扰的，构成侵害性自主权的责任，受害人有权依法请求行为人承担民事责任。还有，机关、企业、学校等单位应当采取合理的预防、受理投诉、调查处置等措施，防止和制止利用职权从属关系等实施性骚扰。

应当说明的是，这个条文写得是很好的，只是放在这个位置上不太妥当。性骚扰行为侵害的是性自主权，不应当把它放到身体权的章节中来写，不过，人格权编没有专门规定性自主权，把性骚扰及其规制放在这里，算是权宜之计。性骚扰行为可能会与身体有关系，但是，就像这个条文中说的，以言语、文字、图像实施性骚扰行为，与身体有关系吗？给他人看看淫秽图像、说说淫秽语言、读读淫秽文字，这是性骚扰，但是并未接触到受害人的身体，既然还没接触到受害人的身体，怎么会是侵害身体权呢？

那为什么说这条写得还不错呢？可以看看 2015 年修订的《妇女权益保障法》，那是第一次写性骚扰规制的条文，条文写的内容是：第一，禁止对妇女进行性骚扰，骚扰男人没在其中；第二，妇女受到性骚扰，可以向有关部门投诉。这条规范的问题就是没法实际适用。

《民法典》第 1010 条写得算是不错了。关于理由，要说得稍微远一点。对性骚扰行为的法律规制有两种，一种叫作权利保护主义，另一种叫作职场保护主义。

职场保护主义是说，在一个职场里，有一个人受到了性骚扰，职场的负责人要承担责任。这就像《民法典》第 1198 条规定的违反安全保障义务责任一样，在一个单位，其工作人员在工作期间受到性骚扰，单位要承担赔偿责任，因为职场没有保障员工的性利益安全。

权利保护主义规制性骚扰，保护的是受害人的权利，受害人受到性骚扰行为的侵害，就是其性自主权受到损害，有权直接找侵权人承担赔偿责任。

我们应当采取哪种规制办法呢？我一直坚持要以权利保护主义为主，职场保护主义为辅。《民法典》第 1010 条基本上体现了这样的思路。

第 1 款规定的是权利保护主义，不管采取什么方法，对权利人实施性骚扰，造成性利益的损害，直接就确认是侵权行为，应当承担赔偿责任。这里有一个典型的案例：一个女老师调到了某学校工作，教研室的副主任是个男老师，他特别喜欢这个女老师，老跟女老师“套磁”“发贱”。女老师讨厌他就躲着。过了几天，这个教研室出去集体旅游住在饭店里，晚上，男老师到女老师房间敲门，女老师把门打开，男老师一下子就闯进来，把门就关上，就把女老师给摁到床上，开始摸对方身体。女老师火了，连蹬带踹地把他给打跑了。女老师回到学校后，向法院起诉，控诉被告以非法接触身体敏感部位的方法进行性骚扰，造成精神损害，要求精神损害赔偿。法院询问男老师：原告起诉你对其实施性骚扰；男老师说：没办法，我就是喜欢她！大家知道这句话的意思，等于是自认了，对不对？法院判决，认定被告采取这种非法接触他人身体敏感部位的方法，进行性骚扰，构成侵权行为，但是情节显著轻微，判决不赔偿精神损害。

我认为，这个案件的性骚扰的情节是很严重的，法院却认定显著轻微，显然不当。这个案件已经构成侵权，判决不承担精神损害赔偿责任是不对的。

认定性骚扰行为，首先要明确，每一个人都享有性自主权，说到底，就是性自主权涵盖了一个承诺权。每一个人生活在社会里，18 周岁以后，就有完全的性承诺能力，没有承诺，就是违背权利人的意志，就是侵害权利人的性自主权，就是性骚扰行为。在界定性骚扰的时候，跟认定强奸罪没有什么区别，只是程度不同而已。只要是没有达到强奸罪的程度，就是性骚扰。认定事实也是一样。认定强奸罪很难，因为都是“一对一”的证据。但是，认定强奸罪有一个方便之处，就是有一些物证，比方遗留一些体液可以鉴定等，能够证明事实。认定性骚扰就不行，证明性骚扰比证明强奸罪更难，原因就在于很多性骚扰行为很难留下物质性的痕迹。

所以，证明性骚扰行为比较困难。曾经有记者找我问，为什么起诉这么多的性骚扰案件，法院都不判侵权呢？我说，主要是证据问题。记者说，可以实行举证责任倒置嘛！我说，如果对性骚扰行为实行举证责任倒置，那我现在就告你性骚扰，我是受害人，不用举证，要你来证明你没有实施性骚扰，你能证明吗？他想一想说，不能。

第 2 款其实讲的就是职场保护主义。但是，这个条文没有说完，只是说机关、企业、学校等单位应当采取合理预防、受理投诉等措施，防止和制止性骚扰，讲的是义务，是职场负有的义务，要保护好你自己的员工不受到损害。这里没说如果没有尽到上述义务的时候，应该承担什么样的责任。对此，我觉得应当转到《民法典》第 1198 条，员工受到性骚扰，向法院起诉追究单位的责任，就可以适用这一条来追究单位的责任，因为职场就是用人单位，对自己员工的性利益安全承担安全保障义务，没有尽到安全保障义务，使他人对员工实施性骚扰，造成精神损害，就应当承担侵权责任，赔偿精神损害。

（六）侵害身体自由权的行为及责任

《民法典》第1011条规定的是侵害身体自由权的行为及其应当承担的民事责任。

侵害身体自由权的行为及其责任放在身体权的章节中规定，也是不准确的。这是因为《民法典》第990条把人身自由规定在一般人格权里，涉及身体行动行为和责任的就没地方放了，又没有专门一章去规定人身自由权，所以就放到身体权中来了。

第1011条规定身体自由权叫行动自由，即："以非法拘禁等方式剥夺、限制他人的行动自由，或者非法搜查他人身体的，受害人有权依法请求行为人承担民事责任。"这就是侵害身体自由权的规定。

人身自由权包括两个部分，一部分是身体自由权，一部分是意志自由权。身体自由权就是权利人的行为不可以非法限制，非法限制行为自由，就是侵害身体自由。条文对这一部分写清楚了，但是，也要看到，以非法拘禁等方式剥夺、限制他人的人身自由，这是侵害身体自由，侵害的是人身自由权。但是，非法搜查他人的身体，就不是侵害人身自由权，而是侵害身体权。非法搜查他人身体等于非法触摸他人的身体，因而是侵害身体权，而不是侵害人身自由。人身自由是动的自由，限制权利人的动的自由，是侵害人身自由。非法搜查身体，侵害的是身体的形式完整性，是身体的静态。所以，剥夺、限制行动自由与非法搜查他人身体，真的不是一回事。

保护人身自由权，条文中还缺一部分，即侵害意志自由。侵害意志自由，是说人有思维的自由，正在想的是这样一件事情，行为人采取欺诈、胁迫方法，让权利人改变原来的思维状态，就是侵害意志自由。《最高人民法院关于贯彻执行〈中华人民共和国民法通则〉若干问题的意见（试行）》第149条："盗用、假冒他人名义，以函、电等方式进行欺骗或者愚弄他人，并使其财产、名誉受到损害的，侵权人应当承担民事责任"，这里说的就是侵害意志自由。

我在最高人民法院工作的时候，帮《人民日报》回复过一封读者来信。这是浙江某县的一个人叫杨中兴，他的哥哥在黑龙江省呼兰县工作。有一天他突然接到一份电报，说"其兄遭遇车祸，生命垂危，速来探望"。他的家人就着急了，领着老头、老太太坐了汽车坐火车，一直颠簸好几天，到了黑龙江省呼兰县。到他哥哥家一看，他哥哥好好的，啥事也没有。把电报给他哥一看，他哥说，单位某某跟我闹矛盾，这肯定是他干的。杨中兴写信问《人民日报》，这种行为是什么样的行为，要不要承担责任。我回复的意见是，这是侵害意志自由的行为，《最高人民法院关于贯彻执行〈中华人民共和国民法通则〉若干问题的意见（试行）》第149条规定的就是这个内容，要赔偿造成财产的损害。律师如果碰到这样的案件，我觉得也可以起诉，但依据不再是这一条，而是《民法典》第990条，即一般人格权的规定；再引用第1165条的过错责任原则规定作为请求权的基础。

三、对人格权编姓名权和名称权规定的解读

《民法典》对姓名权和名称权这一部分写的内容比较少，我挑主要的内容给各位介绍。

（一）姓名权、名称权及其权利内容

《民法典》第 1012 条规定的是自然人享有姓名权，权利的内容是依法决定、使用、变更或者许可他人使用自己的姓名，但是不得违背公序良俗。第 1013 条对名称权也是这样写的，名称权的内容是依法决定、使用、变更、转让或者许可他人使用自己的名称。名称权中增加了一个“转让”。侵害姓名权和名称权的主要方式，规定在第 1014 条：“任何组织或者个人不得以干涉、盗用、假冒等方式侵害他人的姓名权或者名称权。”

侵害姓名权和名称权的具体方式，主要是干涉、盗用和假冒这三种。

干涉就是不让权利人使用什么样的姓名或者名称。典型的干涉，像鲁迅写的《阿 Q 正传》里赵老太爷说阿 Q：“你也配姓赵?”这就是干涉他人姓名权的行为。

侵害姓名权或者名称权的行为方式，最重要的是盗用和冒用。

按照通常理解，冒用与盗用相比，盗用好像更严重，因为是盗比冒要严重。但实际上，侵害姓名权或者名称权，更严重的是假冒。盗用是没有经过同意而使用权利人的姓名，而冒用不仅没有经过同意使用权利人的姓名，而且还冒充权利人实施民事法律行为，这就更严重了。

像这些年曝光出来的冒名顶替上大学的事情，就是冒用他人姓名权的侵权行为。例如罗彩霞被冒名顶替上大学的案件，后果是非常严重的，也有可能构成刑事犯罪。

（二）自然人在特定情况下有权选取父姓和母姓之外的姓氏

《民法典》第 1015 条是对自然人姓氏选取规则的规定，来源于原《婚姻法》第 22 条和《全国人民代表大会常务委员会关于〈中华人民共和国民法通则〉第九十九条第一款、〈中华人民共和国婚姻法〉第二十二条的解释》，合并成为一个新规则。

姓名是用以确定和代表个体自然人并与其他自然人相区别的文字符号和标识。姓名包括姓和名两部分，姓是一定血缘遗传关系的记号，标志着个体自然人从属于哪个家族血缘系统；名则是特定的自然人区别于其他自然人的称谓。姓和名组合在一起，才构成一个个体自然人的完整的文字符号和标记。姓和名的组合，表现了个人对社会团体或血缘家族或某一类人的归属，也表现了从个体到群体的关系。

自然人选取姓氏，应当随父姓或者母姓。这是因为，姓氏与名字不同，姓氏标表的是一个自然人的血缘传承，至于随父姓的血缘传承，还是随母姓的血缘传承，

则可以选择。

在特定的情况下，自然人可以选择父姓、母姓之外的第三姓，但是应当符合以下法定条件：第一，选取其他直系长辈血亲的姓氏。例如，祖父母、外祖父母的姓氏与父母姓氏不一致，而选择祖父母、外祖父母的姓氏。第二，因由法定扶养人以外的人扶养而选取扶养人姓氏。例如，长期被父母以外的人扶养但未形成收养关系而随扶养人的姓氏。第三，有不违背公序良俗的其他正当理由。例如，本家族原姓氏为"萧"，而错误简化为"肖"，而恢复姓"萧"。在这三种情况下，都可以选取第三姓。

（三）对姓名权和名称权的延伸保护

《民法典》第 1017 条是对具有一定社会知名度，被他人使用足以造成公众混淆的笔名、艺名、网名、译名、字号、姓名和名称的简称的保护，是对姓名权和名称权的延伸保护。

对于上述列举的这些称谓，参照适用姓名权和名称权保护的有关规定，适用的条件一是要有一定的社会知名度，二是使用了以后足以引起公众混淆。具备这两个要件以后，就用姓名权和名称权的保护方法进行保护。具体保护的范围是笔名、艺名、网名、译名、字号、姓名和名称的简称。这些要求都符合了，就可以向法院起诉了。

这里的"字号"，到底是指商业的字号，还是讲自然人的字和号呢？大家对这个是有不同理解的。有人把它解释成商号的字号，比如"同仁堂"就是老字号。有人理解是自然人的字和号。现在很少有人还有字和号的，过去差不多都有，在姓名之外，字是补充名的含义，号是把人的人生追求写进去。法工委对它的解释是自然人的字和号，如果有人还用字和号，应当和姓名权一样保护。我个人意见是，如果表达的是这个意思，应该写"字和号"才好，因为字和号不是一回事；把字和号连在一起一般来说指的还是商号。

四、对人格权编形象权规定的解读

（一）肖像权的内容和肖像的定义

《民法典》第 1018 条规定了肖像权的内容，以及对肖像概念的定义。

我们先说肖像的概念界定吧。第 1018 条第 2 款规定，肖像是通过影像、雕塑、绘画等方式在一定载体上所反映的特定自然人可以被识别的外部形象。

这一部分应当特别注意的是定义里讲的"外部形象"。通常给肖像做定义的时候，是说肖像是指自然人的以面部形象为主的外部形象。比方说有张照片拍的是人家的后背，说这是侵害肖像权，怎么也不能把后背叫肖像吧？肖像主要还是指面部形象或者以面部形象为主体。既然写了“外部形象”，就可以概括为两部分：一部分讲的是肖像，是以面部为主体的形象，在受到侵害的时候，是侵害肖像权；另外一部分讲的是形象，就不仅仅是以面部为主体的，身体的其他部位的形象只要具有可识别性，就可以用肖像权来保护。虽然条文说都叫肖像，可以概括在一起，但是，在理论上可以说，肖像权的规定的肖像中，也包含那种没有面部形象的身体其他部分的外部形象，就像手模特、脚模特，只要能识别出来是个人特征的时候，就可以直接用肖像权得到保护。

例如，这个形象是权利人的手的形象，去做手的广告，被他人非法使用，就用权利人的手的形象为他人做广告，难道不侵权吗？一样也侵权。所以，这一部分主要讲的是肖像，但是没有面部形象的那些身体其他部位的形象，也可以得到保护。

肖像权的内容，制作是一个内容，使用是一个内容，公开也是一个内容，还有一个内容是许可他人使用。肖像权就包含这样一些内容，凡是没有经过本人同意，采取了制作、使用、公开本人肖像的行为，就是侵害肖像权。

（二）侵害肖像权的具体行为

《民法典》第 1019 条主要讲的是侵害肖像权的具体行为。具体的侵害肖像权的行为包括：

第一，丑化、污损他人肖像，或者利用信息技术手段“深度伪造”他人的肖像，都属于侵害他人肖像权的行为。丑化和污损肖像应当具有恶意；深度伪造肖像可能为恶意，也可能为善意，只要未经本人同意，都是侵害肖像权的行为。

第二，未经肖像权人同意，制作、使用、公开他人的肖像，也是侵权行为。所谓法律另有规定的除外，是指合法使用他人肖像的行为。例如缉拿犯罪嫌疑人发布的通缉令使用被通缉人的肖像，寻人启事使用走失者的肖像等，均为合法使用。

（三）肖像的合理使用行为

《民法典》第 1020 条讲了对肖像的合理使用行为。这些规定可以作为侵害肖像权的免责事由来看待，有这样的情况就不是侵害肖像权。

第一，为个人学习、艺术欣赏、课堂教学或者科学研究，在必要范围内使用肖像权人已经公开的肖像。这里的合理使用，方式是个人学习、艺术欣赏、课堂教学、科学研究；范围是必要范围，在上述方式的可控范围内，不得超出该范围；使用的须是肖像权人已经公开的肖像，而不是没有公开的肖像，更不是自己擅自制作的他人肖像。

第二，为实施新闻报道，不可避免地制作、使用、公开肖像权人的肖像。这种合理使用的抗辩事由被称为“新闻性”，当一个人的肖像出现在新闻事件里时，对这种新闻照片，肖像权人不得主张肖像权。例如在新闻事件中拍摄的肖像，不得认为是侵害肖像权。新闻性作为抗辩事由，主要在于两个方面：一是在公众视野中具有新闻性的人物，例如元首、政治家等，凡具有新闻性的人皆不得主张肖像权和姓名权。二是具有新闻性的事件，例如在公众视野中参加集会、游行、仪式、庆典或者其他活动的人，由于这类活动具有新闻报道价值，任何人在参加这些社会活动时，都允许将其肖像和姓名、名称用于宣传报道，不得主张肖像权。

第三，为依法履行职责，国家机关在必要范围内制作、使用、公开肖像权人肖像。最典型的方式是对逃犯使用、公开其肖像进行刑事通缉。

第四，为展示特定公共环境，不可避免地制作、使用、公开肖像权人肖像。例如为了拍摄天安门城楼而不可避免地将现场的路人拍摄在画面之中，路人对此不得主张肖像权。

第五，为维护公共利益或者肖像权人合法权益，制作、使用、公开肖像权人肖像的其他行为。例如，在寻人启事中使用走失者的肖像，是为了肖像权人的合法权益而合法使用。

举一个事例来说明。为时事新闻报道不可避免地制作、使用、公开肖像权人的肖像，在理论上，这叫作新闻性。这个新闻性说的是，一个人的肖像淹没在新闻事件中的时候，对这个新闻照片怎么使用都不构成侵害肖像权。最典型的是涉及刘某某的一个案件：在 1980 年代后期，有一年刘某某回家过年，当地正月十五有一个灯会，规模很大，刘某某也去参加灯会，结果被人认出来围观、签名，几乎形成了骚乱。刘某某的脾气很大，挺火爆，当时就跟人家骂起来了，当地报纸的记者在现场，就给拍下来了，第二天，当地报纸发了新闻照片——“刘某某发飙”，配上文字报道。刘某某向法院起诉，称该日报侵害其肖像权。可是，这是新闻照片，具有新闻性而没有侵权的问题，抗辩事由就叫新闻性，一个人的形象淹没在一个新闻事件中时，这个人不可以主张肖像权。

（四）肖像许可使用合同的两个特别规则

《民法典》第 1021 条和第 1022 条讲了两个关于肖像许可使用合同的特别问题，这要回到第 993 条。第 993 条规定的是公开权，公开权的行使方法就是订立人格利益的许可使用合同。这两个条文规定肖像许可使用合同的特别规则。其他人格利益的公开权的行使方法，和肖像使用合同一样。

这两个特别规则：

一是关于肖像许可使用合同的解释问题。当事人对肖像许可使用合同中关于肖像使用条款的理解有争议的，应当作出有利于肖像权人的解释。这个就是有利于权利人解释的原则。

二是关于肖像许可使用合同的解除权。当事人对肖像许可使用期限没有约定或者约定不明确的，任何一方都可以随时解除肖像许可使用合同，只要留出一个合理期限就可以了。肖像许可使用合同有明确期限，肖像权人有任意解除权，因为他是肖像权的权利人，可以随时解除，但是要留出合理期限，行使任意解除权给对方造成损失的，要承担赔偿责任。比方说，跟人家约定做广告，肖像可以使用三年，现在才过一年，肖像权人就想解除，可以解除，但是对方还有两年期间使用的问题，解除合同，这两年就不能再使用了，这是要承担赔偿责任的。

（五）对声音权的保护

《民法典》第1023条特别讲的是两个，一个是姓名等人格利益的许可使用参照肖像权的规定，另一个是关于声音权的保护。

我要特别说一下对自然人声音的保护，要参照使用肖像权保护的有关规定，这里实际上是规定了声音权。

在以往的人格标识中，最重要的是两个，一个是肖像，一个是姓名。这两个人格利益是人格特征识别的主要方法，是通过文字和面部形象标表人格标识，来识别一个特定的人。

在此之外，还有一种特别的人格标识，就是声音，每一个人的声音都有不同，有的时候听起来两个人的声音差不多，但是，一做声纹鉴定就能知道是不一样的。有人生下来就是个破锣嗓子，这一辈子也不要想唱歌好听；也有人生下来就是一副金嗓子，可能这一辈子就吃这碗饭。

在声音权的保护中，特别涉及一个问题，就是模仿。行为人模仿他人的声音去赚钱，就是侵害了权利人的声音权。美国有几个典型案例，也是关于模仿他人声音构成侵权的。有人专门吃模仿声音这碗饭，学谁像谁，唱一台节目可以学无数人。根据《民法典》第1023条的规定，这种行为是对他人声音的侵害，需要承担责任。

娱乐中模仿他人的声音是不是可以呢？应该是没有什么问题的。但是，要把模仿声音作为一种商业行为，从中赚钱，就有可能构成侵害声音权。

五、对名誉权和荣誉权的保护

（一）名誉和名誉权的概念界定

对于名誉权这一部分，第一个讲什么是名誉，什么是名誉权。

名誉，是对民事主体的品德、声望、才能、信用等的社会评价。名誉权的概念没有界定，只是说，民事主体享有名誉权，任何组织或者个人不得以侮辱、诽谤等方式侵害他人的名誉权，说明名誉权是绝对权，任何组织或者个人都是义务主体，负有不得以侮辱、诽谤等方式侵害名誉权的义务，即不可侵义务。

侵害名誉权的最主要方式，是侮辱和诽谤。现在说顺口了，就说侮辱、诽谤，其实侵害名誉权的最主要方式是诽谤，不是侮辱，诽谤应当放在前边。

关于什么是诽谤，美国纽约州法院作过一个比较准确的界定：第一，有虚假事实；第二，虚假事实须公开，公开就是使第三人知道；第三，行为人至少有过失；第四，行为人没有免责的特权。只要具备了这四个要件，就是诽谤。前提一定是有虚假事实。只要是虚假事实，使第三人知道了，又有过失，故意就更不要说了，又没有免责特权，就构成诽谤，构成侵害名誉权。

名誉权在人格权中是比较特殊，自然人享有名誉权，法人、非法人组织也享有名誉权。前几年 360 公司在上海起诉一个媒体，是法人名誉权被侵害的典型案件，也是我国至今赔偿数额最高的名誉侵权案件，法院最后判决媒体赔偿 360 公司 150 万元。这个案件在怎么确认侵害法人名誉权的问题上，确立了一个标杆，即在界定名誉权保护的时候，不仅要保护自然人的名誉权，也要保护法人和非法人组织的名誉权。

（二）传统媒体侵权责任的认定

《民法典》第 1025 条首先规定的是传统媒体的免责事由，即实施新闻报道、舆论监督等行为，影响他人名誉的，不承担民事责任。这就是免责事由。

其次规定的是媒体侵权行为。本条规定的侵权行为包括：其一，捏造、歪曲事实；其二，对他人提供的严重失实内容没有尽到合理核实义务；其三，使用侮辱、诽谤言辞等贬损他人名誉。

我讲一个典型案例，也是很早以前的案件，是在《民法通则》实施以后不久发生在北京的一个案件。北京一个酱菜厂很有名，卫生部门去检查卫生的时候，在车间里抓了 5 只苍蝇，地下污水淌了很多。卫生检查团批评他们还不服，《北京晚报》就在头版写了一个报道，标题是“苍蝇聚车间，污水遍地流，某某某酱菜厂卫生不合格受处罚”。那时候，《北京晚报》的影响力特别大，北京人上下班等公共汽车时都愿意看。第二天，酱菜厂的销售量立刻就下降了，销售受到严重影响。酱菜厂向法院起诉《北京晚报》社侵权，庭审辩论的时候，主张“苍蝇聚车间，污水遍地流”是诽谤。《北京晚报》社辩称：“苍蝇聚车间”的“聚”，三者为聚，当时就抓了 5 只苍蝇，还不够“聚”吗？说“污水遍地流”，当时检查卫生的时候，车间里有好几个地方往外淌污水，怎么不是遍地流？法院判决酱菜厂败诉，驳回了其诉讼请求。酱菜厂一看没招了，回去赶紧打扫卫生，把卫生打扫好了，又把《北京晚报》的记者请进来检查。记者看卫生确实搞得很好，又给酱菜厂写了一个报道：酱菜厂虚心接受批评，进行卫生整改，卫生合格达标。酱菜厂的销售量又好了。

这个案例说明，媒体的舆论监督就得接受，尽管涉及被监督者的名誉问题，却是合理合法的。

（三）文学作品侵权责任的认定

《民法典》第 1027 条讲的是文学作品侵权责任问题。

认定文学作品的侵权责任，主要讲了两个类型：一是以真人真事或者特定人作为表述对象的侵权责任认定；二是非以特定人为描述对象的侵权责任认定，其实就是“对号入座”。

首先，行为人发表的文学艺术作品，以真人真事或者特定人作为描述对象，含有侮辱、诽谤的内容，侵害他人名誉权的，就要承担侵权责任。

讲一个很典型的案件，是天津法院判的案件。原告叫鲁藜，是延安鲁艺学院的学员，毕业以后就参加革命，解放后在天津当作协副主席，在反胡风反党集团时，被打成胡风反党集团成员，关到监狱里，等到“文化大革命”结束，纠正冤假错案的时候，给他平反了。

这个时候的天津作协副主席叫柳溪，她开着银色的小轿车去把鲁藜从监狱里接出来，两个人都当作协副主席。没多久，柳溪就写了一部中篇小说《男人的弱点》，里头写了一个老革命，从延安鲁艺学院毕业以后如何工作，后来被关到监狱里。小说一开头就说，一个美貌的中年妇女开了一辆银色的小轿车，到监狱里去把那位干瘦的老头给接出来了，等等。小说的标题是《男人的弱点》，给这个老革命写了很多不堪的事情。这部小说里，主要经历全是写鲁藜的故事，除了这些真实内容外，凡是虚构的，几乎都是主人公与异性之间乱七八糟的事情。

鲁藜看到这部小说就火了，质问柳溪为什么诽谤他。柳溪说，我们都是作家，文学作品源于生活，高于生活，怎么能说人物就是你呢？鲁藜向法院起诉，为了证明小说中写的就是他，还拿出了物证，小说里说，主人公在鲁艺学院学习的时候，有一个女同学特别爱慕他，向他求爱，因为已经结婚而拒绝了她。1950 年代初，全国召开第一次文联代表大会，女同学从广西到北京参会，主人公也到北京开会，在会上见面后，女同学给他拿出一个精致的小包，打开一又一层，最后里边是 14 粒红豆，说我自离开你以后，每年给你留一颗红豆，现在都给你吧，今后再也不给你准备红豆了。男主人公拿着 14 粒红豆就哭了。这是鲁藜的真实经历，鲁藜把这 14 粒红豆精心保存起来，连在监狱待了这么多年都没有把它弄丢，他就把这 14 粒红豆给了法院作为物证，证明小说里说的男主人公就是写的鲁藜。天津高级人民法院请示最高人民法院，认为虽然小说不是用他的真实名字，但是男主人公的主要经历都是独特的，是以真人真事或者特定人作为描写对象，有侮辱、诽谤的内容，构成侵权。

其次，也就是这条第 2 款讲的“对号入座”。行为人发表的文学艺术作品不以特定人为描述对象，仅仅其中的情节与该特定人的情况相似，不构成民事责任。其中也有两种情况：一是根本与现实的人无关，是自己“对号入座”。“对号入座”，是指作品中所报道或者描写的人物本不是原告，而原告强硬地根据自己的特点和特征与作品中人物的特点和特征“挂钩”（即“对号”），主张文中描述的人物就是本人（即“入座”），诉求新闻媒体承担媒体侵权责任。二是描写的人物以现实人物为模特，经过加工，已经不再是现实人物的再现，而是经过艺术加工的文学人物。这两种情况都属于“仅其中的情节与该特定人的情况相似”，因而不构成侵害名誉权，行为人不承担民事责任。

（四）荣誉权是不是一个人格权

《民法典》第1031条规定的是荣誉权。荣誉权是最大的一个人格权，因为很多人认为它不是人格权，是类似于身份的问题。由于《民法通则》就这么写了，现在《民法典》也就继续规定为人格权，而且其他国家民法典中也有规定过荣誉权的。

荣誉权保护的是权利人已经取得的荣誉评价利益，任何组织或者个人不得非法剥夺他人的荣誉称号，不得诋毁、贬损他人的荣誉。荣誉权不是取得荣誉的权利。有人向法院起诉，主张自己应当获得这样的荣誉而没有得到，这不是荣誉权保护的问题。有一个案件，原告主张：某油田的一个攻关项目，获得了国家一级科研奖励，奖金有几百万元，自己在项目里发挥了重大作用，却没有被写进科研组名单里，没有获得奖励，因而向法院起诉。这就不是荣誉权保护的对象，而是一个行政上的问题。授不授予、授予谁荣誉，不是法院和法律能解决的问题。

（五）隐私权的概念和保护

《民法典》第1032条和第1033条规定的是隐私权和对隐私权的保护。

一定要特别注意第1032条第2款的规定：“隐私是自然人的私人生活安宁和不愿为他人知晓的私密空间、私密活动、私密信息。”以前讲隐私权中的隐私，基本上没有说私人生活安宁。这一次，特别把私人生活安宁写进隐私的概念里，而且放到隐私权里最重要的地位，特别有价值。为什么要把私人生活安宁写进隐私的概念，并且放在重要位置，就是因为私生活是隐私的核心部分。很多国家规定隐私权，就是规定为私生活权。我们在最后一次讨论人格权编，就是2019年12月的专家讨论会上，讨论这个问题时，私人生活安宁还没被写到这个条文中，我们都认为，应该把私人生活安宁写到隐私的概念中，确认私人生活安宁是隐私的重要内容。《民法典》接受了这个意见，并且把私人生活安宁写到了隐私内容的首位，这是隐私权保护的一个重大进步。

怎么来理解隐私权？隐私权实际上是要保护每一个人的私人生活，要在私人生活和社会公共生活中间设置一个明显的界限，修好一个防护墙，使私人生活与公共生活明显分开。一个人当然离不开公共生活，你可以参加公共生活，但是，当你要回到自己私人生活的时候，隐私权就保持这样一个独处的权利，他人不可以侵害这个权利。《民法典》对隐私权的规定突出了隐私这个概念的特点，把私人生活安宁作为最重要的隐私加以保护。

原来通常说的私密空间、私密活动、私密信息也都放到隐私权中来保护，但是位置在私人生活安宁之后，《民法典》对这个规定得特别明确。隐私权是绝对权，任何组织或者个人不得以刺探、侵扰、泄露、公开等方式去侵害他人的隐私权。

第 1033 条说“除法律另有规定或者权利人明确同意外”，这句话很重要。法律另有规定和当事人自己同意，不管在什么情况下都不构成侵害隐私权，因为权利人自己同意，就没有隐私的问题。

除法律另有规定和权利人同意外，实施下面规定的这些行为，就是侵害隐私权的行为：第一，以电话、短信等等侵扰他人的私人生活安宁，就像我们经常收到的垃圾短信这类，都是侵权行为。第二，进入、拍摄、窥视他人住宅、宾馆房间等私密空间，也是侵害隐私权的行为。第三，拍摄、窥视、窃听、公开他人私密活动，构成侵权。第四，拍摄、窥视他人身体的私密部位，这是侵害身体隐私。第五，处理他人的私密信息。第六，以其他方式侵害他人的隐私权。这些都是侵害隐私权的行为。

（六）有关个人信息的保护

《民法典》第 1034 条规定了个人信息，但并没有把个人信息界定成个人信息权。

大家要特别注意一点，第 1035 条用了一个“处理”的概念，这个“处理”包括个人信息的收集、存储、使用、加工、传输、提供、公开等。原来通常说收集、处理，后来就把这些概念统统涵盖在“处理”中，收集也是处理，存储也是处理，使用、加工等都是处理，就用这一个概念把所有的有关信息的方式都概括进来了。

《民法典》有关个人信息的条文比较多，但是内容比较清晰。第 1034 条规定个人信息受到法律保护，然后规定了个人信息的定义，以及与私密信息的区别。第 1035 条规定，处理个人信息的基本原则是合法、正当、必要，处理个人信息要符合一定的条件。第 1035 条规定的是处理个人信息的行为不构成侵权的事由。第 1037 条规定的是个人信息权利人享有哪些权利。第 1038 条规定的是信息处理者应当承担的义务。这些规定都比较明确。

应当说到的一点，是这里没有规定侵害个人信息的侵权责任。不过，既然给信息处理者规定了应当承担的义务，那么，违反义务的行为人就构成侵害个人信息的侵权责任。

（七）国家机关对掌握的隐私和个人信息应当承担的义务

《民法典》人格权编最后一条，就是第 1039 条，规定的是国家机关、承担行政职能的法定机构及其工作人员，对于履行职责过程中知悉自然人的隐私和个人信息，应当予以保密，不得泄露或者向他人非法提供。这就是国家机关保密义务。既要对他人的隐私进行保密，要对他人的个人信息进行保密。

十几年前，有这样一个事件：有一个人开车行驶在高速公路上，副驾驶上坐的可能是他的女朋友，他一边高速开着车，一边就把手伸到副驾座上这朋友的衣服里，正好被交通违章监控的探头给拍下来了。不知道是哪位工作人员觉得这一画面太有“价值”了，就给发到网上去了。这个行为就是《民法典》第1039条规定的侵权行为，对于这些个人信息，国家机关可以收集，但是不可以处理，不可以公开，公开就是侵权。

第五讲
民法典怎样保护你的身份权

这一讲，我要讲民法典怎样保护民事主体的身份权。说起身份权，很多人还是不太明白这个权利，因为70多年来，都讲婚姻法而不讲身份权。其实，在婚姻家庭领域中，自然人享有的权利就是身份权，是特定的亲属之间的身份地位和权利义务关系，包括配偶权、亲权和亲属权。《民法典》婚姻家庭编规定的民事权利就是身份权。以前的婚姻法还不讲亲属，《民法典》也规定了亲属包括配偶、血亲和姻亲，建立了基本的亲属制度。因此，在亲属领域中，民法典是怎样保护自然人也就是亲属之间的权利的，就是这一讲要说明的问题。这一编的内容比较多，我择其要者，对主要的新规则进行说明。

一、婚姻家庭编关于“一般规则”规定的新规则

（一）关于婚姻家庭法的基本原则

《民法典》第1041条规定的是婚姻家庭的原则，婚姻家庭受国家保护，实行婚姻自由、一夫一妻、男女平等的婚姻制度，保护妇女、未成年人、老年人、残疾人的合法权益。这个条文和原来婚姻法的规定相比较，增加了婚姻家庭受国家保护的规定，这是一个新规则，作为婚姻家庭编的基本原则被规定下来。

我们说，婚姻家庭编调整的就是亲属关系，第1040条明确本编调整因婚姻家庭产生的民事关系，这种民事关系就是亲属关系。亲属关系的基本原则，现在首先确定的就是婚姻家庭受国家保护。

说到这个问题的时候，我想起了一个故事，在《民法总则》通过以后，我给北京市西城区律协的律师讲课，讲完课后我走到马路边等车，一个律师跑得满头大汗追上来了，他说，杨老师我问你一个问题，你们《民法总则》为什么不规定家庭？我们主席从外国访问回来以后他先回哪里？我说回家。他说，那为什么不写家呢？我说，你说得很有道理，应该写家庭。《民法典》最后把婚姻家庭受国家保护写进来

了。婚姻家庭是一个社会的最小的细胞，这个细胞稳定了，整个社会才可能稳定，所以婚姻家庭应当受到法律的特别保护，在整个社会稳定当中发挥最基础的作用，这是婚姻家庭受国家保护的最重要的价值。

本编其他的规则都是原来就有的。一个是实行婚姻自由，这是一个原则。婚姻自由，包括结婚自由和离婚自由，都受法律保障。

其实这里面还有一个婚姻自由，就是订婚也自由。婚约自由、结婚自由、离婚自由，这三个部分才能构成一个完整的婚姻自由制度。虽然我们的婚姻法里不规定婚约，但其实婚约也很重要，不是说婚约是必备形式，而是一旦有了婚约又发生了纠纷以后，怎么去处理纠纷是重要的，应该有规则而我们现在没有规则。还有一夫一妻也是我们的基本原则。

我国实行的是男女平等制度，在婚姻家庭当中同样也是男女平等。在规定婚姻家庭基本原则的时候，还规定了保护妇女、未成年人、老年人、残疾人的合法权益，这也是我国婚姻家庭制度当中最基本的原则。

这些基本原则不仅是本编条文做了原则性的规定，我们还有其他立法，有《妇女权益保障法》《未成年人保护法》《老年人权益保障法》《残疾人保障法》等民法特别法，虽然这些法律当中有一些不属于民法范畴的东西，但是它们还是一个民法的问题，所以这些叫民法的特别法。这里定的原则，贯彻到下面的一些条文当中，另外还有特别法作出特别的规定来。这就是我们这一套婚姻家庭制度当中最基本的规则。

（二）建立收养关系的基本原则是最有利于被收养人

《民法典》第 1044 条规定："收养应当遵循最有利于被收养人的原则，保障被收养人和收养人的合法权益。禁止借收养名义买卖未成年人。"增加了这个条文，是因为把《婚姻法》和《收养法》合成了婚姻家庭编，收养也规定在婚姻家庭编当中，所以要对收养有一个一般性的规定。实际上，收养本来就是婚姻法的内容，但是原来在立法的时候把它们分开了，原《婚姻法》在 1980 年就制定了，后来又涉及收养问题要有法律规定，又在 1991 年制定了《收养法》。

其实，收养的问题不过是亲属法中亲子关系中的一部分，我们现在把收养拿到婚姻家庭编中，只能专门规定了一章，同时增加规定了这样一个基本原则。收养是自然人领养他人的子女，依法创设拟制血亲亲子关系这样一个身份法的行为。依照收养身份法律行为创设的收养关系，拟制血亲的亲子关系是基于收养行为的法律效力而发生的身份法律关系。

收养人为养父或者养母，被收养人为养子或者养女，把自己的子女送养给他人的叫送养人。这种拟制血亲的亲子关系具有与自然血亲同样内容的权利义务关系，养子女的父母子女关系和婚生子女的父母子女关系是一样的，内容一样，只不过一种是自然血亲，一种是拟制血亲。这是讲的收养。

收养行为在法律上的特征是什么？第一，收养是身份法的行为，是要式行为，必须通过协议，然后还要经过登记。第二，收养的行为人应当是具有特定法律身份的人，这讲的是收养人。《民法典》第1098条规定了收养人应当同时具备下列条件：无子女或者只有一名子女；有抚养、教育和保护被收养人的能力；未患有在医学上认为不应当收养子女的疾病；无不利于被收养人健康成长的违法犯罪记录；年满30周岁。第三，收养行为的法律后果是养子女与生父母以及其他近亲属间的权利义务关系因收养关系的成立而消除。养子女与原来生父母的自然血缘关系虽然还存在，但是不再作为主要的亲属关系了。

收养通常是为了满足收养人没有子女而渴望收养子女、组建完整的家庭的愿望，即使有这样的正当目的，也必须依照收养的法律要求来进行。

任何被收养人都是独立的个体，都是具有人格尊严的民事主体，应当受到尊重。由于被收养人多数都是未成年人，是国家和民族的未来和希望，必须以最有利于他们健康成长为原则来使他们的合法权益得到保障。只有符合这样要求的收养行为才是法律承认的收养。所有收养关系的核心宗旨就是保护被收养人的合法权益。

依照民法公序良俗原则的要求，实施收养行为必须依法办事，尊重当事人的意志，遵守社会公德，不能违反善良风俗，对收养当事人的行为应当加以必要的约束，不能妨碍社会公德和社会秩序。在现实生活当中存在借口收养而买卖未成年人的丑恶现象，必须严厉禁止打击借收养名义买卖未成年人的违法犯罪行为。其实收养行为设立一个身份，法律行为原则上是当事人合意，这里的合意就是建立起亲属身份关系。由于我国人口众多，城乡情况特别复杂，所以收养要按照法律规定进行，避免出现利用收养关系达到一些不正当目的的行为。在这种情况下，要强调保护被收养人的合法权益，这是我们最基本的宗旨。

（三）关于亲属、近亲属和家庭成员的规定

《民法典》第1045条规定了很复杂的内容，分成以下几款：第1款规定亲属的范围，亲属包括配偶、血亲和姻亲。第2款规定近亲属的范围，配偶、父母、子女、兄弟姐妹、祖父母、外祖父母、孙子女、外孙子女为近亲属。第3款规定，配偶、父母、子女和其他共同生活的近亲属为家庭成员。可以看到，在这个条文中，规定了亲属、近亲属和家庭成员的概念，并且对这三个概念进行了界定。

第1款规定的是亲属。在以往的婚姻法当中，从来没有规定亲属的概念。“婚姻法”这个名词也是我们一直坚持使用的一个错误用法。民法规定亲属关系的这部分叫亲属编，就是亲属法。原来在苏联民法当中，婚姻家庭法不是私法，所以从民法当中分离出来，成为一个独立的法律，单独制定《婚姻和家庭法典》。我国在1950年制定婚姻法的时候，就叫《婚姻法》了，好像这个法就只是管婚姻的，1980年重新制

定《婚姻法》的时候，仍然延续了这个名称。

对于这一部分内容，其实准确的称谓应该是亲属法。这一次在编纂《民法典》的时候，把这一部分叫作婚姻家庭编，其实用的还是苏联的称谓。以前在《婚姻法》当中没有规定亲属，界定亲属的时候只能按照学理解释来界定。这一次，《民法典》总算把亲属的概念写进来了。

大家看到，亲属包括配偶、血亲和姻亲。在理论上界定，亲属就是因为婚姻、血缘和法律拟制而产生的人与人之间的特定身份关系，以及具有这种特定身份关系的人相互之间的称谓。

亲属的含义是什么呢？

第一个含义，亲属是一种人与人之间的社会关系。这种社会关系是因为婚姻、血缘和拟制血缘而产生的，在这个含义上使用亲属的时候，是指的亲属身份关系，是亲属之间的权利义务构成的法律关系。

第二个含义，亲属是标志着具有亲属身份关系人的特定身份，是人与人之间的一种特定身份。这种身份是固定的，只要亲属关系存在，这种特定身份就不会改变，亲属之间就不能互相更换位置而改变身份。在这个含义上的亲属概念，标志着亲属之间的不同身份地位以及亲属身份关系的远近亲疏。

第三个含义，亲属也是具有亲属身份关系的人相互之间的共同称谓。亲属因其身份的不同、因其亲属身份关系的远近亲疏不同，而有不同的称谓。在这种含义上使用亲属的时候，实际指的是亲属之间的称谓。

这次《民法典》规定了亲属包括配偶、血亲和姻亲，概括了亲属的三个基本的类型。

第一种亲属是配偶。配偶是关系最为密切的亲属，是因男女双方结婚而产生的亲属，这种亲属是血亲的源泉，是姻亲的基础。配偶的亲属身份始于结婚，终于配偶一方死亡或者离婚。

第二种亲属是血亲。血亲是有血缘联系的亲属，是亲属当中最主要的部分，血亲分为自然血亲和拟制血亲。

自然血亲是指出于同一祖先有血缘联系的亲属，比方说父母、子女，祖父母、外祖父母与孙子女、外孙子女，兄弟姐妹。

拟制血亲是指本无血缘联系，或者没有直接的血缘联系，经过法律确认，与自然血亲有同等权利义务的亲属。拟制血亲一般是因收养而产生，在养父母和养子女之间产生了父母子女的权利义务关系。

自然血亲还分为直系血亲和旁系血亲，直系血亲是有直接血缘关系的亲属，包括生育自己和自己生育的上下各代的亲属。旁系血亲是只有间接血缘关系的亲属，与自己同出一源的亲属。父母子女是直系血亲，兄弟姐妹就是旁系血亲。

第三种亲属是姻亲，是指以婚姻为中介而产生的亲属关系，配偶一方与另一方的血亲之间就是姻亲关系，例如公婆与儿媳，岳父母与女婿。

我们中国的姻亲分为三类：第一种是血亲的配偶，就是指自己的血亲，包括直系血亲和旁系血亲的配偶，比方说儿媳妇、弟媳妇；第二种是配偶的血亲，是指配偶的直系血亲和旁系血亲，比方说配偶的父母，配偶的兄弟姐妹；第三种是配偶的血亲的配偶，是指自己配偶的血亲的夫或者妻，例如小舅子媳妇。

第 2 款规定的是近亲属。关于亲属的亲疏远近，国外用亲等来表示，但是我们中国从 1950 年开始就没有用亲等的方式来表示，用了一个“三代以内的直系血亲”来表述，还用了一个近亲属的概念，只有在近亲属之间才发生权利义务关系，超出了近亲属范围之外的亲属，就没有权利义务关系。

这个规定是一个不好的规定，在与国外的民法学家交流的时候，我们讲近亲属，外国人就说近亲属是什么意思，听不懂。那么，有近亲属就应当有“远亲属”，“远亲属”就没有权利义务关系，近亲属才有权利义务关系。

我们的近亲属包括三代，祖父母外祖父母、父母和子女，就这三代以内，除了这个以外，还包括兄弟姐妹。我个人觉得，这个近亲属的范围太窄了。

人生在世，追求四世同堂。但是有了四世同堂的时候，可以看到，除了一个祖父母以外，还有一个曾祖父母，但是对不起，曾祖父母和曾孙子女之间没有权利义务关系。这四代人在家里一起生活，最亲近的恐怕就是曾祖父母和曾孙子女了，但是，根据我们近亲属的规定，他们不是近亲属，他们之间没有权利义务关系。而在中华民族的生活习惯当中，通常讲五代以内，所以五代以内的亲属都应当有权利义务关系。我们原来的《婚姻法》只规定了一个三代以内，近亲属范围由此就形成了目前这种情况。

总之，按照现在的规定，近亲属就是限制在配偶、父母、子女、兄弟姐妹、祖父母、外祖父母、孙子女、外孙子女的范围内，他们是近亲属，他们之间产生权利义务关系，超出这个范围的就没有权利义务关系，只能这么去理解。

第 3 款规定了家庭成员。在婚姻家庭编当中没有规定家庭的概念，但是规定了家庭成员的概念。

家庭成员是什么意思呢？配偶、父母、子女和其他共同生活的近亲属为家庭成员。首先要求必须是近亲属，曾祖父母、曾孙子女即使在一起共同生活，也不属于家庭成员。

《民法典》第 1045 条规定了亲属、近亲属、家庭成员这样三个基本概念，构成我国婚姻家庭法最基本的范畴。

二、婚姻家庭编关于结婚的新规则

（一）禁婚亲

《民法典》第 1048 条规定，直系血亲或者三代以内的旁系血亲禁止结婚。这叫禁婚亲，就是不准结婚的亲属。这个条文和《婚姻法》第7条相比，少了一个内容，就是删除了“患有医学上认为不应当结婚的疾病”，这个是禁婚疾病的内容。原来这一条，既规定了禁婚亲，又规定了禁婚疾病。

1950年制定的《婚姻法》讲禁婚疾病，比方说麻风病等疾病是不准结婚的，因为传染病会造成疾病的传播。1980年《婚姻法》也仍然这样规定。这一次编纂《民法典》时，就把禁婚疾病给删除了，改用可撤销婚姻的方法来处理它。

这一部分是说，你有病是有病，但是，今天医学发展到了这个程度，也不一定怎么样，都可以治疗，就看双方愿意不愿意结婚了。这一部分还有另外的规定，我们到后面再说。

禁婚亲就是禁止结婚的血亲，是说法律规定禁止结婚的亲属范围，禁止一定范围内的亲属去结婚。其实这个现象在原始社会就存在，因为人群在一起生活的时候发现一个规律，近亲结婚后会发生遗传疾病，所以后来禁止了一定范围的亲属的两性结合。后来到了个体婚时代，人类就有意识地通过立法来禁止近亲结婚。我们的禁婚亲是什么？直系血亲是不可以结婚的，也就是说祖父母外祖父母、父母、子女之间是不可以结婚的。这个规定重点的部分其实是规范三代以内的旁系血亲。三代以内的旁系血亲，主要讲的就是兄弟姐妹以及姑舅亲、表叔伯子女之间这样关系的亲属。过去有一个说法，叫“姑舅亲、姑表亲，打断了骨头连着筋”，姑舅亲结婚就叫“亲上加亲”。但是，后来发现姑舅亲、姑表亲是近亲，结婚会有麻烦，这些三代以内的旁系血亲也就被禁止结婚了。

三代以内的旁系血亲和直系血亲怎么去区分呢？中国现在的方法叫世代计算法，凡是出自同一祖父母、外祖父母的血亲，都是禁婚亲，都不可以结婚。

三代以内的旁系血亲是什么？一是兄弟姐妹，二是叔伯姑与侄子女、舅姨与外甥、外甥女，三是堂兄弟姐妹和表兄弟姐妹，这些都是不可以结婚的。

有一个问题：拟制血亲是不是属于禁婚亲？对此，各国规定不同，《民法典》婚姻家庭编没有规定，它的前提就在于拟制血亲，原则上没有血缘关系，是法律拟制成了一个血亲。现在实务中通常的做法是，对属于拟制血亲的这种亲属，如果要结婚，以这个身份不行，必须把收养关系解除，解除了以后，双方之间没有亲属关系了，就可以结婚了。关于拟制血亲结婚虽然在法律上没有规定，但是在现实生活当中就是这样操作的。

原《婚姻法》第7条有一个第2项：患有医学上认为不应当结婚的疾病，也禁止结婚。这样的规定过于严厉，限制了当事人的权利。《民法典》此次立法，增设条文作出专门规定，一方患有重大疾病，可以作为可撤销婚姻的事由，让当事人自己来决定是否请求撤销。

（二）结婚程序

现在来说《民法典》第1049条的规定，这个条文的内容是：“要求结婚的男女双方应当亲自到婚姻登记机关申请结婚登记。符合本法规定的，予以登记，发给结婚证。完成结婚登记，即确立婚姻关系。未办理结婚登记的，应当补办登记。”这就是关于结婚的法律要求。

这个要求里的新规则是什么呢？它改变了原《婚姻法》第 8 条关于取得结婚证即确立夫妻关系的规定，新规则是完成结婚登记即确立婚姻关系。这是一个重要的改变。

过去说，拿到结婚证了就建立了婚姻关系，其实是不符合民事法律行为登记的要求的。如果一个民事法律行为需要登记，在登记簿上登记，其实就确立了这种民事法律关系。比方说物权登记，物权登记的效力始于登记簿上的登记，还是始于发给权利人物权证书，大家当然知道，肯定是登记，登记簿上一登记，就发生物权变动的效力。过去《婚姻法》在这个问题上没有搞清楚，规定发证才发生法律效果，是觉得登记别人不知道，登记完发给登记证书，才被大家知道。

婚姻登记的效力发生，是在登记簿上登记的时候，这跟物权登记性质其实是一样的，就是来确认当事人这样一个民事法律行为是有效的，登记就发生了效力。结婚也是一个民事法律行为，是身份法律行为，所以这个规定才真正符合登记效力发生时间的要求。

对于婚姻的成立，我国采取登记制，要求结婚的男女双方必须亲自到婚姻登记机关进行登记，符合法律规定就给登记，发给结婚证。所以结婚登记是婚姻关系成立的唯一的形式要件，是结婚的法定程序，它的意义在于，只有在履行了法律规定的结婚程序，即进行结婚登记之后，婚姻才具有法律上的效力，才能得到国家和社会的承认。

登记制对于保障婚姻自由、一夫一妻、男女平等婚姻制度的实施，对于保护婚姻当事人的合法权益，具有重要意义。

结婚登记的具体程序是，首先要求结婚的男女双方应当亲自到婚姻登记机关申请结婚登记，符合《民法典》规定要求的，结婚登记机构就予以登记，发给结婚证，双方完成结婚登记就确立了婚姻关系。没有办理结婚登记的男女，如果要得到法律的保护，确认他们之间的婚姻关系，也必须进行登记，哪怕是事实婚姻关系也应当补办登记，才能够真正成为法律上的夫妻，法律才承认是夫妻关系。

关于我们现在的登记，我个人还有两个疑问。

一是事实婚姻的问题。事实婚姻是两个人以夫妻名义同居生活，但是没有去办理结婚登记。我们现在对事实婚姻的法律态度是什么呢？民法说，没有登记就不承认是婚姻，法律就不保护；刑法说，只要是有事实婚姻，又去跟他人同居或者结婚，或者已经结婚了，又跟别人构成事实婚姻，都构成重婚；甚至在认定离婚损害赔偿的重婚中，也认可事实婚姻构成重婚。在一个国家的法律体系里，民法不认可事实婚姻，但是刑法认可事实婚姻；即使在民法领域内，也有认可的、不认可的。我觉得，这种矛盾的状态应该有所改变，起码在事实婚姻中以夫妻相称，只是没办手续的，去补办就完了，还应该确认人家是婚姻关系。但是现在法律不是这么规定的。

二是同居的问题。同居有一个特点，是双方不以夫妻的名义共同生活，只是一男一女共同生活，相互之间也没有特定的权利义务关系。这种情况，年轻人有，老年人也有。单身的老年人在一起同居，不去登记结婚，会避免很多麻烦。两个人在一起住两天发现不合适，然后就去离婚，这太费劲了。所以，现在不少单身老年人采用的都是同居方式。

关于同居，很多国家的民法确认它是一种男女性结合的方式，法律也确认对同居双方给予保护；对于同居者生了孩子以后，怎么去认定子女的地位也有规定。在《民法典》编纂过程中，讨论婚姻家庭编时，也有很多讨论者主张对同居作出一个规定，但是，立法机关坚持称时机不成熟，还不能作这样的规定。而在社会生活中，同居已经是很普遍的现象了，立法对此不闻不问是否合适？我觉得还是可以商榷的。

（三）胁迫婚姻的撤销权及除斥期间

《民法典》第 1052 条规定："因胁迫结婚的，受胁迫的一方可以向人民法院请求撤销婚姻。""请求撤销婚姻的，应当自胁迫行为终止之日起一年内提出。""被非法限制人身自由的当事人请求撤销婚姻的，应当自恢复人身自由之日起一年内提出。"这一条规定的就是胁迫婚姻的可撤销。

这个条文与原《婚姻法》比，以及与原来的民法典草案的规定相比，最明显的变化是删除了婚姻登记机构可以受理这种胁迫结婚的撤销请求，登记机构自己就可以撤销婚姻。原来的这个规定是不对的，因为这是司法权的问题，不是行政权的问题。

我们在立法讨论的时候，多次提出婚姻登记机构没有这样的权力。一个可撤销的民事法律行为，撤销还是不撤销，这是法院说了算的事情，婚姻登记机构怎么可以就给撤销了呢？就像物权登记机构把一个物权给登记了，后来发现错了，它可以自己撤销吗？不可以。必须由当事人提出异议登记，然后向法院去请求，经过法院裁判才可以撤销。要不然的话，怎么保持物权登记的权威性和公示效力呢？

《民法典》第 1052 条最后确定了受胁迫的一方可以向人民法院请求撤销婚姻，从此把婚姻登记机构的这个权力排除掉了。这是一个非常好的做法。

这个条文的主要含义是什么呢？就是胁迫结婚，跟《民法典》总则编规定的胁迫行为一样，是一个可撤销的行为。存在胁迫结婚的，被胁迫的这一方当事人享有撤销权，其行使撤销权，就可以请求人民法院撤销婚姻。构不成胁迫的，当然就不是这个后果了。所以，这里规定了因胁迫结婚，受胁迫的一方可以向人民法院请求撤销婚姻，最后是要法院来判决的。

这个权利既然是一个撤销权，是一个可以撤销身份的法律行为，那么，它就要有除斥期间的约束，也就是本条规定的：请求撤销婚姻的，应当自胁迫行为终止之日起一年内提出。这个规则跟《民法典》总则编的规定是一样的，都是在一年之内行使撤销权，都是一个除斥期间，期限也是一年。在起算上，《民法典》总则编规定，如果是胁迫行为，其撤销权的除斥期间在起算上跟其他可撤销行为的撤销权的除斥期间起算是不一样的，即撤销胁迫婚姻的除斥期间，一定要在胁迫行为终止之日起才可以起算。被非法限制人身自由的当事人请求撤销婚姻的，应当自恢复人身自由之日起一年内提出。比方说买卖婚姻，拐卖妇女卖给人家当老婆，结婚了，也登记了，要是从这时起算一年，肯定是对权利人不利，无法保护被拐卖妇女的权利，她被限制了人身自由，不能提起撤销婚姻的这样一个诉求。只有当她恢复人身自由的时候，才可以开始计算除斥期间，从这时候开始算一年以内提出撤销就可以了，超过一年，撤销权就消灭了。

这里也有一个问题，《民法典》总则编规定，不知道自己受到侵害的，最长的除斥期间是 5 年。立法讨论时，我们就提出一个问题：这五年是最长期间，但如果受胁迫人的人身自由一直受到限制，都超出 5 年了，那么，这个时候是用 5 年，还是要求重新计算的一年呢？这个问题需要司法解释来解答，是立法没有明确的问题。我觉得，应该还是按照明文规定这样去理解，就被非法限制人身自由的当事人请求撤销婚姻的，应当自恢复人身自由之日起一年内提出。即使超出了 5 年，也应当用这一个规则来确定它的除斥期间，不然的话，就会损害被胁迫一方当事人的合法权益。

（四）隐瞒重大疾病的撤销权及除斥期间

《民法典》第 1053 条规定的内容是：一方患有重大疾病的，应当在结婚登记前如实告知另一方；不如实告知的，另一方可以向人民法院请求撤销婚姻。请求撤销婚姻的，应当自知道或者应当知道撤销事由之日起一年内提出。这是把重大疾病从禁婚疾病的范围里删除了，增加的这一条规定，把它变成了由当事人自己选择的可撤销的一个事由，与原《婚姻法》第 7 条和第 10 条规定相比，这是一个新规则。

首先，应当搞明白什么叫重大疾病。对重大疾病，法律没有明确规定，原《婚姻法》规定禁婚疾病的时候，通常认为是为了防止和避免疾病的传染和遗传，也没有明确规定什么算重大疾病。学理认为，禁止结婚的疾病分成两种：一种是精神性的疾病，比如精神病等；另一种是传染性的疾病或者遗传性的疾病，比方说麻风病、艾滋病。前者考虑的是夫妻的行为能力和精神病的遗传，后者则是为了避免传染和遗传。至于哪些疾病不能结婚，法律也没有明确规定，应当以医学上的鉴定为准。在医学上对于重大疾病没有统一说法之前，可以按照上述范围来理解精神性疾病和传染性、遗传性疾病，这些都属于重大疾病的范围。

在缔结婚姻关系的时候，一方当事人患有上述重大疾病，虽然不再属于禁止结婚的范围，但是在结婚时其负有向对方当事人告知的义务。在结婚登记前如实告知另一方，对方仍然同意结婚的，当然可以缔结婚姻关系。患病的一方当事人如果未尽到这种告知义务，或者不如实告知，另一方当事人在结婚以后就享有撤销权，可以向人民法院请求撤销该婚姻关系。

隐瞒重大疾病的撤销权也受到除斥期间的限制，除斥期间是一年，从权利人知道或者应当知道撤销事由之日起算。结婚以后发现对方有重大疾病，就是从知道了或者应当知道的时候开始计算除斥期间。超过一年的除斥期间，重大疾病的撤销权就消灭，权利人不得再提出撤销婚姻的请求。如果权利人一直不知道或者不应当知道，这个时候就适用《民法典》总则编关于当事人的民事法律行为发生之日起，5 年内没有行使撤销权的，撤销权消灭的规定。超过 5 年的，不得再主张撤销这种隐瞒重大疾病建立起来的婚姻关系。

三、婚姻家庭编关于家庭关系的新规则

（一）共同亲权

《民法典》第 1058 条规定：“夫妻双方平等享有对未成年子女抚养、教育和保护的权利，共同承担对未成年子女抚养、教育和保护的义务。”这个条文规定的是共同亲权原则。原《婚姻法》对此没有规定，这是我国立法上第一次规定共同亲权的原则。

亲权是身份权当中的一种权利，后者还包括配偶权和亲属权。亲权是父母与未成年子女相互之间的身份地位和权利与义务，主要是指父母对未成年子女在人身和财产方面的管教和保护的权利和义务。

在近代法上，亲子关系中最重要、最核心的部分就是亲权，亲权在过去不是共同亲权原则，而是一个父权主义原则，叫父权专制原则。父权专制原则是男女不平等的产物，体现了亲属法上的人格不平等。它不只是古代父权加夫权的原则，近代资产阶级民事立法当中，父权专权原则仍是亲权的原则。到了现代，男女平等，亲权也平等了，亲权就变成了父母共同行使的权利，由此就确定了共同亲权原则。

什么叫共同亲权？就是亲权由父母共同行使，亲权的行使应当由父母共同的意思来决定，并对外共同代理子女。共同亲权原则，对抗的是父亲专权原则。

共同亲权原则的内容包括这么几点：第一，亲权为父母平等的权利。父母之间没有谁高谁低，不是父亲说了算，也不是母亲说了算。第二，亲权为父母共同的权利，它是一个整体的权利，父和母是共同亲权人，而不是将亲权分割由父或者母分别行使，分别享有。第三，亲权的行使由父母共同为之，行使的时候应当由父母共同的意思来决定，单独行使符合配偶的相互代理权的也是有效的。父母的一方违背

另一方意思表示的亲权行为无效。

父母共同行使亲权原则，以父母间有婚姻关系存在为前提，因而在父母离婚后，亲权由与未成年子女共同生活的一方行使，对非婚生子女亲权由母亲行使。非婚生子女被认领以后，亲权才为父母共同行使。

父母共同行使亲权，如果出现意思表示不一致的时候，有这么几个规则：

首先，一般是父母的意思表示一致，或者一方违反他方的意思，虽然有争议，但是还不至于引起法律上的问题，这是一般性的问题。

其次，重要事项如果父母意思表示不一致，无法共同行使亲权原则时，必须采取妥善的对策。在实务中应当坚持父母协商的原则，在重大问题上父母争议无法统一时，应当准许亲权一方向法院起诉，由法院依照子女利益最大原则作出判决，这就是行使共同亲权原则的具体方法。

（二）家事代理权

《民法典》第 1060 条规定："夫妻一方因家庭日常生活需要而实施的民事法律行为，对夫妻双方发生效力，但是夫妻一方与相对人另有约定的除外。""夫妻之间对一方可以实施的民事法律行为范围的限制，不得对抗善意相对人。"这是规定的夫妻日常事务代理权，也有人把它叫作家事代理权。原《婚姻法》对此没有规定，这是中国法律第一次规定家事代理权。

原《婚姻法》没有规定家事代理权，有人认为该法第 17 条第 2 款夫妻对共同所有的财产有平等的处理权的规定里，包含了家事代理权的内容。其实，这是一种扩大解释，从这个条文里看不出有家事代理权的内容。

日常事务代理权也称作家事代理权，是配偶一方在与第三人就家庭日常事务实施一定法律行为的时候，享有代理对方权利行使的权利。日常事务代理权行使的法律后果，是配偶一方代表家庭所为的行为，对方配偶须承担后果责任，配偶双方对其行为应当承担连带责任。家事代理权与表见代理相似，可以用表见代理的原理作为解释的基础，它的目的在于保护无过失第三人的利益，有利于保障交易的动态安全。

家事代理权适用表见代理的原理，目的在于保护无过失的第三人利益。在英美法国家，规定妻子以丈夫的信用与其他商人交易，只要丈夫未表示反对者，法律就认为其有代理权，这些都是关于家事代理权的规定。

家事代理权的性质是法定代理权的一种，非有法律的规定不得加以限制。日常事务的范围，包括夫妻家庭共同生活一切必要的事项，比方说购物、保健、衣食、娱乐、医疗、雇工、接受馈赠等都包括在内。一般认为家庭对外经济活动不在家事代理权的范围，好像说起来不是一个家事的问题。家事代理权的行使应以配偶双方的名义进行，配偶一方以自己的名义进行的，仍然是有效的。配偶二人基于夫妻共同财产制来共同承担行为后果，取得权利或者承担义务，假如夫妻关于财产的问题有其他约定，从其约定，就按照约定来处理。

对于配偶一方超越日常事务代理权的范围，或者滥用家事代理权，另一方可以因违背其意思表示而予以撤销，但是行为人的相对人如果是善意无过失的，则不得撤销，因为要保护善意第三人的合法权益。

家事代理权的行使规则有这么几点：

第一，代理的事务限于家庭日常事务，比如一家的食物衣着用品的购买、保健、娱乐、医疗、子女教养，家具以及日常用品的购置、保姆和家庭教师的聘用、亲友的馈赠、报纸杂志的订阅等都包含在内。对于这些事务，夫妻间均有代理权，一方不得以不知情而推卸共同责任。

第二，关于紧迫情形处理的代理权推定，代理权的范围可以适当扩张，推定有代理权。夫妻一方在紧迫情况下，如果为婚姻共同生活的利益考虑，某项业务不容延缓，并且他方配偶因疾病缺席或者类似原因，无法表示同意时，可以推定夫妻一方对超出日常事务代理权限范围的其他事务的代理有代理权。

第三，其他事务的共同决定，超出上述范围的婚姻事务、家庭事务应当由夫妻双方共同决定，不得由一方单独决定。

第四，第三人无辨认配偶一方是否有代理权的责任。如果配偶中任何一方实施的行为为个人责任，但是这个行为无法使第三人辨别是否已经超越日常代理权的，他方配偶就应当承担连带责任。

这是讲家事代理权的四个方面。

夫妻一方如果滥用日常事务代理权，他方可以对其代理权加以限制。为了保障交易的安全，保护善意第三人的合法利益，对这种限制不得对抗善意第三人。

家事代理权也依照一定的事实而消灭，这种消灭分为一时消灭和永久消灭两种情形。

日常家务代理权一时消灭，例如无正当理由拒绝同居，而分居者分居期间就没有代理权了，恢复共同生活，就恢复共同代理权。因一方滥用代理权而被对方予以限制的期间，家事代理权也一时消灭。这是讲的一时消灭代理权。

家事代理权的永久消灭，比方说离婚、婚姻因无效而被撤销、一方配偶死亡，这些都永久地消灭家事代理的权利。

（三）夫妻一方个人财产

《民法典》第1063条规定：“下列财产为夫妻一方的个人财产：（一）一方的婚前财产；（二）一方因受到人身损害获得的赔偿或者补偿；（三）遗嘱或者赠与合同中确定只归一方的财产；（四）一方专用的生活用品；（五）其他应当归一方的财产。”这些内容在原《婚姻法》中也有规定，但是写到《民法典》当中，特别强调了一方因受到人身损害获得的赔偿和补偿属于夫妻一方的个人财产，不作为夫妻共同财产来对待。

我原来在最高人民法院当审判员的时候，处理过一个案件，福建有一个女性原告受了重伤，一下赔了四十几万元。在1990年的时候，四十多万元是一个天文数字。女方害怕丈夫跟她离婚，把这个钱也分走一半，就把这个钱就藏起来了。在当时，是第一次提出这样的问题：个人因人身伤害获得的赔偿能是共同财产吗？当时好像都认为这是共同财产。后来大家才认识到，这种赔偿或者补偿是具有人身性质的，应该是属于个人的，是对个人的赔偿。现在明确规定，这是个人财产，而不是夫妻共同财产。

综合起来说，说到法律保护夫妻一方的个人财产，是从1980年《婚姻法》以后才开始的，以前不太尊重夫妻的个人财产。现在明确了，属于配偶一方的财产就归个人所有，不认为是夫妻共同财产。

夫妻个人财产的范围是什么呢?

第一，就是婚前个人财产。婚前个人财产永远是自己的财产，不能够成为夫妻共同财产。在20世纪90年代的时候曾经有过一个司法解释规定，夫妻一方的个人财产，婚后共同生活满8年的不动产就变成共同财产，满4年的动产就变成共同财产。一开始还觉得这是一个保护双方当事人的新规定，但是后来发现这个规定是不尊重个人财产，后来在2001年修改《婚姻法》的时候，就把这个规定彻底废除了。要尊重个人财产的属性，夫妻一方婚前的财产永远是个人财产，根本就不存在一个转化的问题。

第二，就是一方因人身伤害获得的医疗费、残疾人生活补助费等这些赔偿和补偿的费用，都具有鲜明的人身性，不属于夫妻共同财产。

第三，就是遗嘱或者赠与合同中确定只归夫或妻一方的财产，比如继承，明确说这就是给个人继承，或者说赠与人赠与的时候就是给个人的赠与，这种也是个人财产，也是体现了财产所有人支配财产的真实意思，不能作为共同财产来对待。

第四，是指一方专用的生活用品，比方说个人衣物、书籍资料等等，都具有个人的属性，是属于个人财产。在离婚纠纷当中争夺这些财产的也不在少数，在生活物品中应当注意贵重物品和其他奢侈品要另外考虑。比方说一方专用的生活用品，价值几十万元的一个钻戒，这个看起来是生活用品，但是它价值特别高，要说是个人财产，对方可能在计算上就有点吃亏，那么这个部分应该妥善处置，完全归一方所有有些不公平，起码这个几十万的钻戒归个人的话，在其他财产的分配上应该有相当的补偿。

第五，就是其他应当归一方所有的财产。比方说，婚前个人财产增值的部分，如复员转业军人的复员费、转业费，医疗补助费、回乡生产补助费永远是个人所有的，还有夫妻一方的人身保险金，与个人身份密切相关的奖品、奖金，国家资助优秀科学工作者的科研津贴，一方的创作手稿文稿，艺术品设计图等等，这些都归个人所有。

应当强调，在这些夫妻个人财产当中，一方因受到人身伤害获得的赔偿和补偿，是因受到人身伤害而得到的人身损害赔偿金、精神损害赔偿金和相关的补偿费。这种财产具有人身性质，是救济人身损害而获得的财产，赔偿和补偿是对当事人人身伤害损失的救济，是用于保障受害人生活的基本费用，应当归个人所有，不能作为夫妻共同财产。

（四）夫妻共同债务

《民法典》第1064条规定："夫妻双方共同签名或者夫妻一方事后追认等共同意思表示所负的债务，以及夫妻一方在婚姻关系存续期间以个人名义为家庭日常生活需要所负的债务，属于夫妻共同债务。""夫妻一方在婚姻关系存续期间以个人名义超出家庭日常生活需要所负的债务，不属于夫妻共同债务；但是，债权人能够证明该债务用于夫妻共同生活、共同生产经营或者基于夫妻双方共同意思表示的除外。"这个条文规定了夫妻共同债务的范围。

原《婚姻法》没有作这样的规定，后来最高人民法院在《关于适用〈中华人民共和国婚姻法〉若干问题的解释（二）》第24条，规定了夫妻共同债务的范围，引起了很强烈的反响。很多人反对这个条文，要求最高人民法院修改这个规则。最高人民法院修改过一次，还有意见，又修改了一次。现在《民法典》的条文大体上和最高人民法院最后的修改条文是差不多的。

在编纂《民法典》的过程中，关于在婚姻家庭编里要不要规定夫妻共同债务的规则，有不同意见。我其实不主张规定，因为这是个司法问题，是一个实际操作的问题，《民法典》规定夫妻共同财产的一般规则就行了，具体在司法实践中法院去怎么掌握，按照法院的意见去办。后来很多人都要求，必须在《民法典》中写这个规则，要明确规定夫妻共同债务是以夫妻共同财产作为一般财产担保，在夫妻共有财产的基础上设定的债务，包括夫妻在婚姻关系存续期间，为解决共同生活所需的衣食住行、医疗，履行法定抚养义务，必要的交往应酬，因共同生产经营活动等所负的债务，为抚育子女、赡养老人、夫妻双方同意资助亲朋等所负的债务。夫妻共同债务与夫妻个人债务相对应，夫妻个人债务由个人承担，夫妻共同债务由夫妻共同承担。

本条规定的确定夫妻共同债务的规则，是夫妻双方共同签字或者夫妻一方事后追认等共同意思表示确认的债务，以及夫妻一方在婚姻关系存续期间，以个人名义为家庭日常生活需要所负的债务，都属于夫妻共同债务。

具体的要求是这样：

一方面，夫妻双方共同签字或者夫妻一方事后追认等共同意思表示所负的债务，法律准许夫妻双方对财产的所有关系进行约定，也包括对债务的负担进行约定，双方约定个人负担的债务就是个人债务，约定个人债务可以与财产所有的约定一并约定，也可以单独就个人债务进行约定。举债的时候，如果没有夫妻的共同约定，但是在举债之后，对方配偶追认是夫妻共同债务的，当然也是夫妻共同债务，这是一方面。

另一方面，夫妻一方在婚姻关系存续期间，以个人名义为家庭日常生活需要所负的债务，包括为保持配偶或者其子女的生活发生的债务，为履行配偶双方或者一方的生活保持义务产生的债务，比方说购置家庭生活用品，修缮家庭房屋、支付家庭生活开支，夫妻一方或者双方乃至子女治疗疾病，生产经营，以及其他生活所必需而负的债务，为抚育子女、赡养老人、夫妻双方同意而资助亲朋所负的债务，也是夫妻共同债务。

夫妻一方在婚姻关系存续期间，以个人名义超出家庭日常生活需要所负的债务，不属于夫妻共同债务。比方说一方未经对方同意，擅自资助与其没有扶养关系的亲朋所负的债务；一方未经对方同意独自筹资从事经营活动，其收入确实没有用于夫妻共同生活所负的债务；个人实施违法行为所欠的债务；婚前一方所欠的债务；婚后一方为满足个人欲望，确实与共同生活无关而负的债务等，这些都属于个人债务。

为保护债权人的合法权益，这个条文当中特别规定："债权人能够证明该债务用于夫妻共同生活、共同生产经营或者基于夫妻双方共同意思表示的除外"。在这种情况下把举证责任交给了债权人：债权人主张说是共同债务，要是能够证明是共同债务，那就是共同债务；要是证明不了就是夫妻个人债务。

对这个条文，我个人持有怀疑态度，因为这个规则存在一个有可能被利用来逃债的问题，对保护债权人不利。夫妻一方为经营活动举债，原本对方配偶是知情的，或者经营活动的所得用于家庭共同生活，但是，在债权人主张清偿债务时，该方配偶主张不知情，或者主张没有把经营活动所得用于夫妻共同生活，因而认为是夫妻一方债务，而不是夫妻共同债务。

对这个问题，应该从三个方面解决：

第一，向夫妻一方出借借款，出借人应当对借贷的一方提出要求，这个要求就是对方配偶要签字，需要去承诺借款，否则我就不借给你，这是一个办法。

第二，出借人应当尽可能地保留夫妻共同债务的证据，例如把经营所得收入用于夫妻共同生活的证据，以对抗借款人否认夫妻共同债务这样的主张。

第三，法官在审查这类案件应当查清事实，避免借款人借故逃避债务，保护好债权人的利益。

（五）婚姻关系存续期间分割夫妻共同财产的事由

《民法典》第 1066 条规定："婚姻关系存续期间，有下列情形之一的，夫妻一方可以向人民法院请求分割共同财产：（一）一方有隐藏、转移、变卖、毁损、挥霍夫妻共同财产或者伪造夫妻共同债务等严重损害夫妻共同财产利益的行为；（二）一方负有法定扶养义务的人患重大疾病需要医治，另一方不同意支付相关医疗费用。”这里规定的夫妻享有婚内分割共同财产的请求权，在原《婚姻法》的规定中是没有的。

按照共同共有财产的原则，不能够在婚内分割夫妻共同财产，原因就是共同共有，要保持在共同关系存续期间，在关系消灭之前不能够分割共有财产。

但是，在实践中出现了一些问题，就是一方当事人在财产上具有绝对的掌控的权利，另一方就受到损害，要钱不给，生活艰难，甚至为自己的父母、医疗都拿不到钱。在这种情况下，一方就可以请求分割共同财产，以维持自己的生活，履行自己的义务。后来这种情况在实践当中积累，就确定了说这种情况是可以分割共同财产的，拿共同财产去做一方需要做的事情。司法实践中就认可了这样一个做法。在编纂《民法典》时，大家取得一致的意见，增加了这样的一个条文。

这个规则主要适用于夫妻关系存续期间。夫妻共同财产制是我国实行的法定财产制，没有对财产另外约定分别所有的，就是婚后所得共同制。在共同共有关系存续期间，对要求在婚内分割共同财产的请求权，《民法典》规定了两种：

第一，一方有隐藏、转移、变卖、毁损、挥霍夫妻共同财产，或者伪造夫妻共同债务等严重损害夫妻共同财产利益的行为。这里头概括了隐藏、转移、变卖、毁损、挥霍夫妻共同财产以及伪造夫妻共同债务这样六种情况。夫妻一方具备这六种情况之一的，就是严重损害夫妻共同财产的利益，另一方可以要求分割夫妻共同财产，这个分割财产并不是全部都分割，可以分割部分财产。

第二，一方负有法定扶养义务的人患重大疾病需要医治，另一方却不同意支付相关医疗费用。符合这种情况要求的时候，一方当事人可以请求分割共同财产，用自己分割得到的财产支付费用。

有这两种理由，都可以请求在婚内分割共同财产，这样也符合《民法典》物权编关于共有人有重大理由需要分割的，可以请求分割的规定。这个规定，其实是对共有人保持共有义务的一种特例，有重大理由需要分割，也是可以分割的。在婚姻家庭领域当中，出现这两种情况要求夫妻共同财产经过婚内分割之后，分割出来的财产就成为个人财产，主张分割的一方对分割所得的部分享有所有权，可以按照自己的意志来处分这部分财产。

（六）亲子关系确认和亲子关系否认

我们下面来讨论一个《民法典》里特别重要的规定，就是《民法典》第 1073 条的规定：“对亲子关系有异议且有正当理由的，父或者母可以向人民法院提起诉讼，请求确认或者否认亲子关系。”“对亲子关系有异议且有正当理由的，成年子女可以向人民法院提起诉讼，请求确认亲子关系。”这个条文原《婚姻法》中是没有的，我国民法上一直没有规定过，从1949年到《民法典》之前都没有规定。这条规定包括了三部分内容。

1. 婚生子女推定

对亲子关系的确认和否认，都要有一个前提条件。这个前提条件就是对婚生子女的推定。夫妻双方在婚姻关系存续期间，女方生了一个孩子，就要推定这个孩子是夫妻共同的子女。

对于女方来说，母亲的身份是事实证明的，当然不用推定。但是，对于丈夫、也就是对于父亲来说，其实，是没有证据证明他就是孩子的父亲，所以，就得实行父子关系的推定。在婚姻关系存续期间，妻子生了个孩子，这时候，就推定母亲的丈夫就是孩子的父亲。过去，我们从来没有规定过这个制度，就直接建立起了亲子关系的确认或否认制度，这些制度就缺少了一个基础。《民法典》现在把这个复杂的制度用这么一个条文规定下来，但其实一些细节还是需要继续完善的。

2. 确认亲子关系

我把这一部分的规则介绍给大家。首先介绍的是确认亲子关系。

确认亲子关系就是非婚生子女的认领，是生父对非婚生子女承认为其父而领为自己子女的行为，就是说，你是我的子女，我认了，这叫认领。

非婚生子女认领分为这么几种：

第一，任意认领，任意认领也称为自愿认领，是生父的单独行为，无须非婚生子女或者母的同意。他以父的意思表示就够了，认领的权利归于父亲享有，该父亲的家庭其他成员不享有这种权利，所以这种权利的性质属于形成权，原则上对此权利的行使没有任何限制，认领权可以直接行使，也可以经法院判决确认。父子关系的存在认领权的构成要件包括：其一，须为非婚生子女的生父本人认领，这个条件非常重要。其二，须为非婚生子女被认领，认领的是非婚生子女。其三，需认领人与被认领人间有事实上父子关系的存在，这个是一个事实问题。其实你说有亲子关系的时候，是要经过证明的，靠推定不行，不过现在证明亲子关系已经很简单了。过去比较复杂，也很难证明，现在只要做个DNA检测一下就能确定是不是生父。有了这么三个要件以后，那就可以任意认领，确认父子关系。

第二，强制认领，对于应当认领而不为认领的生父，父亲不认领孩子，母亲或者是子女向法院请求确认生父关系存在的行为，就叫强制认领。强制认领适用于生父逃避认领责任，而母亲或者子女要求认领的场合，这种情况下国家进行干预，体现国家的强制力。在父亲不认领的时候，非婚生子女及其法定代理人可以根据事实向法院起诉确认其父。强制认领的事实也是以与生父有父子关系的事实证明为主，具体事实包括：其一，受胎期间生父与生母有同居的事实；其二，由生父所做的文书可证明其为生父；其三，生母为生父强奸所生子女；其四，母因生父滥用权势奸污的；其五，有其他证据证明认领人与要求认领人为亲子关系的。这些都是过去在认定这种事实时要提供的一些证据，来证明有父子关系。在今天，其实有一个 DNA 证明就足够了。

非婚生子女一旦经过认领，产生父亲与子女间的权利义务关系，不论是任意认领还是强制认领，都也与父亲和婚生子女的关系相同。

经父认领的非婚生子女对于生父的配偶，母亲的非婚生子女对于生母的配偶，均为姻亲关系，没有父母对子女的血亲关系。这就是强制认领或者任意认领产生的后果。

3. 亲子关系否认

本条还规定了第二种情况，就是亲子关系否认。

亲子关系否认也叫婚生子女否认，是父或者母对推定为婚生子女的婚生性提出否定性证据，否定其为婚生子女的一种亲属关系制度。否认亲子关系的前提是婚生子女推定，也就是子女系生母在婚姻关系存续期间受胎或者出生，该子女被法律推定为生母和生母之夫的子女，凡是在婚姻关系存续期间女方分娩的子女就直接推定为婚生子女。这种婚生子女推定实际上是在用婚姻关系的存续期间来推定子女的父亲和确定婚生子女的身份，因此可能出现错误，这个错误可以经过客观事实的证明来推翻。法律允许利害关系人提出婚生子女否认之诉，推翻婚生子女的推定。

我原来在法院当法官的时候处理过两个案件。一个案件是两个人结婚六七年了，有一个儿子 6 岁，后来女方有外遇要求离婚，丈夫也同意离婚，孩子归丈夫抚养。离婚后妈妈因为想孩子总回来看，孩子小，一回来一看就闹好几天。前夫就说，你不能总来看，对我们家的安定影响太大了。两人争吵，女方说，你还不让我看孩子，你以为这孩了是你的吗？这是我儿子。男方不服气，就去做亲子鉴定，一鉴定，果然不是自己的儿子。男方气疯了，把孩子还给女方后，起诉要求赔偿因欺诈给他造成的损害。后来，我写了一篇文章——《欺诈性抚养关系的损害赔偿》，说的就是这种情况。另外还有一个案件，夫妻结婚有十八九年了，儿子 16 岁，两个人离婚的时候其他都好说，离婚意见一致，财产分割也没争议，争夺孩子抚养权的过程中，女方提出孩子不是父亲的，后来就去做亲子鉴定，一做亲子鉴定也证明不是他的亲子。这两个案件都是这种情况，都是婚生子女否认。

婚生子女否认，要有婚生子女否认权，否认权的构成要件是：

第一，婚生子女否认的权利人须适格，应当包括夫妻、子女当中的任何一方，只要是现存夫妻子女关系的主体，都可以作为婚生子女否认确认之诉的权利主体，可以提起这种否认身份关系的诉讼，不过第 1073 条规定只有父和母才有权否认亲子关系。

第二，须有婚生子女的推定。这个是前提，没有这个前提还要否认什么呢？

第三，须有否认婚生子女的客观事实。现在客观事实非常好办，亲子鉴定足以说明一切。法院审查确认该子女的非婚生性，就可以确定否认亲子关系。父亲与该子女的权利义务关系不复存在。

另外婚生子女否认权也有消灭的原因：第一，因除斥期间完成而消灭，一般认为这种诉权应当在一定的期间内行使，但是，我国《民法典》没有规定是不是可以适用除斥期间；第二，子女死亡，婚生子女否认权也消灭，因为否认子女的非婚生性已经没有必要；第三，夫同意承认出生子女为婚生，即丈夫在明知子女不是非婚生子女的事实以后，明确认可这是自己的婚生子女，这种情况下不得再提起婚生子女否认。

我们现在规定了亲子关系的确认和亲子关系的否认，但只是规定了一个原则，很多具体的细节还没有规定。这个条文规定得不够具体，在《民法典》生效以后，还应该积累实践经验，制定更进一步的细致规则，这样，亲子关系的确认权和否认权才能够有效地行使，才能够使亲属关系更加稳定、权利人的权利得到保护。可见，这一部分问题可能还有好多事情要做。

四、婚姻家庭编关于离婚的新规则

（一）离婚协议书

《民法典》第 1076 条规定："夫妻双方自愿离婚的，应当签订书面离婚协议，并亲自到婚姻登记机关申请离婚登记。""离婚协议应当载明双方自愿离婚的意思表示和对子女抚养、财产以及债务处理等事项协商一致的意见。"这个规定来源于原《婚姻法》第 31 条，原来只规定了登记离婚的条件和程序，这一条文增加了新规则，就是关于离婚协议的规范。

离婚是婚姻关系的解除，是夫妻双方生存期间依照法律规定解除婚姻关系的身份法律行为。离婚要有协议，就说明了离婚是一种双方合意的行为，即身份法律行为。

离婚有两种，一种叫登记离婚，另一种叫裁判离婚，也叫诉讼离婚。

登记离婚又叫两愿离婚、协议离婚、自愿离婚，是婚姻关系因双方当事人合意经过登记程序而解除。

中国的登记离婚的特点是什么呢？第一，登记离婚的基础是合意；第二，登记离婚的性质是直接协议离婚，直接依据当事人的离婚协议履行必要的程序后，即产生离婚的法律后果；第三，登记离婚也适用于经过调解达成离婚协议的离婚；第四，登记离婚须进行登记方发生法律效力，解除婚姻关系。

登记离婚的条件，是登记离婚的实质性要件。这些条件是：第一，登记离婚的男女双方必须具有合法的夫妻身份；第二，离婚当事人必须是完全民事行为能力人；第三，双方当事人必须达成离婚的合意，有真实意思表示一致的离婚协议；第四，双方对离婚后子女抚养已经作出适当的处理；第五，对夫妻共同财产已作出适当的处理。符合这些实质性要件要求的，双方订立书面离婚协议，亲自到婚姻登记机关申请登记离婚。

本条着重新定的规则，是关于离婚协议的规定。原来没有特别去说明离婚协议是怎么样的，仅仅是说离婚要有个离婚协议。新条文增加了“离婚协议应当载明双方自愿离婚的意思表示和对子女抚养、财产以及债务处理等事项协商一致的意见”的规定。这样，就给离婚协议特别地作了一个定义，即离婚协议是婚姻关系当事人表明离婚意愿和离婚的具体内容合意的文书。

离婚协议应当载明双方自愿离婚的意思表示，还要包括对子女抚养、财产以及债务处理这些事项的协商一致的意见。

这是以前的《婚姻法》中没有过的做法，体现了《民法典》承认身份法律行为的立法意图。但是，其实这里还有一个矛盾：既然承认离婚是一个身份法律行为，那么，结婚当然也是一种身份法律行为；离婚要有离婚的协议，结婚为什么不要求有一个结婚协议呢？它也是一个合意啊！所以说，我们在结婚和离婚上，还有一定的不太相适应的问题。

形成这个问题的原因在哪里呢？就是我们的法律一直认为，结婚不仅是双方当事人的事情，还有一个国家认可的问题，仅有两个人想结婚的意愿不行，自愿离婚也不行，还得有国家确认。这并非不对。但是，过于强调国家确认，强调结婚就是国家认可的行为，就否定了婚姻关系当事人双方合意的基础。其实，结婚就是双方合意，首先是双方合意。国家认可是在双方合意的基础上的确认。说到底，结婚要有一个双方愿意结婚的协议，约定双方愿意结婚，再约定一下财产怎么处理，在这个基础上再确认结婚的效力。婚姻登记机关确认他们的婚姻关系，进行登记，就把很多问题解决了。所以，对这个问题，我觉得还是可以再作讨论的。登记离婚双方应当订立书面离婚协议，因为这表明你们双方达成合意了，是意见一致要求解除婚姻关系。

离婚协议应当载明的内容，除了离婚合意外，还应该对子女抚养以及财产、债务处理等事项协商一致。这些内容在离婚协议当中都写得清清楚楚，就说明了离婚的性质就是身份法律行为，应当受到身份法律行为规则的约束。

订立了离婚协议，经过审查，真实意思表示一致，那就可以登记离婚。其实在身份法律行为当中，不仅离婚是这样，结婚也是这样。还有收养协议、解除收养协议、非婚生子女认领协议等，这些都是身份法律行为。

我国民法应该建立起来一个完整的身份法律行为这样的一个概念，再规定各种具体的不同制度。这样就能使《民法典》婚姻家庭编规定的亲属问题有更完整的理论基础。

（二）登记离婚冷静期

现在来讨论《民法典》婚姻家庭编中的一个很有争议的规定——登记离婚的冷静期问题。

《民法典》第1077条规定："自婚姻登记机关收到离婚登记申请之日起三十日内，任何一方不愿意离婚的，可以向婚姻登记机关撤回离婚登记申请。""前款规定期限届满后三十日内，双方应当亲自到婚姻登记机关申请发给离婚证；未申请的，视为撤回离婚登记申请。"这个规定就是登记离婚的冷静期制度。

以前的《婚姻法》从来没有规定这样一个制度。在编纂《民法典》时，中国婚姻法研究会提出来，是不是要规定一个登记离婚的冷静期，后来大家就都同意了，就把它写了进来，成为一个制度。

为什么要有一个离婚登记的冷静期？主要的原因，就是我们中国目前离婚率偏高。我国在离婚上的限制比较少，特别是登记离婚，离婚比较容易，这样宽松的政策就给草率离婚、冲动离婚创造了机会，导致家庭关系、婚姻关系的不稳定。为了维护家庭的稳定，保护好子女利益，增加这样一个冷静期的制度，还是有好处的。

在这方面，我考察了一下韩国的离婚冷静期，还有英国的离婚冷静期的情况。这种规定对降低离婚率还是挺有好处的。按照法律规定，在登记离婚时留出适当的时间给当事人冷静思考，确定是否必须离婚，以减少冲动离婚、草率离婚。实行离婚冷静期制度，对我国离婚制度完善具有比较重要的意义，有利于保持婚姻关系稳定，对社会的良性运转发挥重要作用。

概括起来，建立登记离婚冷静期的意义是这样的：第一，符合婚姻家庭制度的价值取向和基本原则，完善我国的离婚制度；第二，为行政主管部门在登记离婚中适用冷静期提供法律依据；第三，防止冲动离婚，保证婚姻的关系的稳定，改善社会的风气；第四，协调当事人和未成年子女的利益，追究实质争议。

《民法典》草案在社会上公布以后，对登记离婚冷静期的规定有两种截然不同的反应。一部分人认为，这个规定是非常好的，可以减少离婚。另外一部分人认为，这是限制离婚自由。对此，我觉得还是应该赞成的。现在的离婚很多是草率离婚、冲动离婚，两个人一打架就离婚了，离了婚了以后，过两天两个人又好了。如果有个冷静期，30天之内冷静一下，可能就不离了，就保持了婚姻关系的稳定。所以，在这一点上强调离婚冷静期，倒不是对离婚自由的限制，而是一种完善。

现在规定的冷静期，归纳起来其实就是两个30天。具体内容是：

第一，要双方自愿离婚，到婚姻登记机关去申请离婚，符合离婚条件的，暂时也不发给离婚证，并不马上解除婚姻关系。

第二，冷静期的时间就是30天。从开始去递交申请，然后给30天的冷静期。这30天内，两人就可以回去冷静去了。如果30天冷静期中不愿意离婚了，可以申请撤回，也可以就不去领证就是了。30 天过去以后还坚持离婚，双方就上婚姻登记机关去领离婚证。过了 30 天冷静期，在后 30 天里不去领证，那就视为撤回离婚申请。

第三，在 30 天的冷静期之内，经过冷静思考，双方仍然坚持要离婚的，这时候应当到婚姻登记机关去申请发给离婚证，婚姻登记机关应当对他们进行离婚登记，登记之后就发给离婚证，解除婚姻关系。

第四，去领取离婚证也有一个期限，就是冷静期届满后的 30 天。前 30 天是冷静期；后 30 天，是领证的时间。后 30 天之内，当事人坚持离婚的，就必须去领证。如果超过 30 天，你又得重新申请了。这 30 天之内没有到婚姻登记机构去申请离婚证的，就视为撤回离婚登记申请，不发生离婚的效力。

所以这前后两个 30 天，前一个 30 天是冷静期，满了 30 天才可以申请发给离婚证，后一个 30 天是对申请发给离婚证规定的期限。第 30 天冷静期完成后，在其后的 30 天里去申请离婚证，不申请离婚证就视为撤回离婚登记申请，就放弃了登记离婚的机会。

这就是我们现在规定的离婚冷静期。

确实有了冷静期以后，要想登记离婚，起码要到登记机关去两次，有一定的麻烦。增加一些麻烦，增加一些门槛，大概能够减少一些冲动离婚、草率离婚。

（三）离婚的实质条件

《民法典》第 1078 条规定："婚姻登记机关查明双方确实是自愿离婚，并已经对子女抚养、财产以及债务处理等事项协商一致的，予以登记，发给离婚证。"这是规定登记离婚的条件，符合这三个方面的条件，婚姻登记机关就发给离婚证，进行离婚登记。

这个条文和原《婚姻法》第 31 条规定相比较，内容上增加了离婚符合条件的要予以登记，原来规定发给离婚证就是离婚了，现在要予以登记。这个仍然是在强调身份法律行为的登记才是发生法律效力的时间，不是发给离婚证，而是登记在离婚登记簿上，就发生了离婚的效力。

关于离婚登记的程序：第一是申请，双方要进行离婚申请。第二是审查，审查过程当中要有一个调解的过程，调解和好就不离婚，这是审查工作。第三是离婚审查的内容，以前我在法院当法官审理离婚案件的时候，叫"三看一参"，其中"三看"就是讲的离婚审查的具体内容：一要看是否达成了离婚的合意，二要看关于子女的抚养能不能达成合意，三要看关于财产关系分割是不是达成协议。如果这三个方面都达成了合意，有了一致的意见，那么这个时候就有了合意离婚的条件了。"一参"，是参考子女利益。第四是要登记，在经过 30 天的冷静期以后，如果当事人又来申请要求离婚，这时候就进行离婚登记，然后就发给离婚证，双方的婚姻关系就解除了。

《民法典》在条文中增加的“予以登记”这句话，特别强调它是一个离婚的身份法律行为，登记才发生婚姻关系解除效力的事实，不是去强调那个离婚证书，这样就和结婚的程序相一致了，结婚的生效也是登记，是登记的时候双方建立起了婚姻关系，而不是发结婚证的时候。这样前后的规定就一致起来，符合身份法律行为登记的要求。

（四）片意离婚的程序

《民法典》第 1079 条的内容很多，共 5 款：“夫妻一方要求离婚的，可以由有关组织进行调解或者直接向人民法院提起离婚诉讼。”“人民法院审理离婚案件，应当进行调解；如果感情确已破裂，调解无效的，应当准予离婚。”“有下列情形之一，调解无效的，应当准予离婚：（一）重婚或者与他人同居；（二）实施家庭暴力或者虐待、遗弃家庭成员；（三）有赌博、吸毒等恶习屡教不改；（四）因感情不和分居满二年；（五）其他导致夫妻感情破裂的情形。”“一方被宣告失踪，另一方提起离婚诉讼的，应当准予离婚。”“经人民法院判决不准离婚后，双方又分居满一年，一方再次提起离婚诉讼的，应当准予离婚。”

这一条文规定的是诉讼离婚的裁判规则，基本内容和原《婚姻法》的规定是一致的，增加的“人民法院判决不准离婚后，双方又分居满一年，一方再次提起离婚诉讼，应当准予离婚”，是一个新规则。

第 1079 条包括的几个主要问题是：

第一，诉讼离婚要坚持调解为主。单方要求离婚，叫片意离婚，有关组织可以进行调解，比如说调解委员会等；也可以直接就向人民法院起诉，提起离婚诉讼。离婚诉讼中要以调解为主，这叫调解限制程序。只有经过了调解，然后调解不成，才开始考虑是否判决离婚的问题。调解成功，就不离了。

第二，离婚的标准是什么？就是感情确已破裂。要是调解无效，那就应当判决离婚了。在最早的《婚姻法》中提到的感情破裂，是一个一般性的理由。感情确已破裂的时候，一方坚持离婚，另一方坚持不离，就可以判决离婚。这个感情确已破裂，怎么去判断，当时是一个很难解决的问题。

怎么去判断感情确已破裂呢？上世纪 80 年代的时候，我在最高人民法院工作，当时民事审判庭讨论“感情确已破裂”应该有一个标准，经过反复调查研究，开会讨论，最后写出了《最高人民法院关于人民法院审理离婚案件如何认定夫妻感情确已破裂的若干具体意见》（已失效），列举了十几种情况是应当确认感情确已破裂可以判决离婚的。

后来在《婚姻法》修订的时候，就把一些主要内容写进来了，再增加一个“其他导致夫妻感情破裂的情形”。这也就是《民法典》第 1079 条的来历。

第 1079 条规定的条件是：第一，重婚或者与他人同居，这样就可以判决离婚，确认感情确已破裂，可以判决离婚。第二，实施家庭暴力或者虐待遗弃家庭成员，调解无效，也应当准予离婚。第三，有赌博、吸毒等恶习屡教不改，这也是感情确已破裂的表现，也是应当判决离婚的。第四，因感情不和分居满两年。这是最高人民法院在讨论司法解释的时候，讨论了很长时间才最终确定的规则。两个人在一起分居都达到两年了，还有什么感情呢？第五，其他导致夫妻感情破裂的情形，一方坚持离婚，经过调解无效，也是确认感情确已破裂的事由。有上述这五种情形之一的，应当准予离婚。

下面再介绍这一条文里规定的两种特别情况：

第一种情况是一方被宣告失踪，另一方提起离婚诉讼的，应当准予离婚。这是当然要准予离婚的，一方已经都宣告失踪了，另一方难道提出离婚还不行吗？而且很多人在申请宣告失踪的时候，其实就另有结婚的打算了，所以这种情况一方依法被宣告失踪，另一方提起离婚诉讼的，当然可以离婚，是应当准予离婚的。

第二种情况是新增加的规则，即经过人民法院判决不准离婚后，双方又分居满一年，一方再提起离婚诉讼的，应当准予离婚。原来在司法实践当中掌握的是最高人民法院的司法解释规定：经人民法院判决不准离婚以后，经过 6 个月再次起诉的，一般就应该判决离婚了。这个时间就掌握在 6 个月。《民法典》把司法实践中掌握的 6 个月改成了一年，而且明确是要分居满一年，即判决不准离婚以后又分居满一年，可以离婚。

这一规定，与登记离婚冷静期的规定结合在一起，体现了立法对离婚的态度，就是谨慎，增加离婚条件的难度，提高了登记离婚和诉讼离婚的门槛。离婚冷静期就是讲登记离婚，双方合意离婚的，要有 30 天的冷静期，尽量减少那些冲动离婚、草率离婚，尽量争取不让他们离婚。一次判决不准离婚，过去是 6 个月以后起诉就可以判决离婚，现在增加到了一年，而且是双方分居满一年，才符合再次提起离婚的准予离婚的要求，比原来延长了半年的时间。这一条的主要意思大体上就是这样，新增加的规则就是：判决不准离婚以后又分居满一年，再次提起离婚诉讼的应当准予离婚。

（五）离婚消灭婚姻关系的时间

《民法典》第 1080 条规定："完成离婚登记，或者离婚判决书、调解书生效，即解除婚姻关系。"这是对离婚登记、离婚判决书、调解书生效的时间是婚姻关系解除时间的规定，是《民法典》规定的一个新规则，以前没有这样的规定。

离婚的法律后果，不管是登记离婚还是诉讼离婚，法律后果都是解除婚姻关系。在离婚过程中确定婚姻关系解除的时间，就包括第 1080 条规定的这两种情况。

第一种情况，是登记离婚的时间。登记离婚是完成离婚登记，就是离婚请求登记在婚姻登记机关的登记簿上的时间，在这个时候即发生解除婚姻关系的效果。这个效果发生的时间应当是在冷静期过后的30天中去做登记的时间，因此，要求婚姻登记机关在发给当事人离婚证的时候，离婚证上填写的时间应当与婚姻登记簿的登记时间一致，而不是发证的时间。这样就能够准确地证明当事人完成登记离婚及该婚姻关系解除的时间。

第二种情况，是诉讼离婚的时间。诉讼离婚是在法院作出判决书或者调解书，并且判决书和调解书发生法律效力的时候，婚姻关系为正式解除，双方不再存在配偶关系。当事人领取离婚判决书或者调解书以后，应当在裁判文书生效后，再向法院申请开具裁判文书的生效证明。人民法院应当给予开具这样的证明，离婚的裁判文书生效证明是判决准许或者调解离婚的裁判文书生效，对当事人之间的婚姻关系解除具有证明力的公文书。

经裁判文书确定的离婚当事人在申请再婚、产权变更或者户口分户时，除了应当出具裁判文书之外，还必须出示人民法院的判决书、调解书生效的证明书，不能出具的，相关部门不能确定判决书、调解书是否发生效力，这个做法和以前不一样。以前拿着生效的裁判文书就可以直接去办理这些手续，但是现在还要拿一个生效裁判文书生效的证明书，这样的做法更加严谨了。

（六）离婚后自愿恢复婚姻关系的重新登记

《民法典》第1083条规定："离婚后，男女双方自愿恢复婚姻关系的，应当到婚姻登记机关重新进行结婚登记。"这是对离婚后自愿恢复婚姻关系的规定。

原《婚姻法》第35条规定，离婚后双方男女双方自愿恢复夫妻关系的，必须到婚姻登记机关进行复婚登记。《民法典》在这个基础上，把它改为应当到婚姻登记机关重新进行结婚登记。这个变化是说，过去要求的是去做复婚登记，现在要重新进行结婚登记，这是一个新规则。

婚姻关系当事人在离婚后，婚姻关系就已经消灭了，自愿恢复婚姻关系申请复婚的，按照原《婚姻法》的规定，是向婚姻登记机关申请进行复婚登记，而不是结婚登记，表明复婚登记与结婚登记的不同。申请恢复婚姻关系的当事人应当向婚姻登记机关提出申请，婚姻登记机关依照有关结婚登记的程序进行审查，重新进行结婚登记，之后发给结婚证，双方恢复婚姻关系。

离异夫妻重新登记结婚，结婚登记和复婚登记，有这么个一字之差，体现了一个重要理念，就是复婚也是结婚。复婚的时候，应当按照结婚登记的实质要件和形式要件要求，来确认双方是否可以结婚，符合结婚的法律要求的，准许进行结婚登记发给结婚证，不符合结婚的法律要求的，也不能进行登记，不能恢复婚姻关系。离异再复婚，虽然叫恢复婚姻关系，但是复婚也是结婚，所以按新的规定应当到婚姻登记机关重新进行结婚登记，而不是进行复婚的登记。

（七）离婚后的父母子女关系

《民法典》第 1084 条规定："父母与子女间的关系，不因父母离婚而消除。离婚后，子女无论由父或者母直接抚养，仍是父母双方的子女。""离婚后，父母对于子女仍有抚养、教育、保护的权利和义务。""离婚后，不满两周岁的子女，以由母亲直接抚养为原则。已满两周岁的子女，父母双方对抚养问题协议不成的，由人民法院根据双方的具体情况，按照最有利于未成年子女的原则判决。子女已满八周岁的，应当尊重其真实意愿。"

这个条文是对离婚后未成年子女抚养的规定，与原《婚姻法》第 36 条规定相比，这一条文的第 3 款特别规定了对未成年子女的抚养，应当遵循最有利于未成年子女的原则。这是原来的法律没有强调过的，是一个新的规定。

还有一点，离婚后不满两周岁的子女以由母亲直接抚养为原则。两年的期间，我们在司法实践当中把它叫作哺乳期。

在这一条之后，还有一些特殊的规则，我来说明一下这些条文。

离婚的直接法律后果，是父母亲权的变更，而不是亲权的消灭。亲权内容的部分变更，是直接抚养人由原来的双方变更为单方，监护人也由原来的双方变更为单方，不过，亲权的整体不因离婚而改变，仍然是由父母双方共同享有，只是没有直接抚养未成年子女的这一方当事人行使亲权受到了一定的限制，不能直接行使。离婚导致夫妻之间婚姻关系的解除，带来的后果是未成年子女无法再继续和父母共同生活，因此必须解决随哪一方生活的问题。未成年子女随哪一方共同生活，谁就是直接抚养人，谁就是亲权人，谁就是监护人。

即使如此，父母对未成年子女仍有抚养、教育和保护的义务，享有亲权，具体规则有两个：

第一，不满两周岁的子女，以随母亲抚养为原则，原《婚姻法》第 36 条规定，是将未成年子女分为哺乳期内的子女和哺乳期外的子女，对哺乳期究竟怎样去掌握并没有明确的规定，最高人民法院的司法解释曾经规定为两年。《民法典》不再采取哺乳期的说法，而是直接规定把不满两周岁的子女和已满两周岁的子女区分开，这样就意味着哺乳期其实还是两年，即使法律条文没有直接使用哺乳期这个概念，在理论和实践当中也使用哺乳期的概念。

第二，对已满两周岁的子女因抚养问题协议不成的，特别强调要按照最有利于未成年子女的原则来解决。因为不满两周岁的最好由母亲来抚养，已满两周岁的就既可以由父亲抚养也可以由母亲抚养。究竟怎么抚养呢？必须突出一个按照最有利于未成年子女的原则来处理。

原《婚姻法》第 36 条规定，是由人民法院根据子女的权益和双方的具体情况来判决。相比之下，新规则更体现了对未成年子女的照顾，有利于未成年子女的成长。

最有利于未成年子女的原则要求进行利益衡量，选择对未成年子女最有利的方法来确定未成年子女的抚养问题。

比方说，下面这些情况由父亲抚养，就符合最有利于未成年子女的原则：第一，母亲有久治不愈的传染性疾病或者有其他严重疾病，子女不宜与母亲共同生活的，这样当然随父亲生活更好。第二，母亲有抚养条件但是不尽抚养义务，而父亲这一方要求子女随其生活。我在当法官初期的时候，处理过这样一个案件，女方离婚后不久就结婚，要把与前夫所生的孩子交由他人抚养。这种情况由父亲抚养当然对未成年子女有利。第三，因其他原因，子女确实无法随母方生活的，如果父母双方协议随父方生活，对于子女健康成长无不利影响，当然可以由父亲来抚养。第四，8周岁以上的未成年子女，已经是限制民事行为能力人了，这时候归谁抚养，应该征求该未成年子女的意见，该未成年子女选择与父亲生活的，当然也就可以由父亲来抚养。

《民法典》第1084条关于“子女已满八周岁的，应当尊重其真实意愿”的规定，是一个新的规则。选择8周岁做一个分界线，源于《民法典》对限制民事权利能力人年龄的规定。之前制定相关的司法解释的时候，满10周岁的是限制民事行为能力人，有部分民事行为能力了，可以让他自己来表示愿意跟父亲一起生活，还是跟母亲在一起生活。《民法典》把限制民事行为能力人年龄的起点定在了8周岁，相应地这一部分也就确定为8周岁。

如果未成年子女是限制民事行为能力人，父母在离婚的时候应该征求他的意见，到底是愿意跟母亲在一起生活，还是愿意跟父亲在一起生活，由他自己选择。子女已满8周岁的应当尊重其真实的意愿，也是按照最有利于未成年子女的原则规定的一个规则。

（八）离婚后的夫妻共同财产分割

《民法典》第1087条规定：“离婚时，夫妻的共同财产由双方协议处理；协议不成的，由人民法院根据财产的具体情况，按照照顾子女、女方和无过错方权益的原则判决。”“对夫或者妻在家庭土地承包经营中享有的权益等，应当依法予以保护。”这条规定的是离婚时对共同财产的分割原则，增加的新规定是：夫妻离婚时对共同财产进行分割，应当适用照顾无过错方的原则。原《婚姻法》规定仅仅是说照顾子女、女方，现在增加了照顾无过错方。

离婚的时候，夫妻双方应当对其享有权利的共同财产进行处理。处理的方法包括：第一，由双方协议，达成协议的写在离婚协议当中，经过婚姻登记机关确认生效。第二，协议不成的，由人民法院根据财产的具体情况，按照照顾子女、女方和无过错方权益的原则来判决，因而并不是平均分配。判决分割的时候应当照顾子女、照顾女方和照顾无过错方。

这里有三个照顾，第一个是照顾子女，子女跟哪一方生活，哪一方就可以判决多得到一些财产；第二个是照顾女方，因为原则上说女方在家庭关系当中处于一个弱势地位，所以对女方也要给以照顾；第三个是照顾无过错方，如果在离婚的问题上，一方有过错，另一方无过错，在分割财产的时候，对无过错的这一方要给予适当的照顾，实际上相当于对有过错的那一方有一个财产上的制裁。

还有一个问题，就是要保护好土地承包经营中的个人权益。由于农村承包土地是以家庭为单位进行承包的，而不是个人承包，夫妻离婚以后不会因为离婚而再分配承包地，所以夫或者妻在家庭土地承包经营中享有的权益，在分割共同财产中应当依法予以保护，不能让从家庭关系中分离出去的一方受到损害。这一部分大概更重要的是保护女方在土地承包经营当中的权益。

增加规定离婚对于夫妻共同财产分割适用照顾无过错方原则这样一个新规则，主要考虑的是离婚中的无过错方是无辜的受害者，过错方侵害了对无过错方的配偶权。在配偶权当中忠实义务是主要权利内容之一，夫妻之间的过错方和无过错方主要的判断标准是一方是否违反忠实义务，违反了忠实义务的这一方就侵害了对方的配偶权。在这种情况下，在分割共同财产的时候，照顾无过错方使其适当多分得财产，保护无过错的一方配偶，制裁过错侵害对方配偶权的一方当事人。因此，在离婚夫妻分割共同财产的时候，除了要照顾子女、女方权益外，还应当照顾无过错一方当事人，使其合法权益得到保护。

（九）离婚时的经济补偿

《民法典》第1088条规定："夫妻一方因抚育子女、照料老年人、协助另一方工作等负担较多义务的，离婚时有权向另一方请求补偿，另一方应当给予补偿。具体办法由双方协议；协议不成的，由人民法院判决。"

这个条文原来也有规定，但是跟《民法典》的这个规定不一样，区别就在离婚时对负担较多义务的一方享有补偿请求权的规定上。原《婚姻法》第40条规定的离婚财产补偿请求权，仅限于夫妻书面约定婚姻关系存续期间所得的财产归各自所有的情形。《民法典》把这个限制条件删除了，不是说一定要实行分别财产制的时候才这样，而是实行共同财产制时也这样。这样就把离婚财产补偿请求权扩展为一般性规则，其适用范围就更加扩大了。

按照这一条规定，离婚后一方对他方享有财产补偿请求权，不再是仅适用于双方约定分别财产制的情况，而是适用于所有的离婚当事人，只要符合法定条件，就享有这种财产补偿的请求权。一方对另一方的财产补偿是指夫妻关系存续期间，一方因抚育子女、照顾老人、协助另一方工作等负担较多的义务，在离婚的时候，另一方就应当对其承担财产补偿的义务。财产补偿义务不仅仅是说分割夫妻共同财产，而是在分割共同财产之外再来一个补偿。

这一规则的适用条件是：

第一，一方在家庭生活中付出较多的义务，就是在婚姻关系存续期间，夫妻一方比另一方付出抚育子女、照顾老人、协助另一方工作等义务更多，也就是说对家庭的建设贡献更大。按照权利义务相一致的原则，在婚姻关系存续期间，一方尽到的义务更多，那么这一方在离婚分割共同财产的时候，就应当得到更多的利益。这个条文还有一个很细微的变化，原《婚姻法》规定的是"照料老人"，现在《民法典》规定的是"照料老年人"。使用老年人的概念，实际上包括了家庭中长辈尊亲属的含义，所以完整地理解"老年人"不是说年纪老的人，而是家庭共同生活中长辈尊亲属，这样理解可能更准确。

第二，双方婚姻关系已经解除是发生财产补偿请求权的必要条件。如果没有发生离婚的事实，无论是抚育子女、照顾老年人，还是协助另一方工作，都是夫妻之间应尽的义务，不发生经济补偿的问题。

具备上述两个条件，负担较多义务的这一方，就享有财产补偿的请求权，有权向对方要求给予财产补偿。补偿的数额应当由双方来协商确定，协商不成的可以向法院起诉，由人民法院来判决。法院判决的时候应当考虑行使请求权这一方负担义务的大小，请求权人因此受到的损失和另一方从中受益的情况，来综合确定一个补偿的数额。

（十）离婚过错损害赔偿

《民法典》第 1091 条规定："有下列情形之一，导致离婚的，无过错方有权请求损害赔偿：（一）重婚；（二）与他人同居；（三）实施家庭暴力；（四）虐待、遗弃家庭成员；（五）有其他重大过错。"

这条是对离婚过错损害赔偿责任的规定，与原《婚姻法》第 46 条规定相比，增加了"有其他重大过错"这样一个离婚过错损害赔偿的事由，这是一个新规定。原来只规定了上面四种情况。

离婚过错损害赔偿，是指夫妻一方因为过错实施法律规定的违法行为，妨碍婚姻关系和家庭关系，导致夫妻离婚，过错方应当承担的侵权损害赔偿责任。它是个侵权的问题。重婚和与他人同居侵害了他人的配偶权，实施家庭暴力侵害了他人的身体权、健康权，虐待、遗弃家庭成员也是侵害了他人的身份权或者身体权。

离婚过错损害赔偿的法律特点有：第一，是由于离婚而发生的损害赔偿；第二，是基于过错而发生的损害赔偿；第三，是侵害对方配偶的权利而造成婚姻关系损害的赔偿；第四，是发生在婚姻领域中的侵权损害赔偿。

离婚过错损害赔偿责任构成须具备的要件是：

第一个要件是离婚损害赔偿责任的违法行为，包括重婚、与他人同居，还有实施家庭暴力、虐待、遗弃家庭成员，以及有其他重大过错行为，这些都是离婚损害赔偿责任的违法行为。和原《婚姻法》相比，还有一个变化，“与他人同居”这句话里，原来在《婚姻法》第 46 条中，还有一个“有配偶者”与他人同居，要离婚的肯定属于有配偶者，所以，这是一个赘语，删除它就让条文的表述更加准确。

第二个要件是离婚损害赔偿责任的损害事实，包括重婚和与他人同居侵害对方配偶权，这是造成了配偶权的损害；实施家庭暴力、虐待、遗弃侵害他人的身体权、健康权，造成了受害人身体、健康上的损害，包括人身损害和精神损害；其他重大过错行为也可能侵害对方的其他权利。

第三个要件是离婚损害赔偿责任的因果关系，表现为这些违法行为与造成配偶权、身体权或者健康权受到损害或者亲属权损害（重婚、与他人同居）的后果之间有因果关系。

第四个要件是过错，行为人在主观上有故意或者过失。这个条文表述里有一个词用得不是特别准确，即第 5 项离婚损害赔偿情形中的“有其他重大过错”，重大过错这个概念不准确。过错包括故意和过失，在故意中其实没有是否重大的问题，凡是故意就都重大，这没有问题；过失才分为重大和一般，如果是过失是重大过失，可以要求离婚过错损害赔偿。对这里规定的“重大过错”概念的使用，可能更准确的理解应该是重大过失。故意当然没有问题，重大过失引起的离婚，过错损害赔偿责任就构成了，无过错方就可以请求损害赔偿。

离婚过错损害赔偿，赔偿的到底是一种什么样的损失？最主要的，应该是精神损害，也包括人身损害，比方说虐待、遗弃、实施家庭暴力，可能造成了受害一方的人身损害，当然应当承担人身损害赔偿的责任，也不排除承担精神损害赔偿的责任。

这条新增加的规则，是“有其他重大过错”的违法行为也是离婚过错损害赔偿责任的法定条件。这样，就扩大了离婚过错损害赔偿责任的适用范围，增加了适用的弹性，有利于救济受到损害一方的合法权益。过去仅仅列举四种，四种之外的其他情形都不可以请求离婚过错损害赔偿，范围受到了很大的限制。

这种重大过错的行为，首先，是在主观上要有重大过错，要有故意或者重大过失。按照这个要求，如果说一般过失的话，是不应该适用离婚过错损害赔偿的。其次，在客观上，行为人实施了侵害对方当事人合法权益的行为，造成了损害。这里没有要求行为的重大，只要行为人具有故意或者重大过失，而给对方当事人的合法权益造成了损害，就符合法律的要求，受损害方就可以请求行为人承担离婚过错损害赔偿责任。

（十一）离婚后夫妻共同财产的再次分割

《民法典》第 1092 条规定：“夫妻一方隐藏、转移、变卖、毁损、挥霍夫妻共同财产，或者伪造夫妻共同债务企图侵占另一方财产的，在离婚分割夫妻共同财产时，对该方可以少分或者不分。离婚后，另一方发现有上述行为的，可以向人民法院提起诉讼，请求再次分割夫妻共同财产。”这是对分割夫妻共同财产的规定，包括离婚当时的分割和离婚以后的再次分割，跟原《婚姻法》第 47 条的规定相比，有一个重大变化就是删除了对上述行为认定为妨碍民事诉讼行为，依据民事诉讼法予以制裁的规定。

分割夫妻共同财产，首先是在离婚时进行分割。在分割夫妻共同财产的时候，如果当时发现存在这些法定的事由，如夫妻一方隐藏、转移、变卖、毁损、挥霍夫妻共同财产，或者是伪造夫妻共同债务企图侵占另一方财产，对隐藏、转移、变卖、毁损、挥霍夫妻共同财产或者伪造夫妻共同债务的这一方，就可以少分，甚至是不分。

如果是在离婚并实际分割了夫妻共同财产以后发现上述情形的，对方当事人产生再次分割夫妻共同财产的请求权。这个再次分割夫妻共同财产的请求权，是在夫妻离婚以后因出现法定事由，一方享有的再次请求分割夫妻共同财产的权利。在离婚以后，另一方发现对方有前述行为的，就可以向人民法院提起诉讼，请求再次分割夫妻共同财产，法院应当受理，并且按照查清的事实，对属于夫妻共同财产的部分进行再次分割，这就是前后两次分割夫妻共同财产的规则。

在这个条文当中删除了“人民法院对前款规定的妨害民事诉讼的行为，依照民事诉讼法的规定予以制裁”的内容。这个规定删掉以后，就不再强调这个做法了。为什么要删掉这个内容？有人认为，因为这是民事实体法上的问题，不必予以民事程序法上的制裁，在分割共同财产时有所制裁就行了。还有一种看法是，民事程序法上的问题不必在《民法典》中规定，在实际案件当中存在上述行为，直接适用《民事诉讼法》第 114 条的规定就可以了。

我觉得，删除这一条，其实还是让位给民事诉讼法的程序法的规定。《民事诉讼法》第 114 条规定，隐藏、转移、变卖、毁损已被查封、扣押的财产，或者已被清点并责令其保管的财产，转移已被冻结的财产的行为，都属于可以适用强制措施的事由。所以，我的看法是，由于原《婚姻法》第 47 条第 2 款规定的情形，与《民事诉讼法》第 114 条规定的内容不太一致，因而把它删除。在实践中如果出现这样的问题，符合《民事诉讼法》第 114 条规定的，直接适用《民事诉讼法》的规定就可以了，《民法典》在这个条文中没有必要再规定这个内容。

五、婚姻家庭编关于收养的新规则

（一）收养人收养子女的条件

《民法典》第 1098 条规定了收养人收养子女的条件，即：“收养人应当同时具备下列条件：（一）无子女或者只有一名子女；（二）有抚养、教育和保护被收养人的能力；（三）未患有在医学上认为不应当收养子女的疾病；（四）无不利于被收养人健康成长的违法犯罪记录；（五）年满三十周岁。”原《收养法》第6条在收养人应当具备的条件当中，没有规定“无不利于被收养人健康成长的违法犯罪记录”这样的内容。这条新规则是为了保障被收养人合法权益采取的一项重要措施。

收养人要想收养子女，应当同时具备下面这些条件：

第一个条件是无子女或者只有一名子女。无子女或者只有一名子女，其实和我们现在计划生育的政策是相关的。民法典起草之时，我们规定可以生二胎，收养也不能超过两个。没有子女的，可以收养两个；有一名子女的，可以收养一个；有两个子女的，就不能再收养子女了。如今规定放开三胎，这一规制未来将有所调整。

第二个条件是有抚养、教育和保护被收养人的能力。这不仅要考虑收养人的经济负担能力，还要考虑其在思想品德等方面是否有抚养、教育和保护的能力，这个标准应当不低于对监护人监护能力的要求。

第三个条件是没有患有医学上认为不应当收养的疾病。这些疾病主要是指收养人患有危害养子女健康的传染性疾病，以及危害养子女人身安全的精神性疾病这两种。一个传染性疾病，另一个是精神性疾病，这些都不利于被收养人。

第四个条件是没有不利于被收养人健康成长的违法犯罪记录，这个部分在后面我再详细解释。

第五个条件是年满30周岁，不满30周岁的人不能收养子女。

在收养人的这些条件中，增加“无不利于被收养人健康成长的违法犯罪记录”这样一个条件，是为了保障被收养人的合法权益不受侵害所采取的必要措施。在收养关系当中，基本原则是最有利于被收养人，保证被收养人的健康成长。如果收养人有违法犯罪记录，并且这样的违法犯罪记录是不利于被收养人健康成长的，将会对被收养人的健康成长形成潜在的威胁，有可能出现不利于被收养人健康成长的问题。有不利于被收养人健康成长的违法犯罪记录的人，即使已经具备收养人的其他条件，也是不适格的，不能作为收养人。

（二）子女过继不受限制的条件

《民法典》第1099条规定了子女过继的条件，即：“收养三代以内旁系同辈血亲的子女，可以不受本法第一千零九十三条第三项、第一千零九十四条第三项和第一千一百零二条规定的限制。”“华侨收养三代以内旁系同辈血亲的子女，还可以不受本法第一千零九十八条第一项规定的限制。”这是对收养三代以内旁系同辈血亲子女的规定，与原《收养法》第7条的规定相比增加了一个新规则。

收养三代以内同辈旁系血亲的子女，民间叫“过继”，多是本家族内近亲属为照顾无子女的近亲属，将一方的子女送养给对方作为子女。这种情况，其实是家族内部的事情，他们本来就有一定的血缘关系，所以不必限制过多，可以不受《民法典》有关条款的限制。

这些不受限制的条件是什么呢？第一是第1093条第3项，被收养人是“生父母有特殊困难无力抚养的子女”。第二是第1094条第3项，送养人是“有特殊困难无力抚养子女的生父母”。第三是第1102条，“无配偶者收养异性子女的，收养人与被收养人的年龄应当相差四十周岁以上”。过继子女的，可以不受上述几种条件的限制。

原《收养法》第7条的规定是：过继可以不受本法第4条第3项，即被收养人是生父母有特殊困难无力抚养的子女的限制；不受第5条第3项，即送养人是有特殊困难无力抚养子女的生父母的限制；不受第9条关于无配偶的男性收养女性的，收养人与被收养人的年龄应当相差40周岁以上的限制；以及不受被收养人须不满14周岁的要求的限制。现在的规定，收养三代以内的旁系血亲的子女，不再要求被收养人不满14周岁的条件，超过14周岁也可以进行收养。

华侨收养三代以内同辈旁系血亲的子女，不仅不受上述三个规定的限制，而且可以不受《民法典》第1098条第1项关于收养人应无子女或者只有一名子女的规定的限制，即华侨收养过继子女可以不受子女数量的限制。非华侨自然人收养子女，必须是没有子女或者只有一名子女；这个限制，在华侨收养过继子女的时候也没有了。

（三）收养子女的数额限制

《民法典》第1100条规定：“无子女的收养人可以收养两名子女，有子女的收养人只能收养一名子女。”“收养孤儿、残疾未成年人或者儿童福利机构抚养的查找不到生父母的未成年人，可以不受前款和本法第一千零九十八条第一项规定的限制。”这是对收养子女数额的规定，与原《收养法》第8条规定相比，主要的变化是将收养人只能收养一名子女的规定，修改为无子女的收养人可以收养两名子女，有一名子女的收养人只能收养一名子女，这是收养子女的一项新规定。

对收养人收养子女数量的限制，是防止收养人收养子女过多无照顾能力，而损害被收养人的利益，同时也防止出现借收养而拐卖人口的情况出现，所以规定一个数额的限制，无子女的可以收养两名，有一名子女的只能收养一名。

这个条文的第2款是关于收养子女数额限制的一个特例。鉴于爱心人士收养多名孤儿的善举，愿意收养这些孤儿、残疾未成年人或者儿童福利机构抚养的查找不到生父母的未成年人，收养得越多对社会越好。所以这条规定如果是收养孤儿、残疾未成年人或者儿童福利机构抚养的查找不到生父母的未成年人，应当积极鼓励，可以不受无子女的收养人只能收养两名子女或者有子女的收养人只能收养一名子女的限制，而且不受《民法典》第1098条第1项关于收养人无子女或者只有一名子女规定的限制，就可以收养更多子女。对于收养人收养子女的数量上的变化，仍然是随着计划生育政策的变化而变化。

目前的计划生育政策实行三胎政策，收养的子女再加上自己的子女，总数不能超过两名子女，只有收养孤儿、残疾儿童或者社会福利机构抚养的查找不到生父母的弃婴或者儿童，才不受这样的限制。

（四）无配偶者收养子女的条件要求

《民法典》第 1102 条规定："无配偶者收养异性子女的，收养人与被收养人的年龄应当相差四十周岁以上。"这是对无配偶者收养异性子女的规定。原《收养法》第 9 条规定，收养异性子女的限制条件，仅针对男性收养人：男性收养人收养女性，与被收养人有 40 周岁的限制。现在是一般性规定，凡是无配偶者收养异性子女的，都要有 40 周岁的年龄差，不仅仅针对男性，也针对女性。无配偶的男性或者女性当然可以收养子女，无配偶的男性收养女性子女，或者无配偶的女性收养男性子女，如果对年龄不加以限制，就可能会出现侵害被收养人合法权益的问题。

前一段在网上流传的一个男子收养了一个女性，年龄相差很多，后来发生了性侵的问题，立法要防范的就是这样的问题。为了防止这样的问题出现，这个条文就规定无配偶者收养异性子女，收养人与被收养人的年龄差应该是 40 周岁。原《收养法》第 9 条规定，只针对男性，没有规定女性，这是忽略了女性无配偶者收养男性子女也存在的同样威胁，同时存在男女不平等的嫌疑。修改后的新规则，使这两个问题都得到了解决。

（五）收养登记

《民法典》第 1105 条规定："收养应当向县级以上人民政府民政部门登记，收养关系自登记之日起成立。""收养查找不到生父母的未成年人的，办理登记的民政部门应当在登记前予以公告。""收养关系当事人愿意签订收养协议的，可以签订收养协议。""收养关系当事人各方或者一方要求办理收养公证的，应当办理收养公证。""县级以上人民政府民政部门应当依法进行收养评估。"

这个条文原来在《收养法》中是有规定的，只是现在的条文有 5 款，前 4 款原来都有规定，新增加了一款就是第 5 款，即"县级以上人民政府民政部门应当依法进行收养评估。"

收养应当向县级以上人民政府民政部门登记。收养是为了建立一个民事法律关系，它是一种民事法律行为。收养行为是身份法律行为，因为收养改变了亲子关系，把原来的自然血亲改变成为拟制血亲，所以要有一定的公示性，要有政府机关的确信、确认，要经过向县级以上人民政府民政部门登记，民政部门登记机构做收养登记后，收养才能生效。

收养关系从登记之日起成立，这时候，被收养子女与生父母原来的亲子关系消灭，成立了一个新的拟制血缘关系。如果是收养那些查找不到生父母的未成年人，办理登记的民政部门应当在登记前予以公告，看看还能不能查找到生父母，然后再办收养登记。收养是一个民事法律行为，也是一种身份法律行为的合意，要有送养人、领养人之间的收养协议。所以，收养关系当事人愿意签订收养协议的，可以签订收养协议，拿收养协议去登记就比较准确。

这里说，可以签订也可以不签订，但是，我觉得是要签订的。拿了签订的协议才好去登记，登记了以后才确认身份关系的变更。变更是从登记的时候开始，而不是写了收养协议就变更，所以，这个说法有一点弹性。

收养关系也可以公证，收养关系当事人各方或者一方要求办理收养公证的，应当办理收养公证。我觉得，愿意办收养公证的当然没有问题，有更好的证明力，如果是涉外收养的话，可能仅仅登记还不够，还要有公证才行。公证当然是自愿，各方或者一方要求办理公证的，应该去办理收养公证。

最后，是新增加的规则，即县级以上人民政府民政部门应当依法进行收养评估。收养评估是收养人向政府申请收养子女，收养协议等审查都没有问题了，在登记之前，还是应该进行一个收养评估，评估收养人的收养能力。如果评估认为收养人没有收养能力，就不给办理收养登记。

收养评估是对被收养人合法权益的一种保护措施。这个能力的评估，与保护被收养人的合法权益有密切关系。《民法典》确立收养关系的最高原则，是被收养人合法权益的最大化，收养评估是适用这一原则的重要体现。

收养评估分三种评估：

第一，收养能力评估，是指对有收养意愿的当事人即收养申请人抚养、教育被收养人的能力进行评估。主要包括对收养申请人个人和家庭基本状况、收养动机目的和养育安排、收养申请人提交的证件和证明材料情况等进行全面调查，从而对收养申请人及其共同生活的家庭成员抚养、教育被收养人的能力作出综合评定。

第二，融合期调查，是指在收养登记办理前，对收养关系当事人融合情况进行评估。主要包括对被收养人与收养申请人及其家庭成员共同生活、相处和情感交融等情况、收养申请人履行临时监护职责情况、对被收养人的照料抚育情况和（被）收养意愿等进行调查评估。

第三，是收养后回访，是指收养登记办理后，对收养人与被收养人共同生活的情况进行评估。主要包括收养人对被收养人的养育教育情况、被收养人健康成长和受教育情况、双方情感交融情况等进行调查评估。

收养评估的对象，是收养申请人及其共同生活的家庭成员。收养申请人应当配合开展收养评估。

收养评估工作可以由收养登记机关委托的第三方机构或者收养登记机关开展。

民政部门优先采取委托第三方的方式开展收养评估。

（六）外国人在中国收养子女的特别程序

《民法典》第 1109 条是对外国人在中国收养子女的规定，与原《收养法》第 21 条规定相比，取消了有关公证的规定，当事人愿意公证就公证，不愿意公证就不公证，不再强调在登记的时候要有公证这样的要求。

外国人在中国收养子女要经过特别的收养程序：

第一个程序，是外国人在中华人民共和国收养子女，应当经其所在国主管机关依照该国法律审查同意。

第二个程序，是收养人应当提供由其所在国有权机构出具的有关其年龄、婚姻、职业、财产、健康有无受过刑事处罚等状况的证明材料。这个证明材料应当经他的所在国外交机关或者外交机关授权的机构认证，同时要经过中华人民共和国驻该国的使领馆的认证。

第三个程序，是收养人应当与送养人订立书面协议，订立书面协议以后，要亲自向省级人民政府民政部门登记，只有省一级人民政府才能办理这样的涉外收养登记。经过省级人民政府民政部门登记以后，才能确立收养关系。

原《收养法》第 21 条第 3 款规定，收养关系当事人各方或者一方要求办理收养公证的，应当到国务院司法行政部门认定的具有办理涉外公证资格的公证机构办理收养公证。这样的规定，一是当事人自己要求办理公证，二是办理涉外收养的公证由具有办理涉外公证资格的公证机构办理，这些都是不言而喻的问题，没有必要在《民法典》当中规定，因而把这样的规定删除了，是有道理的。

第六讲
民法典怎样保护你的继承权

这一讲，我想对《民法典》继承编怎样保护每一个自然人的继承权的规则进行解读。在编纂《民法典》中，我是中国法学会民法典编纂领导小组继承编草案建议稿起草组的主要负责人，我在讲这一编的时候，会讲到我们在起草继承编草案建议稿时的一些想法。

说到《民法典》怎样保护继承权这个题目的时候，其实《民法典》并非只保护继承人的继承权，更要保护被继承人处分自己遗产的权利，以及被继承人的债权人的权利。因此，更准确地说，《民法典》在继承规则上，要保护继承法律关系中的权利人的权利。

一、《民法典》继承编编纂的背景和具体过程

我国的《继承法》是在 1985 年制定的。1985 年的时候，改革开放已经进行了好几年了，而且那时立法机关确定了要编纂民法典，也起草了民法的一至四稿。

这里的问题是，改革开放开始以后，虽然改革进行得很顺利，但是，仍然处于刚刚开始的阶段，改革开放，特别是经济体制改革究竟向何处发展，改革、发展到什么程度，都还没有最后定型化，经济体制还在变动的过程中。在这种情况下，要制定一部调整商品经济的民法典，看起来条件确实还不成熟。

从另一个方面来看，民法典的理论准备也不够成熟。“文化大革命”期间，民法的研究都荒废了，无法给民法典提供足够的理论支撑，所以，这个时候也无法一下子就拿出一部完整的民法典出来。

立法机关根据这些情况，决定民事立法一部一部地进行，先搞单行法，成熟一部制定一部。这个做法，被彭真委员长概括为“批发改零售”。民法立法的“批发改零售”，第一部法律就是《继承法》，1985 年 4 月 10 日通过发布。

“批发改零售”的民事立法，为什么会把《继承法》放到最前边制定呢?

第一个原因是《继承法》的内容相对比较少，只有 37 个条文。第二个原因是

《继承法》在现实生活中特别急需，对于私人财富传承问题，我国当时没有很好的法律规范，最高人民法院也没有完整的解释。第三个原因是，立法机关认为，在民法草案中，继承的规则相对比较成熟，可以率先制定出来《继承法》。在这样一种情况下，我国首先制定了《继承法》，虽然只有37个条文，但是把继承制度的主要问题都写进来了，相对来说，还是比较完整的。

这样一部《继承法》，在今天来看，有这么几个特点：

第一，这部《继承法》是调整私人财产在家族中的传承问题。在当时的社会观念中，这还是属于一个私有财产的问题，而那个时候对私有财产还是比较歧视的，公有财产才是神圣不可侵犯的，强调对私人财产的保护，还是有些风险的。其实，这也是《继承法》存在问题的原因之一。

第二，这部《继承法》是一部“穷人”的继承法。当时在计划经济向市场经济转型期间，还没有完全过渡到商品经济、市场经济，私人没有太多财产。我们现在回想一下，1980年代中期，一个人如果有1万块钱，就算是有钱人了，绝大多数人只有很少、很少的钱。当时，我的工资大概是60元零5角一个月，行政级别21级，还是因为得到了两级的奖励工资，才能领这么多钱，当时我这个年纪的一般干部每个月的标准工资是48元。就这些工资，每个人能积累下多少财产呢？到死也不会有多少遗产。

第三，这部《继承法》还是一部计划经济的继承法，对于商品经济、市场经济条件下的继承制度并没有明显的反映。它借鉴的不是市场经济国家的继承法，不是欧洲的民法典的继承编，而是《苏俄民法典》的继承编。其实，《苏俄民法典》也有两个版本，一个是1922年的，另一个是1965年的版本。我们借鉴的大部分内容，是1922年《苏俄民法典》的继承编。《苏俄民法典》在成文民法典的体系中，是比较落后的民法，我们借鉴的还是它比较落后的那一部分。所以，我国的《继承法》就是这样一部反映计划经济，反映“穷人”的财富继承，反映这样一种社会形态下的继承制度的立法。而今天，与那个时候是完全不一样的了。

我们的社会发展到今天，已经建立了比较完善的市场经济体制，不仅是大家普遍地财富增多，而且有很多、很多的人有很多、很多的财富。这样，一个在计划经济基础上建立起来的民法继承制度，就不再适合我们今天的市场经济社会中私人财富传承的实际需要。可是，就是这样的一部《继承法》，从1985年制定以来就没有修订过，基本的继承制度还是那个老样子。

在今天的社会经济条件和市场经济环境下，无论是社会还是个人，都对继承提出了新的需求。而这些对继承制度的新需求，《继承法》都没有办法去反映、去满足。现在，我们有了编纂《民法典》的这样一个大好机会，可以对我国的继承制度进行一个根本性的改革，让它从计划经济的继承法、“穷人”的继承法，改革成为一部市场经济的继承法，成为一部为大家比较富裕、有些人更富裕的社会所需要的继承法。这就是我们在编纂《民法典》，起草《民法典》继承编草案建议稿时所追求的目标。

当中国法学会把这个任务交给我们继承编起草小组的时候，我们就说，我们要用最大的努力，按照市场经济的要求，按照市场经济下私人财富传承的需要，去制定好继承编，在《民法典》中把它固定下来。这是一个最好的机会，要让全国人民看到我们起草的民法典继承编草案，能实现这样的设计目的。

在编纂民法典进入立法程序，开始编纂民法典分则的时候，立法机关并没有像我们这样积极。他们认为，继承制度涉及的是千家万户的财富传承制度，这样的制度不能轻易进行大的改动，不然会引起社会的不稳定，不能让继承制度大起大落，以至于使社会和群众适应不了。立法机关的这个考虑，我们也能够理解。

就这样，我们在民法典继承编草案中提出的那些完善的、市场经济的继承制度的建议，大部分都没有被采纳，只有其中一小部分被采纳，作了适当的修改。大家可以看到，在整部《民法典》当中，继承编的变化是最小的，真的是体现了继承制度的稳定。可是这样，就把原《继承法》中存在的那些不足，也就基本上保留了下来。因此，《民法典》继承编这一部分立法，总体来说，感觉还是留有遗憾，没有能够实现更大的制度进步。

不过，《民法典》继承编还是有一些重要的进步，增加到了 45 个条文，有 19 个条文发生了变化，有一些条文的修改和增加，适应了当前的社会需要。不过，总的说来，我国的基本继承制度没有改变，所改变的这些内容都是继承制度中的小问题或者具体问题。

我们在学习、理解《民法典》继承编的时候，要在我国的基本继承制度坚持稳定的基础上，研究那些新的规定，把这些新规定的制度和规则理解好、适用好。至于今后怎么样进一步去完善我国的继承制度，使之真正能够与我们的市场经济、私人财富传承的社会需求相一致，还得将来再找机会去努力了。

在讲《民法典》继承编的具体内容之前，我给大家介绍这么多情况，供大家在学习、理解时参考。

二、对继承编“一般规定”章的条文解读

（一）民法典继承编的调整范围

《民法典》第 1119 条规定：“本编调整因继承产生的民事关系。”继承民事法律关系中，虽然有被继承人，但是被继承人不是民事法律关系主体，因为他已经死亡了，不是民事主体了。继承法律关系的权利主体就是继承人。

不过，继承法也调整遗赠关系和遗赠扶养协议，在广义上，这两种法律关系也

在继承法调整的范围之内。因此，继承法律关系的权利主体也包括受遗赠人。在遗赠的法律关系中，受遗赠人是其权利主体。

还有一种法律关系就是遗赠扶养协议。在遗赠扶养协议法律关系中，遗嘱人是遗赠的赠与人，他和扶养人签订的生养死葬的协议，也是广义的继承法律关系中的一种。

在继承法律关系中，还有一个特别重要的主体，就是被继承人的债权人。虽然他不是继承法律关系的当事人，但是他处于被继承人在生前形成的债权债务关系中，有权在遗产中取得他应当实现债权请求的部分。所以，他也应该处于继承法律关系中，成为继承法律关系的一个利害关系人，对遗产享有权利。

除了这些主体外，继承法律关系里还有国家。国家作为税收的主体，在继承法律关系中会发生公权力的效力问题，需要用被继承人的遗产来解决被继承人所欠税款的问题。国家在遗产分配中，还会成为一个利害关系人接受无人继承又无人受遗赠的遗产为国家所有，而且其收取税款的权力优先于被继承人的其他债权人。

因此，继承法律关系大体上就分成这样几种情况，最基本法律关系的是继承，包括法定继承和遗嘱继承；其他的是遗赠、遗赠扶养协议和国家的税收问题。

（二）继承权保护原则

《民法典》第1120条规定："国家保护自然人的继承权。"继承权是一种财产权，它分成两种形态，一种是期待权，另一种是既得权。在被继承人死亡之前，其法定继承人都是他的继承人，都享有继承权。但是，这个继承权只是一个继承期待权，要等到继承开始的时候，继承人才能够取得遗产，继承遗产。那么，等到继承开始的时候，继承期待权就变成了继承既得权，享有继承既得权的继承人才可以行使权利，取得被继承人的遗产。《民法典》就是给予继承权这样一个保护。

在保护自然人的继承权的同时，也保护受遗赠人的受遗赠权，受遗赠人也是法律继承法律关系中的当事人。他享有的虽然不是继承权，但是，他通过遗嘱——遗嘱人给受遗赠人一个权利——可以取得一部分遗产。受遗赠人只要愿意接受遗赠，就可以取得遗赠的遗产。同样，遗赠扶养协议也是这个样子，遗赠扶养协议的扶养人接受遗产的权利也受到保护。

（三）继承开始与数人在同一事件中死亡时间推定

《民法典》第1121条接触到继承的具体问题了。

这条首先规定："继承从被继承人死亡时开始。"这个规定是非常重要的，在被继承人没有死亡的时候，他是他的财产的所有权人，是一个物权人，财产上还包括对其他人的合法债权等，他所有的财产都是他的合法财产，享有占有、使用、收益、处分的权利。什么时候才能变成遗产呢？就是当他死亡的时候，被继承人的财产就变成了遗产，变成了遗产以后，就发生继承的问题了。

继承开始就发生了继承的问题，尽管被继承人的继承人在这个时候还没有取得遗产的权利，甚至还没有占有遗产，但是，在他分配了遗产以后，这个遗产是什么时候开始发生物权变动的呢？还是从被继承人死亡的时候开始发生的，因为那个时候继承就开始了，遗产的所有权就到了继承人的手中了。

在这个问题上，我们经常会说一个问题，就是在实际上，我们按照《民法典》继承编说的这种规则，有继承案件吗？好像是没有继承案件的，就因为被继承人一旦死亡，马上就发生了继承，遗产的权利就转移了，那么，在继承人再来分割遗产的时候，其实就是遗产分割的问题了，那就是析产的问题。

从这一点上讲，实际上，真正的继承问题是法律规定的，而在实践中却是具体怎么分配遗产的问题了。这就是，被继承人死亡，继承就开始了；继承开始了，遗产的所有权就转移了；既然遗产的所有权早就转移了，那么，继承人的继承就是析产了。

不过，这里还是有一个特殊问题，就是关于《民法典》第230条的规定。原《物权法》第29条规定，受遗赠人取得遗产权利，也是从被继承人死亡的时候开始，即继承开始，受遗赠人就取得遗赠财产的权利。但是，根据《民法典》的规定，由于受遗赠仍然还是双方的民事法律行为，说到底是一个赠与的问题，被继承人把遗产遗赠给受遗赠人，受遗赠权人仍然要有一个接受还是不接受的问题，如果受遗赠人不接受遗赠，那么遗产还是被继承人的遗产，还是由他的继承人来继承。

如果受遗赠人说接受遗赠，那么，从他接受遗赠的这个时候开始，他才取得遗产的所有权。这么看，就能发现在遗产所有权转移的问题上，其实有两种不同的情况：一是继承人继承遗产的时候，物权马上发生变动，就从继承开始时物权就发生了变动。二是遗赠和继承不同，遗赠是要在受遗赠人愿意接受遗赠的时候，遗产的物权才发生变化。在这里，其实从继承开始，到受遗赠人接受遗赠之前，还有一段物权空白的期间，在这个期间里，所有权还不确定。只有在受遗赠人愿意接受遗赠的时候，所有权才发生变动。如果受遗赠人说不接受遗赠，那就还是遗产问题，还是继承人继承遗产的问题，这个权利空白的期间就转而消失了，继承人取得遗产权利的时间，还是继承开始的时间。

《民法典》第1121条第2款，规定的是互相有继承关系的数人在同一事件中死亡难以确定死亡时间的推定规则，即推定没有继承人的人先死亡。都有其他继承人，辈分不同的，推定长辈先死亡；辈分相同的，推定同时死亡，相互不发生继承。这个规定，原来是在《最高人民法院关于贯彻执行〈中华人民共和国继承法〉若干问题的意见》中规定的。这是在处理继承问题中，当出现这种情况时必须解决的一个问题，确定了死亡的先后时间以后，接下来就好继续解决继承遗产的问题了。

在司法实践中，适用最高人民法院的这个司法解释，都认为这个规则是很正确的，《民法典》编纂时就把它直接写到继承编中来了。比较一下，现在的条文与司法解释的具体文字有所变化，但是基本规则没有变化。

第一，相互有继承关系的数人在同一事件中死亡，难以确定死亡时间的，就推定没有其他继承人的人先死亡。所谓没有其他继承人，是指在同一事件中死亡的人之外，没有他的继承人，在同一事件中死亡的数人中有他的继承人，就推定他先死亡。在他死亡了以后，就会发生同一事件中死亡的继承人的继承问题，不管是辈分相同的，还是辈分不同的，都能够继承先死亡的人的遗产。对此，法工委的解释意见是：如果有人没有其他继承人，其与仅有的继承人都在同一事件中死亡，推定此人先死亡，这样规定就可以使其遗产能够依法被继承，而不会造成无人继承的状况。这样的解释，是对的，只是还说得不够清晰。

第二，都有其他继承人，辈分不同的，推定长辈先死亡。长辈先死亡后，他的晚辈亲属就可以继承，虽然他的晚辈亲属也是在同一个事件里死亡的，但是，由于认定长辈先死亡，那么，晚辈继承人仍然有继承权，可以继承。如果推定长辈和晚辈同时死亡，就不好办了，没办法解决继承的问题了。

第三，同时死亡的数人，如果辈分相同，就推定同时死亡，相互之间不发生继承的关系。例如兄弟姐妹之类，在这种情况下，推定同时死亡，他们之间就不发生继承。

第 1121 条第 2 款在原司法解释规定的基础上，改得非常简洁，是写得比较好的条文。

（四）遗产范围

《民法典》第 1122 条是关于遗产的规定。大家可以看到，原《继承法》规定遗产，是作了一个比较费劲的规定。这就是原《继承法》第 3 条。它先说“遗产是公民死亡时遗留的个人合法财产”，但是，接下来就继续规定：“包括：（一）公民的收入；（二）公民的房屋、储蓄和生活用品；（三）公民的林木、牲畜和家禽；（四）公民的文物、图书资料；（五）法律允许公民所有的生产资料；（六）公民的著作权、专利权中的财产权利；（七）公民的其他合法财产。”这样的规定，是不是很费劲呢？这样的做法，就是“概括＋列举＋补充”这样的一个方法。

这种方法是我们原来的民事立法特别愿意用的方法。这种方法也有好处，就是一看能引起老百姓的兴趣，哇！这么多财产都是遗产，都可以继承啊！但是，问题是，用这样的方法规定遗产，是永远列举不全的，列举完了以后，还得再规定兜底条款。在实际适用中，当一个具体的继承案件出现时，就要确定什么是遗产，什么不是遗产，只要是没有被列举的遗产，就会发生争论，这种财产到底是不是遗产。争论到法庭，由法官最后来裁决，法官也有不同的理解，可能就会造成同案不同判的问题。这就是列举规定遗产的弊病。

用“列举＋补充”的方法规定遗产，不是一个好方法。在其他法律中也有类似的问题。原《侵权责任法》第 2 条第 2 款在规定侵权责任法保护范围的时候，也是用的这种列举方法：列举了 18 种权利作为侵权责任保护的对象之后，仍然还得加上“等人身、财产权益”的规定，因为它也是不完全列举。

用列举的方法规定某种事物，会有什么问题呢？例如，原《侵权责任法》第 2 条第 2 款，就是由于列举不全，对其他没有被列举的权利到底属不属于侵权责任法保护的范围，就会发生争论。比如说没有被列举的债权，到底是不是侵权责任法保护对象，就有疑问，在裁判中就会出现同案不同判的问题。

各国民法典继承编规定遗产，通常不用这种方法，而是直接规定遗产就是被继承人生前拥有的财产。这才是对的。

在起草《民法典》继承编的时候，我们坚持这个意见，要概括性地规定遗产，因为概括规定遗产，就不会引起这样的问题。具体问题到司法实践中解决，判断的标准是，只要是被继承人生前合法享有的财产，当然都是遗产，这样就不会存在不同的争论。立法机关也是这个意见，因此，第 1122 条就规定“遗产是自然人死亡时遗留的个人合法财产”，然后再规定“依照法律规定或者根据其性质不得继承的遗产，不得继承”。这样一个概括性规定遗产的方法，是不是就更好了呢？当然是。

再看第 2 款：“依照法律规定或者依照其性质不得继承的遗产，不得继承。”原来在草案中，这个条文不是这样写的，而是说：依照法律规定或者根据其性质，不能作为遗产的就不是遗产。这是在否定在被继承人的生前享有的合法财产中有些遗产的性质。这样规定，就是说在被继承人的合法财产当中，还是有一部分不是遗产。这样规定当然不好。《民法典》最后在通过的时候，把这一部分改得比较好，是说“依照法律规定或者根据其性质不得继承的遗产，不得继承”，也就是说这些财产的属性仍然是遗产。被继承人生前享有的这些根据法律规定或者根据其性质不能继承的遗产，怎么能说不是遗产呢？也是人家的遗产嘛！但是，这种遗产不能够继承，就等于说是遗产，但是不能继承，把它排除在外就行。

根据法律规定不能继承的遗产，例如有一些国家资源的使用权，是不能继承的，例如采矿权等，不能个人去继承，当然就不能继承。

根据其性质不得继承的遗产，例如具有身份关系的那些财产权利，像取得抚恤金等这样的一些权利，根据其性质，是不能继承的。

这些不能继承的遗产，虽然也是遗产，但是不能继承。这样，就把遗产的范围规定得清楚了，规定得是比较好的，条文清晰，内容准确，便于操作，不会再因哪种财产是不是遗产、哪个权利是不是遗产发生争论。

（五）法定继承、遗嘱继承和遗赠抚养协议的优先顺序

接下来的《民法典》第 1123 条，规定了法定继承、遗嘱继承和遗赠扶养协议之

间的先后顺序问题。

这个条文说，继承开始后，按照法定继承办理；有遗嘱的，按照遗嘱继承或者遗赠办理；有遗赠扶养协议的，按照遗赠扶养协议办理。这个条文跟原来《继承法》的条文没有什么区别，它的问题在哪里？就是说得不够清晰。其实，在继承领域中的这三种情况，包括法定继承、遗嘱继承和遗赠，再加上遗赠扶养协议，最优先的是遗赠扶养协议，其次是遗嘱继承和遗赠，最后才是法定继承。

但是，这个条文从字面上看，如果不去仔细分析，好像看起来是相反的，就是因为首先规定的是法定继承，然后是遗嘱继承和遗赠，最后是遗赠扶养协议。其实，这个条文要表达的刚好是相反的顺序。这在立法技术上，不能不说是一个问题。

为什么要把遗赠扶养协议的效力放到最优先的位置规定呢？因为遗赠扶养协议是有一个对价在里的，扶养人和遗赠人其实根本就没有什么近亲属关系，也就是非法定继承人。遗嘱人在世的时候，扶养人给他养老，提供生活条件，等他去世的时候，遗嘱人把他的遗产都给扶养人。这样，在这个协议中就不仅有一个对价的问题，还有一个对老人生养死葬的养老的社会价值。正是因为这样，遗赠扶养协议在继承领域中，就应该是效力最优先的。在一个被继承人死亡的时候，他只要签订了遗赠扶养协议，这个遗赠扶养协议又是合法有效的，扶养人也尽到了对遗嘱人生养死葬的义务，那么，就永远是效力最优先的。

如果没有遗赠扶养协议，或者说除了遗赠扶养协议的遗产之外，被继承人还有其他遗产的，那就是遗嘱继承和遗赠是效力优先的。有遗嘱继承的，遗嘱继承的继承人就开始继承；有遗赠，受遗赠人愿意接受遗赠的，就去进行接受遗赠，它们的效力都排斥法定继承，因为法定继承是没有被继承人处分遗产的意思表示的继承，被继承人没有表达分配遗产的意志，发生的就是法定继承。

所以，这个条文在理解的时候，特别是在给老百姓做宣传的时候，应当反过来说，首先说第一优先的是遗赠扶养协议，第二优先的是遗嘱继承和遗赠，最后才是法定继承。

这里突出一个被继承人支配遗产的意志的问题，这就是遗嘱自由原则。当一个被继承人在没有死亡之前，他对他的财产具有绝对的支配权，就是所有权，他可以占有、使用、收益、处分这些财产，任何人都不能干预，只要不违反法律，不违背公序良俗，就没有任何问题，都可以去处置。当被继承人死亡以后，不也仍然应当是他自己说了算吗？自己对自己的财产当然是自己说了算，他的遗嘱，就是他处理遗产的意思表示，当然他有权按照自己的意志去支配自己身后的遗产。他用他的遗嘱或者遗赠扶养协议，明确地作出这种支配财产的意思表示，当然就按照他的遗嘱去办了。这就是遗嘱自由原则的体现。

如果被继承人没有订立遗赠扶养协议，也没有遗嘱指定遗嘱继承人或者受遗赠人，那就要法定继承。即使是法定继承，也仍然是根据法律的规定，推定被继承人最希望的支配遗产的方法是什么，当然是想让和他的亲属关系最近的人去继承他的遗产，所以，才规定了法定继承人的范围。按照法定继承人的继承顺序来继承，都是法律上的推定。在被继承人没有遗嘱继承，没有遗赠，甚至没有有效的遗嘱时，推定法定继承就是被继承人支配或者分配其遗产的最好方法。

第 1123 条要确定的是，遗赠扶养协议效力优先；没有遗赠扶养协议的，遗嘱继承和遗赠效力优先；没有遗赠扶养协议，也没有遗嘱继承和遗赠的，那就是法定继承。按照这个效力优先顺序去说明，就会更加清楚，人民群众也更好理解。

这一条文要突出的是什么？就是要尊重被继承人处置遗产的意愿。

（六）放弃继承权和受遗赠权的接受与放弃

《民法典》第 1124 条第 1 款规定的是关于继承人放弃继承的问题：继承开始后，继承人放弃继承的，应当在遗产处理前以书面形式作出放弃继承的表示，没有表示的，就视为接受继承。第 2 款规定的是受遗赠人应当在知道受遗赠后的 60 天内，作出接受或者放弃受遗赠的表示，到期没有表示的，视为放弃受遗赠。

这两个规定是放弃继承权和接受或者放弃受遗赠权的具体规则。

先说继承人放弃继承权。首先，继承人必须在他的继承期待权变成继承既得权的时候，才可以作出放弃的意思表示。在继承权还是期待权的时候，继承人是不可以放弃的，因为继承期待权无法放弃。法律规定继承开始以后，继承人才可以放弃继承权，是因为只有在继承人已经是享有继承既得权的继承人时，他才可以决定是不是放弃。

放弃继承权的要怎么去放弃呢？要在继承开始后、遗产处理前的这个期间里，以书面的形式作出放弃继承的意思表示。时间界限是继承开始后至遗产处理前，在这个期间里，想放弃继承权的，就要以明确的书面形式作出放弃的意思表示。作出了明确的书面放弃继承的意思表示，就放弃了继承权，再也不去继承遗产了。在这个期间里，享有继承既得权的继承人如果没有表示，那就是接受继承，就接受了被继承人的遗产。

继承权的放弃，没有默示的形式，在继承开始至遗产分割之前的期间里，默示就是接受继承。

再说受遗赠人接受和放弃遗赠，和继承人的方式不一样，而且是完全相反的。受遗赠人应当在知道受遗赠后的 60 天里，作出接受或者放弃受遗赠的表示，接受受遗赠权要有明示，放弃受遗赠权也要有明示，如果到期还没有明确表示，那就视为放弃受遗赠权。

比较一下，关于继承权，继承人要是没有表示的，就是接受；关于受遗赠权，到期没有明确表示的，就视为放弃。这一部分规定的规则完全相反，也是继承权和受遗赠权的性质所决定的。

（七）继承权丧失与宽宥

《民法典》继承编第一章的最后一个条文是第 1125 条，规定的是继承权的丧失及其法定事由，以及相对丧失继承权因宽宥而恢复的规则。

继承人有下列情形之行为之一的，就要丧失继承权：一是故意杀害被继承人；二是为争夺遗产而杀害其他继承人；三是遗弃被继承人或者虐待被继承人情节严重；四是伪造、篡改、隐匿或者销毁遗嘱，情节严重；五是以欺诈、胁迫手段迫使或者妨碍被继承人设立、变更或者撤回遗嘱，情节严重。

在上述五种丧失继承权的事由中，第 1、2 项是绝对丧失继承权，第 3 项至第 5 项行为为相对丧失继承权，如果丧失继承权的继承人确有悔改表现，被继承人表示宽恕，或者事后在遗嘱中将其列为继承人的，该继承人就不丧失继承权。受遗赠人有上述五种行为之一的，丧失受遗赠权，并且不存在宽宥的规则。

这一条文实际说了三个问题：一是丧失继承权，二是宽宥，三是受遗赠人丧失受遗赠权。

第一个问题是继承人丧失继承权。这个条文一共规定了五项事由，每一个事由都可以导致继承人丧失继承权。

第一，故意杀害被继承人。继承人故意杀害被继承人，不管怎么样都丧失继承权。

第二，为争夺遗产而杀害其他继承人。这一点，一定要看清这个前提条件，是为了争夺遗产而杀害其他继承人。如果不是为了争夺遗产杀害其他继承人，不丧失继承权，该怎么负刑事责任就怎么负责任。即使故意杀害其他继承人的，只要不是为了争夺遗产或者为了取得遗产，也不丧失继承权。杀害其他继承人，必须有争夺遗产的目的，才丧失继承权。

第三，遗弃被继承人或者虐待被继承人情节严重。这里讲的是两种行为：一是遗弃被继承人，就是丧失继承权的理由，这个不需要情节严重。二是虐待被继承人，须具备情节严重的要件，才构成丧失继承权的事由。

第四，伪造、篡改、隐匿或者销毁遗嘱，情节严重。被继承人留有遗嘱，这个遗嘱可能对有的继承人不利，该继承人为此伪造、篡改、隐匿或者销毁遗嘱，情节严重的，丧失继承权。原《继承法》没有规定隐匿遗嘱，这次修订增加了隐匿遗嘱情节严重的作为丧失继承权的事由。

第五，也是这次编纂《民法典》时新增加的一个丧失继承权的事由，以欺诈、胁迫手段迫使或者妨碍被继承人设立、变更或者撤回遗嘱，情节严重的。凡是以欺诈、胁迫的方法，迫使或者妨碍被继承人设立遗嘱的这些行为，不管是妨碍设立也好，妨碍变更也好，或者妨碍撤回也好，只要具备情节严重要件的，同样丧失继承权。

关于丧失继承权的法定事由，《民法典》里规定的就是这五种情形。这五种丧失继承权的法定事由可以分成以下两种：

第一种叫绝对丧失继承权。绝对丧失继承权是说，继承权一旦丧失，就永远不可以再恢复，也就是不得适用宽宥的规则，继承人也不可以宽宥，即使被继承人宽宥也不发生效力，继承权永久丧失。

第二种叫相对丧失继承权，第 3 项至第 5 项这三种丧失继承权的事由，是相对丧失继承权。相对丧失继承权是说，有这些行为之一，继承人也丧失继承权，但是，在因为这些行为丧失继承权的后果发生以后，只要丧失了继承权的继承人有悔改表现，而且被继承人对他予以宽宥，就可以再恢复丧失的继承权，这一条文说的“不丧失继承权”，其实就是恢复继承权。

这五种丧失继承权的事由，前两种是绝对丧失不可以恢复，后三种是相对丧失，在具备一定的条件后，还可以恢复继承权。

在这里有一个问题，我在立法过程中也一直在提：在绝对丧失继承权的事由中，故意杀害被继承人、为争夺遗产而杀害其他继承人里面讲的杀害是一个什么样的程度？我们在说一个杀人的行为时，会有三种形态，第一种形态是预备，第二种形态是未遂、中止，第三种形态是既遂。现在这里说的故意杀害被继承人、为争夺遗产而杀害其他继承人，究竟是预备，是未遂、中止，还是既遂呢？换句话说，当要杀害被继承人、杀害其他继承人的时候，杀人预备和杀人未遂、中止算不算杀害被继承人和杀害其他继承人呢？如果说未遂、中止也算、预备也算的话，一预备杀人就丧失继承权，继承人没有杀死，甚至都没有着手杀人，后来他又有悔改，难道不可以宽宥吗？未遂、中止是不是也是这样呢？

如果是将“杀害”理解为既遂，这个问题就好解决，既然已经“害”了，当然就是既遂，那就永久丧失继承权，永远不得恢复。这样理解，好像跟这个条文的内容比较吻合。杀人预备、杀人未遂、中止，显然还不是杀害。因此要明确的，就是杀害被继承人、杀害其他继承人是不是一定要既遂才丧失继承权。

如果是做这样的解释，两种杀害行为均须既遂，那么，对被继承人或者其他继承人有杀人预备或者杀人未遂、中止的，是不是就不丧失继承权呢？对被继承人或者其他继承人有杀人预备或者杀人未遂、中止的，显然比虐待、遗弃被继承人要严重得多，比伪造遗嘱等等也严重得多，不丧失继承权显然不合理。所以，这个问题还应该进一步研究，也可以由最高人民法院在制定司法解释的时候，对这个问题作进一步明确。

第二个问题，是编纂《民法典》时新增加的，是被继承人的宽宥的权利，即：继承人有第 1 款第 3 项至第 5 项行为的，是相对丧失继承权的事由，继承人有这三种行为之一，就丧失了继承权，以后他又确有悔改表现，这是第一个条件；第二个条件是被继承人表示宽宥，或者事后在遗嘱当中将其列为继承人。有了这两个要件，丧失的继承权就可以恢复，虽然这里说他不丧失继承权，其实就是丧失了继承权以后他可以恢复继承权，仍然可以继承遗产。

这里有两个问题：一个是有人提出意见，说“确有悔改表现”不好确定，怎么样才叫确有悔改表现啊。我觉得这个质疑没有什么价值，因为确有悔改表现只能这么写，具体情形需要在实践中来判断，他悔没悔，改没改，要由法官判定。另一个问题是，宽宥有两种形式，一种是明示的宽宥，被继承人明确表示宽恕，就说算了，这个继承人还可以继承遗产，这就是明示的宽宥；还有一种默示的宽宥，是事后在遗嘱中把丧失继承权的继承人列为遗嘱继承人，这也是表示宽宥。

宽宥的结果是原本丧失继承权的继承人不丧失继承权，就是丧失的继承权予以恢复。可见，宽宥是属于被继承人的权利，被继承人享有宽宥的权利。继承人说我现在都悔改了，你宽宥我吧，被继承人就是不宽宥，那也没有办法，继承权不能恢复。丧失继承权的人没说要宽宥，但是，被继承人就是宽宥了，只要悔改了，当然就恢复继承权。其实还有一种情况，丧失继承权的人并没有悔改，但是被继承人就是宽宥了，无论如何就是要把遗产交给这个继承人。这时候，应当看具体情况，如果当事人没有争议的，当然也没有问题，他继承就是了。但是如果有争议，诉讼到法院，法官在裁判时，却不能这样宽容，不悔改的就不恢复继承权，不然法律规定就成了一张废纸，对有争议的当事人也不公平。

《民法典》继承编规定被继承人宽宥的权利，是我国继承法第一次规定，是一个比较大的进步，也是这次继承法修改的亮点。我原来写过一篇文章，论述应该建立继承制度中的宽宥权，现在已经实现了。

第三个问题是受遗赠人也可能会丧失受遗赠权。受遗赠人有该条第 1 款规定的五种情况都可以丧失。比方，对于杀害被继承人，受遗赠人也有可能实施这样的行为，比如说遗赠人长寿、受遗赠人急需用钱，就杀害继承人。

受遗赠人为争夺遗产而杀害其他继承人的，有可能出现。

受遗赠人虐待被继承人或者虐待被继承人情节严重，受遗赠人通常和被继承人没有这样的关系，他们之间没有近亲属的身份地位和法律关系，也很难出现这样的行为。

受遗赠人伪造、篡改、隐匿或者销毁遗嘱情节严重的，这种行为有可能。

受遗赠人以欺诈、胁迫手段迫使或者妨碍被继承人设立、变更或者撤回遗嘱情节严重的，这个也有可能。

受遗赠人虽然通过遗嘱人的遗嘱享有受遗赠权，但是有上面列举的这五种情形之一的，同样丧失受遗赠权，不能接受遗赠人的遗产。要注意的是，丧失受遗赠权后，受遗赠人即使确有悔改表现，且遗嘱人有宽宥意思表示的，也不得恢复受遗赠权。

三、对继承编“法定继承”章的条文解读

下面要解读继承编第二章规定的法定继承规则。我们原来在设计民法典继承编草案建议稿的时候，想把法定继承放到遗嘱继承的后边，也就是先规定遗嘱继承，然后再规定法定继承，就会给大家一个直观的看法，即遗嘱继承优先，法定继承是在没有遗嘱继承或者遗嘱无效的情况下，才发生法定继承。这个意见没有被接受，仍然还是按照原《继承法》的结构和顺序写的。现在这种写法，可能会给公众一个印象，就是法定继承是最重要的，这其实会影响对遗嘱效力优先原则的理解。

（一）继承权男女平等

“法定继承”这一章中的第一个条文就是第 1126 条，规定了继承权男女平等的原则。

在这一点上，《民法典》贯彻男女平等原则已经很充分了。在继承权的问题上，也坚持平等原则，不过，在现实生活操作中有可能不一样。

比方说，一个人有好几个子女，可能会有一个重男轻女的问题，为什么呢？因为民间有一种看法就是：儿子毕竟是自己家里的人，女儿将来总是要嫁给别人的，既然嫁给别人，就会把财产拿到别人家里去了。这就是现实生活里男女在继承权上经常不平等的原因之一，被继承人担心自己的财产将来传到别人的家里去。不管怎么样，我们法律规定在继承权上男女是平等的，一旦发生争议，诉讼到法院的时候，必须按照男女平等的原则来处理继承权的问题。

在现实生活中，女性的继承权如果受到不平等的待遇，可以向法院起诉，寻求法律的支持和保护。

（二）法定继承人及继承顺序

《民法典》第 1127 条的规定比较复杂，内容比较多，规定的是法定继承顺序，同时规定了法定继承人的范围。所以，这个条文是整个继承编的核心条文，当然也是法定继承中的核心条文。

第 1127 条的内容是：“遗产按照下列顺序继承：（一）第一顺序：配偶、子女、父母；（二）第二顺序：兄弟姐妹、祖父母、外祖父母。”“继承开始后，由第一顺序继承人继承，第二顺序继承人不继承；没有第一顺序继承人继承的，由第二顺序继承人继承。”“本编所称子女，包括婚生子女、非婚生子女、养子女和有扶养关系的继子女。”“本编所称父母，包括生父母、养父母和有扶养关系的继父母。”“本编所称兄弟姐妹，包括同父母的兄弟姐妹、同父异母或者同母异父的兄弟姐妹、养兄弟姐妹、有扶养关系的继兄弟姐妹。”

1. 法定继承人的范围

这个条文规定的最重要的部分，就是法定继承的顺序，不过，我们还是要先说法定继承人。

法定继承人就是当被继承人死亡以后，有权利继承他的遗产的近亲属。所以，法定继承人是以近亲属为基础的有继承权的人。

《民法典》婚姻家庭编对近亲属作了规定，包括配偶、子女、父母、兄弟姐妹、祖父母、外祖父母、孙子女、外孙子女。超出这个范围的亲属就不是近亲属，他们之间就没有权利义务关系。

《民法典》继承编规定法定继承人，就是以近亲属作为继承关系的基础，列举的包括配偶、子女、父母，然后是兄弟姐妹、祖父母、外祖父母。在法定继承人范围中，近亲属中少了一项，就是没有孙子女、外孙子女。孙子女、外孙子女的继承问题放到第1128条，作为代位继承的法定继承人。所以，实际上还是把近亲属全部包括在法定继承人的范围中了。

还有一个新的问题，就是这一次在编纂《民法典》继承编时，增加了一类新的代位继承人，就是兄弟姐妹的子女，即侄子女、甥子女，他们也是代位继承人。这样，就在整个法定继承人范围里，和原《继承法》规定的法定继承的范围相比，增加了兄弟姐妹的子女。侄子女、甥子女作为代位继承人，有权利代位继承叔、伯、姑、舅、姨的遗产。

说到《民法典》继承编的修订亮点之一，就是适当扩大了法定继承人的范围，即把叔、伯、姑、舅、姨的侄子女、甥子女也加到了代位继承人的范围中，法定继承人的顺序扩大了这么一点点。其实，我们现在规定的法定继承人的范围实在是太窄了。在目前的世界各国民法典中，我们的法定继承人范围是最窄的，其他国家通常会在继承法立法中规定很宽的法定继承人范围，比方说四亲等、五亲等，甚至六亲等、七亲等，都可能归到法定继承人的范围中。

为什么要规定很宽的法定继承人的范围，就是因为法定继承人的范围越窄，就越会出现无人继承的遗产；法定继承人的范围越宽，出现无人继承遗产的可能性就越小。

我有一个很强烈的想法，就是《民法典》婚姻家庭编中规定近亲属的概念，是一个不好的概念，主要问题就是范围过窄。近亲属的范围只有直系血亲三代加上兄弟姐妹的旁系血亲，在他们之间才有权利义务关系。可是看一看，人生中的四世同堂是特别幸福的事情，四世同堂中就有曾祖父母、曾外祖父母，有曾孙子女、曾外孙子女，但是，这个时候根据法律规定，四代人之中就有一代人不是近亲属，他们之间就没有权利义务关系。

我们说曾祖父母、曾外祖父母和曾孙子女、曾外孙子女是最亲的亲属，祖孙“隔辈亲”，如果隔了两辈的直系血亲，当然就亲上加亲。但是他们之间没有权利义务关系。在一个四世同堂的家庭中生活，三代人之间有权利义务关系，第四代人却没有权利义务关系，这能说得过去吗？我觉得说不过去。一个家庭，要是有了重孙子，不是更亲了吗？但是按照我们现在的立法，刚好相反，太爷爷与重孙子之间没有权利义务关系。《民法典》规定法定继承人的范围过窄，问题的根源就在这里。

《民法典》继承编规定法定继承人的范围就是这样的，虽然在代位继承中，如果被继承人的子女先于被继承人死亡，由被继承人的子女的直系晚辈血亲代位继承，代位继承人中包含曾孙子女、曾外孙子女，但是，由于是代位继承，因而继承的可能性很小。即使加上兄弟姐妹的子女作为代位继承人，我们的法定继承人范围仍然过窄。

2. 法定继承顺序

我们现在要说的是法定继承人的继承顺序，应该说也是规定得不是很好的一个部分，法定继承人的顺序和原《继承法》规定的没有区别，仍然还是两个顺序。

《民法典》规定的法定继承顺序有两个：配偶、子女、父母是第一顺序，兄弟姐妹、祖父母、外祖父母是第二顺序，再就没有其他继承顺序了。

由于我们的法定继承人范围过窄，因而法定继承顺序也少，这是法定继承顺序中存在的一个主要问题。

在法定继承顺序中，有两个问题比较重要：一个是配偶的法定继承顺序，另一个是父母的法定继承顺序。另外还有一个问题，就是第一顺序继承人究竟是只有子女一个，还是包括子女及其卑亲属。这样就有三个问题。

（1）配偶的继承顺序问题

先说配偶的法定继承顺序。配偶的法定继承顺序现在规定的是第一顺序，这个规则已经用了三十几年，似乎它就是天经地义的了。但是，事实上在绝大多数国家的法定继承顺序中，配偶都没有固定顺序，一般是把配偶规定为无固定顺序的法定继承人。我在写文章的时候，把配偶无固定顺序的法定继承顺序叫作零顺序，不跟其他法定继承人去排顺序，是一个无固定顺序的法定继承人，具体表现为：有第一顺序的法定继承人，配偶就跟第一顺序法定继承人一起继承；没有第一顺序法定继承人时，配偶跟第二顺序的法定继承人继承。通常还规定没有第二顺序的法定继承人时，配偶跟第三顺序的法定继承人继承。如果也没有第三顺序的法定继承人，配偶就自己独自继承了，第四顺序的法定继承人就不继承。

我们在民法典继承编草案建议稿中提出了这个意见，因为这个做法有利于保护配偶的继承权益。民法典继承编草案的第一次稿，就是室内稿，接受了这种意见，规定配偶无固定继承顺序，有第一顺序法定继承人的，跟第一顺序法定继承人继承；没有第一顺序继承人的，跟第二顺序继承人继承；没有第二顺序继承人的，就由配偶自己独自继承、全部继承。但是，这个规则到了法工委的时候，就被删掉了，仍然回归原《继承法》的规则上来，配偶还是第一顺序继承人。

配偶作为第一顺序继承人，有可能出现一个问题，就是会排斥第二顺序的兄弟姐妹的继承权。

我讲一个案例，原来在北京发生的一个案件，时间是在1980年代后期。那时候，开始开放台湾老兵回大陆探亲。有一位杨先生回来看他哥哥。看完哥哥以后，他就不想回去了，要在大陆定居，接着就开始找对象。有人给他介绍了一位女老师，两个人相识、相爱，很快就结婚了。结婚时的房子、家具等等，都是用杨先生带回来的钱买的。杨先生当时带回来将近100万元，除了结婚用的钱外，还剩下三十几万元现金。

两个人结婚以后生活得很好，但是，过了一年，杨先生就因病去世了，留下30多万元现金的遗产，当然还有其他共同财产中的一半的遗产，就在这个问题上发生争议了。

杨先生的哥哥说，我的弟弟分隔这么多年终于回来了，不幸去世，他带回来的钱，都用来建立他的新家庭了，可是，他和他的配偶只共同生活了一年，这些所有的财产就都成配偶的了吗？杨先生的哥哥说，房子、家具他都不争。剩下还有那几十万元现金，我们这些亲属能不能分到一部分呢？杨先生的配偶不同意，后来就诉讼到法院。

按照《继承法》的规定，杨先生哥哥的主张当然是不成立的，因为有第一顺序法定继承人，当然就由第一顺序法定继承人继承，第二顺序法定继承人不继承。杨先生的哥哥是第二顺序法定继承人，怎么能继承呢？

杨先生的哥哥在诉讼中向法庭提供了一个复印件，里面写的是：我愿意与我的所有亲属来分享我的财产，下边是杨先生的签名，共有30个人的名字。法院审理这个案件有一个直观的感觉，就是这个案件的所有遗产都给被继承人的妻子，遗产都由他的配偶继承，存在不公平的问题，因为真正陪了杨先生几十年的哥哥，对杨先生的遗产一分钱也不能继承，说不过去。法院就说，虽然杨先生没有遗嘱，但是这个复印件可以作为一个分配遗产意向书，认可他有意愿要把遗产分给他的亲属，这样就能够把遗产中的这30多万元给他的配偶留下一部分，其余的分给他的哥哥以及其他亲属。法院也就做了这样一个判决。

有人反对这个判决，说它违反《继承法》的规定，一直申诉到最高人民法院。当时是1990年，我在最高人民法院民事审判庭工作。最高院对这个案件给北京市高级人民法院一个交办函，请他们依法再审。半年后，北京高院给最高院一个回复，说这个案件判决以后社会反映很好，不宜再改动。

这个判决肯定是违反《继承法》的规定的，但是为什么会说社会反映很好呢？就是因为杨先生的哥哥是第二顺序法定继承人，本不应该继承杨先生的遗产，但是根据实际情况，如果他的配偶继承了全部这些遗产后，杨先生的哥哥作为第二顺序继承人，就不能继承遗产。而这样的依法判决，是一个不公平的法律适用后果；相反地，没有依照法律规定作出的判决，社会反映却很好。这说明了一个问题，那就是我们的《继承法》在规定配偶的继承顺序上是有问题的。如果把配偶规定为无固定顺序的法定继承人，在杨先生没有第一顺序继承人时，杨先生的哥哥是第二顺序继承人，杨先生的配偶就可以与杨先生的哥哥一起继承这些遗产，就不会出现这样的问题了。

我经常说，这个案例是最能够说明配偶不应作为第一顺序法定继承人，而应作为一个无固定顺序的法定继承人的最好的案例。可惜最后这个意见没有被接受。

（2）父母的继承顺序问题

第二个问题，是父母应不应该作为第一顺序的法定继承人。

在这个问题上，我们坚持父母不能作为第一顺序继承人，原因在于：遗产流转的规律应该是向下流转，除非特殊情况才向上、向旁流转。在这种情况下，父母不应该是第一顺序继承人，而应该是第二顺序继承人。

为什么会这样说？我打一个比方，每个人在拼命工作、赚钱的时候，心里的一个理念，就是多赚点钱，将来给子孙后代留下一点财产。有没有一个人这样想，我可不是为了子孙后代，我就是得拼死拼活的多赚钱，死的时候都给我爸、给我妈。这违反规律，除非这个人已经病入膏肓，眼瞅着就要死了，才会想，不行，我这要死在我爹、妈前面，我得给我爹、我妈留点遗产。否则，就不会有这种情况。

这说明，父母作为第一顺序法定继承人是存在缺陷的。我曾经跟法国的继承法专家谈过这个问题，他说，在法国父母是不可以作为第一顺序继承人继承子女的遗产的，即使符合法定的条件，父母能够继承子女的遗产，等到父母死了以后，遗产也仍然是向下流转。

所以，我们建议，父母作为第二顺序法定继承人。但是，很多人说，我们的法定继承人中，父母是第一顺序继承人，已经成为社会的现实，不可能再改变。最后这个也还是没有办法改变了。

（3）子女等的继承顺序问题

还有一个问题要说的，就是子女、孙子女以及他的卑血亲都应该是第一顺序法定继承人。如果有了配偶为无固定顺序继承人，父母是第二顺序法定继承人，那么，第一顺序法定继承人就是子女及其晚辈卑血亲，就包括子女、孙子女、曾孙子女，外孙子女，曾外孙子女，甚至以下。

第一继承顺序中出现这么多辈分不同的继承人，应该怎么办呢？那就适用这个规则，辈分在先的优先继承。子女在，孙子女就不能继承；孙子女在，曾孙子女就不继承。这样就完全可以解决这个问题。至于其他的法定继承人的继承顺序，统统都在他们的顺序之后继承。如果把这个问题解决了，孙子女、外孙子女以及曾孙子女、曾外孙子女的继承问题，就不用代位继承解决了，而且能更好地保护他们的继承权益，也完全符合我国民族习惯。

对于这一部分，因为《民法典》现在已经确定下来，我们的意见就只能是学理上的建议了。在法律适用上，我们仍然应当遵照《民法典》的规定确定法定继承人的范围和继承顺序。

（三）代位继承

《民法典》第 1128 条规定的是代位继承。

在代位继承中，被继承人的子女的直系晚辈血亲的代位继承，跟原《继承法》的规定没有区别。那就是，被继承人的子女先于被继承人死亡的，由被继承人的子女的直系晚辈血亲代位继承。举例说，爷爷、父亲、子女以及晚辈直系血亲这三代人，或者再加上重孙子；父亲这一代在爷爷还没死之前就死掉了，等到爷爷死的时候，子女以及他的后代就可以代位继承爷爷甚至是太爷爷的遗产。这就是子女及其直系卑血亲的代位继承。

《民法典》这次编纂增加的是被继承人的兄弟姐妹的子女的代位继承。被继承人死亡时，被继承人的兄弟姐妹在此前已经死亡，但是这个兄弟姐妹作为第二顺序继承人能够依法继承他的遗产，这时候，这个先死的兄弟姐妹的子女，就可以作为代位继承人，继承其伯、叔、姑、舅、姨的遗产。代位继承人一般只能继承被代位继承人有权继承的遗产份额，被代位继承人在继承时能继承多少，代位继承人就应当继承多少。

《民法典》对法定继承人范围的扩大，就扩大到了这一部分，再就没有其他法定继承人了。

（四）丧偶儿媳与丧偶女婿的继承权

《民法典》第 1129 条规定："丧偶儿媳对公婆，丧偶女婿对岳父母，尽了主要赡养义务的，作为第一顺序继承人。"

在编纂《民法典》的过程中，我们是真的想把这个条文删除，因为它不符合继承的一般规律，除了配偶可以继承之外，都是在血亲中继承，一个姻亲怎么能够成为法定继承人，而且是第一顺序法定继承人呢？

因此，我们建议丧偶儿媳对公婆，丧偶女婿对岳父母，如果尽了主要的赡养义务，可以比照第一顺序法定继承人的继承份额去继承，而不能把他们作为第一顺序继承人，用法定继承人的身份去继承。但是，立法机关没有接受我们的这个意见，最后仍然是把这种姻亲身份的人作为第一顺序法定继承人。

不过，规定为比照第一顺序继承人继承，与作为第一顺序继承人继承，还是有一点区别，那就是，把丧偶儿媳、丧偶女婿作为第一顺序法定继承人的时候，他跟第一顺序法定继承人是作为同等地位去分遗产的。要是比照第一顺序法定继承人的继承地位去继承，好像没有那么理直气壮。通俗地讲，好像就是这个意思。当然，我们提出的这个意见是有法理依据的，在法理上更为清晰。

（五）继承份额及特殊分配方法

《民法典》第 1130 条规定的是继承份额问题。

同一顺序的继承人，继承遗产的份额一般应当均等。这是一般原则，在同一顺序上有几个继承人的，每个继承人以均等份额来继承。

有三种特殊情况，第 1130 条用三款作出了具体的规定。

第一，对生活有特殊困难又缺乏劳动能力的继承人，分配遗产的时候应当予以照顾。同样都是法定继承人，继承同样的份额，但是某一个继承人生活有特殊困难，又缺乏劳动能力的，他就可以多分，这就是予以照顾。

第二，对被继承人尽了主要扶养义务，或者与被继承人共同生活的继承人，分配遗产的时候可以多分。这里有一个问题："适当照顾"和"多分"之间是一个什么样的关系呢？我认为，"适当照顾"就是有所照顾，也就是多分一点。尽了主要扶养义务或者与被继承人共同生活，这样的多分，就没有"适当"的要求，这个多分就可以根据实际情况来确定，当然就比"适当照顾"的标准要高。

第三，有扶养能力和有扶养条件的继承人，不尽扶养义务的，分配遗产的时候应当不分或者少分。"应当"是必须如此。这个"应当"，首先就是不分，然后才是少分。所以对于有扶养能力又有扶养条件却不尽扶养义务的继承人，分配遗产的时候，就应当不分，或者是少分。

这条规定的还有一个规则，对于确定继承份额，继承人协商同意的，可以不受均等份额要求的限制，也就是可以不均等分配。

（六）非继承人酌分遗产

《民法典》第 1131 条规定："对继承人以外的依靠被继承人扶养的人，或者继承人以外的对被继承人扶养较多的人，可以分给适当的遗产。"

这一条文规定的两种人，都不是继承人，但是他们都可以分得适当的遗产。

第一种人，是继承人以外的依靠被继承人扶养的人，虽然他不是继承人，但是他一直依靠被继承人的扶养。在扶养人去世的时候，从扶养人的遗产中，可以分给被扶养人适当的遗产，让他有生活着落。

第二种人，是继承人以外的对被继承人扶养较多的人，可以分给他适当的遗产。这种人对被继承人没有法定扶养义务，却对被继承人扶养较多，是高尚的行为，有益于被继承人。由于他不是继承人，为了表彰他的行为，立法规定他可以分得适当的遗产，这是公平合理的。

这两种人都可以适当分得遗产，这部分人也叫酌分遗产的非继承人。

（七）处理遗产的原则

《民法典》第 1132 条规定的是处理遗产的原则："继承人应当本着互谅互让、和睦团结的精神，协商处理继承问题。遗产分割的时间、办法和份额，由继承人协商确定；协商不成的，可以由人民调解委员会调解或者向人民法院起诉。"

四、对继承编"遗嘱继承和遗赠"章的条文解读

下面要介绍的就是继承编有关遗嘱继承的问题。

（一）遗嘱与遗嘱继承、遗赠

《民法典》第 1133 条规定，关于遗嘱的问题，总共有这么四个方面。

1. 关于立遗嘱的权利

本条第 1 款规定："自然人可以依照本法规定立遗嘱处分个人财产，并可以指定遗嘱执行人。"这是作了一个概括的规定，就是说，我们每一个自然人都有权利立遗嘱，通过遗嘱来处分自己将来的遗产，还可以在遗嘱中指定自己的遗嘱执行人。

说到遗嘱，我想说一个故事。原来在中华遗嘱库刚刚成立不久的时候，北京电视台做过一个有关遗嘱的节目，我参加了，中华遗嘱库的负责人陈凯律师也参加了。我们讨论遗嘱继承的问题。在节目里，主持人问：大家都说遗嘱这么重要，你们都立遗嘱了吗？陈凯说，他立了，而且在每次财产有变化的时候，他都要重新立一份新的遗嘱。然后，主持人就问我：杨老师，你立遗嘱了？我说我没有。他说，既然你认为遗嘱这么重要，你为什么不立遗嘱？我说我就俩女儿，我自己的遗产不会发生争议，我立什么遗嘱，用不着立遗嘱，再说我还没到那么老的时候呢。

其实，我们中国人有一个缺点，就是不愿意立遗嘱，像我这种研究民法的人，我也说立遗嘱有什么用，认为不会发生什么问题。真的要说起来，应该是陈凯律师这种做法才是对的。在财产有变化的时候，就要立一份遗嘱，将来一旦出了什么事情，就有遗产怎么去处理的问题，因为遗嘱有阻止法定继承适用的效力。遗嘱继承里，只要是合法有效的遗嘱，遗产就完全按照被继承人自己的意愿去处理。现在可以看到，中国在立遗嘱的问题上观念已经有了很大的变化。据陈凯介绍说，老年人上中华遗嘱库去立遗嘱的都排着队，一排都得排出去多少天。这说明很多老年人都想通过遗嘱确保自己身后的遗产妥善处理。这个观念已经逐渐被更多的人所接受，应该还得不断变化才行，争取大多数的人都能够立遗嘱去处分自己身后的遗产，这样就可以使遗产纠纷越来越少。当然也一定会有人不立遗嘱，一定会有法定继承。

2. 遗嘱继承

第 1133 条第 1 款以下的三款，规定了三种不同的遗嘱方法。首先是自然人可以

立遗嘱，将个人财产指定由法定继承人中的一人或者数人继承，这就是遗嘱继承。

一个被继承人有数个继承人，他选择其中的最想把遗产给他的那个人，由他来继承自己的遗产，那就可以通过立遗嘱来确定。还可以说，一个被继承人有多个继承人的，可以让他们在继承遗产的时候在份额上有所区别。这些完全都由遗嘱人自己来决定，完全以自己的意志来支配自己的遗产，在自己的继承人中去指定哪些人有继承权，哪些人应该继承多少。这就是遗嘱继承。

有了遗嘱继承以后，就可以对抗法定继承，就用不着适用法定继承去处理遗产的问题了。

3. 遗赠

当然，自然人也可以立遗嘱，将个人财产赠与国家、集体或者法定继承人以外的组织或者个人，这就是遗赠。遗赠就是受遗赠人和遗赠人完全没有继承的法律关系，遗赠人通过遗嘱，把继承人以外的这些组织、个人作为遗产的承受者。其实，遗赠也是一个赠与的问题，这个赠与是通过遗嘱来确定，在一个人死亡后发生效力，即当遗赠人的财产变成遗产的时候，再把这些遗产的一部分赠与受遗赠人。

4. 遗嘱信托

这一条文最后规定的是遗嘱信托。这是在《民法典》最后审议过程中增加的条文，自然人可以依法设立遗嘱信托。这是给遗嘱处置遗产提供了一个方法，它仍然是继承的问题。比方说，用信托的办法处理继承，由信托人替被继承人分配遗产，或者为继承人管理遗产。

原来在《信托法》中规定了可以通过遗嘱设立信托，由继承法律来规定，可是原《继承法》中没有规定遗嘱信托。因为在 1985 年制定《继承法》的时候，信托还没有普及起来，后来制定的《信托法》，规定了遗嘱可以信托。《民法典》这次把遗嘱信托规定进来了，给《信托法》或者信托的规则提供了法律依据，被继承人可以采用信托的方法来管理遗产。

我觉得遗嘱信托还是很重要的。比方说，被继承人把遗产指定给谁来继承，但是他比较年幼，或者他没有管理能力，被继承人就把遗产交给信托机构来管理，信托机构都是职业的信托财产管理人，他去管理肯定会比个人管理得好，信托机构收取一定费用，信托机构管理遗产获得的收益仍然归继承人享有。所以，遗嘱信托是一个继承的方法，是管理遗产的方法。

（二）自书遗嘱

《民法典》在“遗嘱继承和遗赠”这一章规定了遗嘱以后，下面的条文就开始规定具体的遗嘱形式。原《继承法》用一个条文规定了五种不同的遗嘱形式，这一次采取一个条文规定一种遗嘱形式的方法。

第 1134 条规定的第一种遗嘱形式就是自书遗嘱。自书遗嘱就要由遗嘱人亲笔书写，亲笔签名，亲笔注明年、月、日。

这是说，自书遗嘱是最真实地表达遗嘱人处置自己遗产的意思表示，所以，把自书遗嘱放到第一位的位置来规定遗嘱的方式。

自书遗嘱是遗嘱人亲笔书写的遗嘱。现在自己亲自用笔书写的方式可能越来越少了，大多数人写作都是由用笔书写方式变成电脑书写，用笔来书写的越来越少，因而亲笔书写的自书遗嘱可能会越来越少，不会有太多。

《民法典》要求遗嘱人立自书遗嘱，必须亲笔书写，然后要亲笔签名，最后还要亲笔注明年、月、日。立遗嘱，特别强调注明年、月、日，是因为一个人一旦有数份遗嘱的时候，必须区分哪个遗嘱在先，哪个遗嘱在后，才能确定哪份遗嘱是最终发生效力的遗嘱。所以，立遗嘱要注明年、月、日，就有这么重要的作用。

（三）代书遗嘱

第二种遗嘱形式是代书遗嘱，这是第 1135 条规定的遗嘱形式。

代书遗嘱是通过他人代写的遗嘱。代书遗嘱应当有两个以上的见证人在代书的现场见证，由其中一个人代书，并由遗嘱人、代书人和其他见证人在遗嘱上签名，注明年、月、日。

代书遗嘱就是自己不写，请别人给代写，代书了遗嘱后，遗嘱人签名，代书人签名，见证人签名。前一段时间，我们讨论了一个案件，涉及遗嘱的问题。一个公司的大老板是被继承人，他有一个法律顾问，法律顾问在公司的一个打印的文件上，写了关于财产怎么处置的意见，是由这个法律顾问代写的。在这个被继承人死亡以后，有一方当事人主张这个公司的文件就是代书遗嘱。我们都觉得比较可笑，因为代书遗嘱一定是被继承人处分他自己遗产的遗嘱，代书仅仅是代书人帮他写而已。涉及公司财产问题的文件，就被说成是被继承人的代书遗嘱，太可笑了。

代书遗嘱的遗嘱人一定是被继承人，他作为遗嘱人，要在遗嘱中表明自己怎么处置自己遗产的意思表示。这个意思表示不是他自己写出来的，而是委托代书人把它写出来，只是书写的人不是遗嘱人而已。代书遗嘱要求有两个以上的见证人在场见证，其中一个人代书，并由遗嘱人、代书人和其他见证人签名，注明年、月、日。这里是说，两个见证人在场见证，其中一个人代书；也可以是一个人代书，另外两个见证人来见证，不一定说这两个见证人必须由其中一个人去代书。遗嘱人、代书人、其他见证人这三种身份的人，都必须在遗嘱上签名，最后也必须注明年、月、日。

（四）打印遗嘱

第三种遗嘱形式是打印遗嘱。这是我们在草案建议稿中强烈要求写上来的，就是《民法典》第 1136 条规定的打印遗嘱。

打印遗嘱的要求是，应当有两个以上的见证人在场见证，遗嘱人和见证人应当在遗嘱的每一页签名，注明年、月、日。

说到打印遗嘱的时候，应该说，在当今这个时代，人们的基本书写方式已经改成电脑书写了，很少有人自己拿着笔去写一个文章或者文件来。电脑作为主要的书写工具，在电脑上书写完以后，必须用打印机打印出来。用这种方式写遗嘱的时候，尽管电脑里的遗嘱文件确实是遗嘱人自己写的，也能自己打印出来，但是，由于用打印机打印文件缺少个人特征，造假的可能性太大。任何人都可以在电脑上写，写完以后打印出来，然后就说是你写的遗嘱，而且没有一个很好的核实方法，来证明这就是你写的遗嘱。

可是，电脑写作又代表了时代的特征，我们今天的生活就是这样子的，打印遗嘱必不可少。所以，我们说必须承认打印遗嘱是有效遗嘱方式。最重要的就是应当规定打印遗嘱究竟在什么样的情况下才是有效的。

在过去没有规定打印遗嘱的时候，现实生活里在法院的裁判中，对存在的打印遗嘱基本上有三种态度：第一种认为打印遗嘱是自书遗嘱，第二种认为是代书遗嘱，第三种态度就是完全不承认打印遗嘱的效力。我曾经问过法国专家：你们对打印遗嘱一种什么态度呢？他说，我们是一律不承认，因为法律没有规定这种形式，所以就不承认打印遗嘱的效力。

由于过去对打印遗嘱存在这三种不同的态度，就会形成裁判的不统一。我们把打印遗嘱的形式在法律上确定下来，把它确定成一种有效的遗嘱方式，就把这个问题解决了。打印遗嘱成为合法有效的遗嘱方式。

由于打印遗嘱特别容易造假，因而在规定打印遗嘱的时候，要求比较严格，形式要件要求应当有两个以上见证人在场见证，就是在遗嘱人写作和打印的时候，要有两个人在场见证；打印出来之后，遗嘱人和见证人应该在遗嘱的每一页上都签名，最后要注明年、月、日。在遗嘱的每一页上，遗嘱人签名和见证人签名都必须是亲笔签名，才能够证明这一份打印遗嘱是真实的、有效的，是遗嘱人处分遗产的真实意思表示，就有把握确认它是有效的。从 2020 年 1 月 1 日开始，打印遗嘱就成为正式的遗嘱方式。通过打印遗嘱订立遗嘱的，遗嘱人要特别注意法律对打印遗嘱有效形式要件的要求。

（五）录音录像遗嘱

《民法典》规定的第四种遗嘱形式，就是第 1137 条规定的录音录像遗嘱。原《继承法》只规定了录音遗嘱，因为在 1980 年代，录像技术还没有普及，但是录音技术已经比较普及了，录音机已经进到很多家庭里。原《继承法》就是根据当时的录音技术发展的实际情况，规定了录音遗嘱可以作为一个有效的遗嘱方式，也是反映了时代的特征。

到今天，录像已经成为大多数人普遍使用的记录方法，因此，就可以用录像设立录像遗嘱。

《民法典》对录音录像遗嘱的形式要件的要求，是有两个以上见证人在场见证，遗嘱人和见证人应当在录音、录像中记录其姓名或者肖像，还有记录年、月、日。从今天的技术发展看，要立遗嘱的时候，就可以用手机录音录像，有现场见证人在场作了这样的录音录像，说明遗嘱人如何去处置遗产。这种录音录像遗嘱也是有效的遗嘱。

要明确一点，录音录像遗嘱是一种遗嘱，还是两种遗嘱？我觉得，录像中肯定带有录音，不会是只有像而没有音，但是，用录音遗嘱，就只有音而没有像。所以，录音录像遗嘱还是两种遗嘱方式。我觉得，对录音录像遗嘱叫视频、音频遗嘱可能会更好一点、更准确。当然法律已经规定，就是录音录像遗嘱。

（六）口头遗嘱

《民法典》第1138条规定的是口头遗嘱："遗嘱人在危急情况下，可以立口头遗嘱。口头遗嘱应当有两个以上见证人在场见证。危急情况消除后，遗嘱人能够以书面或者录音录像遗嘱形式立遗嘱的，所立的口头遗嘱无效。"

在危急情况下遗嘱人立口头遗嘱的形式，是在不得不用的时候才可以用的。但是，现在用口头遗嘱的方式，可能会越来越少了，因为智能手机的普及，比方老爷子在医院里快不行了，已经临终了，他突然想起来要立遗嘱或者修改遗嘱。在这时候，用口头遗嘱好，还是直接就用手机拍录音录像遗嘱好呢？肯定是手机拍录音录像遗嘱比口头遗嘱要好得多，手机一拍下来，就成了录音录像遗嘱，就不是口头遗嘱了。所以用录音录像遗嘱的可能性比用口头遗嘱可能性和机会要大得多。那为什么立法仍然还要保留口头遗嘱呢？就是一旦出现这种危急情况，仍然给遗嘱人一个选择，可以用口头方式立遗嘱，就是在遗嘱形式的这个工具箱里要有这个工具，以备遗嘱人急需。但是有一点，将来用口头遗嘱的方式会越来越少，因为录音录像遗嘱更便捷，而且是一个正式的、有效的遗嘱方式，还不受危急情况消除后遗嘱人能够以书面或者录音录像遗嘱形式立遗嘱时口头遗嘱无效的规则限制。

这一条没有规定口头遗嘱有效的期间，许多立法例上会规定口头遗嘱有一个有效期间，比方说三个月，过了三个月，口头遗嘱无效，因为危急情况过了三个月了，就一定不是那么危急了，当然可以确立更好的遗嘱形式。对此，我们规定的是遗嘱人能够以书面或者录音录像形式立遗嘱的，口头遗嘱就无效了。虽然《民法典》没有规定口头遗嘱的有效期间，但是，有这样的规定仍然可以解决这个问题。

（七）公证遗嘱

《民法典》第1139条规定的是公证遗嘱。公证遗嘱是由遗嘱人经过公证机构办理的遗嘱，在所有的遗嘱形式中，公证遗嘱是最规范的遗嘱。要想立遗嘱，遗嘱人上公证机构去立，在公证人员的参与下，确立一个遗嘱的内容，用公证的形式来做成遗嘱，就更庄重、更规范，倒不是说它更有效力，而是说它更能够在人们的心理中产生一种效力感。真正讲效力，公证遗嘱的效力和其他形式的遗嘱的效力没有区别。

（八）遗嘱见证人及其限制条件

《民法典》第 1140 条规定的是遗嘱见证人。这一条文规定遗嘱见证人，采用的是排除法，是使用否定的方法来规定。这就是，下列人员不能作为遗嘱见证人：

第一种是无民事行为能力人、限制民事行为能力人以及其他不具有见证能力的人。大家注意，在这一项内容中规定不能做遗嘱见证人的，是无民事行为能力人和限制民事行为能力人，这些原《继承法》都有规定，是没有问题的；后边说“其他不具有见证能力的人”，是这次编纂民法典时新增加的，我想主要指的是盲人、聋人或不识字的人。这些人既不是限制民事行为能力人，也不是无民事行为能力人，但让他们来做遗嘱的见证人，显然是不合适的。所以，这种人不能作为见证人。

第二个是继承人和受遗赠人。他们是继承关系中的利害关系人，当然不能作为见证人。试想一下，遗嘱人立遗嘱，我是一个继承人，如果遗嘱人遗嘱不把我作为遗嘱继承人，那会是什么结果呢？如果遗嘱把我作为遗嘱继承人，其他的继承人会承认这个遗嘱的效力吗？

第三个是与继承人、受遗赠人有利害关系的人。这等于说，与继承人、受遗赠人有利害关系的人，比如是他们的亲属之类的，就可能有利害关系，只要有利害关系，就有可能出现不公正的情况。因此，这种人不能作为遗嘱见证人。

（九）必留份

《民法典》第 1141 条规定的是必留份。必留份，就是遗嘱应当为缺乏劳动能力又没有生活来源的继承人保留必要的遗产份额。

这一条文规定的要求给留下必留份的人，一定是缺乏劳动能力，又没有生活来源，而且是一个继承人。具备这三个条件的，在遗嘱人立遗嘱的时候，就必须给他留下必要的份额，遗嘱如果没有给他留下必要份额，法律规定就要从遗嘱处分的遗产中给他留下必要的份额，这个必要份额就是必留份，是遗嘱不可以处分的遗产份额。如果遗嘱处分了必留份的遗产，对这部分遗产的处分就是无效的，也就是这部分遗嘱无效。

在这一部分中，我们一直想要增加特留份制度。特留份是什么？特留份不是针对缺乏劳动能力又没有生活来源的继承人，而是针对法定继承人，是说遗嘱人不能完全剥夺法定继承人的全部继承权，把所有的遗产全部、统统通过遗嘱处分给他人，使特留份权人的特留份受到侵害，不能实现。比方说，遗嘱人把遗产全部都遗赠给他人了，对自己老婆却没给留下特留份，尽管她不是缺乏劳动能力又没有生活来源的继承人，但是因为侵害了她的特留份权，她的特留份就必须保留下来，让她在特留份的范围内仍然可以继承。

特留份和必留份的区别在哪里呢？特留份是法定继承人享有的一个遗产份额，必留份是法定继承人缺乏劳动能力又没有生活来源时应当为他保留的遗产份额。必留份和特留分之间有明显的界线。立法机关没有接受特留份的概念，认为必留份就能解决特留份解决的问题。其实，必留份不能解决特留份的问题，必留份和特留份是不同的继承法制度。

说到这个问题，大家可能会想起一个案件，就是多年以前泸州法院判的那件所谓的“二奶”遗赠案。黄先生和妻子分居，分居期间，和一位张女士两人在一起住了好几年，后来黄先生患病，张女士又给他“养老送终”，他在死前很感动，就给张女士写了一个遗嘱，把自己的一部分遗产由与他同居的女友张女士来承受。等到黄先生死了以后，张女士拿着这个遗嘱，去找黄夫人主张接受遗赠，被拒绝后张女士向法院起诉，主张遗赠的权利。

我觉得，这位张女士也挺厉害的，敢于主张自己的权利。一审法院判决驳回，二审法院也判决驳回。驳回的理由是什么呢？就以违背公序良俗为由驳回了，并且大张旗鼓地作了宣判。

其实完全用不着这样去做。如果法律规定了特留份，就完全好处理了。只要设立遗赠的遗嘱给自己的法定继承人留下了特留份，遗嘱人怎么处理自己的遗产，都是他自己决定的事情了。凭什么不让遗嘱人自由处分自己的遗产？有什么违反公共利益公共道德的问题呢？没有，根本就不涉及公序良俗的问题。由于立法没有规定特留份的规则，现在就没有特留份的规则可以适用，法院就可以用“公序良俗”的理由确认遗嘱无效。

（十）遗嘱撤回、变更与数份遗嘱的效力规则

《民法典》第 1142 条规定的是遗嘱的撤回和变更，以及数份遗嘱的效力认定规则。

首先，遗嘱人可以撤回、变更自己所立的遗嘱。大家要特别注意一点，即原《继承法》规定的是遗嘱人可以撤销、变更自己所立的遗嘱。撤销和撤回是不一样的，撤回是在民事法律行为没有发生效力的时候把它撤回。撤销是在民事法律行为发生了法律效力以后再把它收回，不再让它发生效力。可见，撤回的民事法律行为是没有后果的，而撤销的法律行为是要有后果的。遗嘱是单方意思表示，是单方民事法律行为，生效是以遗嘱人死亡为条件。这样，还有可能出现遗嘱被撤销的可能性吗？完全没有，只要遗嘱人还健在，遗嘱就没有生效，他要想撤回就可以撤回，

不负后果责任。因此，遗嘱只能是撤回而不是撤销。原《继承法》出现这样的问题，是因为那时候的民法理论基础还不够好。这样的修改是完全正确的。

其次，立遗嘱后，遗嘱人实施与遗嘱内容相反的民事法律行为的，视为对遗嘱相关内容的撤回。这就是说，遗嘱人在立了遗嘱以后，可以撤回，也可以变更。如果遗嘱人立遗嘱后，也不说撤回，也不说变更，就是实施了与遗嘱内容相反的一个民事法律行为，例如决定将自己的财产捐赠给他人了，这样一个行为，就视为对原来遗嘱处分的部分的撤回。可以说，遗嘱的撤回有两种方式：一种是明示方式，就是直接以意思表示撤回的遗嘱；另一种方式是默示的方法，遗嘱人用实际实施的与遗嘱的内容相反的行为，处分遗产，就视为以默示的方法撤回了遗嘱。

最后，也是这一条文中最重要的内容，即最后一款："立有数份遗嘱，内容相抵触的，以最后的遗嘱为准。"其实，这句话在原《继承法》中也是有的，但是问题是，在这一条款之下，还有一个条款，即公证遗嘱只能通过公证遗嘱来撤销和变更，其他的遗嘱形式都不能撤销和变更公证遗嘱。

这样就有问题了。这个规则叫作公证遗嘱效力优先原则，就是一个遗嘱人立有数份遗嘱，数份遗嘱相互冲突，判断哪个遗嘱是有效力的，当然是以最后的这份遗嘱为有效遗嘱，其他遗嘱当然也是真实的，但是因为跟后来的遗嘱内容不同，最新的意思表示，也是遗嘱人现在最真实的意思表示，就将以前的遗嘱撤回或者变更了。所以，最后的一份遗嘱才是有效的。在这种情况下，判断数份遗嘱内容相抵触时，原《继承法》在最后遗嘱效力原则之下，又增加了公证遗嘱效力优先原则。这样就出现了一个问题：当遗嘱人有一份公证遗嘱的时候，其他用任何方法所立的遗嘱都和它冲突，都没有效力。我们看到的是，最后遗嘱效力优先原则和公证遗嘱效力优先原则，是冲突的，必有一个是错误的。

在其他所有国家和地区的继承法中，都没有规定公证遗嘱效力优先原则。我们当时为什么就这样规定了呢？在1985年制定《继承法》的时候，司法行政机关刚刚恢复不久，公证机构刚刚大规模开展工作，通过这样一个方法，能够给公证机构的业务带来扩展。但是，这个照顾公证机构的规定是错误的。错误在于，如果一个人只要立了公证遗嘱，就必须用另一份公证遗嘱才能撤回或者变更，如果一个人他到了危急时候，突然想要变更或者撤回遗嘱，来不及做公证遗嘱的，他就永远不可以再变更或者撤回自己的遗嘱，不能设立新的遗嘱了，原来设立的公证遗嘱就不能代表他最真实的意思表示。所以，公证遗嘱效力优先这个规则是必须推翻的。

好在这次编纂《民法典》中关于这个规定没有遇到太大的障碍，直接把原《继承法》第20条关于"自书、代书、录音、口头遗嘱，不得撤销、变更公证遗嘱"的条款给删掉了，最后剩下的唯一的判断标准，就是：立有数份遗嘱，内容相抵触的，以最后的遗嘱为准。

这就是判断数份遗嘱内容相互抵触，哪一份遗嘱有效的最基本规则。

（十一）遗嘱无效

《民法典》第 1143 条规定的是遗嘱无效的规则，规定了四种遗嘱无效。

首先，无民事行为能力人或限制民事行为能力人所立的遗嘱无效。这完全是讲遗嘱效力的问题，无民事行为能力人和限制民事行为能力人不能正确表达自己的意思，不具有遗嘱能力，因而一律无效。

其次，遗嘱必须表示遗嘱人的真实意思，受欺诈、胁迫所立的遗嘱无效。这个规则其实在《民法典》总则编就已经规定了，无论什么样的民事法律行为，只要是受欺诈、受胁迫，都是可撤销的民事法律行为。但是，由于继承问题的特殊性，在遗嘱这个问题上，受欺诈和胁迫的就不是可撤销，而是无效。这里为什么呢？是因为遗嘱是死因行为，有什么可撤销的呢？直接宣告它无效就可以了。所以受欺诈、受胁迫所立的遗嘱，就是无效的遗嘱。

再次，伪造的遗嘱也是无效的。这当然没有问题，伪造的遗嘱怎么能有效呢？因为不是遗嘱人的真实意思表示嘛。

最后，遗嘱被篡改的，篡改的内容无效。被篡改的遗嘱我也见过，就是在遗嘱人的遗嘱上，直接就给改了。遗嘱当然可以修改，但是在修改的时候，遗嘱人一定要在修改部分上面签名，如果是自书遗嘱，直接修改就行了，如果是其他形式的遗嘱，修改也应当有见证人见证，见证人应该也有签名。直接在遗嘱的文字上进行修改，却没有遗嘱人的签名，再主张说这个遗嘱的修改部分是有效的，当然不行，这就是无效的。所以，遗嘱被篡改的，篡改的那一部分无效，没有被篡改的部分还是有效的。

（十二）遗托

《民法典》第 1144 条规定的内容，我们把它叫作遗托。

遗嘱继承或者遗赠，如果附有义务，继承人或者受遗赠人应当履行遗嘱指定的义务，没有正当理由不履行这个义务的，经利害关系人或者有关组织请求，人民法院可以取消其接受附义务部分遗产的权利。

在遗嘱中，遗嘱人让遗嘱继承人或者受遗赠人继承这些遗产，同时要求遗嘱继承人或者受遗赠人履行一个义务。当你接受遗产，又不履行这样的义务时，利害关系人或者有关组织就可以请求取消你接受附义务这一部分的遗产的权利。没有履行义务，当然不能接受这个遗产，这样才是公平的。

五、对继承编“遗产的处理”章的条文解读

《民法典》继承编的最后一章，是遗产处理的问题。这一章共有 19 个条文，我

一条一条把它讲清楚。

（一）遗产管理人的产生

我们先看《民法典》第 1145 条，这一条规定的是遗产管理人的产生。

《民法典》从第 1145 条到第 1149 条，规定的都是有关遗产管理人的规则。原来在《继承法》中没有很好地规定遗产管理人，只规定了占有遗产的人负有遗产管理人的职责。这不是一个很好的规定，因为谁占有遗产，谁就来管理遗产，很可能会发生舞弊的现象，例如借机侵吞遗产。所以，对于遗产管理人必须规定得很完整，要有具体的办法，包括由什么样的人来做，怎么样去做，做得不好要承担什么样的责任。

在这一点上，我们觉得，关于遗产的处理，说起来，和法人、非法人组织终结时的清算很相似。那就是说，一个法人、一个非法人组织，在要终结之前，要对它的财产进行清算，做好清算以后，才能够结束它的民事主体资格。当一个自然人死亡时，他留下的这些遗产，也要有一个清理，有一个结算，有一个分配的过程。遗产管理和公司清算是很相似的。既然如此，在规定遗产处理的时候，应当设立与法人、非法人组织清算近似的规则，不然就可能出现不公平的结果，出现侵吞遗产的情况，发生继承人权利、利害关系人的权利受到损害的后果。

立法机关接受了这个意见，用了 5 个条文来规定遗产管理人。这在继承编的立法中，是异乎寻常的做法。因为继承编总共才 45 个条文，遗产管理人的规则就占了 5 个条文，占全部条文的 11.1%，说明了立法机关对遗产管理人规则的重视。

我们回到第 1145 条，这条规定的是遗产管理人的产生规则。遗产管理人的产生规则是有顺序的。

首先，继承开始后，遗嘱执行人为遗产管理人。这是遗产管理人产生的第一顺序。只要遗嘱中指定了遗嘱执行人，遗嘱执行人就是遗产管理人。

其次，没有遗嘱执行人的，继承人应当及时推选遗产管理人。既然没有遗嘱执行人，就由继承人来推选，继承人推选出来一个遗产管理人。

再次，继承人没有推选的，由继承人共同来担任遗产管理人。既然继承人没有推选遗产管理人，当然就要由继承人共同管理遗产了，每一个继承人都不能少，不能由其中一个人管，其他那些人不管。这也是为了公平，防止出现问题。

最后，没有继承人，或者继承人均放弃继承的，由被继承人生前住所地的民政部门或者村民委员会来担任遗产管理人。对最后这个办法，有人提出疑问：为什么没有居民委员会呢？因为城镇居民有民政部门来管，民政部门作为遗产管理人；而农村居民的遗产管理人让民政部门去管，困难比较多，所以就由村民委员会来做遗产管理人。

这就是遗产管理人的产生办法，大家看它分成这么几个程序：首先是遗嘱执行人；没有遗嘱执行人的就是推选的遗产管理人；再没有推选的遗产管理人的，就是继承人共同担任遗产管理人；没有继承人或者继承人全都放弃继承的，就由民政部门或者村民委员会来担任。就是这么四个办法按照顺序进行。

在上述办法中，为什么没有规定继承人只有一人时的遗产管理人呢？只有一个继承人，被继承人的所有遗产都由他来继承，那他就自己管理吧，还用得着另外确定遗产管理人吗？没有必要。

（二）遗产管理人争议的指定

《民法典》第 1146 条规定的是对遗产管理人的确定有争议的处理规则。对遗产管理人的确定有争议的，利害关系人可以向人民法院申请指定遗产管理人。

在按照第 1145 条规定的规则确定遗产管理人时，对于究竟确定谁来作为遗产管理人，意见不一致，不能协商成功的，那就只能向法院起诉了。起诉到法院后，法院指定由谁担任遗产管理人，就用判决确定下来。

（三）遗产管理人的职责

遗产管理人的第三个问题，就是《民法典》第 1147 条的规定，即遗产管理人的职责。

按照这一条文的规定，遗产管理人应当履行下列职责：

第一，清理遗产并制作遗产清单。在讨论这个问题的时候，仅仅说清理遗产和制作遗产清单，是比较简单的，但其实应当有一个比较详细的规则去遵循，就像公司清算那样。现在只能是先按照《民法典》的规定来做，具体规则要么后续由最高人民法院出台相关司法解释来确定，要么就是在实践中让法院去决定，比如参照清算的规则和程序去做。

第二，向继承人报告遗产情况。遗产管理人把遗产清理完了，也制作好遗产清单了，就要向继承人报告遗产的情况。

第三，采取必要措施防止遗产毁损、灭失。这是遗产管理人对遗产的保全职责。

第四，处理被继承人的债权债务。被继承人的债权要收回来，被继承人的债务要予以清偿，这也是遗产管理人的职责。

第五，按照遗嘱或者依照法律规定来分割遗产。当前述的任务完成以后，遗产管理人就要分割遗产，每一个继承人应当分多少，就分配多少。

第六，实施与管理遗产有关的其他必要行为。凡是与管理遗产有关的必要行为，遗产管理人都有权实施。

这六项职责，就是遗产管理人应该履行的职责。

（四）遗产管理人的责任

《民法典》第 1148 条规定的是遗产管理人的责任。遗产管理人应当依法履行职责，因故意或者重大过失造成继承人、受遗赠人、债权人损害的，应当承担民事责任。

按照第 1147 条规定的职责，遗产管理人要善尽遗产管理人的职责，没有善尽履行管理职责，由于故意或者重大过失而给继承人、受遗赠人、债权人造成损害的时候，就侵害了这些权利人的权利，等于是侵权行为，应当承担民事责任。

这里有一个要求，就是这种损害赔偿责任的主观要件，是故意或者重大过失。在管理中如果是一般过失，即使造成损害，也不承担责任。

关于这个规定，我觉得有进一步完善的必要，应该这样规定：有偿的遗产管理人，他应当对所有的过失造成的损害承担赔偿责任；无偿的遗产管理人才对故意或者重大过失造成的损害承担赔偿责任，一般过失不承担责任。条文没这样去写，但我觉得在实践中应该这样去处理问题。遗产管理人收了遗产管理费用，由于自己的过失，把遗产管理搞砸了，造成权利人的损害，不承担责任是说不过去的。

所以，在司法实践中应该区分遗产管理人的管理行为是有偿的还是无偿的，承担责任也应该有所区别。在最高人民法院将来出台司法解释的时候，对这个问题也应该作出补充规定，有偿管理和无偿管理的要求是不一样的，不能用同样的方法来确定不同的责任。

（五）遗产管理人可以有偿服务

《民法典》第 1149 条规定的是遗产管理人可以依照法律规定或者按照约定获得报酬。这是因为，遗产管理是一个管理财产的行为，是个专业的行为，通常应该是有有偿服务的。当然，如果是家里自己的人管理遗产，当然可以不收费；如果委托一个人，这个人管理遗产是出于情义，不收费也可以。

这个有关遗产管理人可以收费的条文，给律师事务所或者有关机构提供了一个扩大服务的机会。律师或者公证机构去做遗产管理人，是很有优势的，他们作为专业的机构来管理遗产，能管理得很好，能够更好地保护继承人、受遗赠人、债权人的合法权益，他们自己也能有收获。

（六）继承人等的通知义务

《民法典》第 1150 条规定的是继承人的通知义务。即继承开始后，知道被继承人死亡的继承人应当及时通知其他继承人或者遗嘱执行人，继承人中无人知道被继承人死亡或者知道被继承人死亡而不能通知的，由继承人生前所在单位或者住所地的居民委员会、村民委员会来负责通知。

按照这个规定，被继承人死亡以后，知道被继承人死亡的继承人负有通知义务，该继承人必须履行这个通知义务。这个义务，除了有亲属法上的意义外，还包括继承法上的意义，在被继承人死亡时，只有把被继承人死亡的信息通知到所有的继承人，才能使继承顺利进行。通知的义务人，就是知道被继承人死亡的继承人，他要通知的对象，就是其他继承人和遗嘱执行人。

在被继承人的继承人中，如果没有人知道，或者知道被继承人死亡而不能通知，就由继承人生前所在的单位或者住所地的居民委员会、村民委员会履行通知义务。在《民法典》中，当事人的生前所在单位这个概念已经很少提到了，因为现在的单位，已经不具有过去的单位所具有的那种人身的属性。尽管如此，当事人生前所在的单位仍然负有一个义务，当员工死后，单位应该通知他的继承人。因为别人都不知道，就单位知道，当然单位就要去通知。还有村民委员会、居民委员会也是通知义务人。

（七）遗产保管义务

《民法典》第 1151 条规定的是保管遗产的规则，即存有遗产的人应当妥善保管遗产，任何组织或者个人不得侵吞或者争抢。

保管遗产规则，是说存有遗产的人就负有保管遗产的职责，应该把遗产保管起来，不让他人侵害它。这样是为了继承法律关系的权利人的利益，包括继承人、受遗赠人以及遗产债权人的利益。

对于遗产，任何组织和个人都负有义务，就是不可侵义务；不得侵吞和争抢，这是义务的内容。

（八）转继承

《民法典》第 1152 条规定的是转继承规则：“继承开始后，继承人于遗产分割前死亡，并没有放弃继承的，该继承人应当继承的遗产转给其继承人，但是遗嘱另有安排的除外。”

对转继承，原《继承法》没有规定成一个专门的继承制度，但是在实际生活中是存在的，就是被继承人死了，被继承人的继承人随后也死了，但是被继承人的遗产还没有分割，这时候，继承人的继承人，就顺着他的顺序，把遗产从继承人那里再继承到他的手里，这就是转继承。所以，转继承和代位继承是完全不一样的。

构成代位继承的，是被代位继承人即被继承人的继承人在被继承人之前先死亡，之后被继承人才死亡。而转继承是在被继承人死亡以后，继承人才死亡，只是此时遗产还没有分割，这样，继承人的继承人的继承，就是正常的继承，继承人接受被继承人的遗产，转继承人接受继承人的遗产。这就是转继承。转继承原来在法律上没有规定，就因为它是一个正常的继承，现在《民法典》把它规定下来，成了一个法律制度，实务操作中就更容易执行了。而且有了法律明确规定的规则，在具体执行的时候，也会减少发生同案不同判的情况。

（九）析产

《民法典》第 1153 条是关于析产的规则。

首先，夫妻共同所有的财产，除有约定的外，在遗产分割的时候，应当先将共同所有财产的一半分出为配偶所有，其余的才是被继承人的遗产。

其次，遗产在家庭共有财产中的，遗产分割时，应该先分出他人的财产，再确定被继承人的遗产。

这里有一个术语，叫作“先析产，后继承”。因为有家庭共有财产，有夫妻共有财产，这时候要想继承，是没有办法确定遗产范围的，也就没有办法继承，所以要先析产。在家庭成员中有家庭共同财产的，把家庭成员中他人的财产分出去；有夫妻共同财产的，把夫妻共同财产中未亡一方的财产分出去；剩下的，才是被继承人的遗产。这一部分财产，才应该是继承人继承的遗产。

（十）适用法定继承的范围

《民法典》第 1154 条规定是适用法定继承的遗产范围，即有下列五种情形之一的，遗产中的有关部分按照法定继承办理：

第一，遗嘱继承人放弃继承，或者受遗赠人放弃受遗赠。当然，这一部分遗产要按照法定继承来处理。

第二，遗嘱继承人丧失继承权，或者受遗赠人丧失受遗赠权。这样他们就不能按照遗嘱继承遗产或者受遗赠，这一部分遗产，也要按照法定继承来处理。

第三，遗嘱继承人、受遗赠人先于遗嘱人死亡或者终止。在遗嘱人死亡之前，继承人已经死亡，受遗赠人是自然人的已经死亡，是组织的已经终止，当然遗嘱就失去了效力，不存在遗嘱继承、受遗赠的问题，这部分遗产也是要按照法定继承来处理的。

第四，遗嘱无效的部分所涉及的遗产。遗嘱无效的部分所涉及的遗产，既然无效，当然是按照法定继承来处理。

第五，遗嘱未处分的遗产。既然遗嘱没有处分的遗产，当然是法定继承的遗产，按照法定继承处理。

在这五种情况下，都按照法定继承来处理。

（十一）对胎儿继承权益的保护

《民法典》第 1155 条是对胎儿继承权益保护的规则。在遗产分割的时候，应当保留胎儿的遗产继承份额。胎儿娩出时是死体的，保留的份额按照法定继承来办理。

这一部分规则在《民法典》第 16 条已经作了原则性的规定，就是关于胎儿的部分民事权利能力的规定，二者是相一致的。具体规则是：第一，在继承开始的时候，胎儿已经存在，就要给他留出一个继承的份额，等他出生的时候去继承。第二，当娩出时是死体的，没有成活过，给他留出的那部分应继份，就按照法定继承处理。第三，胎儿出生以后活了那么一会儿，以后又死了，那么，他就继承了遗产，然后这部分财产又成了他的遗产，再由他的继承人去继承。

（十二）遗产分割方法

《民法典》第 1156 条规定了遗产分割的原则：应当有利于生产和生活需要，不损害遗产的效用。这就是遗产效用的原则。

对于不宜分割的遗产，为了实现遗产效用原则，可以采取折价、适当补偿或者共有等方法来处理，以更好地发挥遗产的效用。

这就是在遗产分割时应该遵循的基本的原则和方法。

（十三）配偶再婚有权处分继承所得财产

《民法典》第 1157 条规定："夫妻一方死亡后另一方再婚的，有权处分所继承的财产，任何组织或者个人不得干涉。"

这个条文主要说的是对女方继承权益的保护问题，但是在入赘的情况下，对于入赘的男方也管用。比方说，夫妻两人，在男方死亡后，女方继承了男方的遗产，之后，女方要改嫁，就把这已经继承的遗产带走了。对此，男方家的人可能会认为寡妇带走遗产是不公平的，因为把男方家的财产带到别人家里去了。要保护女方的继承权益，就要准许寡妇再嫁带走自己继承的遗产。原因是，夫妻双方都有继承对方遗产的权利，都有继承权，配偶一方有继承权，继承了遗产，怎么能不让其成为自己的财产呢？赘夫也同样有这个问题。《民法典》的这个规定，解决的就是这个问题，夫妻一方死亡后另一方再婚，当然有权处分其已经继承的财产，谁都不能进行干涉。

（十四）遗赠扶养协议

《民法典》第 1158 条规定的是遗赠扶养协议。自然人可以与继承人以外的组织或者个人签订遗赠扶养协议。按照协议，该组织或者个人承担该自然人生养死葬的义务，享有受遗赠的权利。

遗赠扶养协议实际上讲的是，一个扶养协议，加上一个遗赠，这两个部分放到一起，就构成了遗赠扶养协议。

首先，遗赠扶养协议的受遗赠人不是法定继承人，他可以是组织，也可以是自然人，原《继承法》没有规定组织。其次，他们和被继承人之间签订了一个协议，内容是：我养你，等你死了以后，把你的遗产遗赠给我。这样就是一个"双赢"的协议。扶养人对遗赠人履行相应的生养死葬的义务，遗赠人把他的遗产遗赠给扶养人。

我在最高人民检察院工作的时候办过一个抗诉案件，最高人民法院的公报上有这个案例，在我的书里也有，有兴趣的可以找来看看。贵州省有个赫章县，县城里有两个老太太是信佛的居士，每天吃斋念佛，是两个孤独的老人，相依为命，没有任何人去照顾她们，生活来源就是拣拣破烂什么的，但是，她们两个人有三大间房子在县城的大街边上，位置很好。这时突然就出现了一个人，姓梅，来到老太太的家里，说是她们的外甥女，来了以后，天天给她们洗衣服、做饭，就把这两个老人感动得不行了，说：你这个孩子太好了，是佛祖给我们派来的。梅女士说：我负责一直把你们养到老，过得舒舒服服的。两位老人就非常高兴，说：有了你，我们就有依靠了，等将来我们的房子就给你。后来一商量说，干吗将来再给呢，干脆现在就把房子给她，反正她一定要给她们养老送终的。两个老太太看着她这么孝顺，就写了一个协议书，说现在房子就给你，你就给我养老送终吧。这个梅女士说，我们还得去做公证。公证完之后，梅女士就跟这俩老太太说，你们先找一个房子临时住，我把这房子翻修一下，我们住在这里就更舒服了。两个老太太高兴地说：啊！你还给我们修房子，太好了！她们高兴地出去，到街道找了一个房间住。然后，梅女士就把房子拆了，翻盖起了一栋上下两层的楼房，楼下开饭店，楼上开旅店，把两个老太太就给抛弃了，再也不管了。

大家看看，这是遗赠扶养协议吗？这纯粹是欺负鳏寡孤独的老人。法院判决说，这是一个附条件的赠与，不是一个遗赠扶养协议，所以，房子归梅女士，给两老太太 1 万块钱的补偿。

街道一直在给两个老太太鸣不平，申诉到最高人民检察院。我办这个案件，就说：这完全是糊涂法官办出来的案件，违反了公平、正义的原则，怎么能这样去欺负两个老年人呢？最后终于通过抗诉，法院再审，把这个案件纠正过来了，确认这是一个遗赠扶养协议，梅女士就是通过这样的协议为手段，侵吞鳏寡孤独老人的财产。法院判决房产归两个老人所有，给梅女士 1 万块钱作为翻建房屋的补偿，这样才恢复了这个案件的公正判决。

在遗赠扶养协议中，是有公平、正义的。

（十五）遗产债务清偿顺序

《民法典》第 1159 条规定的是遗产债务清偿顺序的规则。即分割遗产，应当清偿被继承人应当依法缴纳的税款和债务；但是，应当为缺乏劳动能力又没有生活来源的继承人，保留必要的遗产。

关于遗产债务的清偿顺序问题，大家可以看到有一个变化，原来继承编草案曾经把债务放到税款的前面，债务有优先权，税款放在债权人的债务之后，与《民法典》第 187 条规定的民事责任优先原则是一致的，体现国家不与民争利的这样的思想，即民事权利优先。但是，最终文本最后又把它改回来，恢复到原《继承法》规定的这种规则上来，仍然是税款优先。

关于遗产债务清偿顺序，这一条文规定了三种：一是税款，二是债务，三是为缺乏劳动能力又没有生活来源的继承人保留必要遗产。这三种遗产债务，其实第三种算不上遗产债务，但却是最优先的。顺序就是：第一，为缺乏劳动能力又没有生活来源的继承人保留必要的遗产；第二，被继承人生前所欠税款；第三，被继承人生前所欠债务。要按照这个顺序用遗产进行清偿。

（十六）无人继承又无人受遗赠的遗产

《民法典》第1160条规定的是遗产旷缺的规则。遗产旷缺就是无人继承又无人受遗赠的遗产。

无人继承又无人受遗赠的遗产，实际上成了无主财产，但是不适用无主财产的规则，因为无主财产适用先占规则。对于遗产旷缺，《民法典》确立的规则是归国家所有，用于公益事业。“用于公益事业”这句话，是这次立法新增加的一个内容，表明将私人的遗产即使收归国有，也不是用来做其他事情，而是用于公益事业，明确国家收受无人继承又无人受遗赠遗产的正当性。

死者生前是集体所有制组织成员的，无人继承又无人受遗赠的遗产归所在集体所有制组织所有。这里有一个问题，说的是集体所有制组织，而不是农村集体经济组织。这里应当是有区别的，这个集体所有制组织的概念比农村集体经济组织的概念要宽，应当是所有的集体所有制组织，而不仅仅是农村集体经济组织。

这里还是有一个问题，就是由于法定继承人范围过窄，继承顺序过少，才会形成较多的无人继承又无人受遗赠的遗产。解决这个问题的办法，还是要扩大法定继承人的范围，增加继承顺序，让更多的亲属能够享有继承权，最大限度地减少无人继承又无人受遗赠遗产的出现，保证私人财产在私人领域中流转。

（十七）有限继承原则

《民法典》第1161条第1款规定的是有限继承原则：“继承人以所得遗产实际价值为限清偿被继承人依法应当缴纳的税款和债务。超过遗产实际价值的部分，继承人自愿偿还的不在此限。”

继承人继承了被继承人的遗产，同时也继承了被继承人的债务，如果继承的遗产超过了继承的债务的范围，就有了积极的财产，也就是有了“盈余”，实际上获得了一部分财产。但是，也有可能继承的遗产少，而继承的债务多，由于继承人是有权放弃继承的，如果在这种情况下事先放弃了继承，就没有这回事了；如果已经继承了，就应当以所继承的遗产为限，超出遗产范围的债务就不再负清偿的义务了。这就是有限继承。

继承人继承了遗产以及债务后，债务超过遗产，但是继承人自愿偿还所欠债务的，当然也不是问题，而是应当鼓励的行为。继承人继承遗产后，如果同时继承了比遗产多的所欠税款和债务，在国家税务机关来收税或者债权人请求清偿债务时，只要超出了继承人继承遗产的范围，继承人就可以行使抗辩权，不再履行了，这完全是合法有效的。反之，在这种情况下，继承人自愿偿还税款和债务，当然更没有问题。

第 1161 条第 2 款强调的是，继承人放弃继承的，对被继承人应当缴纳的税款和债务可以不负清偿责任。这是事先放弃，和前面讲的继承后的清偿责任问题一起，都是有限继承原则。

（十八）执行遗赠与遗产税款、遗产债务清偿

《民法典》第 1162 条规定："执行遗赠不得妨碍清偿遗赠人应当依法缴纳的税款和债务。"这个规定比较清楚，受遗赠人要执行遗赠，取得遗赠的遗产，实现受遗赠权，当然可以，但是，遗产要先缴纳税款和债务，谁都不能去妨碍。这里说的与接受继承不同。接受继承采取有限继承原则，可以事先放弃继承，也可以继承后再予以清偿，以所继承的遗产为限。受遗赠人当然也可以事先放弃受遗赠权，但是，执行遗赠之前就要清偿税款和债务，不能执行遗赠之后，再用遗赠的遗产清偿税款和债务。

（十九）已继承和受遗赠遗产的税款、债务清偿顺序

《民法典》继承编的最后一个条文，是第 1163 条，规定的是已经发生继承或者遗赠的遗产，对于被继承人生前所欠税款和债务的清偿顺序规则。

遗产经过分割，已经成为继承人、受遗赠人的财产，又出现被继承人应当缴纳的税款和清偿的债务，那么，清偿的顺序是：既有法定继承又有遗嘱继承、遗赠的，首先由法定继承人清偿被继承人依法应当缴纳的税款和债务；其次，超过法定继承遗产实际价值的部分，遗嘱继承人和受遗赠人按照比例以所得遗产来清偿。

既有法定继承，又有遗嘱继承，又有遗赠，继承人和受遗赠人已经取得了遗产，成为自己的财产，当被继承人又有税款和债务的时候，究竟是法定继承人，还是遗嘱继承人、受遗赠人先清偿呢？上面的这个顺序，就是法定继承人先清偿应当缴纳的税款和债务。原因是，遗嘱继承优先，因而法定继承人要先承担清偿税款和债务的义务；如果应当缴纳的税款和债务超过法定继承人所得的遗产，受有限继承原则的约束，法定继承人就可以不再履行。这时候，就要由遗嘱继承人和遗赠人来清偿遗产税款和债务了。遗嘱继承人、受遗赠人之间，没有先后顺序，而是按照继承遗产的比例去确定各自应该清偿多少。

第七讲
侵权责任怎样保护你的民事权利

这一讲，我给各位介绍《民法典》中侵权责任编怎样保护你的民事权利。讲侵权责任编比较好讲一些，因为很多条文都是原来《侵权责任法》的条文。先讲一般规则的一些重大变化，然后再介绍具体侵权责任类型规则的改变。

一、侵权责任属性的改变：民事责任向侵权之债的转化

首先要介绍的，就是侵权责任由民事责任改变成侵权之债。原《民法通则》和《侵权责任法》规定的侵权责任属性都是民事责任，而《民法典》规定的侵权责任是侵权之债。关于侵权责任属性的这种改变，要把好几个条文放在一起介绍才行。

先看侵权责任性质改变的第一步。

《民法典》总则编规定侵权责任之债的有两个条文。第一个是第 118 条，第 1 款规定民事主体享有债权，第 2 款规定债权是因合同、侵权行为、无因管理、不当得利以及法律的其他规定，权利人依法请求特定义务人为或者不为一定行为的权利。大家知道，原《民法通则》规定侵权责任，是放在“民事责任”中规定的，在债权的规定中不包括侵权行为。这显然是一个重大变化。第二个条文是第 120 条，即民事权益受到侵害的，被侵权人有权请求侵权人承担侵权责任。这个条文写的是侵权责任之债的请求权。

这两个条文加到一起，就看到了一个明显变化，原《民法通则》规定侵权责任是民事责任，现在《民法典》规定的侵权责任是侵权之债。这样的一个变化，就完全改变了原《民法通则》对侵权责任的定性。

在北京大学魏振瀛老师的著作里，关于《民法通则》中民事责任与债的分离，他说（当时写《民法通则》的时候，魏振瀛老师负责“民事责任”这一章）：为什么要把侵权责任放到“民事责任”一章中去规定，当时的想法是建立一个统一的民事责任体系，像刑法那样，有统一的刑事责任构成，有统一的刑罚制度。既然刑法有刑事责任的构成，民法就要有一个民事责任的构成。因此，《民法通则》就专门规定

了“民事责任”这一章，而且这一章中包括了违反合同的民事责任，侵权的民事责任，还有其他的民事责任，改变了大陆法系民法的立法传统，而由此原《民法通则》里的债就只包括合同之债、无因管理之债和不当得利之债。

在这样的情况下，《民法通则》和传统民法是有很大区别的，就是：有了独立的民事责任一般规则，侵权责任归在民事责任这个体系中，和债权基本上就没有关系了。这是在制定《民法通则》时的立法思想，一直到 2009 年制定《侵权责任法》的时候，仍然是在坚持这样的一个想法。

但是，后来就看到，随着民法单行法的不断增加，《民法通则》的民事责任体系逐渐地都破坏掉了。制定《合同法》的时候，专门制定了违反合同的责任，《民法通则》关于违反合同的责任就被《合同法》的规定完全替代了。制定《侵权责任法》，又把《民法通则》关于侵权的民事责任也完全替代了，《民法通则》的民事责任这一章基本上只剩下了一个空壳。

这里还有一个很重要的问题，就是侵权责任的性质，无论如何，它还是一个损害赔偿的问题。既然是损害赔偿的问题，就是损害赔偿之债，仍然还是债的性质，这个性质是改变不了的。归纳来说，第一，建立一个整体的民事责任制度的这样一个思路，是不切合民法的实际的。第二，侵权责任的属性仍然是一个侵权责任之债。

在制定《民法典》总则编的时候，侵权责任是债的这个属性已经被确定下来了。通过刚才说的这两个条文，即第 118 条和第 120 条，实现了侵权责任性质改变的第一步。

再看侵权责任性质改变的第二步。

《民法典》第 1165 条和第 1166 条，这两个条文是原来《侵权责任法》的第 6 条和第 7 条。

《民法典》第 1165、1166 条与《侵权责任法》第 6、7 条相比较，都有一个特别重要的改变。第 6 条和第 7 条在规定侵权责任构成要件的时候，都没有“损害”的要件，但是，第 1165 条和第 1166 条都增加了“损害”的要件。

《民法典》第 1165 条规定的是，“行为人因过错侵害他人的民事权益造成损害的……”“造成损害”这四个字，在《侵权责任法》第 6 条第 1 款里头是没有规定的。第 1166 条里规定的“行为人造成他人民事权益损害”，在《侵权责任法》第 7 条中也是没有的。

我想介绍一下，在写《侵权责任法》的时候，为什么在第 6 条和第 7 条规定侵权责任构成要件时，没有规定损害的要件呢。原因是《侵权责任法》在第 15 条中规定了八种侵权责任方式，就是从原《民法通则》规定的十种民事责任方式中，去掉两个属于违约责任的民事责任方式，剩下的八种都写到了《侵权责任法》里。由于侵权责任方式有八种，其中有好多种责任的构成都不用损害的要件。例如，停止侵害需要有损害的要件吗？不需要。排除妨碍需要损害的要件吗？也不需要。消除危险需要吗？也不需要。消除影响、赔礼道歉都不一定需要。

这样，就产生了一个争论，民事责任方式有八种，在讲侵权责任构成要件的时候，规定要有损害，就会排除其中很多侵权责任方式，因为它们不需要具备损害的要件。解决的方法之一，就是分成大损害、中损害和小损害。大损害，就是 8 种，都把它叫作损害，是广义的损害；中损害包括返还原物、恢复原状和实际损害；小损害就是纯粹的损失，需要用损害赔偿方式救济。这样，争来争去也不能统一起来，最后有人就说，干脆别争了，不规定损害的要件。

可是，侵权责任的构成怎么能没有损害的要件呢？没有损害，怎么能叫作损害赔偿责任呢？

但是，最后就是这样定的，两个规定侵权责任构成的条文都没有规定损害要件。这两个条文就是这么形成的，是为了迁就《侵权责任法》第 15 条中规定的八种侵权责任方式，使第 6 条和第 7 条能够涵盖住第 15 条规定的八种侵权责任方式，才作了这样一个规定。

在《侵权责任法》制定之前，2002 年开始启动了《物权法》的制定工作，2007 年完成立法。《物权法》规定了物权请求权，而物权请求权包括了返还原物请求权、排除妨碍请求权、损害赔偿请求权、恢复原状请求权。涉及财产权保护的那些侵权责任方式，都写进了《物权法》中，成了物权请求权。

当《侵权责任法》规定了八种侵权请求权以后，就出现了物权请求权与侵权请求权的关系问题。它们之间重复的这些部分，究竟应该怎么处理？谁都说不清楚了。我们在写《物权法》草案建议稿的时候，建议物权请求权只规定停止侵害、排除妨碍、消除危险的请求权，恢复原状和损害赔偿就不写了，将来写在《侵权责任法》中。这个意见没有被接受，《物权法》把这些请求权都写进去了，形成了《物权法》的第 34 条到第 37 条。2009 年《侵权责任法》又把它写成了侵权请求权，就把物权请求权和侵权请求权完全混在一起了，无法分清哪一个是侵权请求权，哪一个是物权请求权。

这就是松散型的民法立法结束时，留下的一个问题。

编纂民法典分两步走，《民法总则》规定了侵权责任之债的属性，在编纂侵权责任编的时候，能不能说侵权责任就是侵权损害赔偿之债呢？既然是侵权损害赔偿之债，就一定要有损害的侵权责任构成要件，因此，在《民法典》第 1165 条和第 1166 条就规定了损害要件。

这是在理解这个问题时的第二点。

现在要说第三点，就是《民法典》侵权责任编的第二章。

《民法典》侵权责任编第二章原来叫“责任承担方式”，后来改成了“损害赔偿”。从第 1165 条和第 1166 条规定的损害要件，再加上第二章的章名改成损害赔偿来看，我们可以说，侵权责任的基本方式，就是损害赔偿，侵权损害赔偿就是侵权损害赔偿之债。这样，就完成了对侵权责任从民事责任的性质到侵权损害赔偿之债的性质的变革。

不过，这里也有一个问题，就是第 1167 条，这里又规定了停止侵害、排除妨碍、消除危险等责任方式。这个问题怎么来解释呢？这是比较难解释的。有的人可能会认为，将这些责任方式写在侵权责任编里是重复，是性质的混淆；有的人也会讲出这样规定有其道理。这里的关键是用什么方法去理解的问题，其实就是如果跟随损害赔偿的请求权一起行使这些请求权的时候，就把它当成侵权责任了。我们先说到这里。

以上我从三个方面的规定说来，能得出一个结论，就是从开始确定侵权责任就是侵权之债，到侵权责任构成要有损害的要件，再到第二章的章名改成损害赔偿，可以确定一点，现在《民法典》说的侵权责任，其属性就是侵权损害赔偿之债。

说到这里，就把这个问题说完了吗？仍然还没有说完。

还有第四点要特别注意，就是要严格区分开物权请求权、人格权请求权、身份权请求权与侵权责任请求权。这个问题特别重要，涉及律师代理，涉及法官司法，也涉及检察官的监督，最重要的是涉及当事人权益的保障和责任确认的正当性。当事人向法院起诉一个侵权案件，究竟行使的是物权请求权、人格权请求权、身份权请求权，还是侵权请求权呢？如果选择不当，法官就会驳回起诉，当事人就得另行起诉，是不是？有的法官可能会向当事人释明这不是物权请求权的问题，而是侵权请求权的问题，可以改变诉讼请求另行起诉；但法官完全不做说明直接给驳回起诉，也是符合法律要求的。所以，这部分还要特别讲清楚才行。

大陆法系，尤其是德国法系民法典，在总则中通常不规定民事责任，而是规定民事权利保护方法。百分之七八十的民法典，在总则中都会写民事权利保护方法。民事权利保护方法就是保护民事权利的请求权体系。请求权是德国人创造的一个民法方法，建立的就是“权利—义务—责任”这样的逻辑结构。

这个逻辑结构说的是，民法典以权利作为基础，每个人都享有权利，每个人对他人的权利都负有义务，义务人违反了义务，就要承担责任，责任承担了，受到损害的权利就恢复了原状，整个民法的秩序就会正常运转。民法的基本逻辑关系就是这样的。

在这样一种逻辑关系上，权利受到违约行为或者违反义务行为的损害时，民事权利保护方法就是请求权方法。请求权方法对应的是民事责任，在这个逻辑结构中，权利人享有民事权利，义务人违反了义务，造成权利人的损害，权利人就产生了一个请求权，义务人就产生了一个责任，权利人请求他履行责任，法律强制他履行责任，然后就恢复了民法的正常秩序。请求权就是这样一种方法。民事权利保护方法就是这样的一种方法。

在这样的请求权方法中，包括两种方法：

一种是权利本身包含的请求权，我们把它叫作固有请求权，也叫原权请求权，也有人把它叫作绝对权请求权。

物权是个绝对权，它自己的保护方法就是物权请求权；人格权也是绝对权，它的内部也包含了一个保护自己的方法，就是《民法典》第995条规定的人格权请求权；身份权也是绝对权，也包含一个请求权，就是身份权请求权，《民法典》人格权编第一章的最后那一条，就是第1001条，规定的就是身份权请求权。这三种请求权构成了绝对权本身保护自己的请求权。

以物权为例来说明。物权有两种权能，一种是积极权能，另一种是消极的权能。积极权能就是通常所说的所有权的权，包括占有、使用、收益、处分。物权还包含一个消极的权能，是防御他人侵害权利的请求权，就是物权请求权，也被叫作物上追击权。就一个绝对权来说，它的权能是包括这么两个：一个是积极权能，一个是消极的权能。

人格权请求权也是这样的。人格权本身也包含这么两个权能，《民法典》第995条专门规定了人格权请求权，还规定了身份权请求权，就把绝对权的请求权写成了一个整体。

另一种方法是侵权责任请求权的方法，通过侵权责任的承担，保护民事权利。

前面讲的是绝对权请求权保护自己的权利。而侵权请求权是一个新生的请求权，构成新生的侵权请求权。当权利受到侵害时，须具备四个构成要件，才产生这个侵权请求权。

这两个请求权同时保护民事权利。那么，这两个权利不同的保护方法，各自起的作用是什么呢？

有一次，正在制定《物权法》的后期，在福州开两岸法学论坛，讨论过这个问题。马俊驹教授说，物权请求权和侵权请求权的最大分别，就是除了损害赔偿请求权是侵权请求权以外，剩下的都是物权请求权。崔建远教授说，物权请求权和侵权请求权之间的关系，打个比方说，就是中医和西医的关系，物权请求权是中医的方法，用温和的方法，喝点汤药，捏一捏，针灸，就能治好，没有太大的损害。侵权请求权是西医的方法，就是先吃药，吃药还不好使，就开刀，再不行，截肢。后来我说，崔老师的这个说法很形象，但是，好像不够准确，物权请求权和侵权请求权的关系是，物权请求权相当于我们人体内部的抵抗力，侵权行为就像病毒侵入身体一样，自己先用抵抗力去跟它斗争；还有一种方法，是采取外在的方法，就开始吃药、打针、做手术，这种方法就是侵权请求权的方法。靠自身抵抗力去抵抗病毒，是物权请求权的方法，靠外在的方法保护权利，就是侵权请求权的方法。一个是内在的方法，一个是外在的方法。

我觉得，我这个比喻可能比更形象、更准确。

说起来也是这样。物权请求权是物权本身就包含一个请求权，侵权行为来侵害，就兵来将挡、水来土掩；如果是造成了权利的损害，那就是侵权的问题，用侵权请求权来对抗，请求损害赔偿。

这就是传统的民法在保护民事权利的时候，采用这种双重请求权的方法来保护权利。

制定《民法通则》的时候，把所有不同的请求权都混到一起，编出了十种民事责任方式，建立大一统的民事责任体系，把物权请求权、人格权请求权、身份权请求权这些固有请求权与侵权请求权完全混淆在一起，把界限也都打乱了，形成了这样的后果。

经过这三十多年的立法，到今天，终于把这个问题认识清楚了，要恢复原来的体系。传统大陆法系民法用绝对权请求权和侵权请求权这两种不同的方法去保护权利，就必须对它们有一个清晰的界定。

这样，就要说第五个问题，就是固有请求权和侵权请求权之间的区别在哪里。

先看物权请求权。《民法典》第 235 条规定，无权占有不动产或者动产的，权利人可以请求返还原物。这个请求权应该是物权请求权。第 236 条规定的是妨害物权或者可能妨害物权的，即权利人可以请求排除妨碍或者消除威胁。第 237 条规定，造成不动产或者动产毁损的，权利人可以依法请求修理、重做、更换或者恢复原状。大家看，这个条文和前面两个条文规定有一个明显的区别，就是这个条文里加了“依法”两个字。第 238 条说，侵害物权造成权利人损害的，权利人可以依法请求损害赔偿，也可以依法请求承担其他民事责任，这里也有“依法”两个字。

这后两个条文里增加的这两个“依法”说的是什么意思呢？前两个条文为什么没有“依法”，后两个条文为什么一定要写“依法”呢？

其实这个做法，就是要区分物权请求权和侵权请求权之间的界限，第 235 条和第 236 条规定的纯粹是物权请求权，所以就按照物权编的规定就可以。第 237 条和第 238 条增加了两个“依法”，就是说恢复原状和损害赔偿不是物权请求权，而是侵权请求权。

关于人格权请求权的规定是《民法典》第 995 条，人格权受到侵害的，受害人有权依照本法和其他法律的规定，请求行为人承担民事责任。这个民事责任是什么？就是受害人可以向行为人提出的停止侵害、排除妨碍、消除危险、消除影响、恢复名誉、赔礼道歉请求权。人格权请求权特别写明不适用诉讼时效的规定。似乎还可以说，绝对权请求权的适用是不受诉讼时效约束的，但是，侵权请求权是一定要受到诉讼时效约束的。

《民法典》第 1001 条规定，对婚姻家庭关系等产生的身份权利的保护，适用本法第一编、第五编和其他法律的有关规定，没有规定的，可以根据其性质参照适用本编人格权保护的有关规定。适用本编的规定，也就是停止侵害、排除妨碍、消除危险、消除影响、恢复名誉、赔礼道歉，也不适用诉讼时效的规定。

这里还有一个诉讼时效的问题。《民法典》第196条说，下列请求权不适用诉讼时效的规定：第一项就是请求停止侵害、排除妨碍、消除危险，这些都不适用诉讼时效的规定；再加上第995条规定的那些不适用诉讼时效的情形，可以认为，这都是固有请求权的问题，都不是侵权请求权。再看第196条第2项规定，不动产物权和登记的动产物权的权利人请求返还财产的，不适用诉讼时效的规定。返还财产适用第235条，就是无权占有不动产或者动产的，权利人可以请求返还原物。通常理解，返还原物和返还财产是一个概念，在返还原物的问题上，又规定不动产物权和登记的动产物权请求返还的时候，是不适用诉讼时效规定的，这样，就剩下不用登记的动产物权的返还财产要适用诉讼时效的规定。

把这些条文都综合起来，可以看到，以下三项均适用诉讼时效：第一，就是剩下了损害赔偿，损害赔偿永远是侵权请求权，损害赔偿请求权永远要受到诉讼时效规定的限制。第二，恢复原状本身就是损害赔偿的另外一种表现，同样也是要造成损害，是用另一种方法来表现的类似于损害赔偿的救济方法，即恢复原状这种方法。比方说侵权人把汽车给撞坏了，给修好了还给车主，这就是恢复原则，买个新车给车主，或者纯粹把钱赔偿给车主，都可以。所以，损害赔偿请求权是侵权请求权，恢复原状请求权是损害赔偿，也是侵权请求权。第三，返还财产的，侵权人把财产都占有了，适用诉讼时效的是不用登记的动产，这也是侵权请求权。

可以确定下来，物权在一个民事权利保护中分成两种方法，一种就是绝对权请求权的保护方法，另一种是侵权请求权的保护方法。

绝对权请求权的保护方法是：停止侵害，排除妨碍，消除危险，消除影响、恢复名誉，赔礼道歉，加上不动产物权的返还财产和登记的动产物权的返还财产的物权请求权保护方法。

侵权请求权的保护方法是：损害赔偿，恢复原状，再加上不用登记的动产的返还财产。除了这三种以外，再没有侵权请求权。

绝对权请求权都不适用诉讼时效的规定，永远是有效的，一直可以行使。而侵权请求权一定要受到诉讼时效的限制。

当物权、人格权、身份权受到损害，权利人请求保护的，如果是损害，请求保护的方法是损害赔偿、恢复原状，或者是不用登记的动产返还原物，这些都是侵权请求权的问题，就要依照侵权责任编的规定行使请求权；除此之外，就要适用绝对权请求权进行保护。

除了这三种以外，就是物权请求权、身份权请求权、人格权请求权的问题了，它们是不受诉讼时效限制的请求权。侵权请求权是受诉讼时效限制的请求权。绝对权请求权不具备损害的要件，侵权请求权全部是要具备损害的要件的。用这样一种方法，就可以准确地掌握，当事人向法院起诉行使保护自己民事权利的时候，到底选择哪一种请求权。

这就是讲侵权责任属性的变化，必然引起的司法实务操作上的变化。原来在写《民法总则》的时候，我还想，把侵权责任的性质从民事责任改成侵权之债，原则上不应该对实务发生太大的影响，但是，后来把《民法典》所有的有关内容汇集到一起再去看的时候，就发现，其实是有很大影响的。这种规则的变化，对律师、对法官，都是相当重要的，都需要重新学习，重新掌握。

二、侵权责任保护的民事权益范围

第二点，我想专门讲一下《民法典》第 1164 条。这一条文其实规定的就是侵权责任的保护范围。

原《侵权责任法》第 2 条第 2 款，规定的是侵权责任保护的民事权利范围，是 18 种民事权利，再加上“等人身、财产权益”。这样，就把侵权责任保护的范围规定得很清楚。尽管里面有好多问题都写得不太好，但是，能够清晰地看出来，侵权责任保护的就是民事权益。

《民法典》侵权责任编没有这样相应的条文，规定侵权责任保护哪些权利、哪些利益。那么，这个任务是由哪个条文来负责的呢？就是第 1164 条。

第 1164 条规定：“本编调整因侵害民事权益产生的民事关系。”看起来，好像并不是一个规定侵权责任保护范围的规定，但是，就是这个条文起到了作用。《民法典》分则的每一编的第一个条文，都说本编调整什么样的民事关系，第 1164 条的调整范围和其他编开头的条文都不一样，是实质性的意义，就是确定了侵权责任的保护范围。这句话就是“侵害民事权益”的“民事权益”这四个字，凡是侵权行为侵害的民事权益，都是侵权责任的保护范围。民事权利分成两部分，侵权责任首先是保护所有的民事权利，还有一部分保护的是民事利益。民事利益通常叫作法益。

（一）侵权责任保护的民事权利的范围

先说侵权责任保护的民事权利包括哪些。用一个比较形象的网络语言，侵权责任保护的范围就是“7＋n”。说到民事权利，就要回到《民法典》总则编第五章规定的民事权利。它规定了七种民事权利，即人格权、身份权、物权、债权、知识产权、继承权和股权。规定完这七种权利后，又用一个条文，即第 126 条，规定民事主体享有法律规定的其他民事权利和利益，其他民事权利例如商法中规定的一些权利，也是民事权利。

这就是“7＋n”。7 就是《民法典》规定的七种民事权利，其他法律规定的民事权利就是“n”。但是我们讲民事责任、侵权责任的时候，最主要的其实是这七种民事权利。

第一种民事权利是人格权，是侵权责任保护的范围，第 995 条规定的责任方式是人格权请求权，凡是侵害人格权造成损害的，就适用侵权请求权予以保护。

第二种是身份权，中国对身份权的规定比较简单，在过去的关于精神损害赔偿司法解释中，有一条是规定侵害亲权的，即引诱、欺骗未成年人脱离监护，没有监护权的人用强势的方法把孩子抢回来自己抚养，这些使未成年人脱离监护的行为，就是侵害亲权。还有，《民法典》婚姻家庭编中离婚过错损害赔偿里的配偶与他人同居，侵害的是配偶权。还有对第三者的行为，有的国家或地区认定为侵害配偶权。

第三种是侵害物权，这个没有问题，是侵权责任的常规问题，当然予以保护。

第四种是在保护民事权利中最有争议的问题，就是债权。现在向法院起诉债权侵权诉求的很少，起诉了，也很少能够得到法院支持，很多是得不到法院支持的。出现这种情况的原因，是原《侵权责任法》第 2 条第 2 款没有明确规定债权是侵权责任保护的范围。这个问题在立法中讨论了很久的，争议也很大，多数意见认为侵害债权受到损害可以请求侵权责任的保护。但是，立法机关有一个想法，是债权人受合同法的保护，在侵权责任法中又写保护债权，会不会让人有误解，就是债权受合同法保护也受侵权责任法保护。后来就说在“等人身、财产权益”里。我们说，条文中不写，但是在立法机关编写的释义的书中一定要写明，债权是包含在“等”里的。大家看到，王胜明主任主编的《侵权责任法释义》在讲第 2 条第 2 款时，写了“等”中包含债权。问题是，在著作中说“等”里包含债权，仍然不是立法，法官如果不看这本书，或者看了这本书但不认可书里的说明，就认为债权不是侵权责任保护的问题，而是合同法保护的问题，法官不支持侵害债权的请求当事人也没有办法。但侵害债权是侵权责任，无论在大陆法系还是在英美法系都是承认的。《民法典》第 1164 条所说的保护“其他民事权利”，这个权利里一定包含债权。

侵害债权的侵权责任怎样构成，先说一个案例。多年前，太原有一个演出公司要组织一次大型演唱会，请的演员以毛阿敏为代表。准备差不多后，主办方开新闻发布会，请了当地省市媒体的娱乐记者，说明要开演唱会，请大家帮助宣传。到散会的时候，给记者发车马费发生了争执：《山西晚报》的记者想多要一份，因为两个记者一起来的，宣传也是两个人一起做，另一位在会议中间报社有事回去了，应当给他一份车马费。主办方比较抠门，说中间退场的记者一律不发，双方争执起来了，最后也没多给这一份车马费。

第二天，太原的媒体都开始报道这个演唱会，演出公司开始发行票务，三天就卖出了 1 万张票，形势非常好。到了第四天，《山西晚报》在娱乐版的头版头条，用大半版的篇幅发表了一篇报道，通栏标题是“毛阿敏不来了”，内容是：毛阿敏很可能不能来唱歌了，因为毛阿敏现在东京看病，病情很重，不会参加这个演唱会。报道的最后一句话说："山西太原喜欢毛阿敏的歌迷们，大概要大失所望了。"

报纸出版以后，演出公司卖出去的票一下就退回了 8 000 张，再也卖不出去了。这就把演出公司给吓坏了，赶紧问是怎么回事，老板还不知道跟人家发生了争执呢。找到经纪人，说毛阿敏确实是在日本，是在看病，是牙疼、感冒，肯定会来参加演唱会的。联系到毛阿敏后，毛阿敏说一定会按时参加演唱会，演出公司要求给一个书面说明，毛阿敏写了一个传真传回来了，说，山西太原的父老乡亲们，你们好！我是毛阿敏，我一定会按时到太原去唱歌献给大家。演出公司拿到传真后，就整版做广告，就用这份传真做广告的背景，但是还是一张票也卖不出去。临近演出，只卖出了之前的 2 000 张票。在迎泽体育馆办演唱会，大约有 3 万张座席，装配舞台的部分去掉，还有 28 000 多张票，现在只有 2 000 个人看演出，这个演出怎么办呢？主办方就要退票来减少损失。但是买好票的 2 000 个毛阿敏的歌迷不同意，说谁敢退票，我们申请上街游行。演出公司没有办法，只好送出去 1 万多张票，把演出完成了。这样，演出公司的几百万元资金都打了水漂了。演出公司向太原市中级人民法院起诉，要追究《山西晚报》的责任。

演出公司当时组织专家来讨论这个案子的性质，我也参加了。我们讨论以后认为，这就是侵害债权的侵权案件。这个案件里，什么是债权呢？观众和演出公司通过买票的方式订立了演出合同，一个票就是一个债权，买一张票就是确立了一个债权。《山西晚报》社的行为起码侵害了 8 000 个债权。我还认为，在没卖出去的那些票中，也应该按 80%的影响力计算，也是侵权行为影响所及。法院最后没有接受没卖出去的也构成侵害债权的意见，只接受了 8 000 个债权受到侵害的意见，判决被告赔偿 90 多万元。

被告方不同意这个判决，上诉到高级法院。被告方又找了专家论证，认为不构成侵权。高级法院终审判决确认要承担赔偿责任，但不能赔这么多，改判赔偿 60 多万元。

这个案件是个典型的侵害债权案件。侵害债权侵权责任的构成，要求具备五个要件：一是有合法债权存在；二是侵权行为人一定是债权关系当事人以外的第三人，是债权人、债务人以外的第三人，债务人本人不能构成债权侵权责任的侵权人；三是侵害债权的主观要件是故意，知道有债权存在故意去侵害债权，如果债权是经过公示的，过失也能构成侵权；四是债权落空不能实现债权利益；五是要有因果关系。具有这五个要件，就构成债权侵权责任。

第五种是知识产权，这个不是我们研究的范围，知识产权法都有专门规定。

第六种是继承权。继承权的侵权问题，通常在继承范围里就解决了，用继承恢复请求权保护继承权。侵害继承权用侵权责任保护，比较少见。不过也应当深入研究，确认侵害继承权的侵权责任的构成问题，更好地保护继承权。

第七种是股权，从原《侵权责任法》开始，就特别强调侵权责任对股权的保护，《民法典》也特别强调了对股权的保护。

综上，《民法典》总则编规定的七种民事权利，都是侵权责任的保护范围。

（二）侵权责任保护的民事利益的范围

现在讨论侵权责任怎样去保护民事利益的问题。

讨论这个问题，首先要确立一个基本的逻辑基础，这就是，整个民法社会中，民事主体享有的民事利益是一个非常广泛的概念，民法把它分成三部分：第一部分的民事利益是用民事权利来保护的，民事利益就是民事权利的客体。第二部分的民事利益没有民事权利进行保护，但是，这些民事利益受到损害以后，会损害人格尊严，需要进行保护，这一部分民事利益就是侵权责任保护的法益。第三部分的民事利益比较渺小，民法管不了，不予保护。

先说一下民法管不了的这一部分民事利益。有一个典型案件，就是侵害“亲吻权”的案件。一位妇女坐出租车发生了交通肇事事故，把嘴唇撞破了，在医院治疗缝好、养好后，说自己出院和老公接吻没有感觉了，亲亲孩子也没有感觉了，丧失了“亲吻权”。律师代理她向法院起诉，就以侵害亲吻权为案由。我认为，不能把什么都说成是权利，权利要有一个规格，要有相当的法律基础才可以。随随便便就命名一个民事权利，显然是不适当的。这些微小的民事利益，有的可以用其他权利保护，有的根本就不需要保护，是属于容忍范围的范畴。

侵权责任保护的民事利益即法益，是民事利益中的第二部分，这种利益比较明显，受到损害以后，没有民事权利保护，如果造成了人格尊严等根本性的损害，依法进行保护。

怎么进行保护，我在编侵权责任法教材的时候，提出了这样的想法，即侵权责任保护的民事利益有五个方面：

第一个部分，是其他人格利益，这是一般人格权保护范围里的其他人格利益。

第二个部分，是胎儿的人格利益。《民法典》第 16 条里“等”字包含了对胎儿人身利益的保护。

第三个部分，是死者的人格利益。《民法典》第 994 条规定的“死者的姓名、肖像、名誉、荣誉、隐私、遗体等”，这里的“等”字包含的内容，起码有声音、个人信息、信用等。

第四个部分，是其他身份利益，其他身份利益是配偶权、亲权、亲属权以外的、这三种权利保护不到的身份利益。这么说不太好理解，说一个案例吧。有一对夫妻结婚十七八年了，有一个男孩已经 16 岁了。女方跟男方商量离婚，原因是女方有一个相爱的人，男方也知道这个情况，就同意离婚了，但是说要把儿子留给我。女方说什么东西都可以留给你，儿子是必须跟我走的。男方不同意，看到达不成协议，女方就出了一个狠招，说实话实说告诉你吧，这不是你的儿子。男方不认可这个事实，给儿子做了亲子鉴定，证实两个人一点血缘关系都没有。男方就以前妻侵害了他的生育权为由向法院起诉，法院法官在审理时就讨论，不知道该怎样确认这个案件的侵权客体。

其实，这里侵害的就是其他身份利益，是配偶权、亲权和亲属权都不能保护的身份利益，但是确实应当予以保护，即女方欺骗了男方近 20 年，使其身份利益受到损害，耽误了男方延续子嗣的利益。

第五个部分，是其他财产利益，就是物权、债权、知识产权、继承权、股权等民事权利都包含不了的财产利益，受到损害的，也应该得到保护。最典型就是纯粹经济损失。对于纯粹经济损失到底是什么，都讲得不够清楚。2006 年我去德国，德国法官告诉我说，纯粹经济损失的典型事例就是挖断电缆的案件：工程队施工时挖地沟，把他人的电缆给挖断了，这肯定是侵权，要对电力局赔偿损失。电缆挖断，电力局供电断电，用户无法用电也受到了损害，这就叫纯粹经济损失，是应该赔的。接下来，电力局的用户断电，用户因断电停工又造成了他的下家的损失，他的下家的损失再造成再下家的损失，这些都是纯粹经济损失，但是，纯粹经济损失只保护到第三层，以后就不赔偿了。为什么不赔偿呢？德国法官说，就是太多了，赔不起。

比较典型的是《国家赔偿法》规定的两种情况，属于其他财产损失。政府对一个企业作出停产整顿或者吊销执照的行政处罚，后来发现处罚错误，把行政处罚撤销了，就要赔偿因为停业整顿或者吊销执照给企业造成的财产损失。这个损失是一种营业损失，也不是物权、债权的损失，界定为其他财产损失是可以的。

在讨论了上面这些问题后，再来看第 1164 条，就能够更好地理解侵权责任的保护范围了。第一，侵权责任保护民事权利，是“7＋n”；第二，侵权责任保护民事利益，共有五个方面。这些内容都包含在第 1164 条中。

三、侵权责任编中几个具体规则适用问题

第三个问题，我想就《民法典》侵权责任编中规定的几个其他规则的适用问题展开讲一下。

（一）怎样认定共同侵权行为

我想先讲一下如何适用共同侵权行为及连带责任的规定。

共同侵权行为和连带责任，是侵权责任法的老问题，不是新问题，但是还是有很多人理解不足，我想再说一下。

《民法典》第 1168 条规定的是二人以上共同实施侵权行为，造成他人损害的，应该承担连带责任。这个规定与原《侵权责任法》第 8 条一样，没有变化。

原《民法通则》第 130 条规定共同侵权行为，确定的标准是共同过错，共同故意构成共同侵权，共同过失也构成共同侵权，在司法实践中没有争议。什么时候发生的争议呢？是在 2004 年 5 月 1 日《最高人民法院关于审理人身损害赔偿案件适用法律若干问题的解释》开始实施，里面突然增加了一个规定，就是第 3 条规定：二人以上既没有共同故意，也没有共同过失，他们的行为直接结合造成同一个损害结果的，也构成共同侵权。这条规定，扩大了原《民法通则》第 130 条规定的共同侵权行为的范围。

原来确认共同故意、共同过失构成共同侵权行为，现在说，没有共同故意，也没有共同过失，只要行为人的行为直接结合，造成同一个损害，就构成共同侵权行为，超出了原《民法通则》第 130 条规定的范围。这在法学界和司法实务界都引发了很大的争议，但是，由于这个司法解释已经生效，所以，在司法实务中一直在这样操作。

问题在哪里呢？就是最高人民法院在这部司法解释中，同时规定了二人以上既没有共同故意，也没有共同过失，他们的行为间接结合，造成同一个损害结果的，要承担按份责任。两个规定中，一个是直接结合，一个是间接结合，它们之间怎么去区别呢？都说不清楚，表述就差一个字。

有一次开会，有一个教授解释说，我给你们打个比方，直接结合和间接结合的区别很好理解。比方说，一家院子里有一个五角亭子，第一个小偷去偷瓦，偷了一些瓦，凉亭没有大问题。第二个小偷想去偷一根柱子，偷走了一根柱子，这个凉亭还有四个柱子，还在那里挺着呢。第三个小偷去偷柱子，也是用锯子锯下个柱子扛跑了，凉亭还有三根柱子，仍然还在那里。最后一个小偷去又偷一个柱子，凉亭剩下两条“腿”，挺不住了，倒塌了，凉亭就不再是凉亭了。这位教授说，第一个小偷和后边的三个小偷的行为，就是间接结合，后三个小偷的行为就是直接结合。这个道理讲得多么准确、多么清晰，但是，在实际生活中根本就不会发生。但是，这个道理对的，只是在实践中分不清楚而已。

我们批评这种直接结合与间接结合的规则，有一位资深法官写了一篇文章，说直接结合与间接结合其实很好区分，直接结合就是数人的行为具有时空的一致性，不具有时空一致性的，就是间接结合。但是，具有时空的一致性，在实践中怎么去把握呢？

我在报纸上看到了一个典型事例，涉及直接结合与间接结合的问题。

有一个城市，在一天早晨交通早高峰的时候，一辆轿车后备厢里装了一麻袋现金，走到立交桥上发生交通事故，车翻了，后备厢里的 60 万元钱从桥上散落下来。桥下的人一看，天上下钱了，赶紧跑去抢。去得早的，抢了几捆就跑；去得晚的，一张一张地捡。报警后，警察来到现场，把正在捡钱的十几个人给控制住了。这十几个人捡了十几万元，都交上来了，说明前面跑掉的人已经拿走了四十几万元。

这个案件所有捡钱的这些人的行为，是不是具有时空的一致性？时间、空间，完全都是同时发生的，具有时空的一致性。但是，能说它们就是共同侵权行为吗？如果认定为共同侵权行为，按照连带责任规则，现在这十几个人就要赔偿 60 万元，承担连带责任，让他们自己去找跑掉的那些追偿去，他能同意吗？谁抢的就由谁来负责任，怎么能让这些人承担连带责任呢？这就是数人的行为虽然具有时空的一致性，但是仍然不能认定为共同侵权行为，而是典型的分别侵权行为。

把时空一致性作为直接结合与间接结合的标准或者方法，是不行的，作为共同侵权与分别侵权也是不行的。

这个争论一直延续到制定《侵权责任法》。立法中，对于怎样写共同侵权行为，争论了很长时间，谁也说服不了谁，最后，立法机关负责人说不争论了，这个问题争论十年也还是这样，先写了，以后在理论上去解释吧，不过，有一点，就是原《侵权责任法》第 8 条规定的共同侵权里，包括主观的共同侵权，也包括客观的共同侵权，实际上确认了最高人民法院司法解释中规定的规则，把共同侵权行为从共同故意、共同过失的范围适当扩展到既有主观的共同侵权行为，也有客观的共同侵权行为。

对此，我觉得用 1930 年国民政府的民法关于共同侵权的规定，是最稳妥的——采用关联共同理论来确定共同侵权行为。关联共同分成两种，一种是主观的关联共同，另一种是客观的关联共同。

主观的关联共同就是共同故意。几个人在一起商量好，去侵害他人的民事权益，这就是共同侵权，是典型的共同侵权。

客观的关联共同就是在没有共同故意的情况下，二人以上同时实施了违法行为，这些不同的违法行为针对的是同一个侵害目标，每一个人的行为对于损害的发生都具有原因力，造成了同一个损害结果，这个损害结果是不可分的。这就是客观的关联共同。符合这五个要件要求的，就是客观的共同侵权行为，就要承担连带责任。

在确定对共同侵权行为适用《民法典》第 1168 条规定的时候，法工委的理论解释是：一是共同故意构成共同侵权；二是共同过失也构成共同侵权；三是没有共同故意，也没有共同过失，但是这些行为人有的有故意，有的有过失，造成同一个损害结果的，一般也认为是共同侵权。这里就包含了客观的共同侵权行为。

（二）新规定的自甘风险

《民法典》第 1176 条和第 1177 条增加了两个免责事由，都很重要，都是在制定《侵权责任法》时想规定而未能规定进去的免责事由。

先说第一个，就是第 1176 条规定的自甘风险。自甘风险这个免责事由原本不是大陆法系的规则，而是英美法系的判例法规则。后来，大陆法系的法院陆续借鉴了英美侵权法的这一规定，因而在成文法的民法典中直接规定自甘风险的很少见。《埃塞俄比亚民法典》有一条属于自甘风险，主要是讲在体育运动和体育比赛中发生的风险要自担。

《民法典》明确规定自甘风险为免责事由，还是很重要的。在适用自甘风险的规定中，要掌握这几个构成要件：第一，是自愿参加；第二，参加的是有风险的文体活动；第三，因其他参加者的行为受到损害；第四，加害人在主观上没有故意或者重大过失。具备这四个要件，就构成自甘风险。受害人不得请求造成其损害的其他参与人承担侵权责任。如果参加者在造成受害人损害中有故意或者重大过失，不构成自甘风险。

对此，有一个最典型的案例，是北京市石景山区人民法院判的案件。这个案件把这个条文中规定的所有的要件都概括在内了。石景山区有一个初中，下午放学以后，有十几个男生，在学校操场里踢球。一方的球员带着球冲到对方的禁区前，防守一方的守门员看到自己的后卫也没跟上，就很紧张，准备扑球。进攻的前锋在禁区前一脚射门，守门员上去一扑，没控住，球就打到守门员的眼睛上了，伤得很重，几乎失明了。守门员的家长找到学校，要学校承担责任。学校反复解释说，球赛不是我们组织的，是学生放学后自己组织玩的，和我们没有什么关系。受伤学生的家长就向法院起诉了，要求射门的学生及其监护人对造成的损害承担赔偿责任。

对这个案件，法院在讨论时形成了两种意见：一种意见，是按照原《侵权责任法》第 24 条规定，一个人造成另外一个人损害，双方对于损害的发生都没有过错，根据实际情况分担损失，就公平分担损失吧，让守门员的监护人承担一部分补偿责任。另一种意见认为，这种情况不应该赔偿，在足球场上踢足球去射门，难道还得先告诉守门员准备好，然后再射门吗？那还有足球运动了吗？踢足球把守门员踢伤了，就是这一条文规定的自甘风险。

说到踢伤守门员不负责任，想起了我之前看的一场欧洲杯的足球比赛。到了踢点球决胜负的时候，点球运动员一脚就把球踢到守门员的脸上了，一下把脸就打花了，但是守门员把球给挡住了。第二次又轮到这个守门员上场，对方另一个运动员上去，一脚把球踢到门柱上，又弹到守门员的脸上，球又没进去。一连五个球都没进去，守门员的脸被打成了一个花瓜，但是球队最后赢了。评论员说，这个伟大的球员把脸都贡献给球队了，保障了胜利！那这个守门员去找对方球队，说把我的脸给踢成这样了，请求赔偿，这可以吗？显然不行，因为这是体育风险。

所以说，上面这个踢球受伤的案子，就是自甘风险的问题。这个案件里，第 1176 条规定的这几个要件都有，具备了这些要件，当然就构成自甘风险，行为人不用承担侵权责任。

台湾大学法学院的陈聪富教授专门研究美国侵权法。他跟我说，美国侵权法自甘风险的典型表现，就是棒球比赛。投手投球以后，击球手拿棒子一打，把球打得老远，全场都在欢呼，就有一个人不欢呼，因为球打到这个观众的脑袋上了，把脑袋都给打破了。但这种情况造成的损害，在美国是绝对不赔偿的。为什么？这就是棒球的魅力，比赛就是有风险，买票去看棒球比赛也是自甘风险。他说，还有一个更厉害的规则，不仅在棒球场里被棒球打伤不承担赔偿责任，而且在棒球场外的附近被打伤，也不承担赔偿责任，也是自甘风险。那么危险的地方，自己还愿意去，这不就是自甘风险吗？

第 1176 条规定自甘风险，还在第 2 款规定了活动组织者的责任，适用《民法典》第 1198 条至第 1201 条关于违反安全保障义务的侵权行为的规则。这就是组织者在自甘风险中的责任确定的问题，适用违反安全保障义务损害责任的规则，有过失就承担责任，没有过失就不承担责任。例如蹦极，人绑好了绳子，往下一跳，结果绳子断了，人掉下去了，组织者当然要承担赔偿责任，因为没有尽到安全保障义务。

英美法系讲自甘风险，较早的案例是：受害人去滑雪，从高山上滑下来，自己控制不住，蹿到雪道外边，撞到雪场边索道的支柱上，撞伤了。他要求雪场赔偿，法官予以驳回，说这是自甘风险，滑雪本来就有风险，行为人控制不住被撞伤，和组织者没有关系。

（三）新规定的自助行为

《民法典》第 1177 条规定的是自助行为。原来在制定《侵权责任法》的时候，这两个免责事由我们都主张要写，但是后来都没写。立法机关的理由，前者是因为研究不够，后者是因为大家都知道自助行为因而不必写。

对于自助行为的构成要件，《民法典》第 1177 条写得就有点太严格了。对于自助行为，其实用不着这么严格。

自助行为说的是，当自己的权益受到损害，来不及找政府有关部门进行公力救济，就可以采取自力救济的方法，适当扣押加害人的财产，适当拘束加害人的人身，让加害人赶紧去承担责任，他承担责任了，问题就解决了。构成自助行为的，即使给加害人造成损害，也不承担侵权责任，而是免责。

我们现在这个《民法典》的规定比较严格，要求合法权益受到损害，情况紧迫，且不能及时获得国家机关保护，不立即采取措施，将使其合法权益受到难以弥补的损害，这时候受害人就可以保护自己，在保护自己合法权益的必要范围内，采取扣留侵权人的财物等合理措施，但是应当立即请求有关国家机关来处理。

举一个最浅显的事例来说明。上饭店去吃饭，吃完饭后一摸兜，发现没带钱，当然，在今天基本不会有这样的问题，因为有手机可以用其他支付方式。假如没有其他支付方式，身边就是没有钱，交不了饭费怎么办？饭店老板会采取两个办法：第一个办法，在这待着，让家里人来送钱吧。这不就是自助行为吗？这就是适当拘束他人的人身，适当限制人身自由，让家里人来送钱的自助行为。第二个办法，你的手表好几万块钱，你把手表押在这里，你回家取钱来付款，这就是适当扣押财产的方法。这两种行为都是自助行为，不构成侵权。

这个条文有一句话，大家要注意，就是“在保护自己合法权益的必要范围内采取扣留侵权人的财物等合理措施”，没说可以适当拘束侵权人的人身。其实，适当拘束对方的人身，是自助行为最常用的方法。为什么没写？因为立法机关担心明确写了可以适当拘束他人人身，是不是会使拘束人身成为常用的方法，造成不好的社会引导，所以没明确写，而是把它放到“等”里来。我们要知道这个“等”字包含适当拘束他人人身，也不至于在社会发生不良的导向。

还有一个问题要说。条文中说，采取了自助行为的合理措施后，“应当立即请求有关国家机关处理”。都要这样吗？好像是的，因为这里说的是“应当”，而不是“可以”。可是，一个人吃饭没拿钱，把他暂时扣留了，让他的家里人来送钱，接着就要立刻打电话给公安报案，说已经把这个人给扣起来了。问什么原因呢？就说吃饭不给钱，让他们家来人送钱来。公安机关说，你让他给你钱就办吧，跟我说什么呀！我觉得这个规定就过于严格了，用不着所有的自助行为都要报告，比较严重的情况才要赶紧向政府去报告。

我讲一个自助行为的案例。广西柳州有一年声讯电话出问题比较多，是民政部门给一些残疾人发牌照，让他们在家里装个电话就可以打声讯电话，收费是一分钟一块钱。有的人在经营中为了增加业务量，采用一些不正当手段，用色情信息引诱未成年人多打电话。有一家两口子养一个儿子，儿子在家里一个月打的电话费，比两口子的工资还多。因此，家长纷纷向政府投诉。当地电台的一个记者，是大学刚毕业的学生，听了这个事以后义愤填膺，去搞调查，查明是某区民政局发的牌照最多，就去找这个区民政局局长采访，约好下午采访。下午 2 点钟开始谈，小记者就把录音笔往这一放，就问对于这个事情你要承担什么责任。局长一听就生气，两人吵了起来。一直吵到两点，记者不想谈了，要走。局长说，不对，我发现你在我们谈话的时候录音了。记者说，我是电台记者，我当然得录音。局长说，那不行，你录音经过我同意了吗？你根本就没征求我的意见，就直接录音，这不行，录音不洗掉，你绝对不可以走。两方接着交涉，到晚上十点了还不让走。小记者就跟领导汇报，说被限制人身自由已经 6 个小时了。新闻部主任一听就火了，赶紧就跑到电台。主任两头劝完，最后小记者还是把录音洗了，两个人才离开电台回家。过后，小记者向法院起诉民政局局长，起诉的主张，一是侵害采访权，二是侵害人身自由权。

一审法院驳回了原告的诉讼请求。第一个理由是，采访权不是民事权利，不能用侵权法来保护，第二个理由是，没经过被采访人同意就录音，对方要求把录音洗掉之后才能离开，这有合法的正当理由。所以，局长的行为不构成侵权。小记者十分生气，又去上诉，但二审也败诉了。

我的看法是，这是自助行为。能说局长不对吗？小记者对局长录音没有经过同意，当然是不对的，局长要求解决这个问题，不让其离开现场，也没有不对的地方，因此，是典型的自助行为。

顺便讲一下《民法典》第 1178 条，即本法和其他法律对不承担责任或者减轻责任的情形另有规定的，依照其规定。这里的免责事由，主要是指：第一，《民法典》总则编规定的不可抗力、正当防卫和紧急避险，是一部分免责事由。第二，《民法典》侵权责任编一般规定，还有受害人故意、第三人原因，再加上自助行为和自甘风险。第三，《民法典》人格权编关于人格权请求权的规定里有好几个条文都是免责事由，例如公共利益、新闻性等。第四，《民法典》侵权责任编第三章至第十章规定的免责事由。第五，其他法律中规定的免责事由。把这些免责事由通通加到一起，就形成了一个很完整的免责事由体系。

现在最缺少的免责事由是职务授权行为，至今没有规定；还有一个是受害人承诺，也没有规定。剩下的免责事由基本上都有规定了。

在研究免责事由的时候，要从理论上进一步提升。免责事由形成了完整体系后，会给每一个民事主体的行为自由提供更好的保障。免责事由就有保护行为自由的功能。侵权责任法的职能的实现分为两部分，一部分是规定侵权责任构成，另一部分就是规定免责事由。这两个部分配合起来，就形成了一个完整的保护每一个民事主体行为自由的体系，划清了行为自由和侵权责任的界限。

（四）有关损害赔偿规则的新规则

下面再介绍一下损害赔偿规则的有关内容。

1. 人身损害赔偿的规则

对人身损害赔偿的规则，条文中增加的内容都没有太大的变化，例如营养费、住院伙食补助费，都是新增加的，原来在人身损害赔偿司法解释中都有规定。

要说的是《民法典》第 1179 条和第 1180 条最重要的问题，是死亡赔偿金的“同命同价”问题。原来依据最高人民法院的解释死亡赔偿金是“同命不同价”，城市居民和农村村民受到损害造成死亡的赔偿标准是不一样的。国务院发布了一个关于缩小城乡差别的文件，要求改革同命不同价的规定，保护好农民的权益。全国好几个高级人民法院都在辖区内进行试点，2021 年《民法典》实施后，就是实行城乡统一的死亡赔偿金确定方法了。

在死亡赔偿金这个问题上，我们一直坚持要实行“同命同价”，也有一部分学者坚决不同意。现在有一个结论了。

2. 侵害公开权造成财产损失的赔偿责任

《民法典》第 1182 条规定的是侵害他人人身权益造成财产损失的损害赔偿规则。这一部分与原《侵权责任法》第 20 条规定相比，有一个变化。第 20 条规定：首先，按照被侵权人因此受到的损失赔偿；其次，不能确定被侵权人的损失时，就按照侵权人因此获得的利益赔偿；最后，侵权人获得的利益也算不出来时，由法院来确定赔偿数额。这是把三种赔偿方法分成一二三这三个顺序，先第一，第一不行就第二，第二不行再第三。

《民法典》第1182条改变了这个顺序的规定。将被侵权人因此受到的损失，或者侵权人因此获得的利益赔偿这两个方法并列起来，成为一个“选择之债”，被侵权人有选择权，让受害人自己来选择。受害人按照自己的利益选择赔偿方法，选择侵权人因此获得的利益来赔偿最合算，就用这个方法，或者相反。把这个选择权交给受害人本人，由他自己来选择。如果是律师来代理这样的案件，那律师一定好好算一算，用哪个方法更有利于保护受害人的合法权益，去获得更多的赔偿。通常是以侵权人因此获得的利益计算对保护被侵权人更合算。

3. 精神损害赔偿责任增加的规则

《民法典》第1183条规定精神损害赔偿责任规则，基本规则没有变，增加了因故意或者重大过失侵害自然人具有人身意义的特定物造成严重精神损害的，可以请求精神损害赔偿的规则。

这个规则原来在最高人民法院关于精神损害赔偿的司法解释中已经作了规定，写进《民法典》时表述的方法有所修改，主观要件的要求更高了。原来司法解释规定没有要求要有故意或者重大过失，只要有过失就构成责任；《民法典》第1183条第2款规定，要求要有故意或者重大过失才可以请求精神损害赔偿。我不同意这个规定，没有必要有故意或者重大过失的要件，凡是有过失都应该构成侵权。现在既然规定了故意或者重大过失的要件，那我觉得法官具体审理案件的时候，可以把重大过失的标准适当降低一些。律师代理时，要把这个问题处理好，不然可能会使当事人的利益受到损害。

我经常讲的一个案例，是浙江金华法院判的一个案件。叶先生家里有一幅祖宗画像，传到他手里的时候，可能就有一百多年了，周围三十几家叶姓人家，都是这一个共同祖先。过年的时候，叶先生就会把这个画像挂出来，这三十多家叶姓人都上他们家来磕头拜祖宗。因为这个画像的时间比较久了，有所破损，叶先生找到装裱店的老板要求装裱，老板接下了这个活儿之后，第二天领着老婆出去旅游，家里剩老丈母娘在家看家。老太太在家里闲不住收拾东西，把一大堆破烂一起都卖给收破烂的人，就把人家的祖宗画像也给当成破烂给卖了。老板旅游回来也没想起这件事。约定的时间到了，叶先生给老板打电话，问画像裱好没有，老板才想起来，就赶紧找这个画像，就找不到了。问丈母娘看没看到，丈母娘说看到了，卖给收破烂的了。老板急了，说那是人家的祖宗啊！老板赶紧给叶先生打电话说你们家的祖宗没了。叶先生一听就火了，去了跟他吵。吵也没有办法，向金华法院起诉，要求承担赔偿责任，损害的是具有人格象征意义的特定纪念物品，造成了严重精神损害，请求精神损害赔偿10万元。法院就给判了10万元精神损害赔偿责任。通常法院判决精神损害赔偿是一定要打折扣的，但是这个案件就没打折扣。原因是当事人起诉太保守，要求赔偿20万元，估计也能支持。人家的这幅画都是文物了，再加上这画上是三十几家人的祖宗啊。

这个案件，说侵权人有重大过失，没有问题。但是如果不是重大过失，就不能得到赔偿，是不应该的，因为损害赔偿的基本标准是损失，而不是过错要件。

4. 财产损害赔偿的合理方式

《民法典》第1184条规定，侵害他人财产的，造成的财产损失按照损失发生时的市场价格或者其他合理方式计算，这里的其他方式之前增加了一个“合理”。

原《侵权责任法》第19条没有“合理”这两个字，增加了“合理”，意味就是不管什么方法，只要是合理的方法都可以。我想特别强调一下，侵权责任也受可预期损失规则的指导。违约损害赔偿有可预期损失规则，是说无论违约行为造成多大的损害，损失计算都以合同的可得利益为最高上限。侵权责任也在原则上适用这个规则。

典型案件是沈阳中院判的福满楼饭店的案件。1999年6月某日凌晨，沈阳故宫博物院门外路边的下马碑被沈阳市福满楼餐饮有限公司司机卢某驾驶的轿车撞倒，卢某当场死亡。沈阳故宫博物院将肇事车主于某及福满楼饭店一并告到了法院，要求赔偿2 700万元的损失。沈阳市中级人民法院一审判决：责令被告对下马碑进行修护，并赔偿沈阳故宫博物院人民币100万元。原、被告双方均上诉后，二审维持原判。

同样还有一个特别典型的事例。2003年8月，四名农民工因偷盗葡萄被北京香山派出所盘查发现，但是四人谁也不知道他们偷回的葡萄是北京农林科学院林业果树研究所科研用的葡萄，经鉴定，认定葡萄价值1.1万余元，四个农民工顿时傻眼，如果属实，他们可能会是中国第一批因为偷葡萄被判刑的人。争议的焦点是葡萄的定价，2004年1月，经有关部门鉴定评估，葡萄的定价被最终确定在了376元，四名农民工最终是因为盗窃的数额并未达到法定的金额而未被追究刑事责任。

这个案件是个典型的可预期损失规则。农民工在实施这个侵权行为的时候，完全没有预料到会造成这样的一个损失。在确定赔偿责任时，可以适当降低赔偿数额，这个规则也可以算到“合理”方式中。

5. 公平分担损失的依法进行

还有一个问题要跟大家特别讲一下，就是《民法典》第1186条，受害人和行为人对损害的发生都没有过错的，原来的规定是可以根据实际情况由双方分担损失，现在的规定是依照法律的规定由双方分担损失。那就是不能根据实际情况了，只能依照法律的规定去分担。

这里的“依照法律的规定”说的是什么呢？这个规定是说，第1186条本身是没有请求权的，请求权在哪里？要有法律规定的条文说可以分担损失的，才可以分担损失。所以，这个分担损失不是随便就可以用的，一定要找到法律规定才可以用。

分担损失的请求权有具体规定的，现在是这几个条文：一是《民法典》第 1188 条规定的监护人责任，监护人完全没有过错，要适当补偿，是分担损失。二是第 1190 条规定的暂时丧失心智造成损害，虽然没有过错，也要承担一定的赔偿责任，也是分担损失的规定。三是第 1254 条规定的高空抛物损害责任，其中有可能加害的建筑物使用人给予补偿，也是适用公平分担损失规则。现在能够确定的，其实就这么三个条文，其他都是不可以随便用的，不是说一个人的行为造成另外一个人损害，双方对于损害的发生都没有过失，就可以分担损失。

四、有关特殊侵权责任的几个主要的新规则

《民法典》侵权责任编第三章到第十章，相当于侵权责任编的分则，规定的都是特殊侵权责任的规则，其中有很多新的侵权责任规则，我选择几个主要的新规则介绍给大家。

例如，过去《侵权责任法》没有规定追偿权的，现在《民法典》都对追偿权作了补充的规定，比方《民法典》第 1191 条规定的用人单位责任，原来是用人单位承担赔偿责任后没有规定追偿权，现在规定了用人单位承担侵权责任以后，可以向有故意或者重大过失的工作人员追偿。还有第 1198 条规定的违反安全保障义务损害侵权责任，第 2 款规定经营者、管理者或者组织者承担补充责任以后，可以向第三人追偿，原《侵权责任法》也没有这个追偿权的规定。对于这个问题，我会在第九讲专门来讲，讲的就是追偿权“背锅”的理论基础。

有关特殊侵权责任规则变化最大的有十几种，我着重介绍一下新的规则。

（一）网络侵权责任规则的新变化

网络侵权通常是在大中城市发生，因为有网站的地方才能发生网络侵权行为，才能用到这样的规则，很小的城市一般用不上这样的规则，但是也不一定，因为侵权案件的管辖，侵权行为实施地和侵权结果发生地都是管辖的依据，受害人向哪个法院起诉，都可能受理这样的案件。

《民法典》关于网络侵权责任的条文是第 1194 条到第 1197 条，这四个条文代替了原《侵权责任法》第 36 条。原《侵权责任法》第 36 条有三款，现在扩展成了四个条文，规则变化很大。我分四个方面讲它的规则。

1. 网络侵权责任的一般性规则

《侵权责任法》第 1194 条第 1 款规定：“网络用户、网络服务提供者利用网络侵害他人民事权益的，应当承担侵权责任。”这和原《侵权责任法》第 36 条第 1 款在基本内容上没有变化。这里讲两种情况：第一种情况是，网络用户利用他人的网络

实施侵权行为，要自己承担责任。第二种情况是，网络服务提供者利用自己的网络实施侵权行为，自己要承担侵权责任。

这一条第 2 款规定：“法律另有规定的，依照其规定。”这是原来的条文没有的，是新增加的规则。“法律另有规定”，主要是指《消费者权益保护法》第 44 条关于网络交易平台发生的侵权损害赔偿责任的规定。

网络平台分为网络媒介平台和网络交易平台。在网络上发布信息的这种是网络媒介平台，网络交易平台是在网络上销售商品、提供服务的平台。对于网络交易平台的损害赔偿责任，《消费者权益保护法》第 44 条规定，在网络交易平台上销售商品或者提供服务，造成消费者损害的，要承担责任的是网络上的销售者和服务者。网络交易平台承担责任，是一个附条件的不真正连带责任，就是网络交易平台提供者不能够提供销售者、服务者的真实名称、地址和有效联系方式时，实际上就是消费者受到损害后找不到侵权人。一般情况是网络交易平台提供者告诉消费者谁是销售者、服务者，消费者去找销售者、服务者赔偿就行了，跟网络交易平台提供者没有关系。但是，网络交易平台提供者不能提供销售者、服务者的真实名称、地址和有效联系方式的，就得自己承担赔偿责任。网络交易平台提供者承担的责任是不真正连带责任，它承担了赔偿责任后，可以向侵权人即销售者、服务者去追偿。当然，如果网络交易平台有先行赔付的承诺，被侵权人就可以直接向网络交易平台提供者要求承担赔偿责任了。

网络交易平台的侵权责任和第 1194 条规定的网络侵权责任完全不是同一种规则，大家一定要注意这一点。

实务中在处理这类案件的时候，一定要区分网络媒介平台和网络交易平台的界限，正确选择应当适用的法律。当然，这里也可能出现平台性质的转化，原来如果是一个网络媒介平台，但是也帮助网络用户销售产品，并且提供价金的交付方式，提供下单的功能，就转化为网络交易平台了，适用的规则也就不一样了。

对此，我写过一系列的文章，还专门出版了一本《网络交易民法规制》的专著，大家可以找来看一看其中的关键问题。网络媒介平台在向网络用户提供销售商品和服务支持的时候，主要看它是否提供价金支付的方法，以及下单的功能。提供价金支付方法、提供下单的功能的，就转化为网络交易平台，就应该适用《消费者权益保护法》规定的网络交易平台提供者责任的规则；没有提供支付方法和下单功能的，就不承担网络交易平台提供者的侵权责任。

2. 网络侵权责任避风港原则的通知规则

《民法典》第 1195 条规定的是网络侵权责任避风港原则的通知规则，这是原《侵权责任法》第 36 条第 2 款规定的内容，第 1195 条对此进行了细化的规定，分成了三款。

第一，网络用户利用网络服务实施侵权行为，受到损害的权利人享有通知权。

行使通知权，就是通知网络服务提供者，要求对侵权信息采取删除、屏蔽、断开链接等必要措施。这是受到损害的权利人享有的通知权。通知权的内容是，请求网络服务提供者来承担删除、屏蔽、断开链接这样的义务。

通知权人行使通知权的要求：一是提供构成侵权的初步证据，要有证据证明是侵权的；二是要提供自己的真实身份信息。

提供构成侵权的初步证据，怎么掌握初步证据这个概念呢？在讲证明责任的时候，证明的标准有三个层次：第一个层次是最高的层次，就是高度盖然性的证明标准，高度盖然性就是极大的可能性。当一个人负有举证责任，证明到高度盖然性的时候，就完全完成了自己的举证责任，法官就应该建立心证，建立内心确信。第二个层次是较大的可能性，在证据规则中讲的那种举证责任转换的情况，叫作举证责任缓和。比方在医疗损害责任中，虽然因果关系要件的举证责任在受害患者一方，但是，对他的举证责任要求适当降低，因为这是专业问题，受害人很难达到这样专业的证明程度，这时候就适当降低举证责任，能证明到较大的可能性就可以了，就能把举证责任转换给医疗机构来证明不存在因果关系。第三个层次是一般的可能性，就是这里说的初步证据。受害人向网络服务提供者要求采取删除等必要措施的时候，只要提出证据证明主张有可能侵权就行了。

证明标准里的极大的可能性、较大的可能性和一般的可能性这三个层次，初步证据是最低的层次，达到一般的可能性就可以了。

这是对通知权人行使通知权的要求，然后要讲义务人了。

第二，通知权的义务人是网络服务提供者。它接到通知以后，就要履行自己的义务，应当及时把通知转送给侵权的网络用户，原《侵权责任法》第 36 条第 2 款没有转送通知的这个规定，网络服务提供者自己决定，要删除就可以删除，比较专断，没有很好地保护另一方当事人的权益。现在规定，要删除，就要告知对方，然后才去删除。所以，网络服务提供者应当及时将该通知转送相关网络用户，并根据构成侵权的初步证据和服务类型，采取必要的措施。只要采取了必要措施，网络服务提供者就进到了避风港。所谓的避风港原则，说的就是网络服务提供者进到避风港以后，所有的责任它就都不承担了，侵权就跟它一点关系都没有了。

网络服务提供者没有及时采取必要措施的，对损害的扩大部分，与网络用户承担连带责任。这里两个问题：一个是“及时”是多长时间。我们认为通常不超过两天，特殊情况下应该是 24 小时。这个时间要求很短，不是很长的时间。另一个是对“损害的扩大部分”承担连带责任，应当怎么去承担呢。可以用时间轴的方法来确定，网络用户发布信息构成侵权，到权利人行使通知权，加上“及时”的时限，从这时起，网络服务提供者还没有采取必要措施的，往后的损害就是扩大部分的损害了。在这之前的损害，是网络用户自己承担责任；在这之后的部分是扩大的部分，网络服务提供者应当承担连带责任。

第三，是权利人通知错误的侵权责任。该条文第 3 款增加规定了一个责任，是权利人因错误通知造成网络用户或者网络服务提供者损害的，应当承担侵权责任。这是警诫所谓的权利人，不要滥用通知权。错误行使通知权的行为给对方的网络用户造成损害，也是侵权行为，因为侵害了网络用户的言论自由权，同时还要对网络服务提供者造成的损失承担赔偿责任。这样，就能够有效地防止滥用通知权的行为。原《侵权责任法》第 36 条第 2 款规定，只要是通知就删除，错误删除也没什么责任，现在就要承担侵权责任了。

这一部分讲的是避风港原则中的通知规则。

3. 网络侵权责任避风港原则的反通知规则

原《侵权责任法》第 36 条只规定了通知规则，没有规定反通知规则，是一个很大的漏洞。我多次写文章主张增加，这次终于增加了反通知规则。

反通知规则是什么呢？在网络媒介平台上，网络用户发布信息，权利人认为他这是侵权，向网络服务提供者主张删除后者就给删除了。但如果这个删除的通知是一个错误的通知，网络用户根本就不侵权，该网络用户没有反通知权就没有保护自己的合法权益。这相当于在表达自由上，只有权利人的自由，没有网络用户的自由，所以会出现利益不平衡的结果。只有给网络用户以反通知权——一个通知权、一个反通知权，双方的表达自由的利益才能达到平衡。

《民法典》第 1196 条规定反通知权的基础，是第 1195 条规定网络服务提供者接到通知以后，应当及时将通知转送给有关网络用户。网络用户接到转送的通知后，就产生反通知权，可以向网络服务提供者提交不存在侵权行为的声明。这就是反通知，这个权利就是反通知权。

反通知权用什么方法来行使？就用声明的方法。权利人说网络用户侵权，网络用户说不侵权，网络用户行使反通知权，就向网络服务提供者提出一个声明，表明自己不侵权。这个不侵权的通知，就是行使反通知权的行为。反通知声明应当包括不存在侵权行为的初步证据，以及网络用户的真实身份信息。

接下来，网络服务提供者作为反通知权的义务人，接到反通知的声明后，应当将声明转送给发出通知的权利人，告诉他：你说侵权，网络用户说不侵权；你要是对反通知不服，可以向有关部门投诉或者向人民法院起诉；你说侵权，人家说不侵权，你坚持认为侵权，就去法院起诉，或者向网信办投诉。这两个告知义务履行的后果是，网络服务提供者在转送通知声明到达权利人后的合理期限内，没有收到权利人已经投诉或者提起诉讼的通知的，应当及时终止所采取的措施，删除的就给恢复，断开链接就给再链接上，采取屏蔽措施的应该取消。

这里有一个不确定的概念，就是合理期限。《电子商务法》第 43 条规定电子商务平台在侵害知识产权通知中的合理期限，明确规定是 15 天。原来《民法典》第 1196 条规定的也是 15 天，但是后来在审议时有人说 15 天太短了，就把 15 条改成了合理期限。其实，明确规定 15 天是最好的，因为和《电子商务法》的规定是完全一样的。不过，解释合理期限，最后还得参照《电子商务法》15 条的规定。

4. 网络侵权责任的红旗原则

《民法典》第 1197 条规定的是网络侵权责任的红旗原则，也就是原《侵权责任法》第 36 条第 3 款规定内容，要点是将原来的“知道”改为“知道或者应当知道”。

网络服务提供者知道或者应当知道网络用户利用其网络服务侵害他人民事权益，未采取必要措施的，与网络用户承担连带责任。美国法对此称为红旗原则。为什么叫红旗原则？是说你的网站上侵权行为都红旗飘飘了，谁都能看到，还不删除，就是故意纵容这个侵权行为，因此就应该承担这种连带责任。从共同侵权行为的理论上说，这属于帮助行为，是应当承担连带责任的。

红旗原则最典型的，就是可以适用于“艳照门”事件，就一天晚上，网络上铺天盖地的全都是艳照，哪一个网站也不舍得把它删除了，不想在这一轮中减少自己的流量。最后还是有关部门出来才全部删除。如果受到“艳照门”侵害的权利人追究网站的责任，那就是典型的红旗原则

（二）委托监护损害责任的责任分担

《民法典》第 1189 条规定的内容是，无民事行为能力人、限制民事行为能力人造成他人损害，监护人将监护职责委托给他人的，监护人应当承担侵权责任；受托人有过错的，承担相应的责任。这是对委托监护损害责任的规定，明确了在委托监护情况下，无民事行为能力或者限制民事行为能力人造成他人损害的，监护人与委托监护人分担责任的新规则。

委托监护损害责任，是指无民事行为能力人或者限制民事行为能力人造成他人损害，监护人将监护职责委托给他人，监护人与委托监护人分担责任的特殊侵权责任。原《侵权责任法》第 32 条规定的是监护人损害责任，是无民事行为能力人或者限制民事行为能力人造成他人损害，监护人应当承担的侵权责任。根据目前存在较多的把监护责任委托给他人承担的情形，《民法典》补充规定了委托监护人损害责任的规则。

委托监护损害责任的构成条件是：第一，委托监护，是监护人对自己负有的对无民事行为能力人或者限制民事行为能力人的监护职责，委托给他人承担；第二，无民事行为能力人或者限制民事行为能力人是在受托监护人的监护下，而不是在监护人的监护下；第三，被监护的无民事行为能力人或者限制民事行为能力人实施的行为，造成了被侵权人的损害；第四，对监护人推定其存在未尽监护职责的过错，对委托监护人的过错，应当由被侵权人举证证明，或者由主张分担责任的监护人承担举证证明。符合这四个要件要求的，构成委托监护损害责任，应当承担侵权赔偿责任。

从上述规定的委托监护损害责任构成要件来看，对监护人责任的规定其实并无特别的变化。区别在于，请求受托监护人承担侵权责任，应当证明受托监护人的过错要件。原告即被侵权人一般会向监护人主张赔偿责任，如果监护人认为自己没有过错，是受托监护人因过错造成的损害，应当由监护人承担举证责任。如果是被侵权人直接向受托监护人主张承担侵权责任，则应当由被侵权人承担举证责任。根据“谁主张，谁举证”的举证责任分配规则，主张受托监护人过错的，只有监护人或者被侵权人，因而应当由主张者承担举证责任。

委托监护损害责任的责任分担规则是：第一，委托监护损害责任的主体有两个，一是监护人，二是受托监护人，监护人并未因其将监护职责委托给受托监护人而免除自己的责任，仍然是侵权责任人。第二，两种责任主体承担的责任是单向连带责任，即混合责任：监护人承担的是对全部损害的赔偿责任，并且是连带责任；只要被侵权人主张监护人承担全部责任，监护人就须承担全部赔偿责任。第三，能够证明受托监护人也存在未尽监护职责的过错的，受托监护人应当在其因过错造成损害的范围内，承担相应的赔偿责任，其责任性质不是连带责任，而是按份责任，被侵权人不能向其主张承担全部赔偿责任。之所以将这种单向连带责任称为混合责任，是因为它与美国侵权法上的混合责任一样，都是数人中有的承担连带责任，有的承担按份责任。

（三）定作人指示过失责任的规则

定作人指示过失责任，原《侵权责任法》没有规定，在最高人民法院有关人身损害赔偿的司法解释中作了规定。《民法典》第 1193 条就是借鉴的这一司法解释内容，即：“承揽人在完成工作过程中造成第三人损害或者自己损害的，定作人不承担侵权责任。但是，定作人对定作、指示或者选任有过错的，应当承担相应的责任。”

定作人指示过失责任是大陆法系传统的特殊侵权行为，有的称其为“独立工人”责任，规则基本相同。

加工、定作和承揽统称为定作，是从定作人角度的界定，法律关系主体主要是定作人和承揽人，定作人委托承揽人进行加工、定作，承揽人依照定作人的指示进行加工、定作。《民法典》合同编第十七章规定的就是“承揽合同”。

承揽合同的基本特征是：承揽人按照定作人的要求完成工作，交付工作成果，定作人给付报酬。不过，对于那些属于承揽性质的民事活动，例如建设工程承揽合同，在造成第三人损害和承揽人损害时，也适用定作人指示过失责任的规则。所以，这里的定作是广义的概念。

由于承揽人在接受定作之后是独立进行定作、加工，尽管是按照定作人的指示进行，但是，应当由承揽人独立负责，承揽人在完成承揽任务过程中造成第三人损害或者自己损害，定作人不承担赔偿责任，而由承揽人承担责任或者负担自己的损失。这是一般性规则。如果定作人对于定作、指示有过失，或者对定作人的选任有过失，则由定作人承担相应的赔偿责任。

定作过失，是定作人确定的定作任务本身就存在过失，这种定作有可能造成他人损害或者定作人的损害，例如不当加工易燃、易爆物品。指示过失，是定作人下达的定作任务没有问题，是指示承揽人的定作方法存在过失，例如不应该采用危险方法进行加工却作出这样的指示。这两种过失，都构成定作人指示过失责任中所要求的过失。选任过失，则是定作人选任承揽人有过失，例如，选任了不具备承担特种加工活动的资质的人。

本条规定了以下两种责任：第一种，是定作人指示过失责任中造成他人损害的责任，这是典型的定作人指示过失责任。第二种，是造成承揽人自己损害的责任，这种损害责任的性质，其实是承揽人员工的工伤事故责任。这两种责任的性质是不同的，但是规则基本相同，放在一起规定大致可以，在适用中要认真区别，不能混淆。

（四）以挂靠形式经营的机动车发生交通事故的责任分担

挂靠机动车发生交通事故造成他人损害，是实践中意见分歧比较大的一种特殊侵权责任，《民法典》第 1211 条将其纳入侵权责任编的机动车交通事故责任之中，规则是："以挂靠形式从事道路运输经营活动的机动车，发生交通事故造成损害，属于该机动车一方责任的，由挂靠人和被挂靠人承担连带责任。"

机动车挂靠经营，是指个人将其出资取得的机动车挂靠在有运输资质的运输企业名下，并以运输企业的名义办理机动车行驶证件及营运证件，从事机动车经营活动的行为。我国的运输市场情况比较复杂，以挂靠形式从事道路运输经营活动是比较普遍的现象，原因在于从事机动车道路运输运营活动，需要由政府管理部门核准资质，而政府只给法人或者非法人组织办理运营资质，不给个人颁发运营资质，个人如果要从事机动车运营活动，只有挂靠到有运营资质的组织，才能进行合法的运营活动。

不过，其他国家和地区也有类似情况，我们在出境考察中经常讨论这种交通事故责任的立法和司法问题，情况大致相同。

对挂靠情况下发生交通事故致人损害，认定机动车保有人为侵权责任主体，由其承担侵权责任，是没有问题的，因为真正的机动车保有人享有运营利益、进行运营支配；有争议的是，被挂靠单位是否为责任主体。

以挂靠形式进行机动车运营法律关系的特点：一是享有机动车所有权的个人没有运营资质，须挂靠到有运营资质的机动车运营单位，以该单位的名义进行运营活动。二是被挂靠的运营单位同意其挂靠，将该个人作为自己的名义职工，以自己的名义进行运营。三是双方之间通常有一定的利益交换关系，即挂靠的一方要按期交给被挂靠的一方约定的管理费，就此双方形成权利义务关系；也有极少数是完全免费挂靠的。四是挂靠的机动车所有权人虽然是以被挂靠单位的名义运营，但实际上还是自己在运营，原则上并不受被挂靠单位的管控。因此，有人认为，个人机动车无偿挂靠被挂靠单位，被挂靠单位既不享有运营利益，又不进行运营支配，其允许个人机动车挂靠在自己名下，完全是为了政府管理的方便，发生交通事故致人损害，让其承担责任显然理由不充分。因此，在这种情况下，被挂靠单位不应作为赔偿责任主体。如果被挂靠单位明知或者应知挂靠经营者不具有相应资质而提供挂靠，则应该承担连带责任。

《民法典》第1211条没有采纳这样的意见，而是采取统一规则，凡是挂靠机动车发生交通事故造成他人损害，属于该机动车一方责任的，其责任分担的方式是挂靠一方与被挂靠一方共同承担连带责任。被侵权人可以向挂靠一方或者被挂靠一方主张承担连带责任。这种法律适用方法与其他国家和地区的做法也是基本一致的。

（五）擅自驾驶他人机动车发生交通事故的责任分担

《民法典》第1212条规定："未经允许驾驶他人机动车，发生交通事故造成损害，属于该机动车一方责任的，由机动车使用人承担赔偿责任；机动车所有人、管理人对损害的发生有过错的，承担相应的赔偿责任，但是本章另有规定的除外。"这是对擅自驾驶他人机动车交通事故责任规定的新规则，原《侵权责任法》对此没有规定。

未经允许驾驶他人机动车，就是擅自驾驶他人机动车。在1970年代至1980年代，还存在"盗开机动车"的"罪名"，盗开机动车会被劳动教养，因为那个时候，机动车还是比较珍贵的交通工具。后来，这一做法被取消，其实，盗开机动车就是擅自驾驶他人机动车。

擅自驾驶他人机动车，发生交通事故造成他人损害，构成擅自驾驶他人机动车交通事故责任。其构成要件是：第一，行为人未经允许驾驶他人机动车，有两种情形：一是完全背着机动车所有人或者管理人，秘密将他人的机动车开走；二是行为人向机动车所有人、管理人借车未得到同意，擅自将他人的机动车开走。无论是哪种情形，都构成擅自驾驶他人机动车。第二，行为人在驾驶他人机动车行驶过程中发生交通事故，造成他人人身损害或者财产损害。第三，发生的交通事故责任属于该机动车一方责任。

擅自驾驶他人机动车交通事故损害责任的承担方式是：首先，与《民法典》第1209条规定的责任形态相同，是单向连带责任（混合责任），即部分责任人承担连带责任，部分责任人承担按份责任；其次，擅自驾驶人应当承担全部赔偿责任，即使在机动车所有人、管理人有过失的情况下，也应当承担连带赔偿责任；再次，机动车所有人或者管理人有过失的，承担相应的责任即按份责任，不承担连带责任；最后，法律另有规定的，依照法律的特别规定承担责任。

就目前的规定来看，擅自驾驶他人机动车交通事故损害责任的规则，与租用、借用机动车发生交通事故损害责任的规则是一样的。从实际情况观察，擅自驾驶他人机动车交通事故损害责任中，行为人的主观心理状态与租用、借用他人机动车的心理状态并不一样，具有对支配行为的恶意，而不是对结果的恶意。在这种情况下，虽然承担责任的基本形态是混合责任，但是，在确定机动车所有人、管理人的相应责任时，应当与租用、借用他人机动车损害责任相比有所区别，即擅自驾驶人的过错程度较重，而机动车所有人、管理人的过错程度明显要轻，承担的责任应当适当。

（六）强制保险、商业保险与侵权人承担责任的顺序

在机动车交通事故责任中，对于强制保险、商业保险和侵权人承担的责任，三者之间究竟孰先孰后，经常会发生争论，形成裁判的不统一。《民法典》第 1213 条对此作出统一的规定，即："机动车发生交通事故造成损害，属于该机动车一方责任的，先由承保机动车强制保险的保险人在强制保险责任限额范围内予以赔偿；不足部分，由承保机动车商业保险的保险人按照保险合同的约定予以赔偿；仍然不足或者没有投保机动车商业保险的，由侵权人赔偿。"

机动车所有人对于自己的机动车，除了每年都须投保机动车强制保险，一般还会投保相应的机动车商业保险。当机动车发生交通事故，机动车一方要承担赔偿责任，被侵权人同时请求保险人和侵权人承担赔偿责任时，承担保险责任和侵权责任的顺序如下：

第一，机动车强制保险优先。出现这种情形时，机动车强制保险保险人承担第一顺位保险责任，由其在机动车强制保险责任限额范围内，承担赔偿责任。机动车的强制保险和商业保险虽然都是保险，但是，由于机动车强制保险是强制性保险，在强制性保险理赔的部分，不适用侵权责任法的有关规定，因此，具有最优先的效力。

第二，强制保险赔偿不足部分，商业保险优先。机动车商业保险保险人的保险责任为第二顺位责任，对机动车强制保险限额范围赔偿不足的部分，商业保险人按照商业保险合同约定的保险范围承担赔偿责任。这是因为，机动车商业保险是为机动车所有人承担赔偿责任的保险，与机动车强制保险不是一回事。因此，当发生机动车交通事故，在强制保险赔偿不足部分适用侵权责任确定责任时，优先使用商业保险赔偿损失。

第三，商业保险赔偿仍然不足部分，侵权人承担赔偿责任。商业保险赔偿仍然不足部分，既包括约定的保险赔偿范围无法涵盖的损失部分，也包括根本没有投保商业险的部分。凡是商业保险不能理赔的部分，就由应当承担责任的机动车一方的所有人、管理人或者使用人予以赔偿，按照相关的责任形式及规则承担赔偿责任。

(七) 好意同乘规则

好意同乘是机动车交通事故责任中的一个重要规则，但是，原《侵权责任法》却对此没有规定。《民法典》第1217条补充规定了这一规则，即：“非营运机动车发生交通事故造成无偿搭乘人损害，属于该机动车一方责任的，应当减轻其赔偿责任，但是机动车使用人有故意或者重大过失的除外。”

好意同乘，是指无偿搭乘他人的机动车在运行中发生交通事故，造成无偿搭乘人的损害，属于该机动车一方责任的，减轻机动车一方赔偿责任的规则。好意同乘的特点：一是无偿性，好意人无营利目的，索要和收取对价的同乘都不是无偿，同乘人以主动负担一部分油费或过路费等搭乘车辆，虽然支付了一定费用，但通常出于情谊维系、非支付对价意思的，属于“无偿”范围。二是合意性，同乘需经过车辆保有人的同意，包括邀请和允许，未经同意而强行搭乘，不构成好意同乘。三是顺路性，即“搭便车”，只是双方目的地相近或相同，好意人并非特意而为，同乘人为便利而搭车。

针对免费运送是否构成好意同乘，有不同意见，有的观点认为，为了搭乘人的特定目的而运行且无偿，不属于好意同乘。不过，在《民法典》的规定中没有这样的限制，只是强调无偿搭乘人的概念，只要是好意的免费运送，符合好意同乘要件要求的，就可以适用好意同乘的责任承担规则。

适用好意同乘规则的条件是：第一，须为无偿搭乘他人，即好意人的机动车，而非有偿搭乘；第二，被搭乘的是他人即好意人的非营运机动车，而不是营运的机动车；第三，发生交通事故造成搭乘人的损害，须构成机动车一方的责任，即好意人的责任。

好意同乘是善意地为他人提供方便的行为，是利他行为，即使造成无偿搭乘人的损害，好意人也不应当承担全部赔偿责任。故本条规定，即使属于该机动车一方的责任，该机动车一方也应减轻其赔偿责任。但是，如果造成交通事故致害无偿搭乘人是机动车使用人因故意或者重大过失所致，则机动车一方应当承担全部赔偿责任。

我认为，这一规定还不够全面，好意同乘规则还包括支付部分汽油费或者过路费的赔偿规则。如果搭乘人支付了部分汽油费或者过路费的，则属于一定程度的有偿搭乘，但是，仍属于好意同乘的范围，适用好意同乘的规则，只是被搭乘人承担的赔偿责任范围应当更大一些。例如，无偿搭乘发生交通事故致害无偿搭乘人，机动车一方应当承担50%的赔偿责任，搭乘人支付了部分汽油费或者过路费而达不到买票乘车的数额的，机动车一方则应当承担70%左右的赔偿责任；如果支付的汽油费或者过路费的数额与买票乘车的费用基本相同，则机动车一方应当承担更多的甚至是全部的赔偿责任。这些规则在司法实践中可以参考。

（八）故意污染环境、破坏生态的惩罚性赔偿责任

《民法典》第 1232 条规定："侵权人违反法律规定故意污染环境、破坏生态造成严重后果的，被侵权人有权请求相应的惩罚性赔偿。"这一条文是对环境污染和生态破坏惩罚性赔偿的规定，原《侵权责任法》没有这一规定。

我国的侵权行为对生态破坏和环境污染造成的损害，已经达到了相当的程度。因此，《民法典》确立了具有时代意义的绿色原则，表达了立法机关对环境污染和生态破坏责任的高度重视和鲜明态度，对生态环境侵权惩罚性赔偿责任的立法进行重新审视，增加了生态环境侵权惩罚性赔偿责任的条文。

侵权惩罚性赔偿的主要功能有三项：一是削弱侵权行为人的经济基础，防止他们重新作恶，以及防止社会上的其他人模仿侵权行为人的行为；二是鼓励受害人对不守法的侵权行为人提起诉讼，激发他们同不法行为作斗争的积极性；三是对受害人遭受的损害进行感情方面的损害赔偿。

我国在环境和生态保护领域适用惩罚性赔偿责任的重要意义，表现为三个方面：一是全面救济生态环境侵权的受害人，二是重点制裁生态环境损害中的恶意侵权人，三是吓阻他人实施对生态环境的侵权行为。

故意污染环境和破坏生态承担惩罚性赔偿责任的要件是：第一，侵权人实施了污染环境和破坏生态的行为。第二，侵权人在主观上故意违反法律禁止污染环境和生态破坏的规定，即明知法律规定禁止污染环境和破坏生态而执意为之。重大过失不适用惩罚性赔偿责任。第三，侵权人故意实施的污染环境和破坏生态行为造成的损害后果严重，表现为受害人死亡或者健康受到严重损害，而不是一般性的损害。

符合上述要件的要求，被侵权人有权向侵权人请求承担相应的惩罚性赔偿责任。本条没有规定惩罚性赔偿责任的计算方法，根据本法和相关法律的规定，确定环境污染和生态破坏造成受害人死亡或者健康严重损害的，与《消费者权益保护法》第 55 条规定的情形最为相似，因此，故意污染环境和破坏生态造成严重后果的，在赔偿实际损失后，再承担实际损失两倍以下的惩罚性赔偿责任比较合适。

（九）造成生态环境损害须承担修复责任

《民法典》第 1234 条规定："违反国家规定造成生态环境损害，生态环境能够修复的，国家规定的机关或者法律规定的组织有权请求侵权人在合理期限内承担修复责任。侵权人在期限内未修复的，国家规定的机关或者法律规定的组织可以自行或者委托他人进行修复，所需费用由侵权人承担。"原《侵权责任法》没有规定这一规则，这是根据中共中央办公厅、国务院办公厅发布的《生态环境损害赔偿制度改革方案》的规定，对生态环境损害修复责任规定的新规则。

生态环境损害中的修复责任，是将生态环境受到的损害恢复原状。《草原法》规

定的限期恢复植被和《森林法》规定的补种毁坏的树木等，都是修复责任。

生态环境受到损害的一般不是造成实际被侵权人的损害，而是国家、政府受到损害，故请求承担修复责任的主体不是被侵权人，而是国家规定的机关或者法律规定的组织，例如生态环境保护部门或者环保公益组织。故污染环境和破坏生态的修复责任的法律关系主体，不是受到实际损害的被侵权人与侵权人，而是国家规定的机关和法律规定的组织与侵权人。

承担生态环境损害修复责任的规则如下：一是，违反国家规定造成生态环境损害，能够修复的，才承担修复责任。二是，国家规定的机关或者法律规定的组织是请求权人，其有权请求侵权人在合理期限内承担修复责任。三是，侵权人在合理期限内未履行修复责任的，国家规定的机关或者法律规定的组织可以自行或者委托他人进行修复，所需费用由侵权人承担。

（十）国家规定的机关或者法律规定的组织请求侵权人赔偿损失的范围

《民法典》第1235条规定："违反国家规定造成生态环境损害的，国家规定的机关或者法律规定的组织有权请求侵权人赔偿下列损失和费用：（一）生态环境受到损害至修复完成期间服务功能丧失导致的损失；（二）生态环境功能永久性损害造成的损失；（三）生态环境损害调查、鉴定评估等费用；（四）清除污染、修复生态环境费用；（五）防止损害的发生和扩大所支出的合理费用。"这是对国家规定的机关或者法律规定的组织请求侵权人承担环境污染和生态破坏赔偿责任范围的规定，是环境污染和生态破坏公益诉讼的新规则。

环境污染和生态破坏赔偿责任法律关系的主体具有双重性：一是侵害了被侵权人的民事权益，二是给国家的生态环境造成了损害。在双重的环境污染和生态破坏损害赔偿责任法律关系中，前者救济的是被侵权人的权益损失，后者救济的是国家生态环境损害造成的损失。两种损害赔偿责任并行不悖，环境污染和生态破坏的行为人都须承担。就后者而言，违反国家规定造成生态环境损害的，国家规定的机关或者法律规定的组织有权请求侵权人赔偿，侵权人应当承担赔偿责任。

具体的损害赔偿范围如下：

第一，生态环境受到损害至修复完成期间服务功能丧失导致的损失。生态环境受到损害如果造成了服务功能的丧失，在受到损害至修复完成期间应当得到的服务功能的利益是侵权行为造成的损失，为赔偿范围。

第二，生态环境功能永久性损害造成的损失。生态环境受到侵害，造成的后果是其功能永久丧失的，应当进行评估，确定具体的损失范围，侵权人应当予以赔偿。

第三，生态环境损害调查、鉴定评估等费用。这是恢复生态环境、确定赔偿责任范围所必须进行的工作，支出的费用应当由侵权人予以赔偿。

第四，清除污染、修复生态环境费用。这些费用是清除污染、修复生态环境所必需的费用，侵权人应当予以赔偿。

第五，防止损害的发生和扩大所支出的合理费用。在生态环境受到损害后，有关机关和组织为了防止损害的发生和扩大，所支出的费用侵权人应当予以赔偿。

这里规定“国家规定的机关或者法律规定的组织有权请求侵权人赔偿”，对这个请求权的主体究竟应当怎样理解，应当明确。这句话的来源是《民事诉讼法》第 58 条，其第 1 款内容为：“对污染环境、侵害众多消费者合法权益等损害社会公共利益的行为，法律规定的机关和有关组织可以向人民法院提起诉讼。”在这个基础上，《民法典》进一步将其表述为“国家规定的机关或者法律规定的组织”。首先，国家规定的机关，是国家规定的负有生态环境保护职能的政府有关部门，即生态环境保护的主管部门。其次，法律规定的有关组织，是指法律规定的负有保护生态环境功能的社会公益组织，例如《民事诉讼法》的上述规定。这些机关和组织，是有权提起本条规定的损害赔偿诉讼的主体。

（十一）未采取安全措施的动物损害责任不再适用绝对责任

对未采取安全措施的动物损害责任，原《侵权责任法》规定为无过错责任的绝对责任，即不适用任何减轻责任、免除责任的规则。实践证明，这样的规定过于严苛了。因此，《民法典》第 1246 条改变了这一规定，不再适用无过错责任的绝对责任，只适用无过错责任，规定：“违反管理规定，未对动物采取安全措施造成他人损害的，动物饲养人或者管理人应当承担侵权责任；但是，能够证明损害是因被侵权人故意造成的，可以减轻责任。”改变了原条文的绝对责任条款，适用严格的过失相抵的新规则。

所谓绝对责任条款，通常认为是不适用任何减责、免责事由的侵权责任条款。原《侵权责任法》第 51 条、第 79 条和第 80 条就是这样的绝对责任条款。

未对动物采取安全措施造成他人损害的饲养动物损害责任，适用无过错责任确定侵权责任，即动物饲养人或者管理人违反管理规定未对动物采取安全措施造成他人损害的，无须考察动物饲养人或者管理人的过错，直接按照无过错责任原则确定侵权责任。其构成要件是：第一，动物饲养人在饲养动物中，违反国家法律、法规和管理规章规定的管理规定；第二，动物饲养人或者管理人对应当按照规定采取安全措施的饲养动物，没有采取安全措施；第三，饲养的动物造成了被侵权人的人身损害或者财产损害。例如，在城市饲养大型犬，没有按照规定进行饲养，造成他人损害，饲养人或者管理人应当承担赔偿责任。

原《侵权责任法》第 79 条规定这种饲养动物损害责任不适用减轻责任或者免除责任的规则，属于绝对责任条款。这样的规定是不合适的。原因是，饲养的动物仅仅是违反管理规定，未对动物采取安全措施，造成损害不仅要承担无过错责任，而且不得适用任何免责、减责事由的规定，明显过于苛刻。《民法典》改变了该条为绝对责任条款的属性，增加了减轻责任的规则，只要动物饲养人或者管理人能够证明损害是由被侵权人故意造成的，就可以减轻责任；但是被侵权人重大过失或者过失所致损害，不在减轻责任之列。这样的规定，仍然属于无过错责任原则中程度比较严重的责任规则，原因是，在通常情况下，适用无过错责任原则，被侵权人对损害的发生具有故意的，是可以免责的。当适用无过错责任原则，受害人故意引起损害只可以减轻责任时，尽管不是绝对责任条款，但是，也足够严重了。对比起来，核事故造成损害的受害人故意引起都可以免责，而养狗没有拴链，受害人故意引起损害却不能免除责任，确有责任过重之嫌。

适用无过错责任原则的侵权行为是有不同程度的：第一，最严重程度的，就是绝对责任条款，没有任何免责或者减责事由的适用余地，如《民法典》第 1214 条（非法转让拼装车、报废车）和第 1247 条（饲养烈性犬等危险动物损害责任）规定的情形；第二，被侵权人故意为减轻责任的，如第 1246 条规定的情形；第三，被侵权人故意为免除责任事由的，如第 1237、1238 条规定的情形；第四，被侵权人故意为免责事由，重大过失为减轻责任事由的，如第 1239、1240 条规定的情形；第五，被侵权人故意为免责事由，被侵权人重大过失和过失均为免责事由的，如第 1243 条规定的情形。

（十二）高空抛物损害责任

《民法典》第 1254 条规定高空抛物损害责任，与原《侵权责任法》第 87 条规定相比，变化是太大了。我在介绍时稍微往前推一点，可以全面掌握这个条文的发展变化。

2000 年发生了一起烟灰缸案件。重庆有一个人夜里站在市区某一临街的楼房下与人谈话，楼上突然就扔出来一个有一公斤重的烟灰缸，砸到他的脑袋上，把他砸成了重伤。他的代理人向法院起诉，把这个楼的居民全给起诉了。法院把不可能造成损害的人去掉后，最后确定 20 户人家承担连带责任。之后，又陆续出了几个这类案件。

对于高空抛物案件，立法机关和最高人民法院持两种不同的态度。立法机关对此持积极态度。在 2002 年《民法草案》中就写了高空抛物损害责任。而最高人民法院对此一直没有表态，2003 年出台人身损害赔偿司法解释的时候，也没有规定高空抛物。直到 2009 年高空抛物责任被写进了《侵权责任法》的第 87 条。

制定《侵权责任法》第 87 条的时候，争论很大，最后采取了折中的方法，规定“除能够证明自己不是侵权人的外，由可能加害的建筑物使用人给予补偿”。这个“补偿”，其实连责任都没说，补偿也不是赔偿，用词非常谨慎。

原以为有了第 87 条以后，高空抛物的情况能够减少，但是实践中发现没起到这个作用。当然，其实立法本身也没有规定如何预防高空抛物的行为，不是立足于防范，而是着眼于对受害人的救济。

《侵权责任法》通过以后，对第 87 条有两种截然相反的评价。有一个民法学家说，第 87 条是一条充满了社会主义道德的精神的条文。可是也有人严厉反对这个条文，我认为，第 87 条既不是一个充满社会主义道德精神的条文，也不是一个反动的条文，而是基于我国部分国民素质较低的情况，不得已制定的一个方法。

2019 年连续发生了几件高空抛物的案子，《法制日报》做一个专版，约我写一篇文章。我在文章中说，高空抛物的问题说到底，更重要的问题不在于这个规则怎么去定，而在于怎么去防范，怎么样才能让公安机关介入侦查。高空抛物造成死亡或者重伤的后果，公安机关不应该去立案侦查吗？公安机关立案侦查，还有多少是查不清的呢？一般都应该能查清。因此，最好还是用刑法来解决问题。2021 年 3 月，高空抛物正式入刑，从建筑物或者其他高空抛掷物品，情节严重的判处 1 年以下有期徒刑、拘役或者管制，并处单处罚金。

这以后，高层要求用刑法方法解决高空抛物的责任问题。《民法典》制定过程中，立法机关积极推动修改这个条文，最终于把这个条文改得很好。在全国人民代表大会审议《民法典》的时候，还把本条最后一款直接规定为公安等机关应当依法及时调查，查清责任人，形成了现在的第 1254 条。这个条文是着眼于预防高空抛物损害的。

第 1254 条的内容很多，我把它归纳成六个规则：

第一，增加规定法定义务，就是禁止任何人从建筑物中抛掷物品。这就成了每一个住在建筑物里的人的法定义务。不仅仅是高层建筑物，低层建筑物的使用人也不准往外扔东西。禁止从建筑物中向外抛物作为一个法定义务，人人都要遵守。

第二，从建筑物中抛掷物品，或者从建筑物上坠落的物品，造成他人损害的，由侵权人承担侵权责任。这就明确了，真正要承担责任的是侵权人，承担的是侵权责任。

第三，才是原《侵权责任法》第 87 条的规则："经调查难以确定具体侵权人的，除能够证明自己不是侵权人的外，由可能加害的建筑物使用人给予补偿"，这个内容跟第 87 条是一样的。

第四，在可能加害的建筑物使用人补偿以后，找到了侵权人的时候，有权向侵权人追偿。补偿的这一部分，在真正找到加害人的时候，通过追偿，把责任归责于真正的侵权人来承担。

第五，给物业服务企业增加了安全保障义务。物业服务企业等建筑物管理人应当采取必要的安全保障措施，防止高空抛物或者坠落物造成损害的发生，未采取必要的安全保障措施的，应当依法承担未履行安全保障义务的侵权责任。原来在深圳法院判决的一件处理高空抛物损害责任的案件中物业管理人被判承担赔偿责任，因为物业管理人没有尽到安全保障义务。物业管理人为了防止承担高空抛物的责任，可能就给每一家都装上探头，看谁还敢往外扔东西。这样就真正解决了问题，因为物业能够监督每一个人的行为。不过，这个代价很大，那就是每一个业主都在物业的监控之下，个人的隐私与个人信息受到严重影响。之前我还看到网络上有一个消息，《民法典》通过以后，深圳有一家电子公司设计出了一款叫“万里眼”的产品，只要在小区里几个不同的方向装上探头，就能把整个小区监控起来。如果人往外扔东西，还能够还原物品运动的轨迹，直接查到是从哪个窗户扔出来的。

还有一种从建筑物上脱落的物品致害的情况。建筑物上的脱落物比较好确定，如果找不着责任人，基本就是物业的问题，物业应该检查没有定期检查，像掉下来的墙皮、瓷砖等造成损害的，肯定是因为物业管理人维修不及时，未尽注意义务，当然要承担责任。

第六，公安等机关要介入调查，对发生本条第 1 款规定的情形的，公安机关应当及时依法调查，查清责任人。有公安机关介入调查，就有了查清谁是真正加害人的最好保障。

有了上述详尽的高空抛物损害责任的规则，应该能够有效地预防和减少高空抛物造成损害的情况，我们头顶上的安全会得到更好的保障。

第八讲
民法典对个人财富的充分保护

这一讲我来和大家一起分享《民法典》对个人财富保护的规定。

《民法典》对个人财富的保护，应当说是非常充分的，对各种不同的民事主体来说，也是非常平等的保护。我想给大家介绍的有这么四个方面：第一，《民法典》对个人财富的一般性保护；第二，《民法典》对家庭财产的保护；第三，离婚时的夫妻共同财产分割；第四，个人在财富传承方面应该注意的问题，法律提供什么样的保护，也就是自己身后财产的处理问题。

一、《民法典》对个人财富的一般性保护

我先给大家介绍第一个问题，就是民法典对个人财富的一般性保护。

大家知道，过去有一句话，在《宪法》中有规定，在原《民法通则》中也有规定，就是国家所有的和集体所有的公有财产神圣不可侵犯。相比较而言，法律对私人财产就没有一个神圣不可侵犯的概念。

这就有一个问题，国家所有的财产，集体所有的财产，私人所有的财产，这三种不同的财产，为什么就有两种是神圣的、不可侵犯的，另外一种就不是神圣的、不可侵犯的呢？正因为有这样的规定，才出现了一些歧视个人财产、歧视私人财富的情况。

这个问题，虽然到了《民法通则》时有了一定的改变，但是，真正确立所有权平等保护的原则的，还是《物权法》。

2002 年至 2007 年在《物权法》的制定过程中，出现了一个很激烈的争论，就是如何对私有财产进行保护的问题。原因是，《物权法》草案没有按照《宪法》的规定，确认公有财产神圣不可侵犯，而是规定了“所有权平等保护”的原则，因而是不符合宪法规定的。民法学界则是据理力争，支持保留草案中的所有权平等保护原则。最后，立法机关正式公布《物权法》，确认无论是国家财产、集体财产，还是个人财产，对所有的财产所有权都予以平等保护，确认了平等保护原则是《物权法》

的基本原则。

《民法典》是在《民法通则》《物权法》《合同法》《婚姻法》等民事单行法的基础上编纂而成的，对于个人财富的保护，应当说是坚持了自《物权法》以来一以贯之的立法精神，即对所有的财产都予以平等保护。《民法典》第 113 条规定“民事主体的财产权利受法律平等保护”，说的就是这个意思。

在这里，我想着重介绍这么几点：

第一，《民法典》第 3 条确立了私权保护原则。这个原则也叫私权神圣原则。私权神圣原则是学界的说法，正式的说法是权利保护原则。大家应当注意的是，第 3 条是所有民法基本原则中的第一个原则，但是，原《民法通则》以及在《民法典》的草案中，并没有把它放在民法基本原则的前面，而是放在后边的。在全国人民代表大会审议《民法典》总则的时候，代表们提出来的意见是，私权保护原则是民法最基本的原则，为什么要放到后边呢？一定要放到基本原则的最前边。这样，就把私权保护原则从后边提到前边来，放在了第 3 条的位置上，成为所有民法基本原则的第一个原则。

第 3 条规定的私权保护原则，是民法基本原则的第一个原则，这是特别重要的。它说明了我们整个《民法典》的立法目的，就是保护私权利，也就是民事权利。在私权利中，不再去区分国有的、集体的、个人的财产权利，而是都予以平等保护。在私权保护原则的基础上，物权编里的第 113 条，进一步确认所有的财产权利都受法律平等保护。《物权法》原来规定的还仅仅是物权平等保护，在《民法典》第 113 条里第一次提出了所有的财产权利都受到法律的平等保护。这是特别重要的，那就不仅仅说对物权是平等保护的，而且债权、知识产权、股权等等这些财产权利都受到民法的平等保护。

第二，《民法典》在物权编的所有权这一章的第 240 条，规定什么是所有权，所有权有四个积极权能，只要是个人所有的财产，就可以占有、使用、收益、处分，这些都是权利人的权利。这就是所有权的权能，可以占有它，可以使用它，也可以用它来进行收益，还可以处分它。这就是《民法典》对财产权特别是对所有权实行的法律保护。

第三，《民法典》第 266 条和第 267 条分别规定：“私人对其合法的收入、房屋、生活用品、生产工具、原材料等不动产和动产享有所有权。”“私人的合法财产受法律保护，禁止任何组织或者个人侵占、哄抢、破坏。”两个条文都特别强调了对私人的合法财产的法律保护，前一条规定了什么样的财产是私人财产，后一条规定了私人财产应当怎么样进行保护。

《民法典》通过这样一些规定，确立了一个基本原则。过去，在《宪法》和原来的民事单行法中，对这三种财产权利的保护是不平等的。即国家所有权、集体所有权，是最高的财产权利，它们是神圣的，是不可侵犯的。相比较而言，私人的所有权就不是神圣的，当然也不能说就是可以侵犯的，但是，与公有财产权在保护程度还是不一样的。

《民法典》通过这样一些条文，从基本原则和具体规则上，强调了无论是国家的财产、集体的财产还是私人的财产，这些财产权利都受平等保护。这样，就给我们每个人传达了对待私人财富的这样一种态度，一种观念，即我们每一个人的私有财产都是合法的，我们每一个人的私有财产都是受到法律保护的。从这个角度上来说，《民法典》对私人财富的保护是非常充分的。

这就是《民法典》对私人财富保护的一般规则，就是都是受到平等保护的，都是神圣不可侵犯的。

二、《民法典》对夫妻财产、家庭财产的保护

第二个问题，我想介绍一下《民法典》对夫妻财产、家庭财产的保护。当然，这些都是对个人财产的保护，但是在保护规则上有特别之处。

在讲到一个家庭的财产的时候，它包含三个部分：

第一个部分，就是个人的财产。比方一个人在婚前享有所有权的财产，这部分财产属于整个家庭财产中的一部分，但是它不是全体家庭成员的共同财产，而是个人财产。对这一部分财产，从1980年的《婚姻法》开始，特别是2001年修订《婚姻法》时，特别强调了个人财产的保护，就是在婚姻家庭当中，对属于个人的财产，必须尊重这种财产的属性，个人的财产永远是个人的财产。

第二个部分，就是夫妻共同财产。夫妻两个人结婚以后，如果没有特别约定，都是实施婚后所得共同制。从结婚的那一天开始，每个人的收入都是夫妻共同财产。这种共同财产是共同共有的财产，是不分份额的，就是一个共有权。

第三个部分，就是家庭共有财产。家庭成员多了，不仅仅是夫妻两个人，还有其他人也向家庭贡献财产的时候，就会形成家庭共同财产。家庭共同财产也是共同共有的财产。

所以，在讲家庭财富的时候，实际讲的是这么三部分：个人财产就是属于个人的财产；夫妻共同财产是夫妻两个人共有的共同财产；家庭共有财产，就是其他家庭成员的财产与夫妻共同财产汇合在一起，形成的家庭共同财产。这就是我们讲家庭财产的一般原则。

（一）夫妻共同财产

先说一下夫妻共同财产。夫妻共同财产就是夫妻二人的共同财产。《民法典》规定的夫妻财产制，就是婚后所得共同制。婚前个人有多少财产，那都是自己的。但是，从结婚的那一天开始，两个人所得的财产就成了夫妻共同财产。共同财产的特

点是共同共有，就是共有人虽然是两个人，但是不分份额，每一个人共同享有权利，共同去支配这些财产。这就是夫妻共同财产。

确定夫妻共同财产的依据，叫作法定夫妻财产制，就是依照法律规定，只要夫妻没有特别约定的，也就是在结婚时没有约定或者婚后也没有约定，婚姻关系存续期间取得的财产就是夫妻共同财产，实行共同共有，两个人共同享有、共同支配。

有一个特别情况，就是《民法典》第 1065 条规定的夫妻财产可以约定不实行法律规定的共同共有："男女双方可以约定婚姻关系存续期间所得的财产以及婚前财产归各自所有、共同所有或者部分各自所有、部分共同所有。约定应当采用书面形式。没有约定或者约定不明确的，适用本法第一千零六十二条、第一千零六十三条的规定。""夫妻对婚姻关系存续期间所得的财产以及婚前财产的约定，对双方具有法律约束力。""夫妻对婚姻关系存续期间所得的财产约定归各自所有，夫或者妻一方对外所负的债务，相对人知道该约定的，以夫或者妻一方的个人财产清偿。"第 1062 条规定的是夫妻共同财产，第 1063 条规定的是夫妻个人财产。

按照这样的规定，夫妻直接约定，是全部的财产各自所有，共同所有，还是部分各自所有，部分共同所有，完全凭夫妻双方的约定。

在我四十多年的司法实践经历中，我也看到过夫妻约定财产的，有两个人结婚后的财产制约定的内容是：你赚的钱是你的，我赚的钱是我的；你负责家庭日常生活所需，我负责家庭大件财产的购置。这样两个人处理得也挺好。只要双方协商一致，当然可以对夫妻财产制进行约定，可以约定全部，也可以约定一部分。

夫妻之间想要约定夫妻财产不实行共同共有的时候，一定要有一个协议，而且一定是书面协议，把约定的内容范围、权利的行使规则、对家庭生活怎么去开支都在书面协议中写清楚，最好还要经过公证。上面这些方面都必须作出明确的约定。这样就能够约束双方当事人的行为，不至于将来发生大的纠纷。只要有这种约定，就可以排除适用夫妻共同财产的法定制度。

还有一点，夫妻两个人如果约定的是婚后财产各自所有，在对外关系上不能对抗善意的第三人，因为这种约定没有公示性。约定是各自所有，收入没有问题了，债权也没有问题了，但是在承担债务时可能就有问题。如果债权人不知道这家实行的是分别财产制，那么这种各自所有的约定对债权人是没有效力的。我觉得，夫妻如果约定了财产各自所有，当夫妻个人与他人发生交易的时候，应当告知对方，我们家是分别财产制，不实行夫妻法定财产共同制。债权人知道以后，才会只找夫妻的一方承担债务，不会去找夫妻另一方的麻烦，即使债权人要找对方的麻烦，在法律上也能说清楚，夫妻各自负责自己的债务。如果是约定夫妻分别财产的时候，在这一方面是要特别注意的。

对于夫妻财产约定的公示性，我们在立法中多次主张民政部门在婚姻登记的时候，应当登记夫妻财产制，使夫妻财产制具有公示性，但是这个意见并没有被接受。

在夫妻共同财产中还要有一个很重要的问题，就是夫妻共同债务。对这个问题已经争论了好多年了，而且争论非常激烈，反对的意见特别强烈。问题出在哪里呢？主要就是《最高人民法院关于适用〈中华人民共和国婚姻法〉若干问题的解释（二）》中的第24条，讲到了夫妻共同债务问题的基本原则：在婚姻关系存续期间，如果双方或者一方举债，通常认定是夫妻共同债务，就要用夫妻的共同财产来清偿债务。

这个原则其实也不是不对，但是，后来很多人都在反对，特别是在夫妻关系中的弱势一方，比方说男方在外边搞经营，女方在家里没有什么工作，或者工作赚钱赚得很少，反对的态度就更加强烈一些。大家可能知道，有一个“反24条联盟”，就是以坚决反对第24条为主旨，主张不能这样把一个人在外面经营举的债，最后算到两个人的头上，应当算到对方的头上，由举债的人承担清偿责任。由于社会压力比较大，最高人民法院对这个原则改了一次，意见还很大，最后又改了一次，就形成了现在的这种“共债共签”的规则。

说起来，最高人民法院最后关于“共债共签”的司法解释，对债权人是不怎么公平的。那就是，认定是夫妻共同债务的时候，须夫妻双方同意，夫妻双方都签字，不然，就得由债权人证明这个债务是夫妻共同债务，是夫妻共同同意的，或者是通过经营把收益分配给家里共同使用了。这样，如果不说到举证责任的时候，这种说法其实也没有什么错，但是，问题就在于把证明夫妻共同财产、共同债务的举证责任加到债权人的身上，是有点不公平的。

在这样一种情况下，谁愿意把钱借给有夫妻关系的人呢？无论是向别人借债，还是借给别人钱，在这个问题上都要小心，因为这个规定有不合理的成分，即对债权人的保护不够公平。

在写《民法典》的时候，我是不同意把这个条文写进来的，因为这是司法上的问题，最高人民法院作了司法解释就可以了，不要再写到法律里了。但是，由于社会压力大，主张把它写到法律中的人多，只好把它写进来，就是《民法典》第1064条，与原来的最高人民法院最后的司法解释基本上是一样的，就是“共债共签”。这个条文的内容是：“夫妻双方共同签名或者夫妻一方事后追认等共同意思表示所负的债务，以及夫妻一方在婚姻关系存续期间以个人名义为家庭日常生活需要所负的债务，属于夫妻共同债务。”这是第1款。第2款规定：“夫妻一方在婚姻关系存续期间以个人名义超出家庭日常生活需要所负的债务，不属于夫妻共同债务；但是，债权人能够证明该债务用于夫妻共同生活、共同生产经营或者基于夫妻双方共同意思表示的除外。”

在这样的情况下，怎么避免条文中存在的不利于保护债权人的问题呢？我建议，当要把钱借给一个人的时候，这个人又有夫妻关系，就一定要提出来，在借条也就是借款合同上，一定要夫妻双方签字，不是双方签字，就不能借。只有这样，才能保护好债权人的合法权益，这一点是可以做得到的，因为借款人急于借钱，他什么条件都能答应。要把自己的财富借给他人的时候，为了保护好自己作为债权人的权利，是必须这样做的，就是要求借款人夫妻共同签字。在讲家庭财产保护的问题时，这是个很重要的事情。

（二）个人财产

在这里，我再介绍一个问题，就是个人财产问题。

我刚才讲过，在家庭生活中，法律保护个人财产。夫妻一方只要是婚前的财产，原则上就应该是自己的个人财产。还有，在婚姻关系存续期间，如果接受赠与的财产、继承财产时，赠与人或被继承人说这个东西只是给夫或妻个人的，而不是给夫妻双方的，这部分同样是自己的个人财产，就和夫妻共同财产没有关系了。

在 1990 年代曾经出现过一个情况。那时候，为了保护夫妻共同生活的基础，北京有一些法院提出了一个新的政策，夫妻结婚共同生活以后，经过一定的时间，个人的婚前个人财产转化为夫妻共同财产。当时北京的规定是这样：大宗的财产如不动产房屋之类，经过 10 年共同生活转化为夫妻共同财产，其他动产经过 5 年转化为夫妻共同财产。例如，婚前的个人房屋，夫妻双方在一起住 10 年，就变成共同财产了。结婚以前个人有 100 万元存款，结婚以后共同生活 5 年，也变成了共同财产。

最高人民法院也接受了这个意见，在司法解释中规定的时间缩短了，大宗财产经过 8 年，其他动产经过 4 年，转化为夫妻共同财产。这个规则实行了几年以后，大家都觉得这样的规定是不对的。一个人的个人财产，为什么经过夫妻共同使用，就变成了共同财产呢？讲不出道理来。所以，在 2001 年修订《婚姻法》时，就把这个规则彻底废除了。所以，《民法典》婚姻家庭编特别强调尊重每个人个人财产的个性，要保护好个人的财产权利，不能说因为共同生活而变成了共同财产。

（三）家庭共有财产

家庭共有财产现在不太多了，因为子女结婚之后，很少有跟父母在一起共同生活的。

如果一个家庭中，有的家庭成员将自己的收入交给家里，形成了共同共有的财产，就是家庭共有财产。通常的情形是，家庭中既有夫妻共有财产，也有其他家庭成员贡献的财产，才形成了家庭共有财产关系。

家庭共有财产是共同共有，依照共同共有的规则处理。

（四）婚姻关系存续期间的共同财产分割的特殊规则

在夫妻共同财产中还有一个问题，那就是婚内共同财产分割。对此，可参考前面第五讲。

《民法典》第 1066 条提到了一点，就是夫妻关系存续期间，在有特别情形时，一方可以请求分割共同财产。条文的内容是："婚姻关系存续期间，有下列情形之一的，夫妻一方可以向人民法院请求分割共同财产：（一）一方有隐藏、转移、变卖、毁损、挥霍夫妻共同财产或者伪造夫妻共同债务等严重损害夫妻共同财产利益的行为；（二）一方负有法定扶养义务的人患重大疾病需要医治，另一方不同意支付相关医疗费用。"

这个规定是说，在婚姻关系存续期间，共同财产原则上是不可以分割的，但是，在特别的情况下可以分割。这个条文提出，有两种特殊情况，一方可以请求分割共同财产：第一，一方有隐瞒、转移、变卖、毁损、挥霍夫妻共同财产，或者伪造夫妻共同债务等严重损害夫妻共同财产利益的行为，这个时候，对方就可以主张分割共同财产。第二，一方负有法定扶养义务的人患有重大疾病需要医治，另一方不同意支付相关医疗费用的，该方也可以请求分割共同财产。这两种情况的前一种，是可以主张全部都分割；后一种，似乎说可以请求全部分割，但我认为全部分割不太合适，应该是部分分割。

第二部分，我想给大家介绍的就是这么多。在家庭财富中，有的是家庭共同财产，有的是夫妻共同财产，还有的是完全属于个人的财产。这些不同的部分都有明确的界限，都有具体的规则。

三、离婚时的夫妻共同财产分割问题

在第三部分，我要讲一讲离婚时的夫妻财产分割问题。

两个人要离婚，其中的一个重要内容，就是进行财产的分割，要把共同所有的财产做一个分割，这样才能够把每个人的财产彻底分开，成为个人所有的财产。《民法典》对于这个问题规定了很多具体的规则。

第一，首先是第 1085 条，规定的是离婚后抚育子女的义务。不管夫妻共同财产怎么分割，也不管离婚了以后各自的情况怎么样，都得抚养自己的未成年子女，都要尽到抚养义务。这一义务来源于亲子关系，有父母与未成年子女之间这样的身份地位和权利义务关系，就是亲权，基础是亲子关系。

在亲子关系中，父母对未成年子女负有抚养、教育和保护义务，其中抚养义务是放在第一位的。也就是说，父母从财产上一定要给未成年子女足够的生活保障，能够让他健康成长。这其实不仅仅是为了个人，为了自己的子女，也是为了国家的利益，为了民族的利益。这一点是必须要看到，也必须尽到责任的。

第二，第 1087 条规定的是夫妻共同财产分割的最主要的方式，即协议分割。夫妻两个人在离婚时，就财产分割的问题达成协议，分割了以后就完了。如果达不成分割协议，要到法院去起诉，通过裁判进行分割。法院裁判的时候，原则上，共同财产是每个人都享有同等的权利，负担同等的义务，但是，在具体分割夫妻共同财产的时候，首先是要照顾子女，照顾女方，照顾无过错一方，这是分割夫妻共同财产的基本原则，即抚养未成年子女的一方可以多得，女方可以多得，对离婚无过错的一方可以多得。最后这一个原则，是无过错这一方可以多得，有过错的一方可以少得，借此来区别离婚夫妻共同财产分割办法，体现对无过错一方的保护，对有过错一方的谴责。

分割夫妻共同财产的时候，还有一点要特别注意，要分清家庭共同财产和夫妻共同财产，就是析产。因为家庭共同财产和夫妻共同财产是不一样的，大家都在一起生活，财产放在一起，同财共居。析产就是确定每一个家庭成员在家庭共有财产中贡献了多少，应该分多少；夫妻两个人之间的夫妻共同财产是多少，个人财产是多少，都要靠析产确定。

分割家庭共有财产和夫妻共有财产，分割方法是不一样的。当分割夫妻以外的家庭成员的共有财产份额时，原则是按照贡献大小计算份额，进行分割。贡献大的就多分一些，贡献少的就少分一些，从这个角度上来考虑分割的问题。而分割夫妻共同财产，虽然也是共同共有，但是分的时候不一定是等额的，要考虑照顾未成年子女的利益，照顾女方的利益，照顾无过错方利益，从这三个方面进行考虑。

第三，关于夫妻共同债务的清偿问题。刚才讲了夫妻共同债务认定的“共债共签”规则。确定了是夫妻共同债务的，首先要先把债务进行清偿。当然也有另外一个办法，就是夫妻共同财产各自分得多少，共同债务各自也分得多少，即积极财产和消极财产一起分。但是，一般来说，应当先清偿共同债务，把共同债务清偿完了，再去分割剩余财产，效果可能更好。

第四，负担义务较多一方的经济补偿。在分割夫妻共同财产的时候，如果一方在家庭里负担义务比较多，尽了更多的义务，在分割夫妻共同财产的时候，另一方要给予一定的补偿，这也是符合分割夫妻共同财产规则的。这一条文是第 1088 条，内容是：“夫妻一方因抚育子女、照料老年人、协助另一方工作等负担较多义务的，离婚时有权向另一方请求补偿，另一方应当给予补偿。具体办法由双方协议；协议不成的，由人民法院判决。”具体处理要按照这一规则进行。

第五，一方对另一方的经济帮助义务。夫妻双方在离婚时，共同财产也分割完了，如果对方经济还是很困难，经济条件好的这一方，要给条件不好的一方适当帮助。这一规定是第 1090 条，内容是：“离婚时，如果一方生活困难，有负担能力的另一方应当给予适当帮助。具体办法由双方协议；协议不成的，由人民法院判决。”

第六，夫妻共同财产的再次分割。分割夫妻财产，还有一个很特别的情况，在离婚时已经对夫妻财产分割完了，后来又发现一方转移、隐匿、变卖、挥霍了一些夫妻共同财产。如果对方有证据证明，就可以主张再次分割夫妻共同财产。这一部分立法的宗旨是说，大家要诚实守信，夫妻在一起共同生活形成的夫妻共同财产，不要因为在你手里掌握着，就把它转移掉，或者把它隐匿起来。如果一方有这些行为，在被发现的时候，对方照样可以主张再次进行分割。这一条文是第 1092 条，即："夫妻一方隐藏、转移、变卖、毁损、挥霍夫妻共同财产，或者伪造夫妻共同债务企图侵占另一方财产的，在离婚分割夫妻共同财产时，对该方可以少分或者不分。离婚后，另一方发现有上述行为的，可以向人民法院提起诉讼，请求再次分割夫妻共同财产。"应当按照这样的规则办理。

四、个人的身后财产的分配问题

最后，我要讲一讲自然人身后财产的分配问题，这是《民法典》继承编规定的问题。

民法典继承编草案建议稿的起草，是由我牵头的小组负责的。这是中国法学会民法典草案起草领导小组分配的任务。我们经过详细的研究和讨论，向立法机关提出了我们的草案建议稿，一些建议被采纳，但也有一些好的立法建议没有被采纳。

我要给大家介绍的主要问题是以下几点。

（一）遗产范围的规定

原《继承法》规定的遗产范围，用的是列举方法，列举了工资、奖金等等，之后再加上"公民的其他合法财产"。《民法典》第 1122 条规定遗产范围用了一个概括的方法，就是规定自然人生前享有的合法财产，死后都是遗产，只是法律规定或者根据其性质不能继承的，不能继承，其他的都可以继承。用这种概括的方法规定遗产范围，就涵盖了所有可以继承的遗产，这也是我们一直主张的立法方法，是挺好的一个做法。

（二）继承权的丧失和宽宥

《民法典》第 1125 条规定了继承权的丧失以及宽宥制度。这一条文规定，有五种情况使继承人丧失继承权：第一种是故意杀害被继承人，是绝对丧失继承权，永远不可以恢复。第二种是为争夺遗产而杀害其他继承人，这个也丧失继承权，永远都不可以恢复。第三种是遗弃被继承人，或者虐待被继承人情节严重。第四种是伪造、篡改、隐匿或者销毁遗嘱，情节严重。第五种是以欺诈、胁迫手段，迫使或者妨碍被继承人设立、变更或者撤回遗嘱，情节严重。在这五种丧失继承权的事由中，后边这三种相对来说，比杀害被继承人或为争夺遗产而杀害其他继承人的情节要轻，因此，在符合法定条件的时候，是可以恢复继承权的。也就是说，在五种丧失继承权的事由中，有两种是永远不能恢复继承权，有三种是还有恢复继承权的机会。

恢复继承权的这个机会在哪里呢？就是这一条第 2 款规定的："继承人有前款第

三项至第五项行为，确有悔改表现，被继承人表示宽恕或者事后在遗嘱中将其列为继承人的，继承人不丧失继承权。”这就是说，有最后三项事由之一，确实应该丧失继承权，但是，继承人后来确有悔改表现，被继承人又表示谅解的，就是予以宽宥，这个继承人就可以恢复继承权，还可以继承遗产。

继承人实施了后三种情形之一的行为，经过宽宥，还可以恢复继承权，那么，怎么去恢复继承权呢？宽宥的方法有两种：一种是被继承人明确表示对丧失继承权的继承人予以宽宥，就是：你悔改了，我就原谅你了，我的遗产你还可以继承。另二种方法是默示的宽宥，即被继承人虽然没有明确表示宽宥，但是在遗嘱里仍然把丧失继承权的该继承人列为遗嘱继承人，这样该继承人就还可以继承被继承人的遗产。

这个规定比较符合现实情况。大家都知道，我国实施了多年的独生子女政策后，大家的子女都很少，差不多都是独生子女。如果一个独生子女，因为实施了一些错误行为，丧失了继承权，就永远不给这个继承人悔改的机会，那么，这个被继承人的财产就没办法由他的后代继承了。在这种情况下，被继承人可以用宽宥的方法，对继承人予以谅解，只要继承人悔改了，就可以恢复继承权，也就可以继承被继承人的遗产了。

以往我们的继承法从来没有规定宽宥制度，这次把它写进来，是一个很大的进步。

（三）遗产继承的两种方式

自然人对于自己的身后遗产的继承问题，有两种处理方式，一是遗嘱继承，二是法定继承。

先说遗嘱继承。如果一个人想按照自己的意愿处置自己的遗产，那就用遗嘱继承的方式。一个人想要安排好自己的财富，把自己的遗产按照自己的意愿处理好，最重要、最好的方法就是立遗嘱。法律对遗产处理的规定，最大的原则就是要体现被继承人的支配遗产的意志，这就是遗嘱自由。遗嘱自由说的是，我自己怎么样去处分我的遗产，是我自己说了算的事情。既然要自己说了算，那么，最好的方法就是写遗嘱，在遗嘱中写明遗产怎么去分配，谁能够得到遗产，哪一个遗嘱继承人得到多少遗产，都在遗嘱中说清楚。遗嘱写清楚了以后，等到被继承人逝世的那一天，就按照遗嘱写明的意见，把遗产处理完，这样也就不会有太多的纠纷。对于有很多财富的人，特别是那些有巨额财富的人来说，他们要想处理好自己身后的遗产问题，通过遗嘱继承，是最重要，也是最好的方法。

再说法定继承。如果被继承人没有设立遗嘱，没有办法直接按照被继承人的明确意愿处理其遗产，那就得按照法律规定进行继承，这就是法定继承。法定继承，就是法律规定在什么样的人中，按照法定顺序继承，每个人得多少遗产。法定继承不是凭空而来的，是在立法的时候，按照一般的规律，推定被继承人是愿意这样把遗产遗留给这些继承人继承，以及每一个继承人应当继承多少遗产。法律按照一般的规律，就是按照与被继承人血缘关系的远近，确定继承人的范围，进行继承。血缘关系近的，先得到遗产；血缘关系远的，就排在后边。大家看到，《民法典》规定的法定继承人的范围和顺序，首先是第一顺序继承人继承，这就是配偶、子女、父母；然后是第二顺序继承人，要在没有第一顺序继承人的情况下，才由第二顺序人进行继承。第二顺序继承人是兄弟姐妹、祖父母、外祖父母。

在这两个顺序中，没有孙子女、外孙子女等晚辈直系血亲，因此，《民法典》还规定了代位继承制度。首先，孙子女、外孙子女以及晚辈直系血亲，用代位继承来继承，即被继承人的子女先于被继承人死亡的，由被继承人的子女的直系晚辈血亲代位继承。其次，兄弟姐妹的子女，即侄子女、甥子女，也用代位继承的方法，可以代位继承其伯、叔、姑、舅、姨的遗产，即被继承人的兄弟姐妹先于被继承人死亡的，由被继承人的兄弟姐妹的子女代位继承。

（四）怎样写好一份有效的遗嘱

如上所说，如果一个人有很多财富的话，要想处理好自己的身后遗产，最好的方法就是用遗嘱的方式。把遗嘱写好，当继承开始的时候，就按照遗嘱去分配遗产，就不会发生太大的问题。

《民法典》规定了一组遗嘱的形式，包括自书遗嘱、代书遗嘱、打印遗嘱、录音录像遗嘱、口头遗嘱，还有公证遗嘱。

在这些遗嘱里，用的最少的应该是口头遗嘱，口头遗嘱效力是最低的。口头遗嘱在什么情况下可以用，就是这个人到了垂危状态，不能去用其他的方式立遗嘱，只能用口头语言的方式表达处置遗产的意愿，这就是口头遗嘱。设立口头遗嘱，必须在当场有两个见证人见证。符合这样的条件，口头遗嘱也有效。《民法典》没有规定口头遗嘱失效的期间，根据口头遗嘱的特点，其他国家的继承法基本上都规定了一个口头遗嘱的有效期间，即在危急情况消失 3 个月后，口头遗嘱就失效。因为危急情况消失后，遗嘱人就有机会、有能力用别的方法去立遗嘱了，所以，由于口头遗嘱不正式，因而不再立新的遗嘱，口头遗嘱就失效了。在今天，口头遗嘱其实用得越来越少了。比方说有位老人生命垂危，要立遗嘱，现在最简单的方法，就是拿手机拍一个视频，这就是录音录像遗嘱，而不会去用口头遗嘱。

这一部分大家要注意，既然在立遗嘱的时候要采用一种形式，那么用哪种形式把它固定下来也是很重要的，大家要提前考虑好，用最有把握的方法设立遗嘱。

我下面说一说比较有把握的遗嘱方式，都是《民法典》规定的。

首先是自书遗嘱。就是自己亲笔书写的遗嘱，写好后，自己要在遗嘱上签名、注明年、月、日。

其次是代书遗嘱。自己不会写字，可以请别人帮助代书。不过，设立代书遗嘱时，要有两个以上的见证人在场见证，由其中一人代书，写好遗嘱后，遗嘱人、代书人、见证人要在遗嘱上签名，注明年、月、日。

再次是打印遗嘱。现在有很多人设立的是打印遗嘱，以前没有法律规定，《民法典》规定了打印遗嘱的效力。打印遗嘱要求遗嘱人在每一页上都亲笔签名，还要写上年、月、日，同时，打印遗嘱的时候，也要有两个以上的见证人在场见证，并且在遗嘱的每一页都签名，注明年、月、日。

还有录音录像遗嘱，就是通过视频的方法录制遗嘱。也是要有两个以上的见证人在场见证，遗嘱人和见证人应当在录音录像遗嘱中记录其姓名或者肖像，以及年、月、日。

最后是公证遗嘱，遗嘱人可以到公证处，在公证处办理公证遗嘱。

遗嘱中为什么强调一定要写明年、月、日呢？这是因为，如果一个人立有几份遗嘱，一定要看哪个是最后的遗嘱，数份遗嘱内容相互抵触的，只有最后一份遗嘱才是有效的。

还有，遗嘱的每一页都要有两个以上的见证人签字，保证遗嘱每一页都是真实的，不能够被伪造，不能够被篡改。

采用这些遗嘱形式去立遗嘱，确定遗产怎么处理，就能够实现自己处理遗产的意愿。

现在很多人到中华遗嘱库去写遗嘱，也可以让他们保管起来。当然，遗嘱也可以密封，就是设立遗嘱后先不公开，而是密封之后交给律师保存，或者交给公证处保存，或者交给中华遗嘱库保存，等到继承开始的时候，由律师、公证员或者委托的中华遗嘱库的人员拿出遗嘱，予以公开，再按照遗嘱的内容执行，分配遗产。

我想要特别说的是，财富比较多的人，在自己身后财产的处理上，一定要预先有一个评估，避免将来发生纠纷。大家可以看一看，许多特别有钱的人社会关系都比较复杂，在继承开始的时候，会发生很多意想不到的问题。由被继承人在健在的时候处理好，以后可能就会更好。所以，我想特别强调几点：

第一，要想设立遗嘱，首先要好好地选择自己要写的遗嘱的形式，选择哪一种方式设立遗嘱。

第二，要把遗嘱的内容要写清楚，谁是遗嘱继承人，应当怎样继承遗产，都要说明白、说准确。

第三，要选择好遗嘱见证人，只要不是写自书遗嘱和公证遗嘱，都要有遗嘱见证人，不要因为遗嘱见证人不合格而使遗嘱无效。这一点特别重要。如果被继承人找了一个智力不健全的人来做遗嘱见证人，最后这个人被认定没有见证能力，这个遗嘱就无效了。一定要保证遗嘱的效力。

第四，还要特别强调一点，要在遗嘱中选择好遗嘱执行人。谁来做遗嘱执行人，非常重要，要是自己信任的人，因为他要执行遗嘱，还要对遗产进行管理，最后还要执行分配。

（五）应当选择一个遗产管理人

被继承人最好还要选择好自己的遗产管理人，就等到去世以后，遗留下来的遗产要交给谁来管理，谁来去进行遗产分配，必须有一个值得信任的人。可以选自己最信任的人，或者选择律师，都是可以的。如果被继承人没有指定，那就要按照《民法典》第 1145 条的规定，选任遗产管理人。随着《民法典》的实施，将来会有专业的遗产管理人，因为遗产的管理是一门专业，由专业的遗产管理人管理遗产，可以更好地保护好遗产，保障当事人的合法权益，实现被继承人的遗产处置意志。

（六）遗赠

我想还有一点要注意的，就是遗赠。如果被继承人将来想把自己的遗产赠与继承人之外的其他人，就可以通过遗嘱设立遗赠，将自己的遗产遗赠给这个人。受遗赠人是法定继承人以外的其他人，法律上规定的是国家、集体或者他人，只要被继承人在遗嘱上写清楚，并且遗嘱是有效的，就行了。

十几年前有一个遗赠的案例。是四川泸州的案件，黄先生跟他夫人发生矛盾，闹掰了，就搬出来分居。在分居期间，跟另外一个女子同居了 6 年，最后得了癌症，这个女友一直特别精心地照顾他，直到最后。黄先生临死之前写了一个遗嘱，说把自己的财产中的多少，遗赠给这个女友。黄先生去世后，女友将其殡葬后，拿着这个遗嘱向法院起诉，主张要实现遗嘱。黄夫人自然不愿意：你把我老公拐走了，还想分他的遗产，没门儿！一审法院和二审法院都谴责原告也就是黄先生的女友，认定这份遗嘱违反了社会主义公共道德，判决遗嘱无效。很多民法专家都不赞成这个判决，因为这个判决违反遗赠的法律规定。虽然黄先生没有离婚就跟该女友同居，是违反道德的行为，但是，遗嘱人想把自己的一部分遗产遗赠给她，答谢她 6 年来的照顾和最后的“养老送终”，也是有情理在的。

以上四个方面就是我给大家介绍的《民法典》对个人财富的保护。

五、对具体问题的回答

（一）《民法典》婚姻家庭编为什么要规定登记离婚的冷静期制度

关于登记离婚的冷静期问题，《民法典》通过以来，备受社会各界的关注。关于《民法典》为什么要规定登记离婚的冷静期，我说说立法的过程。

原《婚姻法》是没有规定登记离婚的冷静期的。后来借鉴韩国等一些国家的做法，《民法典》规定了登记离婚的冷静期。

在《民法典》草案的讨论过程中，以及在立法机关最后通过的时候，很多人对登记离婚冷静期提出了不同见解，有人认为是对的，有人认为是对离婚自由的违反。

立法考虑的是，这些年来，登记离婚的数量居高不下，而且越来越高。总结起来，是我们的登记离婚程序过于简单，两个人一说离婚，就去婚姻登记机构，双方同意离婚，财产怎么样处置，孩子怎么样抚养，没有别的意见，签了字，发给离婚证就走人了。这样一个比较简单的登记离婚制度，对那些草率离婚、冲动离婚没有防范的办法。在这种情况下，能不能给离婚登记设置一个门槛，让主张离婚的当事人冷静下来，经过一定时间的冷静，就可以减少冲动离婚、草率离婚。这就是设立这个制度的初衷。

对登记离婚冷静期的设置是这样的：两个人达成离婚协议，到民政部门婚姻登记机构去申请登记，审查没有问题了，说好满 30 天后，还坚持要离婚的，就在后一个 30 天中到婚姻登记机关办理离婚登记手续。这就是所谓离婚冷静期的两个 30 天，前 30 天是冷静期，这 30 天结束以后，两个人还坚持离婚，就去登记机构办理离婚登记，这时发离婚证就可以了。原来的登记离婚是当场就能拿到离婚证，现在变成要 30 天后才能拿到离婚证。这 30 天时间，就是个延缓的时间，让当事人冷静冷静。在这 30 天的期间中，有些人冷静了，不想离婚了，不去领证就行了，也可以直接撤回离婚申请。后一个 30 天是前一个 30 天满了之后就可以来办理手续、领取离婚证。这 30 天里双方要是没来，那就是不离婚了。过了这 30 天还是坚持离婚的，就得从头再来一轮。

通过登记离婚冷静期这种办法，可以使一些冲动离婚、草率离婚的当事人能够冷静下来、仔细考虑，减少离婚的数量，使婚姻家庭更加稳定。

这个制度也有一个问题，那就是规定还不够具体。比方说，两个人现在已经打得不行了，有家暴，好不容易被大家劝好了，愿意去离婚了，让被家暴的一方解脱出来。可是到了婚姻登记机关，不问青红皂白，就要经过 30 天冷静期，回去以后，一方继续对另一方实施家暴，最后打出人命了。这种情况也不是不可能的。还有一种情况，夫妻双方有未成年子女，这时候离婚的 30 天冷静期是不是还有点短呢？韩国规定的离婚熟虑期里在这种情况下就会延长熟虑期的期限。

我觉得，登记离婚冷静期还应该再进一步完善。《民法典》规定了这样一个原则，民政部门在修订《婚姻登记条例》的时候，可以把冷静期这一部分的规则再好好设计一下，让它能够更好地发挥作用，而不至于给当事人造成很大的负担，甚至阻碍离婚自由。

（二）为什么要废除公证遗嘱效力优先规则

提出的这个问题我觉得也是很重要的。在 1985 年制定《继承法》的时候，因为当时主要借鉴的是苏联的继承法，而苏联的继承法其实是一个计划经济的继承法，不是一个市场经济的继承法，也可以说是个穷人的继承法。1985 年，我国实行的也是计划经济，绝大多数人也都是穷人。1985 年前后，如果要说一个人是万元户，那就了不得的富人了。今天的一个万元户算有钱人吗？说不定还是穷人呢。

当时制定《继承法》就是处在那样一个形势。那为什么会写公证遗嘱效力优先这样一个原则呢？因为当一个人立有数份遗嘱，这数份遗嘱内容相抵触，在这样的情况下，要确定哪一个遗嘱是有效的。原来《继承法》也规定了，就是离死亡时间最近的遗嘱的效力优先，这个原则是对的。但是，这个条文又加了一个规定，就是当数个遗嘱中有一份遗嘱是公证遗嘱时，其他任何一个遗嘱都不能与公证遗嘱相对抗，而要想修改、变更、撤回公证遗嘱，必须用另外一个公证遗嘱才行。这就是所谓的公证遗嘱效力优先原则。

这样的规则存在一个特别重要的问题，就是一个人他在临终之前突然要改变遗嘱，只要他前面设立了一个公证遗嘱，就必须还得要用另一个公证遗嘱才能够修改、撤回，如果时间来不及，不能及时通过公证遗嘱的形式改变原来的公证遗嘱，就阻碍了他按照自己的意愿变更或者撤回有效遗嘱的自由。这显然是限制了遗嘱自由。

1985 年制定《继承法》的时候，司法行政机关刚刚恢复不久，公证机构也刚刚全面恢复工作不久，为了给他们开展工作创造更好的条件和机会，就写了公证遗嘱效力优先的规则，提高公证机构的威望，让大家更相信公证遗嘱的效力。不过，这样的制度在全世界是都没有过的，哪一个国家的继承法也不会写这样的规则。

2011 年，立法机关曾经准备修改《继承法》，我参加了修订的工作，前后大概有一年的工作，最后立法机关又放弃了修法的想法，改为修改《消费者权益保护法》。在这一年的讨论中，只要一提到公证遗嘱效力优先规则的存废，公证机构参加的代表就坚决不同意，然后就要开始争论。道理就是这样的，一个人临死之前要改变遗嘱，由于原来有一个公证遗嘱，那就必须再设立一个公证遗嘱才行，否则就无法实现其处分遗产的意愿。在这种情况下，公证机构能保证马上给遗嘱人公证吗？公证机构的代表说，我们可以马上派人去现场给他公证。问题在于，在公证员还没赶到现场的时候，遗嘱人就去世了，那这不就是限制了遗嘱自由吗？

在编纂《民法典》中，废除公证遗嘱效力优先规则没有任何障碍，大家都赞成，公证机构也不再坚持自己的意见。就这样，就删除了公证遗嘱效力优先规则，能够保证遗嘱人按照自己的意志去设立遗嘱，确定遗产的分配，保证自己分配遗产的意志能够得到实现。

我觉得，这就是《民法典》删除公证遗嘱效力优先原则的最重要价值。

第九讲
侵权责任保护民事权利的追偿权问题

《民法典》的侵权责任编就是对民事权利的权利保护法。《民法典》在侵权责任编的很多条文中都规定了保护民事权利中的追偿权。有的是在原《侵权责任法》等单行法中没有规定的，有的是进行了修改的，内容比较复杂。在这一讲中，我想就这个问题讲一讲自己的看法，以便对大家学习、研究《民法典》特别是侵权责任编的规定有所助益。

《民法典》侵权责任规则中的追偿权的根本问题，就是为什么一个人承担了侵权责任之后，可以向另一个人追偿，其中的根本原因，我想了一个通俗而又贴切的形容词，就是“背锅”理论。这是理解追偿权和适用追偿权规则的形象说明。

一、侵权责任法规定某些多数人侵权中的追偿权的必然性

我们在侵权责任法中研究追偿权，这个听起来非常文雅的术语，其实，用我们在这次疫情里经常说的一句话来表达，追偿权的问题就是解决“背锅”后果的问题。这是一种非常贴切的表达。我们研究侵权行为，找到了侵权行为人，这个人造成的侵权后果本应当由他自己来承担责任，但是，由于某些原因，让他承担有困难，这时候就得找一个“背锅”的人。可是，这个“背锅”的人一定要与这个侵权行为人实施的侵权行为有某种关联才行，要有法律上的关联。

为其他侵权行为人的侵权行为后果“背锅”，其关联性，一个是过错，另一个就是原因力；可能更直接的关联性是原因力的问题，找到一个人对另一个实施侵权行为的人的行为有一定的原因力。比如安全保障义务人，就是《民法典》第 1198 条第 2 款中的“背锅”人，原本侵权行为是由其中的第三人实施的，应当由其承担侵权责任，但是，由于负有安全保障义务的人违反了安全保障义务，使侵权行为人得以实施侵权行为造成了受害人的损害，当侵权的第三人赔偿不足时，怎么办？既然违反安全保障义务对损害的发生有一定的原因力，而且义务人有一定的过失，那么就要要由其承担相应的补充责任。这个违反安全保障义务的人是不是就是“背锅”的人？

完全是。

1998年上海银河宾馆发生过一件入室抢劫杀人案。案件中的第三人，就是到宾馆杀害了被害人王某的仝瑞宝，他要抢王某的钱财，王某反抗，仝瑞宝就把王某杀了，抢走钱财。仝瑞宝杀死王某，有百分之百的原因力，故意杀人，当然是他的全部责任。但是他依法被判处死刑，也就无法赔偿受害人了，无法承担赔偿责任。

这时候，是不是就得找个“背锅”的人呢？找来找去，找到了银河宾馆。银河宾馆在店堂告示中说：“本饭店设有24小时保安服务，绝对保证你的人身财产安全”，现在宾馆既没保证客人的生命安全，也没保证财产安全，那么，宾馆的不作为行为就于损害结果有原因力，又有过错，因此法院判决银河宾馆承担了补充赔偿责任。

大家看看，这个违反安全保障义务的人，不就是一个“背锅”的人吗？仝瑞宝杀了人，凭什么要宾馆来赔偿呢？原因就是能够找到宾馆的过错，能找到宾馆违反安全保障义务的不作为行为对于损害发生的结果具有原因力。我国违反安全保障义务的侵权责任即相应的补充责任，就是这么产生的。

既然违反安全保障义务承担相应的补充责任的人是一个“背锅”的人，他就不是损害发生的直接原因；既然他的违反安全保障义务的行为不是损害发生的直接原因，尽管有一定的过错，但是，法律考虑他是一个“背锅”的人，就为他设置了一个追偿权。上面这个案子里，王某被害毕竟不是宾馆直接造成的，宾馆只是因为没有尽到安全保障义务，所以要为侵权行为人“背锅”承担补充责任，此时，宾馆就对侵权行为人有追偿权，能够追偿的，就能够将这个责任仍然归咎于真正的侵权人。

这就是规定违反安全保障义务人有追偿权的原因。但是，追偿权是个风险责任，“背锅”的人可能实现追偿权，也可能实现不了追偿权，实现不了的话，就只能自己承担这个责任，毕竟还是有过错的。

所以，在研究追偿权的时候，其实要能想到“背锅”这件事情的道理，就会发现设置追偿权是必然的。因为那个实际上的“背锅”人，并不是因为自己的行为造成了侵权后果，那凭什么要他在“背了锅”以后承担最终的责任呢？

在讲追偿权的道理时，能讲出很多学术上的原因，但其实，真正的原因就是这一个，用最通俗的话就能把它讲清楚——追偿权产生于“背锅”的人的行为与损害发生有一定的关系，他就应该承担责任，但是，由于真正的损害原因又不是“背锅”人造成的，还有那个真正的加害人，因而，“背锅”的责任人对真正的加害人就享有追偿权。这样看，就形成了一个闭环的系统，这个道理就成立了。

在很早以前，起码在制定《侵权责任法》以前，追偿权的问题并没有那么多疑问。为什么在制定《侵权责任法》中对追偿权会出现疑问呢？是立法机关把它弄复杂了，在写《侵权责任法》的时候，发现写追偿权的规则很困难，不知道该怎么写。

其实这个条文并没有那么困难。追偿权的理论基础就是“背锅”的理论，我替你“背锅”了，“背”过了以后，难道不可以找你去追偿吗？只要你有过失，只要你原来造成损害的这个行为是构成侵权的，我就可以找你追偿。后来一直到了法律委员会讨论侵权责任法，法律委员会的结论是，关于追偿权的问题比较复杂，究竟什么情况下可以追偿，什么情况下不可以追偿，很难拿出一个统一的办法，暂时不规定追偿权，但是，没有规定追偿权不等于说就没有追偿权。

这样，就把追偿权的问题弄了一堆迷雾出来，不知道追偿权到底该怎么办了。一直到今天的《民法典》，虽然有些条文规定了追偿权，但是真的还不都是很完美的规定。

我想说的是，追偿权本来不是个事儿，我们把它弄复杂了。德国法上追偿权最早产生在连带责任，在原来原始的连带责任中也没有追偿权，数人实施侵权行为承担连带责任，一旦谁承担了谁最终就承担了。但是，后来发现，两个人把一个人给打死了，找其中一个承担了连带责任后，为什么另一个人就不赔了呢？他也应该有一半的责任啊！既然如此，这一个人承担了百分之百的责任，另一个一点也没有承担责任，那就追偿百分之五十吧。追偿权就这么出来了。否则，两个人实施一个侵权行为造成他人损害了，其中一个人承担了全部赔偿责任，又不能向另一个人追偿，另一个加害人就逃避了责任。

二、侵权责任追偿权产生的侵权责任类型

我们现在来研究侵权责任追偿权发生的侵权责任类型，也就是在何种情况下会发生追偿权。

（一）连带责任产生追偿权

在侵权的连带责任中存在追偿权。按份责任就不用追偿，因为数个人分别实施侵权行为，造成一个人的损害，每一个加害人承担按份责任，承担了的都是自己的责任，不存在追偿的问题。连带责任不同，连带责任的基础是共同侵权行为，每一个行为人的行为都是同一个损害结果发生的共同原因。由于是连带责任，受害人要求哪一个侵权人承担责任，他都得承担全部责任。但是，他的行为只是损害发生的一部分原因，在承担了全部责任后，就把他没有原因力的那部分损害责任也承担了，而那部分责任是其他加害人应当承担的，因此对没有承担责任的加害人有了追偿权。这就是连带责任和按份责任之间的基本区别。一个是可以追偿的，一个是不可以追偿的。产生追偿权的第一种情形一定是连带责任。这个问题没有什么好说的了，原来的《侵权责任法》规定了，《民法典》也规定了。

（二）按份责任产生追偿权

不真正连带责任也产生追偿权。对于连带责任和不真正连带责任，英美法系和

大陆法系是有区别的。大陆法系分成连带责任和不真正连带责任；英美法系不这么分，英美法系都叫连带责任，但是分成两种形式，有的是可以全部追偿的，有的是可以按份追偿的。英美法系虽然不使用不真正连带责任的概念，但是，在连带责任中是有具体的区别的。

不真正连带责任在中国表现得非常丰富多彩。依我所见，我国的不真正连带责任有四种，其中每一种都有追偿权。

1. 典型的不真正连带责任

典型的不真正连带责任就是产品责任。缺陷产品造成消费者损害，对生产者和销售者，受害人找谁赔，谁都得赔。产品缺陷是生产者造成的，销售者赔了以后，就要向生产者追偿。在这里，销售者不就是个“背锅”的人吗？他“背”了缺陷产品造成损害的赔偿责任这个“锅”，就要找生产者这个真正的加害人追偿，当然就有一个追偿权，而且是百分之百的追偿权。

2. 补充责任

侵权法上的补充责任，是在银河宾馆那个案件以后产生的，就是违反安全保障义务的人承担相应的补充责任。补充责任就是本来应该由真正的侵权人承担的责任，在侵权人不赔或者不能足额赔偿的时候，受害人的损害就得不到赔偿或者得不到完全的赔偿，这时候，受害人要把这个真正的加害人应该承担但是不能承担的这一部分拿到手，那就是违反安全保障义务的人承担的补充责任，他承担了补充责任，受害人的损害就能够得到保障。

银河宾馆案件中，王某被仝瑞宝给杀了。仝瑞宝犯了杀人罪，被法院判处了死刑。把仝瑞宝抓起来的时候，他身边有1万多块钱，受害人王某的父亲提起附带民事诉讼，那些钱就赔给他了。仝瑞宝承担了赔偿责任，但是赔得不够，法院又让银河宾馆承担了补充责任。

银河宾馆承担了补充责任以后，有没有追偿权呢？当然有了，但是还能够追偿吗？这个案件里是完全追偿不了了，那就银河宾馆承担吧。原因就是银河宾馆还是有过错的。

有人说，以前没有补充责任。其实是不对的。真的是以前没有吗？看看保证有没有？

有两种保证，一是连带责任保证，二是一般保证。这里要说的是，原《担保法》规定的是保证合同中对承担何种保证责任没有约定或者约定不明确的，保证人承担连带责任保证。这是不对的，《民法典》把这个规则翻过来了。保证合同对保证方式没有约定或约定不明确的，应当承担一般保证责任。为什么原《担保法》会做一个相反的规定呢？因为《担保法》制定没有专家的参与，当时立法者有一个片面的想法，认为保证就是要对债权人的权利提供保证，既然没说是连带责任保证还是一般保证，为了更好地保护债权人的债权，那就是连带责任。

这是违反经济社会的规律的，因为保证人去给债权人提供保证的时候，除了现在的专业担保公司以外，通常保证人并没有通过给债权人保证而获得自己的利益。既然是这样一种情况，为什么在约定不明确的时候，就让保证人承担连带责任呢？在保证人并未获得利益的时候，应当承担一个比较轻的责任才对。《民法典》现在的规定就是对的了。

在保证中，不管是连带责任保证，还是一般保证，保证人承担了责任以后都要追偿。连带责任保证其实不是真正的连带责任，而是不真正连带责任。因为债权人主张债权，可以直接找到连带责任保证人清偿债务，保证人清偿了债务有机会找债务人追偿就是了。这不是补充责任，而是典型的不真正连带责任。

可是，一般保证的债权人，请求清偿债务，必须先找债务人承担清偿责任，因为一般保证人有检索抗辩权，债务人不穷尽自己的责任财产清偿债务，一般保证人就有权抗辩，只有在债务人没有能力清偿债务的时候，一般保证人才承担剩下的债务。那么，一般保证人承担的这个剩下的部分的债务清偿责任，是不是就是补充责任呢？就是补充责任。这跟连带责任保证是完全不一样的。

侵权法的补充责任，来源于一般保证中的保证人承担的有检索抗辩权的补充责任。这种补充责任是不真正连带责任的一种变形，是不真正连带责任的特殊表现形式。

3. 先付责任

在多数人侵权责任的形态中，我提了一个概念叫先付责任。原《侵权责任法》第 44 条，《民法典》第 1204 条规定的产品责任，是运输者、仓储者与第三人对于产品缺陷的产生有过错，造成他人损害的，就应该由这个第三人来承担责任。生产者、销售者都没有过错，都不应该承担责任。但是为什么规定一定要让生产者、销售者先承担赔偿责任呢？

立法者之所以不让受害人直接找有过错的第三人承担责任，而是让没有责任的生产者、销售者先承担责任，后者承担了责任后再去找第三人追偿，原因就在于政策考量，即本来应该是由第三人承担责任的，和生产者、销售者没什么事，但是，就因为第三者在产品责任的法律关系中是隐藏在背后的。为了保护消费者的利益，如果直接找生产者、销售者要求赔偿，生产者、销售者说它们没责任，是第三人的责任，消费者就得去找第三人承担责任，还得去证明第三人有过错，证明构成侵权，才能够得到赔偿。这样对保护消费者不利，所以，由于产品责任是无过错责任，无过错不是也要赔偿吗？好，就规定生产者、销售先赔偿，赔了以后，知道第三人是谁，再去找他追偿。

这就是先付责任，也是产生追偿权的一个原因。把这种先付责任放在不真正连带责任中，其实也是不真正连带责任的一个变形。先付责任就是要由没有责任的人先承担责任，再由承担了责任的人去找真正的责任人进行追偿。把这个顺序固定下来，而且是没有责任的人先赔，然后去追偿。补充责任和先付责任就是不真正连带责任中的两种变形体，两种规则刚好是相反的，补充责任是没有直接原因力的行为人后承担责任，而先付责任是没有责任的人先承担责任，再追偿，完全相反。这也是我国侵权责任法中侵权责任形态的多样性。

4. 附条件的不真正连带责任

《消费者权益保护法》第 44 条规定的网络交易平台的侵权责任，是附条件的不真正连带责任。在网络交易平台上购买商品或者接受服务，受到损害，责任人是在网络交易平台上交易的销售者和服务者，他们应当承担赔偿责任。

网络交易平台承担赔偿责任的条件：一是不能够提供销售者、服务者的真实名称、地址和有效的联系方式，网络交易平台提供者就要承担赔偿责任，之后向销售者、服务者追偿。如果能够提供、告诉销售者、服务者的真实名称、地址和有效联系方式的，网络交易平台提供者就不承担责任。二是网络交易平台提供者承诺先行赔付的，受害消费者就可以直接向网络交易平台提供者主张赔偿，平台提供者承担赔偿责任后，对销售者、服务者可以追偿。

说起来，在这种侵权责任方式中，网络交易平台提供者也是个“背锅”的人。例如，在网络上卖东西有缺陷，造成消费者损害了，本来应该是销售者承担产品责任的，但是，找不到销售者，就得找一个“背锅”的人，网络交易平台提供者就要先赔了。我给这种责任形态起了一个名字，就叫附条件的不真正连带责任。

上面这四种不真正连带责任，都存在追偿权的问题，先承担了赔偿责任的人都享有追偿权，有的是全额的追偿权，有的是相应的追偿权，追偿的份额有区别。

（三）替代责任中的追偿权

替代责任，就是为他人的行为负责，为他人的行为造成的损害后果承担赔偿责任。例如一个企业，企业的员工执行职务造成他人损害，企业要承担侵权责任。企业承担替代责任有各种各样的理论作为支持，但是核心的理论，就是钱包理论，就是谁的钱包大就由谁来承担赔偿责任。老板的钱包大，员工造成的损害，那就由老板赔偿。既然企业的钱包大，员工工作的利益又归属于企业，就应该由企业赔。

说起来，替代责任可不是今天产生的，替代责任在罗马法上就有。罗马法的准私犯中，马厩的主人要为其雇工造成的损害承担责任，家父要对家子造成他人的损害承担赔偿责任，就是替代责任的最早形态。所以，替代责任从罗马法一直到今天都是这样的。不过，罗马法的马厩主人或者旅店主人承担了替代责任以后没有追偿权。家父对家子承担替代责任也没有追偿权。

在今天，员工执行职务造成他人损害，要由雇主来承担责任，雇主承担的就是替代责任。与罗马法不同，雇主承担了替代责任后，他对造成损害的有过错的员工就有追偿权。

承担了替代责任之后，老板为什么要有追偿权？一个员工造成损害，老板赔了，也不追偿，别的员工一看，哦！不用赔偿啊！这样大家在工作中都疏忽大意，不谨慎从事，造成损害也是老板赔偿，就会出现越来越多的员工造成他人损害。这样，老板就当不了了，就成天给员工赔钱了。可是，如果员工执行职务不谨慎造成他人损害，虽然是老板赔偿，但是老板承担赔偿责任之后，享有追偿权，可以向有过错的员工追偿，这样，就会有震慑作用、警示作用，使其他员工提高警惕，因为有疏忽造成损害虽然老板先赔，但是最后还是要落在自己的身上的，那就必须谨慎，避免自己的责任。这就是替代责任产生追偿权的基本原理。

（四）高空抛物补偿责任的追偿权

高空抛物损害责任原《侵权责任法》规定在第 87 条，《民法典》规定在第 1254 条。

比较一下，原《侵权责任法》第 87 条规定中没有写追偿权。《民法典》第 1254 条作了一个彻底改造，即使有可能造成损害的人承担了补偿责任，最终如果找到了高空抛物的行为人，也有追偿权，将最终责任归咎于这个真正的加害人。为什么原来的第 87 条没有规定追偿权呢？就是因为它的立法目的主要是救济受害人，而不是预防这种加害行为，没有更好地考虑公平原则。《民法典》第 1254 条的立法目的完全不一样了，立足于防范高空抛物的行为和对行为人的制裁。不能证明自己不是真正加害人的那个有可能造成损害的人要予以补偿，最后要给他加上一个追偿权，要让他无辜承担的补偿最后能够转嫁给真正的加害人。

在《民法典》侵权责任编中，能够产生追偿权的主要是这些，都规定了追偿权。

三、多数人侵权责任中产生追偿权的原因

在上面列举的这些多数人侵权责任中产生追偿权的原因是什么呢？起码过错是一个，原因力也是一个，还有其他的一些原因。

这些原因归纳起来，最主要的就是原因力的问题。

第一，先看看连带责任。连带责任的追偿权就是原因力产生的。例如，两个人打伤了一个人，每个人的原因力是 50％，受害人请求其中一个加害人承担连带责任，就承担了 100％。在这个加害人向另一个没有承担责任的加害人追偿的时候，基于自己的原因力只有 50％，另外的 50％损害就是那个加害人的行为造成的，那就可以向他追偿 50％，超过 50％的部分不可以追偿。

所以，连带责任的追偿权是天经地义的，没有人会怀疑连带责任的追偿权。

第二，不真正连带责任的追偿权也是基于行为的原因力。比方说先行的不真正连带责任的产品责任。生产者生产的高压锅有缺陷，造成消费者损害，不是销售者

的原因，这时候，消费者让销售者赔偿，销售者就得赔。为什么要找销售者赔偿呢？就因为销售者把有缺陷的产品经过销售者的手卖给了消费者，对于缺陷产品造成的损害，他虽然不是真正的加害人，但是他的行为给损害起到了辅助作用，销售者行为的原因力就是这个作用。而真正造成损害的原因100%都是生产者的原因，销售者只是给生产者造成损害提供了条件，即把缺陷产品卖给了销售者，消费者因此受到损害。销售者和消费者之间有一个买卖合同关系，卖的东西要保证品质，造成了损害，当然可以要求赔偿。

然而，造成损害的真正原因是生产者的缺陷产品，销售者承担了赔偿责任，当然可以找生产者追偿。因此，典型的不真正连带责任，中间责任人对最终责任人有追偿权，而且是100%的追偿权，有人反对吗？这也是天经地义的道理，因为100%的原因力都是生产者的行为。

第三，再来看看补充责任的追偿权。例如，违反安全保障义务的侵权责任，为什么对安全保障义务人要承担相应的补充责任，就因为安全保障义务人由于疏忽，使第三人有了实施侵权行为的条件。还说上海银河宾馆的案件，就因为银河宾馆疏于对侵权行为的防范和制止，没有去防范、制止侵权行为人实施侵权行为，使加害人有了机会造成了他人的损害。在这种情况下，真正加害人的行为的原因力是100%，而且是直接的原因力，没有其他任何直接的原因。能不能说仝瑞宝杀死王某，仝瑞宝的行为是90%的原因力，饭店有10%的原因力呢？从直接原因上观察，饭店连1%的直接原因力都没有。既然仝瑞宝杀人是100%的原因力，为什么还说饭店一定要承担违反安全保障义务的责任呢？就是因为饭店主观上有过失，而且这一过错对于损害的发生起到了间接的原因力。

在造成王某死亡的案件中，仝瑞宝的行为是积极行为，对损害的发生具有100%的直接原因力。而饭店的消极行为即不作为行为，就是未尽安全保障义务的行为，正是这样的疏忽行为、没有注意的行为，使仝瑞宝有了机会去实施侵权行为侵害他人。所以，仝瑞宝要对王某的全部损失负责任，承担全部的赔偿责任。但是由于他没有更多的钱，并且已经被判处了死刑，没有办法承担侵权责任了，而饭店既然有过失，不注意的不作为行为又对损害的发生具有间接的原因力，那他就承担相应的补充责任吧。这个补充责任不仅是补充的，而且还是相应的补充责任，这个相应就是要和他的过错相适应，把他的责任限制在一个很小的范围之内。这个规则从最高人民法院的司法解释中就确定了。正是由于违反安全保障义务的人的责任是补充责任，因此，他就要有追偿权，最高人民法院的司法解释也规定了追偿权。但是，这个追偿权到《侵权责任法》制定时，就被拿掉了。后来，在修改《消费者权益保护法》的时候，又把它加进来了。

现在，《民法典》还是把这个追偿权加进来了，就是因为这个追偿权是应该的。追偿权的基础，不仅是因为这个行为是间接行为，是不作为行为，还因为这个行为是一个间接原因，仅仅是没注意而已。

第四，附条件的不真正连带责任要是把这个附条件拿掉的话，就跟典型的不真正连带责任是一模一样的。在产生追偿权的基础上就是这样的，不真正连带责任的追偿权就是这样产生的。

第五，再看看替代责任。替代责任的追偿权，是要把责任归于真正的加害人，归于有过错的人。原《侵权责任法》第 34 条第 1 款规定用人单位责任，立法机关一直坚持它是无过错责任，但是我觉得它是过错推定责任。我给学生讲课时说，司法考试回答这个问题千万别听我的，因为我是少数人的理解，立法机关说这是无过错责任。既然认为用人单位的责任是无过错责任，那么在追偿权的问题上就一直存在疑问。不过，既然工作人员是用人单位的员工，工作人员创造的利益归属于用人单位，用人单位的经济实力又比个人的强，让用人单位来承担责任，就是为了保护受害人的利益，保障其损害赔偿请求权的实现。

在保障了受害人的损害赔偿请求权实现之后，还是要讨论过错和原因力的问题，而且要讨论赔偿责任的警示作用。就像刚才打比方那样说的，工作人员都是用人单位的员工，在执行职务时因为过失造成他人损害，用人单位对受害人承担了赔偿责任之后就算了的话，其他员工就都会跟着效仿。反过来，如果用人单位承担了赔偿责任之后，让有过错的员工哪怕承担 10%的责任，其他员工立刻就会警醒，在工作中谨慎行事。

用人单位的追偿权问题，比较典型的是医疗事故。例如说一个外科医生，手术的时候本来要切除患者的右肾，一时疏忽，把左肾给割下来了，割错了造成损害，医院当然要承担责任。对这种有过错的医生应该惩戒，必须得有追偿权才行，对其进行追偿，就是给其他医生以警示。

第六，是高空抛物的追偿问题。高空抛物致人损害，由于找不到真正的加害人，所以，为了使受害人获得一定的补偿，就由不能证明自己不是加害人的人承担补偿责任。这更是“背锅”，是没有造成损害的人给造成损害逃避责任的人“背锅”。原《侵权责任法》通过后的第二天，我去央视“今日说法”做节目，有一个就是讲高空抛物，当时讲的是朝阳法院的一个案子。一个妇女下午 4 点多钟领着儿子去上课外班，在路上走，突然一下就昏迷不醒了，苏醒过来的时候已经在医院，满脑袋都包着纱布。她问怎么到这里来的，医生告诉她，她在路上被一个东西给砸伤了，被大家抬到医院，砸伤导致颅顶骨凹陷性骨折 0.8 厘米，医生说，要是超过一厘米，脑实质可能就受到损伤了，结果就差这么一点，捡了一条命。受害人好了以后，想去看看到底什么东西把自己砸成这样，到现场看到了装空调的三角架，三角架上还有血迹。她拿着就去一家一家问，都说不是自己家的东西。受害人就起诉了这个楼上的所有住户。这好几十户当中，只有一户是真正的加害人，其他都是“背锅”的。

让有可能造成损害的人承担补偿责任，是因为找不到真正的加害人，等找到真正的加害人以后，承担补偿责任的人当然有追偿权，这是完全公平的。因为他们原来就不是加害人，只是因为证明不了不是加害人，要承担补偿责任；找到了真正的加害人，当然对他就有追偿权。所以，这个追偿权也是成立的，是原因力的问题。

四、对《民法典》规定的追偿权规则的适用

《民法典》规定了这么多追偿权的问题，对这些追偿权的规则，有的是没有什么争议的，有些是有一定的争议的。

（一）没有争议的追偿权规则

首先，对连带责任的追偿权规则没有任何争议。

其次，对典型的不真正连带责任的追偿权规则也没有什么问题。对产品责任的追偿权规定，没有人说它不对，包括附条件的不真正连带责任也是这样的，还有先付责任也是这样的。

再次，《民法典》第 1254 条规定的追偿权也没有问题，这些追偿权都没有问题。

（二）有争议的追偿权规则

1. 补充责任的追偿权的规则

第一个有争议的追偿权规则就是补充责任的追偿权。原《侵权责任法》规定相应的补充责任是三个条文，就是第 34 条第 2 款、第 37 条第 2 款以及第 40 条第 2 款。《民法典》现在规定的是两个，第 1198 条和第 1201 条。这两个相应的补充责任的追偿权，对于追偿权的构成都没有其他的限制，有过失就可以追偿。

这样的规定，有些人有不同意见，就是既然违反安全保障义务的人有过失，教育机构在第三人造成学生损害的时候有过失，为什么还要给有过错的补充责任人以追偿权呢？这个道理其实已经说了，就是尽管他们有过错，但是他们的行为是不作为的行为，是消极的行为，其行为对损害的发生没有直接的原因力，而是间接的原因力，而第三人的行为才具有直接的原因力，而且是百分之百的原因力。正因为如此，对于百分之百要承担赔偿责任的第三人，在其不能完全承担侵权责任的时候，就要由补充责任人承担补充责任，那么，他就一定有追偿权。其实，对此问题，开始设计规则的时候，也就是在《最高人民法院关于审理人身损害赔偿案件适用法律若干问题的解释》（简称《人身损害赔偿司法解释》）第 6 条设计的时候，规定了补充责任人承担了补充责任后的追偿权。

应当说明的是，补充责任都是规定的相应的补充责任，所谓相应，就是要跟补充责任人的过错相适应，因而，这个补充责任就不是全额的补充，而是限额的补充。因为补充责任人从过错上看是有责任的，但是从原因力上看，其实补充责任人在直

接责任上根本就没有原因力，仅仅有一个间接的原因力，所以，这一部分就认定是一个相应的补充责任。这个规则在实践中已经应用了差不多 20 年，大家已经接受了。所以，《民法典》规定追偿权是对的。

这样，补充责任的追偿权就又回归到了《人身损害赔偿司法解释》判定时的最初状态。有一个问题是，条文列举那些宾馆、饭店什么的，是不是有必要。这个列举其实是完全没有必要的，列举的原因是最开始产生这个责任，就是由于饭店引起的，所以才要列举一些相类似的机构。事实上，既然是饭店、宾馆、商场等管理者、经营者、组织者，那么前边的列举就没有什么价值了。

其中关于经营者，所有的经营者都负有安全保障义务。《人身损害赔偿司法解释》第 6 条规定的就是经营者。立法机关写《侵权责任法》的时候，就把它大大地限缩了，规定的是这些公共场所的管理者和社会活动组织者，没有经营者了。这个变化是不应该的。2011 年到 2012 年我们修订《消费者权益保护法》，仍然坚持所有的经营者对消费者都有安全保障义务，都要承担违反安全保障义务的侵权责任，因而形成了《消费者权益保护法》和《侵权责任法》规定的冲突。其实，这些列举都没有用，不规定经营者为责任主体也没有用，因为《消费者权益保护法》已经规定了经营者对消费者都有安全保障义务。《民法典》现在将它改成了管理者、经营者、组织者，这样就对了，这就又回到了原来的起点，只要经营者就够了，就应当承担安全保障义务，这也是一个很重要的变化。

2. 用人单位责任的追偿权规则

对于追偿权最有争议的，就是关于用人单位的追偿权问题。

《民法典》第 1191 条规定了用人单位的追偿权，这是原《侵权责任法》第 34 条规定中所没有的。问题是，这一条文把追偿权限制在工作人员的故意或者重大过失，才可以进行追偿，如果工作人员只有过失和一般过失，就不能追偿。

与此相关的是《民法典》第 62 条，规定的是法人的法定代表人执行职务造成他人损害，法人承担赔偿责任之后，按照法律和法人章程的规定，对有过错的法定代表人有追偿权。

这两个条文的调整内容是一样的。法人的法定代表人也是工作人员，用人单位的工作人员其实也包括法人的法定代表人。但是，承担追偿责任的条件为什么不一样呢？能不能说，法定代表人不是工作人员，第 1191 条规定的是除了法定代表人之外的其他工作人员呢？如果这样去理解，它们之间似乎就没有矛盾，就是说，法人的法定代表人被追偿的责任，有过失就要追偿，责任更重。其他一般工作人员，例如那些包括副总经理在内的工作人员，只有有故意或者重大过失的才可以追偿，责任就要轻得多。是这样的吗？

可是还是有区别。第 62 条规定对法定代表人的追偿还要有法律的规定或者是章程的规定，这里的法律说的是哪个法律呢？最相关的还是第 1191 条，除了这一条没有其他的法律规定了，还有，章程说不用追偿，就不用向法定代表人追偿了吗？难道是法定代表人你可以胡作非为，造成多大的损害，都是法人赔，法人赔偿了还不用追偿。这不符合侵权法的基本原理。

所以，《民法典》第 62 条和第 1191 条之间是有矛盾的，应该统一起来，要么就都是有过错，要么就是故意或者过失，必须协调起来。

其实，在用人者责任中，工作人员的故意行为，是构成单独的违法行为或者犯罪行为的。我记得，在 1990 年代有一个案件，是说上海的一个外科医生，有一个女士在西北，想要回上海回不来，因为没有上海户口。那时候有个办法就是找上海人结婚，就可以把户口办回来。有人介绍认识了这个医生，这位女士就跟这个外科医生结婚了，户口也办回来了，但过了几个月就要离婚。这医生就很生气，但怎么劝也不行，两人还是离婚了。过了几年，这个女士得了阑尾炎，上医院治疗，正好是这个外科医生的医院，他做这个手术，趁机就把该女士的双侧卵巢全部切除。这就是工作人员利用职权故意伤害他人，构成犯罪行为。

这里也有追偿的问题吗？这个外科医生被抓起来判刑了，赔偿呢？是他赔偿，还是医院赔偿？那么，医院承担了赔偿责任之后，医生有故意，当然可以进行追偿。按照原《民法通则》的规定，受害人找医院去赔，赔了以后，医院去找这个医生追偿。这里的医院是不是有点委屈？你利用职务之便故意伤害他人，然后还得医院赔，因而医院是不是应当赔偿都值得怀疑。在用人者责任的理论中，有一个叫借用机会的行为，借用机会行为不构成替代责任。

为什么规定工作人员有重大过失的才可以追偿，一般过失就不可以追偿呢？如果说要考虑到工作人员的实际情况，尽量减少他们受追偿承担责任的可能性，这样的警示作用就不会那么好，是重大过失工作人员才可以追偿，是一般过失就不可以追偿，其他员工就会觉得一般过失是可以谅解的，是可以疏忽的。所以，从这一点上来说，追偿规则还有完善的空间。

第十讲
民法典为保护人格权对媒体行为的规范

这一讲，主题是新闻人和法律人就《民法典》进行对话，这是一件很有意思的事情。《民法典》颁布实施以后，媒体和媒体人应该对《民法典》规定的哪些问题进行专门研究？这个问题真的是非常重要的。因为我在民法领域主要是研究人格权法和侵权责任法，所以也研究了媒体侵权责任的问题。多年来，我在媒体侵权问题上发表了一些文章，在起草《民法典》尤其是人格权编和侵权责任编草案的过程中，对于媒体行为应当如何规范也有过一些思考，所以，今天我给大家介绍这个题目，就是《民法典》对媒体行为的规范。

在《民法典》中，人格权编和侵权责任编这两部分都提到了媒体侵权的问题。在侵权责任编中，对原《侵权责任法》已经有的一些规定进行了丰富和完善，还特别针对网络侵权规则进行了全面的补充。对于媒体的行为规范的问题，主要还是在人格权编作出规定，在这一编里，对媒体行为的规范作出了很多新规定。

一、《民法典》规范媒体行为的内容和原因

（一）《民法典》规范媒体行为的具体内容

整理一下《民法典》人格权编有关媒体行为的规定，起码有 15 个条文涉及了对媒体行为的规范；

1.《民法典》第 999 条，是关于新闻报道和媒体监督对人格利益的合理使用和不合理使用的责任。这个条文特别重要，是《民法典》规范媒体行为的最重要的原则性条文。

2.《民法典》第 1000 条，规定了消除影响、恢复名誉、赔礼道歉等等民事责任方式及承担的具体要求，这些规定也适用于媒体侵权责任承担的规范问题。

3.《民法典》在关于具体人格权方面的规定，也都有规范媒体行为的具体规范。第 1014 条关于任何组织或者个人不得以干涉、盗用、假冒等方式侵害他人的姓名权

或者名称权的规定，涉及媒体在新闻报道和舆论监督的行为中，如何保护姓名权和名称权的规则，怎样才能避免对民事主体姓名权和名称权的侵权责任。

4.《民法典》第1017条的规定也具有特别价值，在新闻报道和舆论监督中，对于那些具有一定社会知名度，被他人使用足以造成公众混淆的笔名、艺名、网名、译名、字号、姓名和名称的简称等的使用，应当参照适用姓名权和名称权保护的有关规定，避免侵害这些关于姓名权和名称权。

5.《民法典》第1019条规定的是关于侵害肖像权的行为，媒体在使用被报道人的肖像时，应当审视自己是否有违反这些规定的侵害肖像权的行为，避免承担侵权责任。

6.《民法典》第1020条规定的是关于肖像的合理使用，实施新闻报道和媒体监督行为，需要具备公共利益的目的，尽管享有“新闻性”的抗辩事由，但是，仍然应当规范自己的媒体行为，避免超出新闻性的范围，而构成侵权责任。

7.《民法典》第1023条关于声音权的保护，虽然没有直接规定为声音权，但是在保护上是应当按照独立的人格权的方法进行的。对于声音权的保护，可能对文字媒体没有太大的影响，但是，对于视频媒体，特别是“模仿秀”等娱乐节目和表演类节目，需要特别注意，保护好自然人的声音权。

8.《民法典》第1025条对于名誉权的新闻报道和舆论监督的规定，是特别重要的。因为媒体行为中最典型的侵权行为就是诽谤和侮辱，而诽谤和侮辱侵害的人格权就是名誉权，因而所有关于名誉权的规定，都直接涉及对媒体行为的规范问题。这一条文中，首先规定的是以公共利益为目的的新闻报道和舆论监督的行为，即使影响被报道人的名誉，也不构成媒体侵权，但是下文所列举的三种侵害名誉权的行为，都是媒体侵害名誉权的侵权责任，在实施新闻报道和舆论监督中都必须避免，防止侵权责任的发生。

9.《民法典》第1026条是对媒体通讯员的文章负有合理核实义务的规定。这个条文很重要的。对于媒体通讯员撰写的报道，以及要发表他人写的文章，怎样判断媒体是否尽到合理核实义务，规定了具体的标准，给媒体如何对这类文章进行合理核实，提供了具体的要求，符合要求的，就不构成媒体侵权，未尽到上述合理核实义务的，对于造成的损害就要承担侵权责任。

10.《民法典》第1027条规定的是文学艺术作品侵权的问题，分为以真人真事或者特定人为描述对象和非以真人真事为描述对象两种不同的文学艺术作品，对构成侵权责任和不构成侵权责任，提供了判断的标准和方法。

11.《民法典》第1028条规定的是媒体在实施了侵权行为后，所负有的更正、道歉、删除义务。这是媒体行为规范中非常重要的部分，凡是媒体实施新闻报道和舆论监督行为，都不可避免地会出现纰漏，违反应当注意的义务，造成因报道失实而侵害他人的名誉权等人格权益。在造成这样的后果时，媒体尽到自己的更正、道歉、删除义务，就会减轻甚至避免承担侵权责任。

12.《民法典》第1031条规定了对荣誉权的保护，这也涉及媒体行为的规范，即在新闻报道和舆论监督中，应当保护好民事主体的荣誉权，避免承担侵权责任。

13.《民法典》第1032条规定了隐私和隐私权，更是涉及媒体行为的规范问题。关于对隐私是自然人的私人生活安宁和不愿为他人知晓的私密空间、私密活动和私密信息的界定，对于媒体实施新闻报道和舆论监督如何防止侵入自然人的隐私领域，侵害私人的生活安宁，都是具有特别价值的规范。

14.《民法典》第1033条规定了侵害隐私权行为的具体情形，对这部分的规定媒体应当特别警惕，防止在实施新闻行为时触碰这些规定，使自己的媒体行为侵害隐私权，承担侵权责任。

15.《民法典》第1034条规定特别强调对个人信息的保护。这也是对媒体行为的规范，在新闻报道和舆论监督中，如何遵守法律的规定，保护好个人信息，防止承担侵害个人信息的侵权责任。

《民法典》除了上述列举的条文之外，其实几乎所有的条文都涉及媒体行为的规范问题，因为媒体进行新闻报道和舆论监督，虽然有公共利益的目的作为自己的行为基础，但是同样必须保护好民事主体特别是自然人的人格权益，遵守《民法典》保护人格权的法律要求，通过媒体行为保护好人民的人格权，避免承担侵权责任。

（二）我国《民法典》为什么要对媒体行为进行规范

《民法典》的人格权编一共有51个条文，其中15个条文涉及对媒体行为的规范，再加上侵权责任编还有一些对媒体行为规范的条文，可以看到，我国《民法典》对媒体行为的规范是非常全面的。在我看到的二十几部外国民法典中，都没有这样细致、全面地对媒体行为进行规范的做法，甚至完全没有对媒体行为进行规范。这显然是我国《民法典》的一个鲜明特点。

我国《民法典》的这个鲜明特点是怎么形成的呢?

研究的结论是，一个国家对媒体应该有一个基本法来对其行为进行规范。在改革开放以前，我国法治不健全，对媒体和新闻方面没有立法。在改革开放后这四十多年，开始的时候也强调要有新闻立法、媒体立法，至今尚未完成新闻立法，就目前情况看，这个立法的前景还不能预估。

但是，一个国家不可能对媒体行为没有法律上的规范。即使没有新闻法、媒体法对媒体行为进行规范，也必须有其他的法律进行规范。因而，我国就采用了另外一种方法来规范媒体行为，形成了用民法的方法，用侵权责任法的方法来规范媒体行为。

这种局面是怎么形成的呢？按照我自己的亲身体验，这是在司法实践中形成的结果。

1986 年 4 月 12 日，我国制定了《民法通则》，1987 年 1 月 1 号生效。《民法通则》中第一次规定了人格权的条款，就有 7 个条文，规定了姓名权、肖像权、名誉权、荣誉权以及名称权等精神性人格权成为法律规定的人格权，这在 1949 年以来还是第一次。《民法通则》开始实施后，人民群众知道自己有了这些精神性人格权，就拿起了法律的武器来保护自己的人格权，对于涉及自己的人格权侵权的，都是向法院起诉，主张自己的权利，使自己受到损害的权利能够得到救济。

在保护民事主体的人格权的过程中，法院最先遇到的问题就是“告记者热”，就是新闻侵权案件剧增。因为在保护精神性人格权的诉讼中，最主要的是侵害名誉权的案件；而在侵害名誉权的案件中，最主要的是媒体侵权的案件，就是新闻侵权问题。在这样的情况下，最高人民法院以及全国各级地方法院积累了大量的司法审判经验。

后来，又陆续发生一些文学作品侵权的案件，出现了“告作家热”的情形，从广义上来说，也是媒体侵权问题。

在这种情况下，最高人民法院总结实践经验，先是在一些批复性司法解释中作了一些规定，以应司法实践的急需。随后，就人格权保护以及媒体侵权的某一类问题集中作出司法解释，出台了《关于审理名誉权案件若干问题的解答》《关于审理名誉权案件若干问题的解释》，陆续把媒体侵权积累起来的经验整理起来，使之不断升华。直至 2001 年，最高人民法院作出《关于确定民事侵权精神损害赔偿责任若干问题的解释》，形成了比较完整的保护民事主体人身权益的规范。

这样，在我国的法治中就形成了一个具有特色的做法，即在没有新闻法或者媒体法的情况下，通过司法实践，总结了很多关于规范媒体行为的司法解释，甚至形成了比较系统的规范体系，在实践中发挥着规范媒体行为的作用。

对这样一种情况，在理论上更深入地进行研究，可以得出一个结论，媒体侵权规范其实既是侵权责任法的内容之一，也在实际生活中起到了规范媒体行为的法律规范作用。在我国，研究媒体侵权法律规范的人越来越多，形成了比较好的氛围，媒体侵权责任的理论研究也越来越深入，不仅民法理论界和实务界对此进行研究，而且媒体界有越来越多的人参与进来，甚至形成了主力，使我国逐渐形成了这样的一个法学的小学科。

在制定《侵权责任法》的时候，关于要不要写一部分新闻侵权的规范，立法机关专门召开了专家研讨会，有民法学者参加，也有新闻法专家参加。最后达成的共识，是针对最新的、也是最迫切需要规范的网络媒体侵权进行规范，这就是《侵权责任法》的 36 条。对传统媒体侵权责任，多数人认为没有专门作出规定的必要，因为媒体侵权是过错责任的侵权责任，所以适用《侵权责任法》第 6 条关于过错责任的规定，就可以解决新闻侵权责任的规范问题。因而，《侵权责任法》只是规定了网络侵权责任的规范，而没有规定具体的媒体侵权责任规范，但是并不能认为《侵权责任法》对媒体侵权行为没有进行任何规范。

其实，在制定《侵权责任法》的过程中，参加的学者和专家也有一个顾虑，那就是在《侵权责任法》中专门写关于新闻侵权责任的规范，是不是也有不好的影响？在没有对媒体行为的自由和具体规范作出规定的情况下，倒是先规定了制裁媒体侵权行为的规范，在形式上会造成误解。这是一个真实的原因。

在起草《民法典》的过程中，对于是否要写人格权编的争论，直到现在也还没有平息。今天可以看到，《民法典》不仅规定了人格权编，而且规定了 51 个条文，写得都很好，把司法实践从改革开放以来积累的保护人格权的经验全部都总结起来了，是我国《民法典》最有特色的一编，全面体现了人格尊严和人文主义理念、人文主义立场，把中国人格权的保护提高到了一个前所未有的新水平。

正因为在制定《民法典》时要单独规定人格权编，所以就有了机会，有了立法的空间，可以在《民法典》中对媒体行为进行规范。这是因为，媒体行为规范，最主要的还是涉及媒体在实施新闻报道和舆论监督的行为中怎样尊重和保护人格权的问题。要规范好媒体在社会活动中发挥自己的职能作用，规范媒体的不当甚至违法的行为，确定其应该尽到的义务和应该承担的责任。特别是面对改革开放四十多年、《民法通则》实施三十多年积累的经验，对于《民法典》人格权编我们完全有能力编得更好。

所以，《民法典》就有了第 999 条媒体实施新闻报道和媒体监督行为的一般原则和保护民事主体人格权的具体规则。我认为，其中第 990 条规定是特别重要的。媒体实施行为，一方面在新闻报道和媒体监督涉及人格权益的时候，只要有公共利益的目的，就是不承担责任的；只有在对民事主体的人格权益进行不合理使用、造成人格权益损害的时候，才要承担责任。这样，就把媒体的新闻报道和舆论监督的自由原则，与不当的媒体行为造成权利人人格权益损害的侵权责任，划分得非常清楚。另一方面，《民法典》在对每一个具体人格权的规定中，以第 999 条为基础，把涉及每一种人格权益的媒体行为的合法行为与违法行为划分得很清楚，使媒体及其从业人员能够分辨是非，明确自己的职责，在实施媒体行为时把握法律界限，更好地为社会进步服务。

因此，尽管我国还没有制定媒体法或者新闻法，但是，有了《民法典》这样一部效力仅次于《宪法》的法典对媒体行为作出的规范，实际上起到了规范媒体行为的作用，在社会生活中会发挥更大的作用。《民法典》的法律地位以及其适用范围和影响力，使其在全国法院的操作性层面上都有更好的基础，对媒体行为的规范就会更加有力，能够起到媒体法或者新闻法的作用。所以，我觉得《民法典》规定对媒体行为的规范，是一个很好的做法，在寻找对民事主体人格权保护与媒体实施新闻报道和舆论监督行为的利益平衡点上，具有基准的作用。

二、媒体实施新闻报道和舆论监督的法定义务

媒体的职能主要有两个：一是告诉受众目前正在发生的事情，即新闻报道；二是进行新闻批评即舆论监督。媒体不仅要告诉受众正在发生是什么，更重要的还是要发挥媒体的监督作用，告诉受众哪些东西是不对的，哪些东西是对的，特别是对那些不正确的社会现象要进行新闻批评，进行舆论监督，代表媒体的态度，让社会、让人们都知道，因而发生潜移默化的引导作用，引导社会走向文明和进步。这就是媒体的职责。

媒体在履行自己的职责时，应当尽到必要的注意义务。《民法典》规定，媒体具有新闻报道和新闻批评的权利，也要承担自己必要的注意义务。对此，《民法典》规定的规范媒体行为的三个最主要义务，都是媒体进行新闻报道和舆论监督的时候必须履行的义务，这些都是法定义务，是媒体必须履行的注意义务。

（一）在新闻报道和舆论监督中保护民事主体人格权的义务

媒体承担的第一个义务，是媒体在进行新闻报道和舆论监督中，负有保护民事主体人格权的义务。

《民法典》规定的媒体行为规范中，有一个可以作为总纲的条文里，就是第 999 条："为公共利益实施新闻报道、舆论监督等行为的，可以合理使用民事主体的姓名、名称、肖像、个人信息等；使用不合理侵害民事主体人格权的，应当依法承担民事责任。"这是媒体实施新闻报道和舆论监督行为负有的一个最重要的义务。

这个义务包含两个方面：一是以履行新闻报道和舆论监督的义务，这是媒体应该做的事情；二是在履行这些职责时必须保护好民事主体的人格权益，不得使他们的人格权益受到损害。在这两个方面中，《民法典》着重强调的是第一个方面。

这是《民法典》对媒体行为规范的原则性规定。为了公共利益目的，媒体进行新闻报道和舆论监督，可以合理使用他人的人格利益，只要符合公共利益目的的要求，媒体在履行这些职责时，就有权合理使用。在履行职责的过程当中，媒体合理使用民事主体的姓名、名称、肖像、个人信息等，是一个正当行为，法律予以保护。

这就是在媒体行为中负有的注意义务，即在正当使用他人的人格权益时，必须注意保护被报道者及他人的名誉权益，只要尽到必要的注意义务，就不存在媒体侵权的问题，反而是正当的、有价值的媒体行为。

（二）对他人提供的新闻内容负有合理核实义务

《民法典》对媒体行为规定的第二个义务，是第 1025 条第 2 项规定的内容，即对他人提供的严重失实内容应当尽到合理审核义务。在第 1026 条，《民法典》又对

媒体怎样尽到上述合理核实义务规定了全面的判断标准，规定了六个判断因素，即：一是内容来源的可信度，二是对明显可能引发争议的内容是否进行了必要的调查，三是内容的时限性，四是内容与公序良俗的关联性，五是受害人名誉受贬损的可能性，六是核实能力和核实成本。这样，就把媒体对他人提供的内容在新闻发表之前的合理核实义务规定得非常明确、具体。

这六个方面的判断标准，都是在司法实践中总结、概括出来的，对于审查媒体对他人提供的内容是否尽到了合理核实义务，这是非常完整的判断标准。

在 1987 年《民法通则》实施后，在处理新闻侵害名誉权的案件中，实务部门对于媒体对外来稿件的审查义务（当时不叫核实义务，而是叫审查义务）做了很深入的研究，积累了大量的案例。一个媒体在报道新闻的时候，不可能做到让所报道的事实跟原来的客观真实一模一样，即所谓的客观真实的标准是谁也做不到的，因为谁也不可能重现历史。

在这个问题上，我采取这样一个观点：公检法三机关办理刑事案件，要求认定事实正确，证据确实、充分。可是，一个刑事案件，要经过公安侦查、检察院批捕、审查起诉，到人民法院最后判决，还有一审、二审甚至再审，经过这么多法律程序，最后都有可能出现事实认定错误的案件，那么，对比一下，一个新闻记者仅仅是拿着自己的记者证，拿着笔和录音机、摄像机去到现场，把正在发生的新闻事件拍下来、记下来、写出来，怎么能够保证能够完全再现历史，再现客观真实呢？对于媒体报道和舆论监督的新闻真实的要求，是一定会低于通过公检法定案的刑事案件认定的真实，肯定是达不到后者的程度的。法院认定一个刑事案件的事实都可能和客观事实有很大的距离，一个媒体记者去采访的时候，记下来、报道出去的事实，更不可能要求它是完全符合客观真实的要求的。所以，我一直在坚持这样一个观点，对于媒体报道事实的真实性要求，其实是相对真实，是一个新闻真实。基本事实是准确的，它就是真实的，不能要求和现实发生的事情是一模一样的。所以在这一点上，如果说主张媒体侵害了他人的权利，主张报道的事实不真实的时候，一定是基本事实就是错误的；只要报道的事实基本上是真实的，就应该认定媒体已经完成了对事实真实性的审查义务。

对于新闻报道和舆论监督所依据的新闻事实的要求，就是这样的，在司法实践中应该就这样执行。如果要求一个媒体在报道一件事实的时候跟客观真实一模一样，不能有一丝一毫的差距，这是苛求，是客观上做不到的。

所以，《民法典》第 1026 条对于审查义务做了这样六个方面的规定，是非常完整的。

（三）媒体在刊登或报道后的更正、道歉和删除义务

媒体承担的第三个注意义务，就是刊登或者报道了侵权作品后的更正、删除义

务，其实还有道歉义务。《民法典》第1028条规定：“民事主体有证据证明报刊、网络等媒体报道的内容失实，侵害其名誉权的，有权请求该媒体及时采取更正或者删除等必要措施。”

这一条概括了两个方面的义务：一是传统媒体的更正、道歉义务，一个媒体不能保证自己的报道都是完全真实的，一旦出现了失实的情况，媒体有一个最好的办法，就是进行更正或者道歉。如果更正、道歉得到被侵权人的谅解，就可以不追究媒体的责任，媒体不承担侵权责任。

1990年代也有一个案件，涉及《人民日报》作为侵权人的案件。

一个冬天的早晨，在北京火车站站前，有一个妇女抱着很小的一个孩子，在寒风中冻得瑟瑟发抖。有人关心她，问为什么在这么冷的天气抱着孩子大清早跑出来。这个妇女说，她有个狠心的婆婆，因为自己生了个女孩，就把我赶出家门了。大家都很同情她，为她提供帮助。这时候，正好《人民日报》的摄影记者路过这里，一看这个情景，觉得是一个特别好的新闻素材，就拍了下来，照片里画面是，寒风中，一个女子穿得很单薄，抱着一个女孩瑟瑟发抖，发表这个新闻图片的时候，还配上了一些说明的文字。照片和说明文字都非常生动。但是，这个妇女家所在街道的一位领导看到了这个报道后，马上给《人民日报》社打电话，说你们报道的新闻是假的，这个妇女是个精神病患者，她的婆婆对她很好，是她犯了精神病，把孩子抱跑了，跑到街上去胡说八道，是根本没有的事情。《人民日报》社的领导一听，问题很严重，就赶紧核实，发现确实报道是错误的，老太太没有虐待儿媳妇，更不是因为其生了女孩而虐待她。《人民日报》社就派了一个干部，领着几个人来到这一家里，赔礼道歉，人家就接受了。我觉得，这就是一个赔礼道歉的义务，一赔礼道歉，就没有问题了是吧？后来，街道的人说，那不行，得在报纸上发表一个道歉的声明。报社就解释说，你看我们《人民日报》是中央党报，如果因为新闻报道错了，发道歉声明影响不太好吧？那一家也都接受了这个口头道歉，当然就没有问题了。

后来又接连发生了一个问题。有一天，我正好在最高人民法院的接待室接访，接访的又是那一家里的婆婆，手里拿着一张《北京晚报》的副刊来了。副刊上有一篇介绍照片抓拍技术的文章，用了一个照片做范例，把《人民日报》这幅侵权的照片又给用了一遍，说明抓拍的效果如何好。老太太发现以后，就特别生气了，到最高人民法院来上访，问我可不可以告《北京晚报》社侵权？我说，你完全可以告，但是我觉得这个使用侵权照片还仅仅是个过失，你找报社，跟他们说这是不对的，他要认错了，我觉得也就算了，他要不认错，你再告他。

总而言之，我认为，当一个传统媒体发表的新闻、发表的照片、发表的批评文章等出现错误，道歉、更正就是一个很好的方法，尽到这个义务，就可能得到被侵权人的谅解。即使对方不谅解，法院在判决的时候，也会考虑更正、道歉的情节，在确定责任上予以从轻。

这个条文还提到了删除的义务，这个义务针对的是网络媒体侵权的事后注意义务，在网络媒体上发表的信息失实构成侵权，应当更正和删除，消除侵权的影响。

所以，第 1028 条规定传统媒体和网络媒体在发生报道失实，有可能造成侵权或者已经侵权的情况时，要采取更正、道歉或者删除的必要措施。这是一个非常重要的义务。

把上面讲的第二个问题归纳一下，《民法典》在这三个方面规定了媒体的三个注意义务，对媒体行为的规范起到了一个事先防范和救济的作用。

三、《民法典》规定的具体的媒体侵权行为

对于具体的媒体侵权行为，《民法典》人格权编和侵权责任编作了比较好的规定，内容很丰富，是从媒体侵权行为的角度规范媒体侵权行为，划清正当的媒体行为与媒体侵权行为之间的界限。总结起来，可以从三个方面来说明。

（一）确定媒体侵权行为的一般原则

我在前面已经提过几次，就是《民法典》第 999 条，是划清合法的、正当的媒体行为与媒体侵权行为之间的界限的基本准则。那些不合理使用民事主体的姓名、名称、肖像、个人信息等人格利益的行为，就是确定媒体侵权行为的标准。

确定不合理使用民事主体的姓名、名称、肖像、个人信息等人格利益的行为的要求是：

第一，非为公共利益目的使用民事主体的姓名、名称、肖像、个人信息等人格利益的媒体行为，为侵权行为。不论何种性质的媒体，只要是在媒体行为中不正当使用民事主体的上述人格利益，就构成媒体侵权行为。

第二，正当的媒体行为是新闻报道和舆论监督，超出新闻报道和舆论监督的范围使用民事主体的姓名、名称、肖像、个人信息等人格利益的行为，都构成媒体侵权行为。例如媒体的广告行为，未经权利人的同意而使用其人格利益，都为侵权行为。

第三，即使具有为公共利益目的，且系为新闻报道和舆论监督而使用民事主体的人格利益，超出合理使用范围，例如应当同意而未同意、超出约定的范围而使用、使用有损于民事主体的人格尊严的言辞，等等，也都构成媒体侵权行为。

（二）媒体侵权行为的侵害客体

媒体侵权行为侵害的客体，《民法典》第 999 条规定的是“姓名、名称、肖像、个人信息等”人格利益。这里列举得还不够完整，只是例示性的列举，并没有穷尽列举。按照实践经验和理论研究成果，《民法典》规定的媒体侵权行为侵害的客

体是：

1. 姓名权

在媒体侵权行为中，直接侵害姓名权的并不太多，但是并非不可能。侵害姓名权的媒体侵权行为，可能出现的形式是，未经本人同意而非法使用、利用非法手段恶意使用、应当标表姓名而未使用、冒用姓名、盗用姓名等。

2. 名称权

法人或者非法人组织的名称权也可以作为媒体侵权行为的客体。具体表现在，冒用法人或非法人组织的名称、盗用法人或非法人组织的名称、非法使用法人或非法人组织的名称、干涉法人或非法人组织使用名称等。

3. 肖像权

由于媒体使用民事主体的肖像有新闻性和公共利益目的的抗辩事由的适用，因而媒体在新闻报道和舆论监督中使用被报道人的肖像，通常没有侵权的问题，但是，超出公共利益目的或者新闻性的范围，不合理使用被报道人的肖像、恶意使用他人的肖像、在非新闻报道和舆论监督的领域使用他人肖像等，都会构成媒体侵害他人肖像权的民事责任。

4. 声音权

《民法典》第1023条第2款规定了对自然人声音的保护，参照适用肖像权保护的有关规定。这个规定是我建议写进去的，立法机关最后决定采取这种“参照适用”的办法对声音权予以保护。原来我的想法是，有一个条文规定声音权，这样会对声音权保护得更好。不过，现在这样的规定也是可以的，也是一个很好的办法。

一个人的人格特征有几种标识：一是文字标识，就是姓名；二是形象标识，就是肖像；三是声音标识。姓名权和肖像权都已经成为独立的人格权，在声音标识上，还缺少一个具体人格权的保护。

每一个人的声音都是独特的，不仅通过声纹鉴定可以确定声音是不是特定人的，声音与人是否具有人格的一致性，更重要的是一个人有独特的声音，能够从中获得丰富的民事利益。在法律委员会讨论声音权的时候，有人反对规定声音权，认为凭什么就是长了一个好嗓子就能赚钱。其实，不仅是有一个好嗓子就能赚钱，有一个好脑子更可以赚钱。天才的科学家，哪个不是有一个好脑子呢？为什么没有人嫉妒他们可以用好脑子可以赚钱呢？不是一样的道理吗？因此，应当对声音权给予特别的保护。那些“模仿秀”，模仿他人的声音进行营利活动，没有得到授权的就是侵权行为。

另外，在视频媒体上，有的人滥用他人声音，模仿他人声音，非法剪辑他人声音，也构成侵权。由于声音权在《民法典》中是第一次规定，对媒体新闻报道和舆论监督会产生哪些重要影响，还需要予以特别研究。

5. 名誉权

名誉权是最容易受到媒体侵害的人格权。媒体的诽谤和侮辱行为，都是针对名誉权实施的侵权行为。我国这几十年来积累的媒体侵权责任的司法经验，主要集中在侵害名誉权上，涉及的侵权问题也是最复杂、最多样的。最高人民法院对于侵害名誉权纠纷案件先后出台两部司法解释，其中有些内容已经规定到了《民法典》中。应当在此基础上，进一步研究对媒体行为的规范，防范和制止媒体侵害他人名誉权行为的发生，怎么样保护好名誉权。

6. 荣誉权

虽然荣誉权的性质究竟是不是人格权一直存在争论，但是，《民法典》仍然把它规定成为人格权。比较一致的看法是，荣誉权是一个带有身份权性质的人格权。媒体实施新闻报道舆论监督时，也有可能涉及对荣誉权的侵权问题，因此，规范媒体行为对保护荣誉权也应当予以注意。

7. 隐私权

关于隐私权，《民法典》规定得很好，虽然只有两个条文，却内容具体，列举的侵害隐私权行为比较完善。特别是第1032条第2款在界定隐私概念的时候，把“自然人的私人生活安宁”放到隐私内容的最重要位置，成为隐私最重要的内容。这是《民法典》在规定隐私权上做的最大努力，也是取得的最好的立法成果。把私人生活安宁作为隐私权最主要、最基本的内容，就相当于在个人的私人生活和社会公共生活之间设立了一道防护墙，能够让人们在自己的私生活领域中更好地享受自己的私生活。

媒体在新闻报道和舆论监督时，应该特别理解这一点，怎样在媒体行为中不触犯那些完全属于私人生活的领域。当然，正当的舆论监督和新闻批评都没有问题，但是，即使如此，也应该尽量避免破坏私人生活的安宁，防止侵害隐私权的媒体行为发生。

8. 个人信息

对个人信息，《民法典》用了很大的篇幅予以规范，保护个人信息的安全，防止侵害个人信息的侵权行为。媒体对于个人信息的保护也是非常重要的，在新闻报道和舆论监督中，涉及使用个人信息时，要特别注意，不要对个人信息进行非法处理。

（三）媒体侵权行为的具体表现形式

关于媒体侵权行为的具体表现形式，《民法典》作了很多规定，整理一下，主要有以下几种。

1. 媒体侵害姓名权、名称权

依照《民法典》第1014条规定，侵害姓名权、名称权的侵权行为的表现形式，主要是干涉、盗用、假冒等方式。媒体在行使新闻报道和舆论监督的权利时，如果涉及干涉被报道人和有关人的姓名、名称，要防止出现干涉、盗用或者假冒他人的姓名、名称，避免构成侵害姓名权、名称权的侵权行为。更多的侵害姓名权、名称权的行为倒不是媒体的问题，而是其他民事主体特别是自然人实施这类侵权行为的较多，但是媒体也应该防止出现侵害他人的姓名权、名称权的行为。

2. 侵害肖像权

依照《民法典》第 1019 条规定，侵害肖像权的侵权行为主要是：第一，以丑化、污损或者利用信息技术手段伪造等方式侵害肖像权；第二，未经肖像权人同意，制作、使用、公开肖像权人的肖像；第三，肖像作品权利人未经肖像权人同意，以发表、复制、发行、出租、展览等方式使用或者公开肖像权人的肖像。作为媒体，在保护自然人的肖像权方面，应该特别注意，三种侵害肖像权的行为主体，媒体都符合要求，既可能是以丑化、污损或者利用信息技术手段伪造等方式侵害他人肖像的行为主体，也可能是未经肖像权人同意，制作、使用、公开肖像权人的肖像的主体，还可能是肖像作品权利人未经肖像权人同意，发表、复制、发行、出租、展览等方式来使用或者公开他人的肖像。

当然，《民法典》第 1020 条规定了五种侵害肖像权侵权责任免责事由，其中第 2 项就是专门为媒体规定的使用肖像的免责事由，即“新闻性”。即使如此，在使用他人肖像时，也应当具有公共利益目的，且无丑化、污损、伪造等行为，方可构成新闻报道的新闻性的抗辩。

3. 侵害名誉权

《民法典》规定侵害名誉权的媒体侵权行为，包括传统媒体、文艺作品和网络作品三种不同领域媒体侵权行为。

（1）传统媒体侵害名誉权

《民法典》第 1025 条和第 1026 条规定的传统媒体侵害名誉权的行为，主要列举了以下几种。

一是捏造、歪曲事实。媒体在新闻报道和舆论监督中，如果捏造、歪曲事实，就构成了严重的侵权责任，因为这不符合媒体忠实于事实真相的新闻宗旨。

二是对他人提供的严重失实的内容没有尽到合理核实义务。这是在司法实践中总结起来的重要规则。在司法实践中，对于这种侵权行为主要针对的是通讯员给媒体写的文章，编辑没有尽到合理核实义务，致使文章失实，媒体当然要承担侵权责任，这就是未尽合理的审查义务，《民法典》将“未尽合理审查义务”改为“未尽到合理核实义务”。对此，第 1026 条又规定了六个方面的具体衡量标准。在这一点上，有一个很重要的问题，就是媒体的记者采写的报道不适用这一条规定，因为媒体记者就是媒体的成员，其采写新闻的行为就是媒体的行为，不是“他人提供”的问题。媒体记者和媒体的通讯员之间的最大区别，就是媒体记者是媒体的组成部分，记者的行为就是媒体的行为，而通讯员不是这样，是通讯员向媒体投稿，媒体采用他的稿子应当负有进行合理核实的义务，核查属实后，才能采用他的稿子发表。区别就在于侵权文章的作者是不是自己的职工，如果作者是自己的职工，其行为就是职务行为，在判决书上就不能列记者为被告；如果是通讯员，就不是媒体的成员，可以列成被告，因为他是一个独立的主体。直到今天，仍然能够看到法院判决把媒体和记者列成共同被告的，这种做法是错误的。无论是从媒体侵权来说，还是基于《民法典》第 1191 条第 1 款关于用人单位责任的规定，这都是不符合要求的。

三是使用侮辱性言辞等贬损他人人格。报道的事实是真实的，但是在事实真实的基础上，使用了有损于他人人格尊严的侮辱性言辞，使他人的人格受到了贬损，侵害了他人的人格尊严，构成侵权责任。有个特别典型的案件——河北的王发英案，影响非常大。原告王发英是河北省抚宁县农机公司的统计员，1985 年 1 月 18 日，河北省《秦皇岛日报》发表了长篇通讯《蔷薇怨》，对原抚宁县农机公司统计员王发英与不正之风斗争的事做了报道，《人民日报》随后还做了转载。之后，河北作家刘真根据一些人的反映，认为该文失实。刘真自称“为正视听，挽回《蔷薇怨》给抚宁带来的严重困难”，撰写了一篇“及时纪实小说”《特号产品王发英》，文章说“要展览一下王发英”，并使用了“小妖精”“大妖怪”“流氓”“疯狗”“政治骗子”“扒手”“造反派”“江西出产的特号产品”“一贯的恶霸”“小辣椒”“南方怪味鸡”等语言。王发英起诉到法院，法院认定该文侮辱王发英的人格，构成侵权。法院认定这篇文章构成侵权，虽然其实全文描写的事实都没有问题，都是真实的，但是这 14 处有侮辱性的语言，有损于被描写人的人格尊严，构成侵权，是使用侮辱性言辞等贬损他人的行为。

（2）文艺作品侵害名誉权

《民法通则》实施以后，文学作品侵权的诉讼也挺多。实务部门不断总结审判实践经验，归纳了涉及文学作品侵权认定规则，在司法实践中应用效果很好。《民法典》吸收了这些规则，认定文学作品侵害名誉权有两种情形。

一是以真人真事或者特定人作为描述对象。以真人真事或者特定人作为描述对象的，判断标准就是这样，含有侮辱、诽谤内容，侵害他人名誉权的，就构成文学、艺术作品侵权，应该承担侵权责任。

二是第 1027 条第 2 款规定的不是以特定人为描述对象的，仅其中的情节与该特定人的情况相似的，不承担民事责任。这里说的是“对号入座”的问题。“对号入座”有两种情形：第一种情况是，文学作品描述的情节偶尔与原告的经历相似，因而主张侵权；第二种文学情况是，文学作品中描述的某些情节就是以原告的经历作为模型进行创作，属于出于生活而高于生活的创作，原告主张构成侵权的，原则上也不成立。上述这两种情况都不能认定为文学艺术作品侵权。

（3）网络作品侵害名誉权

《民法典》对网络侵权责任没有规定在人格权编，而是规定在侵权责任编中。第

1194 条至第 1197 条规定了四种规则：一是网络侵权的一般原则，二是网络侵权避风港原则的通知权规则，三是网络侵权避风港原则的反通知权规则，四是网络侵权的红旗原则。这些条文都是在原《侵权责任法》第 36 条的基础上展开规定的，使网络侵权责任规则更加完善。在此之前，《电子商务法》关于电子商务网络侵害知识产权的规则，也是在《侵权责任法》第 36 条的基础上展开规定，《民法典》第 1194 条至第 1197 条和《电子商务法》的这个规定，规则基本一致。

四、《民法典》对媒体侵权责任抗辩事由的具体规定

对媒体侵权责任的抗辩事由，我以前做过详细的研究，在北京召开的一次会议上和很多媒体法专家一起讨论时，我提出了媒体侵权责任抗辩事由的 22 个关键词，后来整理成较完整的媒体侵权抗辩事由的体系，之后我又承担了一个媒体权利司法保护的课题，也重点谈到这个问题。

《民法典》对媒体侵权抗辩规则的规定，分为五个方面。

（一）媒体侵权责任抗辩的一般性原则

《民法典》第 999 条规定的媒体行为规范中的内容之一，就是规定媒体侵权责任抗辩的一般性规则，即合理使用。合理使用他人的人格利益的媒体行为，不构成侵权。如何确定合理使用的标准，合理使用的要求是什么，前边我已经做了一些说明，还有进一步深入研究的余地，不再赘述。

（二）媒体对肖像权的合理使用

媒体侵害肖像权的合法抗辩，包括两种情形：

一是经过肖像权人同意。《民法典》第 1019 条规定的要求，就是未经肖像权人同意而实施媒体行为。媒体在使用肖像权人的肖像时，经过其同意，当然就没有侵权责任的问题了。

二是媒体在新闻报道和舆论监督中合理实施的“新闻性”。肖像权的合理使用，《民法典》第 1020 条规定了五种情形，媒体的抗辩权适用第 2 项：为实施新闻报道，不可避免地制作、使用、公开肖像权人的肖像，是正当行为，是合理实施的行为，不构成侵权。在此类抗辩中，最典型的就是新闻照片的新闻性。一个新闻照片具有新闻性，就永远不构成侵权。在侵权责任理论中，一个人的形象如果淹没在新闻事件中，即不得主张肖像权。

（三）媒体对侵害名誉权的抗辩

《民法典》规定媒体对侵害名誉权的合法抗辩，是第 1025 条前段规定的“公共

利益”。这一条文说了两层意思：首先，行为人为公共利益实施新闻报道、舆论监督等行为，影响他人名誉的，不承担民事责任。这讲的完全是抗辩事由。其次，有下列情形之一的除外，列举了三种情况是构成侵权的。

所以，媒体主张对侵害名誉权责任的抗辩时，适用的是本条前段规定的内容，即实施新闻报道和舆论监督都须为公共利益目的：有公共利益的目的，行为方式是报道或者监督，媒体就是正当行使权利，即使影响到他人的名誉，也不承担侵害名誉权的责任，就像前面讲的北京酱菜厂的案件。

（四）媒体对侵害隐私权责任的抗辩

依照《民法典》的规定，对隐私权侵权的抗辩，可以从两个方面进行。

一是合理使用。《民法典》第 1033 条本来是规定隐私权侵权行为的，但是，前段有一句话，即“除法律另有规定或者权利人明确同意外”，这些行为才构成侵权。此处的“法律另有规定”，就是指第 999 条规定的“合理使用”。媒体的新闻报道和舆论监督即使涉及个人隐私的问题，如果是合理使用，也就不构成侵权，就排除了侵权责任。

二是权利人明确同意。如果隐私权的权利人同意使用，当然就不是侵权的问题。举例说，当事人在接受采访时，把自己的隐私都告诉了记者，记者报道出来以后，当事人又起诉媒体侵害隐私权，判断的标准就为是否构成权利人明确同意，同意的，就不构成侵权。这里的同意，不仅是同意，而且是明确同意。当事人仅讲给记者听的时候，不一定就是明确同意，只有明确表示在新闻报道中可以使用，才是明确同意。对此，媒体应该把握住尺度。

（五）媒体对侵害个人信息的抗辩事由

对于合理使用他人个人信息，《民法典》第 1036 条规定包括四种情况。这些对媒体侵权都适用，都可以援引作为自己的抗辩事由。

1. 合理处理权利人同意的信息

在征得该自然人或者其监护人同意的范围内合理实施的处理他人信息的行为，不认为是侵权。成年人须自己同意，无民事行为能力人或者限制民事行为能力人要经过他的监护人同意，而不是随便说说就可以的。

2. 合理处理自然人自行公开的信息

该自然人自行公开或者其他已经合法公开的信息，既然已经公开了，媒体当然可以处理。本条有一个但书，说自然人明确拒绝或者处理该信息会侵害其重大利益的，即使处理的信息是他人公开或者合法公开的，也不能认为是合理使用。

3. 为维护公共利益合理实施的处理个人信息的行为

媒体处理他人的个人信息，既然有公共利益的目的，属于合理实施处理个人信息的行为，是合理使用，不构成侵权。

4. 为维护该自然人的合法权益合理实施的处理个人信息的行为

为维护该自然人的合法权益，合理实施处理个人信息的行为，是对权利人有益的行为，当然不构成侵权。

五、媒体侵权责任的认定

对如何认定媒体侵权责任，过去都有比较成熟的经验。从《民法典》作为法律依据上来说，主要包括以下四点。

（一）《民法典》第 1165 条规定的过错责任原则

《民法典》第 1165 条规定的是侵权责任的过错责任原则，是侵权责任编规定的内容。所有媒体侵权责任都必须适用过错责任原则，不可以适用无过错责任原则确定媒体侵权责任。

有人认为，对于媒体侵权责任的确定，适用无过错责任原则也是可以的，对媒体要严格要求，就应该适用无过错原则。这种意见是不行的。《民法典》规定适用无过错责任是有严格限制的，必须有法律的明文规定，即适用过错推定原则都须有法律的明文规定，不可以随意适用。所以，对于媒体侵权责任的认定，只能适用第 1165 条第 1 款，不能适用第 2 款。对媒体侵权责任坚持适用过错责任原则，就是要求媒体有过错才能承担责任，没有过错就不承担侵权责任。

（二）媒体和记者的关系是用人单位和工作人员的关系

确定媒体与其工作人员的关系，适用《民法典》第 1191 条关于用人单位责任的规定。记者是媒体的员工，记者在采访时执行的是媒体的职责，即使在采访行为中有过失，造成了他人的损害，也应该由媒体承担责任，记者的行为其实是一个职务代理行为。媒体有报道新闻和新闻批评的权利，记者作为媒体的组成部分，收集资料、采访、制作新闻、进行批评，都是履行媒体的职责。即使记者的行为构成侵权，也是用人单位的责任，由媒体承担责任。在诉讼中，法院不能把记者列为被告，更不能把记者和媒体列成共同被告，他们没有共同被告这样的因素，不是共同侵权行为。即使按照《民法典》第 1191 条规定，记者有故意或者重大过失，也须在媒体承担了责任以后，由媒体向记者追偿，而不是直接认定记者有侵权责任。对此，应该特别注意。

（三）传统媒体和网络媒体侵权责任的交叉法律适用

传统媒体的侵权责任和网络媒体的侵权责任之间的最大区别在于，网络媒体发布新闻和发表他人的信息不负有事先合理核实的义务。传统媒体无论是报纸、杂志还是广播电台、电视台，都有事先合理核实义务，如果没有尽到事前合理核实义务，报道事实失实，媒体就有过失，就要承担侵权责任。但是，网络媒体不是这样。认定网络媒体侵权责任，有避风港原则在限制，权利人认为网络信息侵权，网络服务提供者及时把它删除，就进到了避风港，不用承担侵权责任。

对于传统媒体侵权责任和网络媒体侵权责任，存在两种法律规范的交叉适用问题。比方说，在网络上实施的侵权行为，如果是网络媒体的记者的行为，同样应该跟传统媒体承担侵权责任一样，要适用第1191条规定的用人单位责任规则。网络媒体自己在网络上实施侵权行为，则不仅仅是删除就免除责任，应当按照传统媒体的要求承担过错责任。同样，传统媒体自己建设的网络，例如报社和新闻社、电台、电视台自己创办的网络，就要同时适用传统媒体侵权责任规范和网络媒体侵权责任的规范。有一些传统媒体的抗辩事由，网络媒体侵权责任的抗辩上也可以用。

所以，传统媒体和网络媒体的行为规范有交叉适用的问题，而不是截然分开的。对此，还要进一步展开研究。

（四）媒体侵权责任的承担

《民法典》第1000条规定的是承担消除影响、恢复名誉、赔礼道歉等民事责任如何执行的规则。媒体在执行这些责任方式时，可能会涉及扩大侵权范围的问题。行为人因侵害人格权承担消除影响、恢复名誉、赔礼道歉等民事责任的，应当与行为的具体方式和造成的影响范围相当。行为人拒不承担前款规定的民事责任的，人民法院可以采取在报刊、网络等媒体上发布公告或者公布生效裁判文书等方式执行，产生的费用由行为人负担。如果媒体被判决承担上述民事责任方式，在执行判决的上述民事责任方式时，恶意扩大范围，或者因过失而扩大范围，给被侵权人造成新的损害的，构成新的侵权行为，应当另外承担侵权责任。对此，媒体也应当注意，防止侵权。